大卒程度

公務員

基本 過去 問題集

民法II

TAC出版
TAC PUBLISHING Group

はしがき

- 問題集を買ったのに、解けない問題ばかりで実力がついている気がしない…
- 難しい問題が多くて、途中で挫折してしまう…
- 公務員試験は科目が多いから、せめて1科目1冊の本で済ませたい…

『ゼロから合格 公務員基本過去問題集』（以下、『ゼロ過去』）は、このような読者の声に応えるために開発された公務員過去問題集です。問題集といっても、ただ過去問とその解説が並んでいるだけの本ではなく、「過去問」の前に、「その過去問に正解するために必要な知識やテクニック」が必ず載っています。この科目の学習を全くしたことない方も、本書で知識やテクニックを身につけながら、同時にそれらを使って問題を解く練習を積むことができる構成になっています。

『ゼロ過去』には、「しっかり読んでじっくり考えれば解ける問題」しか載っていません。それでいて、実際の試験で合格ラインを超えるのに十分な問題演習を積むこともできます。つまり、**「ゼロから始めて1冊で合格レベルにたどり着く」**ための問題集なのです。

せっかくやるのだから、最後までやり遂げてほしい。最後まで「つづく」ためには、問題が「解ける」という達成感もきっと必要。『ゼロ過去』は、きちんとがんばった読者にきちんと結果がついてくるように、どの問題も必ず解けるように工夫して配置しています。また、その名のとおり「知識ゼロ」の状態からいきなり取り組んでも支障がないよう、基本的な知識やテクニックのまとめが過去問より先に掲載されているので、「全く何も知らない」状態で、前から順番に取り組むだけで学習が進みます。

本書を十分に活用して、公務員試験の合格をぜひ勝ち取ってください。

TAC公務員講座

本書の利用方法

本書は、大卒程度・行政職の各種公務員試験の対策を、「知識ゼロから始められる問題集」です。何であれ、問題を解くには知識やテクニックが必要です。

- 知識・テクニックの**インプット**（新しい情報を入れる）
- 問題演習を通じた**アウトプット**（入れた情報を使って問題が解けるかどうか試してみる）

試験対策はこの反復で進めていくのが王道です。『ゼロ過去』は、この科目について全く学習したことのない方でも、知識とテクニックを身につけながら問題が解けるように作られています。

ここで説明する効果的な利用方法を参考にしながら学習を進めていきましょう。

1 まずは試験をよく知ることから！　出題傾向を知る

●国家一般

		2011	2012	2013	2014	2015	2016	2017	2018	2019	2020
債権総論	債務不履行	●		●	●		●		●		
	債務者の責任財産の保全		●	●							●
	債権の消滅	●		●		●	●		●	●	
	多数当事者の債権関係					●		●		●	
	債権譲渡・債務引受		●		●			●			●
債権各論	契約総論				●	●				●	
	契約各論Ⅰ（売買）	●			●			●			
	契約各論Ⅱ（賃貸借）	●		●					●		●
	契約各論Ⅲ（その他の契約）		●			●	●			●	
	事務管理・不当利得		●					●			

巻頭には、出題分野ごと・受験先ごとに過去10年間の出題傾向がまとめられています。

多くの方は複数の試験を併願すると思われるため、網羅的に学習するのが望ましいですが、受験先ごとの出題の濃淡はあらかじめ頭に入れたうえで学習に着手するようにしましょう。

2　問題を解くのに必要なことはすべてここにある！　input編

一般的な公務員試験の問題集では、初めて取り組んだ時点では「解けない問題」がたくさんあるはずです。最初は解けないから解説を読んでしまい、そのことで理解し、何度も何度も同じ問題を周回することによってだんだん正答率が高まっていくような仕組みになっていることが多いです。

『ゼロ過去』では、このinput編をしっかり使いこなせば、最初から全問正解することもできるはず。そのくらい大事な部分ですから、しっかり学習しましょう。

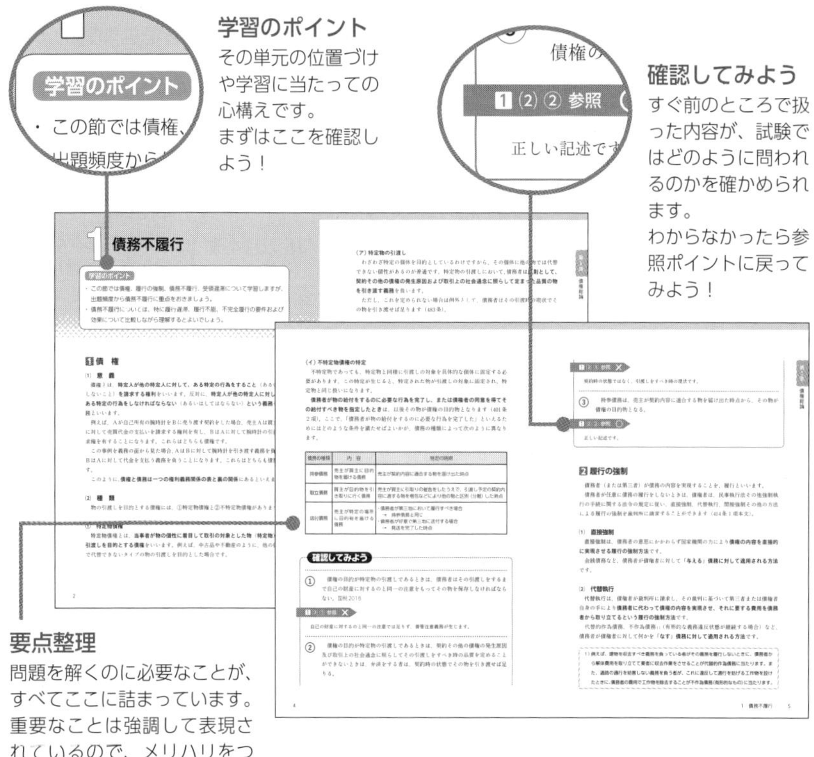

★その他のお役立ちアイテム

補足：少し発展的な知識を解説しています。

ヒント：問題を解くための助けになる情報や、情報を覚えやすくするためのポイントをまとめています。

3 知識を活用して問題演習！　過去問にチャレンジ

知識のインプットが終わったら、取り入れた知識を使って過去問が解けるかどうか、実際に試してみましょう。問題の直後に解説を掲載しているので、答え合わせもしやすいレイアウトです。

まずはやさしくひねりのない問題で学習事項をチェックします。ただ、実際の試験ではそれなりに手ごわい問題が出されることがあるのもまた事実。『ゼロ過去』は、やさしい問題（必ず正解したい問題）から、やや歯ごたえのある問題（試験で差がつく問題）までバランスよく収録しているので、１科目１冊で試験対策が完結します。場合によっては20科目以上に及ぶ公務員試験だからこそ、必要な問題のみを厳選し、これ１冊で合格レベルに届く本を意識しました。

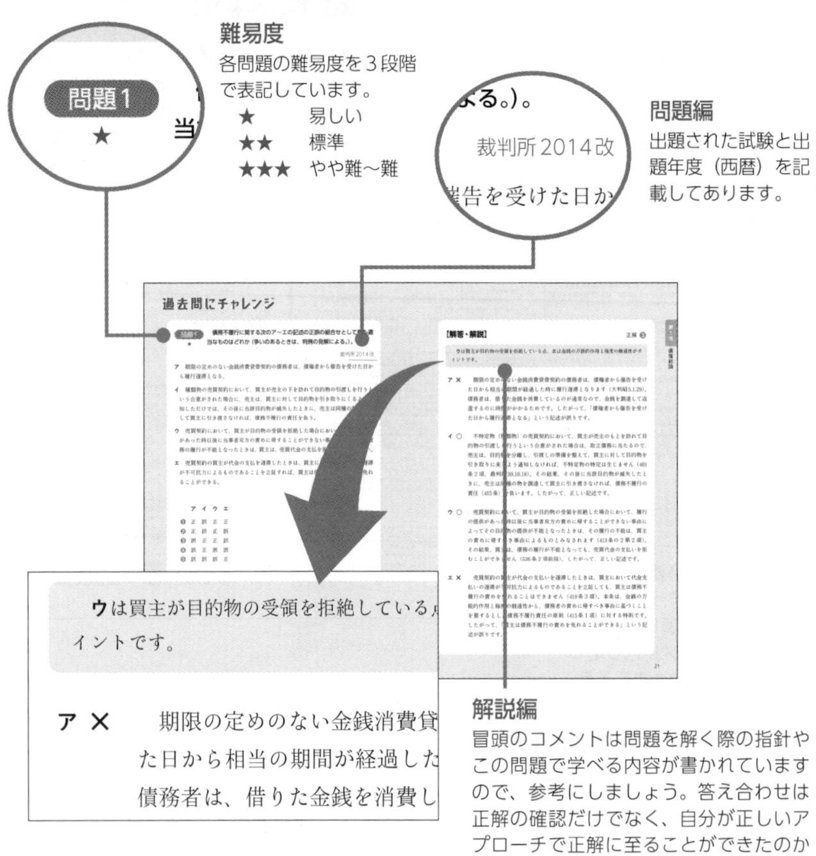

●掲載した過去問題の表記について

表記	該当試験
国般	国家一般職 大卒程度 行政（旧・国家Ⅱ種を含む）
国税	国税専門官
労基	労働基準監督官A
財務	財務専門官
裁判所	裁判所職員一般職 大卒程度（旧・裁判所事務官Ⅱ種を含む）
区Ⅰ	特別区Ⅰ類

※末尾に「改」とあるものは、法改正を反映して改めた問題であることを示します。

過去10年の出題傾向

●国家一般

		2011	2012	2013	2014	2015	2016	2017	2018	2019	2020
債権総論	債務不履行	●		●	●		●		●		
	債務者の責任財産の保全		●	●							●
	債権の消滅	●		●		●	●		●	●	
	多数当事者の債権関係					●		●		●	
	債権譲渡・債務引受		●		●			●			●
債権各論	契約総論				●	●				●	
	契約各論Ⅰ（売買）	●			●			●			
	契約各論Ⅱ（賃貸借）	●		●					●		●
	契約各論Ⅲ（その他の契約）		●			●	●			●	
	事務管理・不当利得		●					●			
	不法行為				●		●		●		●
親族・相続	婚姻	●						●			
	親子			●		●				●	
	相続		●		●		●		●		●

●国家専門職

		2011	2012	2013	2014	2015	2016	2017	2018	2019	2020
債権総論	債務不履行								●	●	
	債務者の責任財産の保全			●			●				
	債権の消滅					●					
	多数当事者の債権関係	●						●			
	債権譲渡・債務引受	●			●						●
債権各論	契約総論					●					
	契約各論Ⅰ（売買）			●			●				
	契約各論Ⅱ（賃貸借）				●			●			
	契約各論Ⅲ（その他の契約）		●						●	●	●
	事務管理・不当利得										
	不法行為										
親族・相続	婚姻			●			●		●		●
	親子										
	相続	●	●		●	●		●		●	

●裁判所

		2011	2012	2013	2014	2015	2016	2017	2018	2019	2020
債権総論	債務不履行		●		●		●	●	●	●	
	債務者の責任財産の保全		●		●		●		●	●	
	債権の消滅	●		●	●	●		●	●	●	●
	多数当事者の債権関係			●							●
	債権譲渡・債務引受					●		●	●		
債権各論	契約総論		●		●		●		●		
	契約各論Ⅰ（売買）	●	●	●				●		●	●
	契約各論Ⅱ（賃貸借）	●	●		●	●		●	●		
	契約各論Ⅲ（その他の契約）	●	●	●		●			●		●
	事務管理・不当利得			●		●	●				●
	不法行為	●	●	●	●		●	●	●	●	●
親族・相続	婚姻										
	親子										
	相続										

●特別区

		2011	2012	2013	2014	2015	2016	2017	2018	2019	2020
債権総論	債務不履行					●			●		
	債務者の責任財産の保全	●		●				●			
	債権の消滅				●	●	●		●	●	●
	多数当事者の債権関係			●	●		●	●		●	
	債権譲渡・債務引受		●								
債権各論	契約総論	●		●			●		●		
	契約各論Ⅰ（売買）					●					
	契約各論Ⅱ（賃貸借）						●				●
	契約各論Ⅲ（その他の契約）		●	●		●		●		●	
	事務管理・不当利得		●		●				●		●
	不法行為	●			●			●			
親族・相続	婚姻						●				●
	親子		●			●					
	相続	●		●	●			●	●		

目　次

第1章

債権総論

債務不履行
債務者の責任財産の保全
債権の消滅
多数当事者の債権関係
債権譲渡・債務引受

1 債務不履行

学習のポイント

・この節では債権、履行の強制、債務不履行、受領遅滞について学習しますが、出題頻度から債務不履行に重点をおきましょう。
・債務不履行については、特に履行遅滞、履行不能、不完全履行の要件および効果について比較しながら理解するとよいでしょう。

1 債　権

(1) 意　義

債権とは、**特定人が他の特定人に対して、ある特定の行為をすること**（あるいはしないこと）**を請求する権利**をいいます。反対に、**特定人が他の特定人に対して、ある特定の行為をしなければならない**（あるいはしてはならない）**という義務**を債務といいます。

例えば、Aが自己所有の腕時計をBに売り渡す契約をした場合、売主Aは買主Bに対して売買代金の支払いを請求する権利を有し、BはAに対して腕時計の引渡請求権を有することになります。これらはどちらも債権です。

この事例を義務の面から見た場合、AはBに対して腕時計を引き渡す義務を負い、BはAに対して代金を支払う義務を負うことになります。これらはどちらも債務です。

このように、**債権と債務は一つの権利義務関係の表と裏の関係**にあるといえます。

(2) 種　類

物の引渡しを目的とする債権には、①特定物債権と②不特定物債権があります。

①　特定物債権

特定物債権とは、**当事者が物の個性に着目して取引の対象とした物（特定物）の引渡しを目的とする債権**をいいます。例えば、中古品や不動産のように、他の個体で代替できないタイプの物の引渡しを目的とした場合です。

(ア) 特定物の引渡し

わざわざ特定の個体を目的としているわけですから、その個体に他の物では代替できない個性があるのが普通です。特定物の引渡しにおいて、債務者は**原則として、契約その他の債権の発生原因および取引上の社会通念に照らして定まった品質の物を引き渡す義務**を負います。

ただし、これを定められない場合は例外として、債務者はその引渡時の現状でその物を引き渡せば足ります（483条）。

(イ) 善管注意義務

債務者は、その引渡しをするまで、契約その他の債権の発生原因および取引上の社会通念に照らして定まる**善良な管理者の注意をもって、その物を保存する義務**（**善管**（ぜんかん）**注意義務**）を負います（400条）。

善管注意義務は、自分の財産を管理するのに要する程度の注意では足りず、より注意深く管理することを求めるものです。

② 不特定物債権

民法第401条
① 債権の目的物を種類のみで指定した場合において、法律行為の性質又は当事者の意思によってその品質を定めることができないときは、債務者は、中等の品質を有する物を給付しなければならない。
② 前項の場合において、債務者が物の給付をするのに必要な行為を完了し、又は債権者の同意を得てその給付すべき物を指定したときは、以後その物を債権の目的物とする。

不特定物債権（種類物債権）とは、**当事者が物の個性に着目せずに取引の対象とした物**（**不特定物・種類物**）**の引渡しを目的とする債権**をいいます。例えば、新車やビール1ダースのように、他の個体で代替できるタイプの物の引渡しを目的とした場合です。

(ア) 不特定物の引渡し

債務者は、原則として、**同種類の物が存在している限り、調達して引き渡す義務**を負います。

(イ) 不特定物債権の特定

不特定物であっても、特定物と同様に引渡しの対象を具体的な個体に固定する必要があります。この特定が生じると、特定された物が引渡しの対象に固定され、特定物と同じ扱いになります。

債務者が物の給付をするのに必要な行為を完了し、または債権者の同意を得てその給付すべき物を指定したときは、以後その物が債権の目的物となります（401条２項)。ここで、「債務者が物の給付をするのに必要な行為を完了した」といえるためにはどのような条件を満たせばよいかが、債務の種類によって次のように異なります。

債務の種類	内容	特定の時期
持参債務	売主が買主に目的物を届ける債務	売主が契約内容に適合する物を届け出た時点
取立債務	買主が目的物を引き取りに行く債務	売主が買主に引取りの催告をしたうえで、引渡し予定の契約内容に適する物を梱包などにより他の物と区別（分離）した時点
送付債務	売主が特定の場所に目的物を届ける債務	・債務者が第三地において履行すべき場合 → 持参債務と同じ ・債務者が好意で第三地に送付する場合 → 発送を完了した時点

確認してみよう

① 債権の目的が特定物の引渡しであるときは、債務者はその引渡しをするまで自己の財産に対するのと同一の注意をもってその物を保存しなければならない。国税2018

1 (2) ① 参照 ×

自己の財産に対するのと同一の注意では足りず、善管注意義務が生じます。

② 債権の目的が特定物の引渡しであるときは、契約その他の債権の発生原因及び取引上の社会通念に照らしてその引渡しをすべき時の品質を定めることができないときは、弁済をする者は、契約時の状態でその物を引き渡せば足りる。

1 (2) ① 参照 ×

契約時の状態ではなく、引渡しをすべき時の現状です。

---

③ 持参債務は、売主が契約内容に適合する物を届け出た時点から、その物が債権の目的物となる。

1 (2) ② 参照 ○

正しい記述です。

2 履行の強制

債務者（または第三者）が債務の内容を実現することを、履行といいます。

債務者が任意に債務の履行をしないときは、債権者は、民事執行法その他強制執行の手続に関する法令の規定に従い、直接強制、代替執行、間接強制その他の方法による履行の強制を裁判所に請求することができます（414条1項本文）。

(1) 直接強制

直接強制は、債務者の意思にかかわらず国家機関の力により**債権の内容を直接的に実現させる履行の強制方法**です。

金銭債務など、債務者が債権者に対して「**与える**」**債務に対して適用される方法**です。

(2) 代替執行

代替執行は、債権者が裁判所に請求し、その裁判に基づいて第三者または債権者自身の手により**債務者に代わって債権の内容を実現させ、それに要する費用を債務者から取り立てるという履行の強制方法**です。

代替的作為債務、不作為債務1)（有形的な義務違反状態が継続する場合）など、債務者が債権者に対して何かを「**なす**」**債務に対して適用される方法**です。

1) 例えば、建物を収去すべき義務を負っている者がその義務を履行しないときに、債務者から解体費用を取り立てて業者に収去作業をさせることが代替的作為債務に当たります。また、通路の通行を妨害しない義務を負う者が、これに違反して通行を妨げる工作物を設けたときに、債務者の費用で工作物を除去することが不作為債務（有形的なもの）に当たります。

(3) 間接強制

間接強制は、債務の履行を確保するために相当と認める**一定額の金銭の支払いを命ずることにより債務者を心理的に圧迫して、債権の内容を実現させる履行の強制の方法**です。

不代替的作為債務、不作為債務2)（無形的な義務違反状態が継続する場合）など、こちらも債務者が債権者に対して何かを**「なす」債務に対して適用される方法**です。

2) 例えば、有名ピアニストが演奏を行う債務が不代替的作為債務に当たります。また、毎晩22時以降は騒音を出さない債務が不作為債務（無形的なもの）に当たります。

確認してみよう

① 金銭債務の履行の強制は、代替執行又は間接強制によるべきこととされており、直接強制によることはできない。国税2018

2 (1) 参照 ×

金銭債務の履行の強制は、直接強制によることとされています。

② 直接強制とは、債務の履行を確保するために相当と認める一定額の金銭の支払を命ずることにより債務者を心理的に圧迫して、債権の内容を実現させる履行の強制の方法をいう。

2 (2) 参照 ×

上記は、間接強制についての記述です。

3 債務不履行

債務不履行とは、**債権が約束どおりに実現されず、そのことについて債務者に帰責事由がある場合**（履行されないのが債務者のせいである場合）**をいいます。**

債務不履行の種類としては、①履行遅滞、②履行不能、③不完全履行があります。

(1) 履行遅滞

① 意 義

履行遅滞とは、**履行期**（債務を履行すべき時期）**に履行が可能であるにもかかわらず、債務者の帰責事由によって履行期を徒過する**（過ぎてしまう）**こと**をいいます（412条１項）。

例えば、自動車の販売店Aが顧客Bに対して自動車を４月１日にB宅に届けるという内容の売買契約を締結したにもかかわらず、AがB宅に届けたのが４月15日だった場合です。

② 要 件

債務が履行遅滞になるための要件は以下のとおりです。

❶ 履行期に履行が可能であること
❷ 履行期を徒過したこと
❸ 履行しないことが違法であること
❹ 債務者に帰責事由があること（415条１項ただし書）

(ア) 履行期を徒過したこと

履行期を徒過して履行遅滞が生じるタイミングは、債務の種類によって以下のように異なります。

	履行遅滞の生じる時期	消滅時効の起算点
確定期限債務	原則：期限到来時[3]（412条１項） 例外：取立債務は、債権者が必要な協力をした時	期限到来時
不確定期限債務	期限の到来した後に履行の請求を受けた時またはその期限の到来したことを知った時のいずれか早い時（412条２項）	期限到来時
期限の定めのない債務	履行の請求を受けた時[4]（412条３項）	債権成立時
停止条件付債務	条件成就後、履行の請求を受けた時	条件成就時
不法行為に基づく損害賠償債務	不法行為時（最判昭37.9.4）	損害および加害者を知った時（724条１項）または不法行為の時（同条２項）

	履行遅滞の生じる時期	消滅時効の起算点
期限の定めのない消費貸借債務	催告から相当の期間経過した時（大判昭5.1.29）	債権成立後相当の期間経過した時

3）債務不履行に基づく損害賠償請求権は、本来の債務の履行を請求（権利を行使）することができる時から発生します（最判平10.4.24）。

4）安全配慮義務の債務不履行に基づく損害賠償債務は、**期限の定めのない債務**なので、債務者は債権者からの履行の請求を受けた時に初めて遅滞に陥ります（最判昭55.12.18）。

ヒント

確定期限債務とは、確定している期限のある債務をいい、不確定期限債務とは、それがいつかは未定であるものの、期限のある債務をいいます。停止条件付債務とは、ある条件が成就するまで債務の発生が停止されている債務をいいます。いずれも、民法Ⅰの範囲で学習した内容です。

（イ）履行しないことが違法であること

債務者に留置権（295条）、同時履行の抗弁権（533条本文）など、履行をしないことが正当といえる事由があるときは、履行をしなくても違法とはなりません。

（ウ）債務者に帰責事由があること

債務の不履行が契約その他の債務の発生原因および取引上の社会通念に照らして債務者の責めに帰することができない事由によるものであるときは、債権者は、損害の賠償を請求することができません（415条1項ただし書）。

判例

- 履行遅滞が債務者の責めに帰することができない事由によるものである場合、その主張・立証は、債務者がする必要があります（415条1項ただし書、大判大14.2.27）。
- 「債務者」には、履行補助者（最判昭35.6.21）や承諾を得た転借人（大判昭4.6.19）も含まれます。このことは、履行不能および不完全履行の場合にも同様に当てはまります。

③ 効 果

履行遅滞が生じたことによる効果として、債権者は債務者に次のようなことが行えるようになる効果が生じます。

❶ 損害賠償（遅延賠償）の請求（415条1項）
❷ 本来の給付の請求
❸ 契約から生じた債務については、契約解除可（541条、542条）
❹ 違約金の効力発生、担保権の実行など

⑵ 履行不能

① 意 義

履行不能とは、**債務の履行が契約その他の債務の発生原因および取引上の社会通念に照らして不能であること**をいいます（412条の2第1項）。

例えば、自動車の販売店Aが顧客Bに対してT社製の2021年型SUVの自動車を4月1日にB宅に届けるという内容の売買契約を締結したにもかかわらず、当該自動車が生産中止となり届けることができなかった場合です。

② 要 件

債務が履行不能になるための要件は以下のとおりです。

❶ 債務の履行が不能であること
❷ 履行不能が違法であること
❸ 債務者に帰責事由があること（415条1項ただし書）

（ア）債務の履行が不能であること

履行不能には、債権成立の前から履行が不能であった場合（原始的不能：412条の2第2項）と債権成立後に履行が不能となった場合（後発的不能：同条1項）があります。

判 例

・売主が不動産を二重に売り渡し、買主の一方が所有権移転登記を具備した場合、売主が他方の買主に対して負う当該不動産の所有権を移転する債務は、契約その他の債務の発生原因および取引上の社会通念に照らして、原則として履行不能となります（412条の2第1項、最判昭35.4.21）。

(イ) 債務者に帰責事由があること

債務の履行が不能となったことについて、債務者側に責任があることです。

債務者がその債務について遅滞の責任を負っている間に当事者双方の責めに帰することができない事由によってその債務の履行が不能となったときは、その履行の不能は、**債務者の責めに帰すべき事由によるものとみなされます**（履行遅滞中の履行不能：413条の２第１項）。

③ 効 果

履行不能が生じたことによる効果として、債権者は債務者に次のようなことが行えるようになる効果が生じます。

❶ 損害賠償（填補賠償）の請求（415条１項本文、２項柱書）
❷ 履行の請求は不可（412条の２第１項）
❸ 契約から生じた債務が不履行となり契約目的が達成できないときは、契約解除可（542条１項１号）
❹ 代償請求権の取得（422条の２）

⑶ 不完全履行

① 意 義

不完全履行とは、**一応債務の履行はされたものの、債務の本旨に従った履行とはいえないこと**をいいます（415条参照）。

例えば、自動車の販売店Ａが顧客Ｂに対して自動車を４月１日にＢ宅に届けるという内容の売買契約を締結し、当日にＢ宅へ自動車を届けたが、エンジンに不具合があった場合です。

② 要 件

債務が不完全履行になるための要件は以下のとおりです。

❶ 不完全な履行がされたこと
❷ 不完全な履行が違法であること
❸ 債務者に帰責事由があること

③ 効 果

不完全履行が生じたことによる効果として、債権者は債務者に次のようなことが行えるようになる効果が生じます。

❶ 損害賠償（遅延賠償）の請求
❷ 完全な履行の請求
❸ 契約から生じた債務が不履行となり契約目的が達成できないときは、契約解除可（541条本文、542条1項1号）

(4) 損害賠償

ここまで見てきたとおり、債務不履行が生じた場合、債権者は債務者に対してその不履行によって被った損害を賠償するよう請求することができます。

① 種 類

損害賠償には以下のとおり、遅延賠償と填補賠償の２種類があり、債務不履行の種類によって使い分けられます。

遅延賠償	履行の遅延を理由とする損害賠償（履行遅滞、不完全履行の場合：415条1項本文）
填補賠償	債務者の履行に代わる損害賠償（履行不能、不完全履行の場合：同条２項）

補足

遅延賠償における不完全履行の場合とは、履行（追完）が可能な場合、填補賠償における不完全履行の場合とは、履行（追完）が不可能な場合です。

② 方 法

損害賠償は、別段の意思表示がないときは、**金銭でその額を定めます**（417条：金銭賠償の原則）。

③ 範 囲

民法第416条
① 債務の不履行に対する損害賠償の請求は、これによって通常生ずべき損害の賠償をさせることをその目的とする。
② 特別の事情によって生じた損害であっても、当事者がその事情を予見すべきであったときは、債権者は、その賠償を請求することができる。

債権者が被った損害のうち、賠償の対象とすることのできる範囲が次のとおり定められています。

通常損害	債務の不履行によって通常生ずべき損害（416条1項）
特別の事情による損害	特別の事情によって生じた損害（特別損害）＋当事者がその事情を予見すべきであったとき5)（同条2項）

5) 当事者がその事情を予見すべきであったかどうかは、**契約締結の時ではなく、債務の履行期を標準として決定されます**（大判大7.8.27）。債務の履行期に予見すべきであったなら、債務者に特別損害による賠償責任を負わせても酷とはいえないからです。また、「当事者」とは、債務者のことです。

判 例

- 建物の賃貸借契約における賃借人が、賃貸人の承諾を得て第三者に建物を転貸した場合において、転借人の過失により建物が滅失したときは、賃借人に過失がなくても、**賃借人は自己の過失と同様に損害賠償責任を負います**（大判昭4.6.19）。
- 賃借人は転借人に建物を転貸している以上、転借人の過失についても責任を負うべきだからです。
- 賃貸借契約については、第2章第3節で学習しますが、債務者の過失と同視する趣旨です。

④　金銭債務の特則

（ア）法定利率と約定利率

金銭の給付を目的とする債務の不履行については、その損害賠償の額は、債務者が遅滞の責任を負った最初の時点における法定利率6)によって定めます（419条1項本文）。ただし、約定利率が法定利率を超えるときは、約定利率によります（同ただし書）。

6) 具体的な利息を生ずべき債権についての利率は、その利息を生じた最初の時点における法定利率となります（404条1項）。また、法定利率は年3％（同条2項）で、3年ごとに見直す変動制を採っています（同条3項～5項）。

判 例

- 仮に貸主が約定利率以上の損害が生じていることを立証しても、その額を請求することはできません（最判昭48.10.11）。

（イ）その他

金銭債務の損害賠償については、債権者は、損害の証明をする必要はありません（419条2項）。また、債務者は、不可抗力をもって抗弁とすることができません（同条3項）。

金銭には高度な代替性と融通性があり、利息を支払いさえすれば容易に入手できるものですから、「お金がないから返せない」という状況が考えられないため、このような特別な規定となっています。

⑤　賠償額の調整

（ア）過失相殺

債務不履行における**過失相殺**とは、**債権者側の過失を考慮して債務者側の賠償額を調整する制度**です。債務の不履行またはこれによる損害の発生もしくは拡大に関して債権者に過失があったときは、裁判所は、これを考慮して、損害賠償の責任およびその額を定めることを要します（必要的過失相殺：418条）。ここでの「債権者」には、**債権者の履行補助者も含まれます**（最判昭58.4.7）。履行補助者の過失も含めるのが、「損害の公平な分配」という過失相殺制度の趣旨に適合するからです。

不法行為の場合は、被害者に過失があったときは、裁判所は、これを考慮して、損害賠償の額を定めることができます（任意的過失相殺：722条2項）。

必要的過失相殺において裁判所が損害賠償の責任を定めるということは、場合によっては債務者の責任のすべてを免れさせることもできることを意味します。

（イ）損益相殺

損益相殺とは、債務不履行によって、**債権者が損害を被るだけでなく利益を得た場合は、衡平の見地から、その利益を損害額から控除するもの**です。

⑥　賠償額の予定

（ア）概　要

当事者は、**債務不履行が生じた場合に備えて損害賠償の額を予定する**ことができます（同条1項）。これを**賠償額の予定**といいます。

債務不履行があったとき、債権者が損害賠償をするにはそれが債務者の責めに帰するものであると立証する必要がありますが、その困難さやわずらわしさを排除して債務の履行を確保するための制度です。

判 例

- 当事者が損害賠償の額を予定した場合においても、債務不履行に関し債権者に過失があったときは、特段の事情のない限り、裁判所は過失相殺により減額することができます（最判平6.4.21）。

(イ) その他

賠償額の予定をしたときでも、**履行の請求または解除権の行使をすることができます**（420条2項）。

また、当事者が違約金を定めていた場合は、これが賠償額の予定と推定されます（同条3項）。違約金には、次の意味があります。

損害賠償の予定	債務不履行の場合に債務者が債権者に支払うべきことを約束した金銭
違約罰	債務不履行に対する制裁として支払うべきことを約束した金銭

⑦　損害賠償による代位

債権者が、損害賠償として、その債権の目的である物または権利の価額の全部の支払いを受けたときは、債務者は、その物または権利について当然に債権者に代位することができます（422条）。

補足

「価額」とは、物または権利の価値に相当する金額をいいます。「代位する」とは、他人の法律上の地位に代わって権利を取得したり行使したりすることをいいます（詳しくは第2節で学習します）。

⑧　代償請求権

債務者が、その債務の履行が不能となったのと同一の原因により債務の目的物の代償である権利または利益を取得したときは、債権者は、**その受けた損害の額の限度において、債務者に対し、その権利の移転またはその利益の償還を請求することができます**（422条の2）。

(5) 安全配慮義務

安全配慮義務は、ある法律関係に基づいて特別な社会的接触の関係に入った当事者間において、当該法律関係の付随義務として当事者の一方または双方が相手方に対して信義則上負う義務として、一般的に認められるべきものであり、安全配慮義務違反による損害賠償請求権が認められます（最判昭50.2.25）。

確認してみよう

① 債務者が、自己の責めに帰すべき事由によって履行遅滞に陥った後、自己の責めに帰することができない事由によって履行不能が生じた場合、債務者は、その履行不能から生じた損害について賠償責任を負わない。国税2019

3 (2) ② 参照 ×

履行遅滞が生じている最中に履行不能が生じた場合、それが債務者の責めに帰することができない事由によるものであっても、その履行不能は債務者の責めに帰すべきものとみなされ、損害賠償責任が生じます。

② 安全配慮義務は、ある法律関係に基づいて特別な社会的接触の関係に入った当事者間において、当該法律関係の付随義務として当事者の一方又は双方が相手方に対して信義則上負う義務として、一般的に認められるべきものであり、安全配慮義務違反による損害賠償請求権が認められるとするのが判例である。国税2019

3 (5) 参照 ○

正しい記述です。

③ 債務の履行について確定期限があるときは、債務者は、その期限の到来した時から遅滞の責任を負うが、債務の履行について期限を定めなかったときは、履行の請求を受けたとしても、遅滞の責任を負うことはない。区Ⅰ 2015

3 (1) ② 参照 ×

期限の定めのない債務の場合は、履行の請求を受けた時から履行遅滞が生じます。

4　債務者が、その債務の履行が不能となったのと同一の原因により債務の目的物の代償である権利又は利益を取得したときは、債権者は、その受けた損害の額とは関係なく、債務者に対し、その権利の移転又はその利益の償還を請求することができる。区Ｉ2015

3 (4) ⑧ 参照　○

正しい記述です。

4 受領遅滞

民法第413条
① 債権者が債務の履行を受けることを拒み、又は受けることができない場合において、その債務の目的が特定物の引渡しであるときは、債務者は、履行の提供をした時からその引渡しをするまで、自己の財産に対するのと同一の注意をもって、その物を保存すれば足りる。
② 債権者が債務の履行を受けることを拒み、又は受けることができないことによって、その履行の費用が増加したときは、その増加額は、債権者の負担とする。
民法第413条の2
① 債務者がその債務について遅滞の責任を負っている間に当事者双方の責めに帰することができない事由によってその債務の履行が不能となったときは、その履行の不能は、債務者の責めに帰すべき事由によるものとみなす。
② 債権者が債務の履行を受けることを拒み、又は受けることができない場合において、履行の提供があった時以後に当事者双方の責めに帰することができない事由によってその債務の履行が不能となったときは、その履行の不能は、債権者の責めに帰すべき事由によるものとみなす。

(1) 意　義

受領遅滞とは、債務の履行について、**債権者の受領その他の協力を必要とする場合に、債権者が債務の履行を受けることを拒み**（受領拒絶）**、または受けることができないため**（受領不能）**、履行が完了しない状態**をいいます（413条１項）。

例えば、家具店Ａと顧客ＢはＢ宅にベッドを届ける売買契約をし、約束の日にＢ宅にベッドを届けたが、未だ部屋が片づいていないとしてＢがベッドの受領を拒絶した場合です。

(2) 要　件

受領遅滞が生じるための要件は以下のとおりです。

❶ 債務者が債務の本旨に従った履行の提供をしたこと
❷ 債権者が債務の履行を受けることを拒み（受領拒絶）、または受けることができないこと（受領不能）

判 例

- 契約の存続期間を通じて採掘された鉱石の全量を売買の目的物とする旨の契約においては、買主には、売主が提供する目的物を引き取るべき信義則上の義務があるため、**買主がその引取りを拒絶することは債務不履行（受領遅滞）に当たります**（最判昭46.12.16）。

⑶ 効 果

受領遅滞の代表的な効果として以下のものがあります。債務者は履行をしようとしたのに債権者側の事情で完了できないわけですから、債務者の責任を軽減したものとなっています。

① 履行遅滞責任の免除

債務者が損害賠償や遅延利息の費用を支払うことが不要となります。また、債権者からの契約解除や担保権の実行ができなくなります。

② 保存義務の軽減

特定物の引渡し債務の場合、債務者側の保存義務の程度が軽減されます。具体的には、善管注意義務から「自己の財産に対するのと同一の注意義務」に変わります。

③ 同時履行の抗弁権の喪失

債権者が同時履行の抗弁権を喪失し、履行を拒むことができなくなります。履行しないと履行遅滞となります。同時履行の抗弁権については第２章で学習します。

④ 増加費用の債権者負担

債権者は、弁済の提供後に目的物に関して増加した保管費用を負担する必要があります。

⑤ 受領遅滞中の履行不能

受領遅滞中の履行不能は、債権者の責めに帰すべき事由によるものとみなされます（413条の２第２項）。

ヒント

履行遅滞中の履行不能が債務者の責めに帰すべき事由とみなされるのに対し、受領遅滞中の履行不能は債権者の責めに帰すべき事由とみなされます。遅滞が債権者・債務者どちらのせいで生じているかという観点で把握しましょう。

確認してみよう

① ＡＢ間の鉱石の売買契約において、契約の存続期間を通じてＡが採掘した鉱石の全量をＢが買い取るものと定められている場合、信義則上、Ｂには、Ａがその期間内に採掘した鉱石を引き取り、代金を支払うべき義務があるから、Ｂがその引取りを拒絶することは債務不履行に当たる。国般2018

4 (2) 参照 ○

正しい記述です。

② 債権者が債務の履行を受けることを拒み、又は受けることができないことによって、その履行の費用が増加したときは、その増加額は、債務者の負担とする。

4 (3) ④ 参照 ×

受領遅滞によって生じた増加費用は債権者の負担となります。

③ 受領遅滞中の履行不能は、債務者の責めに帰すべき事由によるものとみなされる。

4 (3) ⑤ 参照 ×

受領遅滞中の履行不能は、債権者の責めに帰すべき事由によるものとみなされます。

過去問にチャレンジ

問題1 ★　**債務不履行に関する次のア～エの記述の正誤の組合せとして最も適当なものはどれか（争いのあるときは、判例の見解による。）。**

裁判所2014改

ア　期限の定めのない金銭消費貸借契約の債務者は、債権者から催告を受けた日から履行遅滞となる。

イ　種類物の売買契約において、買主が売主の下を訪れて目的物の引渡しを行うという合意がされた場合に、売主は、買主に対して目的物を引き取りにくるよう通知しただけでは、その後に当該目的物が滅失したときに、売主は同種の物を調達して買主に引き渡さなければ、債務不履行の責任を負う。

ウ　売買契約において、買主が目的物の受領を拒絶した場合において、履行の提供があった時以後に当事者双方の責めに帰することができない事由によってその債務の履行が不能となったときは、買主は、売買代金の支払を拒むことができない。

エ　売買契約の買主が代金の支払を遅滞したときは、買主において代金支払の遅滞が不可抗力によるものであることを立証すれば、買主は債務不履行の責めを免れることができる。

	ア	イ	ウ	エ
❶	正	誤	正	正
❷	正	誤	正	誤
❸	誤	正	正	誤
❹	誤	正	誤	誤
❺	誤	誤	誤	正

【解答・解説】

正解 ❸

ウは買主が目的物の受領を拒絶している点、**エ**は金銭の万能的作用と極度の融通性がポイントです。

ア ×　期限の定めのない金銭消費貸借契約の債務者は、債権者から催告を受けた日から相当の期間が経過した時に履行遅滞となります（大判昭5.1.29）。債務者は、借りた金銭を消費しているのが通常なので、金銭を調達して返還するのに時間がかかるためです。したがって、「債権者から催告を受けた日から履行遅滞となる」という記述が誤りです。

イ ○　不特定物（種類物）の売買契約において、買主が売主のもとを訪れて目的物の引渡しを行うという合意がされた場合は、取立債務に当たるので、売主は、目的物を分離し、引渡しの準備を整えて、買主に対して目的物を引き取りに来るよう通知しなければ、不特定物の特定は生じません（401条２項、最判昭30.10.18）。その結果、その後に当該目的物が滅失したときに、売主は同種の物を調達して買主に引き渡さなければ、債務不履行の責任（415条）を負います。したがって、正しい記述です。

ウ ○　売買契約において、買主が目的物の受領を拒絶した場合において、履行の提供があった時以後に当事者双方の責めに帰することができない事由によってその目的物の提供が不能となったときは、その履行の不能は、買主の責めに帰すべき事由によるものとみなされます（413条の２第２項）。その結果、買主は、債務の履行が不能となっても、売買代金の支払いを拒むことができません（536条２項前段）。したがって、正しい記述です。

エ ×　売買契約の買主が代金の支払いを遅滞したときは、買主において代金支払いの遅滞が不可抗力によるものであることを立証しても、買主は債務不履行の責めを免れることはできません（419条３項）。本条は、金銭の万能的作用と極度の融通性から、債務者の責めに帰すべき事由に基づくことを要するとした債務不履行責任の原則（415条１項）に対する特則です。したがって、「買主は債務不履行の責めを免れることができる」という記述が誤りです。

問題2 ★ **債務不履行に関する次のア～エの記述の正誤の組合せとして最も適当なものはどれか（争いのあるときは、判例の見解による。）。**

裁判所2017改

ア　建物の賃借人が自己の責めに帰すべき事由によりその建物を滅失させた場合は、賃貸人は、賃貸借契約を解除しなくても損害の賠償を請求できる。

イ　過失相殺における債権者の過失の判断においては、債権者の履行補助者の過失を考慮することはできない。

ウ　債務者は、債務不履行によって生じた損害のうち、特別の事情によって生じた損害については、契約時においてその事情を予見すべきであった場合に限り、賠償義務を負う。

エ　履行期が到来している債務につき、債権者が相当な期間を定めて催告をするとともに当該期間内に履行がないことを停止条件として解除の意思表示をしたとしても、意思表示に条件又は期限を付すことは許されないから、解除の効力は生じない。

	ア	イ	ウ	エ
❶	正	誤	誤	誤
❷	正	誤	正	誤
❸	誤	正	誤	正
❹	誤	誤	正	正
❺	誤	正	誤	誤

【解答・解説】

正解 ❶

イは過失相殺制度の趣旨（損害の公平の原則）から考えるとよいでしょう。**エ**は第２章で学習する論点なのでこの時点で正誤の判定ができなくてもかまいませんが、債務者に条件を課すことが不利益となるか否かという点がポイントです。

ア ○　建物の賃借人が自己の責めに帰すべき事由によりその建物を滅失させた場合、賃貸人は、これによって生じた損害の賠償を請求することができます（415条）。この場合、賃貸人が賃貸借契約を解除することは必要でありません（最判昭30.4.19）。したがって、正しい記述です。

イ ×　債務の不履行またはこれによる損害の発生もしくは拡大に関して債権者に過失があったときは、裁判所は、これを考慮して、損害賠償の責任およびその額を定めることができます（418条）。そして、「債権者」には、債権者の履行補助者も含まれます（最判昭58.4.7）。履行補助者の過失も含めるのが損害の公平の分担という過失相殺制度の趣旨に適うからです。したがって、「債権者の履行補助者の過失を考慮することはできない」という記述が誤りです。

ウ ×　特別の事情によって生じた損害であっても、当事者がその事情を予見すべきであったときは、債権者は、その賠償を請求することができます（416条２項）。そして、当事者がその事情を予見すべきであったかどうかは、契約締結の時ではなく、債務の履行期を標準として決定されます（大判大7.8.27）。したがって、「契約時において」という記述が誤りです。

エ ×　契約の解除（541条）のような単独行為に条件を付けることは、相手方に不利益を課すことになるおそれがあるため認められません。もっとも、履行期が到来している債務につき、債権者が相当な期間を定めて催告をするとともに当該期間内に履行がないことを停止条件として解除の意思表示をすることは、相手方が当然にすべき行為を促すためであって相手方に不利益を課すものではなく有効とされています（大判明43.12.9）。したがって、「意思表示に条件又は期限を付すことは許されない」という記述が誤りです。

問題3 ★★ **債務不履行に関するア～オの記述のうち、妥当なもののみを全て挙げているのはどれか。ただし、争いのあるものは判例の見解による。**

国般2013改

ア 債務が履行不能となった場合は、債務者は、当該履行不能が自己の責めに帰すべきでない事由によって生じたことを証明しなければ、債務不履行責任を免れることができない。

イ 債務不履行に基づく損害賠償請求権は、債務者がその債務を履行しなかった場合に初めて発生するため、その消滅時効は債務不履行の時点から進行し、債務不履行の時点から３年を過ぎると消滅する。

ウ 債務不履行に基づく損害賠償請求権は、債務不履行によって通常生ずべき損害の賠償をさせることを目的としており、当事者が損害賠償の額をあらかじめ約定することは認められない。

エ 悪意による不法行為に基づく損害賠償請求権を受働債権とする相殺は禁止されているが、債務不履行に基づく損害賠償請求権を受働債権とする相殺は、人の生命又は身体の侵害による損害賠償請求権を受働債権とする相殺を除き、禁止されていない。

オ 特別の事情によって生じた損害であっても、当事者がその事情を予見すべきであったときは、債権者は、その賠償を請求することができるが、予見すべきであったか否かを判断する時期は、債務不履行時ではなく、契約の締結時である。

❶ ア、イ
❷ ア、エ
❸ イ、ウ
❹ ウ、オ
❺ エ、オ

【解答・解説】

正解 ❷

アは債務者が債務の履行義務を負っている点から考えるとよいでしょう。**エ**は第2章で学習する内容ですが、これがわからなくても正答に至ることができます。

ア ○　債務が履行不能となった場合、その債務の不履行が契約その他の債務の発生原因および取引上の社会通念に照らして債務者の責めに帰することができない事由によるものであることを主張・立証しなければ、債務不履行責任を免れることはできません（415条１項ただし書、大判大14.2.27）。したがって、妥当な記述です。

イ ×　債務不履行に基づく損害賠償請求権は、本来の債務の履行を請求（権利を行使）することができる時から発生します（最判平10.4.24）。そして、債務不履行に基づく損害賠償請求権は、債権者が権利を行使することができることを知った時から５年間行使しないとき、または権利を行使することができる時から10年間行使しないときに時効によって消滅します（166条１項）。したがって、全体的に妥当な記述ではありません。

ウ ×　当事者は、債務の不履行について損害賠償の額を予定することができます（420条１項）。債権者による立証の困難やわずらわしさを排除して履行を確保させる趣旨です。したがって、「当事者が損害賠償の額をあらかじめ約定することは認められない」という記述が妥当ではありません。

エ ○　悪意による不法行為に基づく損害賠償請求権を受働債権とする相殺は禁止されています（509条柱書本文１号）。これに対して、債務不履行に基づく損害賠償請求権を受働債権とする相殺は、人の生命または身体の侵害による損害賠償請求権を受働債権とする相殺を除き、禁止されていません（同条２号）。したがって、妥当な記述です。

オ ×　特別の事情によって生じた損害であっても、当事者がその事情を予見すべきであったときは、債権者は、その賠償を請求することができます（416条２項）。そして、予見すべきであったか否かの判断時期は、債務不履行の時（債務の履行期）です（大判大7.8.27参照）。したがって、「債務不履行時ではなく、契約の締結時である」という記述が妥当ではありません。

★★

債務不履行に関する次のア～オの記述のうち、適当なもののみを全て挙げているものはどれか（争いのあるときは、判例の見解による。）。

裁判所2016改

ア　安全配慮義務の債務不履行に基づく損害賠償債務は、不法行為に基づく損害賠償債務に準じた債務であることから、債務者の義務違反時に発生し、債権者からの履行の請求を受けなくても履行遅滞に陥る。

イ　Xから甲物件を賃借したYは、Xの承諾を得て甲物件をZに転貸していたところ、Zの過失により、甲物件が滅失した。この場合、Xは、Yに過失がなかったとしても、Yに対し、X・Y間の賃貸借契約の債務不履行に基づく損害賠償請求をすることができる。

ウ　Xがその所有する甲建物をYに譲渡し、その後、Yへの所有権移転登記がされる前にZにも甲建物を譲渡して、Zへの所有権移転登記がされた場合、原則として、XのYに対する甲建物所有権移転義務は履行不能となる。

エ　当事者が債務不履行について損害賠償の額を予定している場合、裁判所は、その損害賠償の予定額を増減することはできず、過失相殺により賠償額を減額することもできない。

オ　消費貸借の約定利率が債務者が遅滞の責任を負った最初の時点における法定利率を超える場合、借主が返済を遅滞したときにおける損害賠償の額は約定利率に基づいて計算されるが、仮に貸主が約定利率以上の損害が生じていることを立証した場合には、その賠償を請求することができる。

❶　ア、イ
❷　ア、エ
❸　イ、ウ
❹　ウ、オ
❺　エ、オ

【解答・解説】

正解 ❸

イは転借人の過失を賃借人（転貸人）の過失と同視できるかという点が、**ウ**は不動産に所有権移転登記を備えるとその所有権の取得を第三者に対抗できる（177条）点が、ポイントです。

ア ×　安全配慮義務の債務不履行に基づく損害賠償債務は、期限の定めのない債務なので、債務者は債権者からの履行の請求を受けた時に初めて遅滞に陥ります（412条３項、最判昭55.12.18）。したがって、全体的に適当な記述ではありません。

イ ○　賃借人Ｙが賃貸人Ｘの承諾を得て転借人Ｚに賃借家屋を転貸した場合において、Ｚの過失によって当該賃借家屋が滅失したときは、Ｘは、Ｙに過失がないときでも、Ｙに対し、賃貸借契約の債務不履行に基づく損害賠償請求をすることができます（415条１項、大判昭4.6.19）。賃借人Ｙは転借人Ｚに賃借家屋を転貸している以上、Ｚの過失についても責任を負うべきだからです。したがって、適当な記述です。

ウ ○　売主Ｘが甲建物をＹとＺに二重に譲渡し、その後にＺへの所有権移転登記がされた場合、ＸがＹに対して負う当該甲建物の所有権を移転する債務は、契約その他の債務の発生原因および取引上の社会通念に照らして、原則として履行不能となります（412条の２第１項、最判昭35.4.21）。したがって、適当な記述です。

エ ×　当事者が債務不履行について損害賠償の額を予定している場合でも、裁判所は、債務不履行について債権者に過失があったときは、特段の事情のない限り、その損害賠償の予定額を減額することができます（420条１項参照、最判平6.4.21）。また、裁判所は、過失相殺により賠償額を減額することもできます（同判例）。したがって、全体的に適当な記述ではありません。

オ ×　消費貸借の約定利率が、債務者が遅滞の責任を負った最初の時点における法定利率を超える場合、借主が返済を遅滞したときにおける損害賠償の額は約定利率に基づいて計算されます（419条１項）。そして、仮に貸主が約定利率以上の損害が生じていることを立証しても、その額を請求することはできません（最判昭48.10.11）。したがって、「仮に貸主が約定利率以上の損害が生じていることを立証した場合には、その賠償を請求することができる」という記述が適当ではありません。

MEMO

問題5 民法に規定する債務不履行に関する記述として、妥当なのはどれか。

★★

区Ⅰ2018改

❶ 債務者は、債務の履行について確定期限があるときは、その期限の到来したことを知った時から遅滞の責任を負い、債務の履行について不確定期限があるときは、履行の請求を受けた時又はその期限の到来したことを知った時のいずれか早い時から遅滞の責任を負う。

❷ 当事者は、債務の不履行について損害賠償の額を予定することができるが、賠償額を予定した場合であっても、当然に履行の請求や解除権の行使をすることができる。

❸ 債権者は、債務者が金銭の給付を目的とする債務の履行をしないときは、これによって生じた損害の賠償を請求することができるが、当該損害賠償については、債権者が、その損害を証明しなければならない。

❹ 債務の不履行に対する損害賠償の請求は、通常生ずべき損害の賠償をさせることを目的としており、特別の事情により生じた損害で、当事者がその事情を予見すべきであったときでも、債権者は、その賠償を請求することができない。

❺ 債務の不履行に関して債権者に過失があったときは、裁判所は、これを考慮して、損害賠償の額を軽減することができるが、債務者の賠償責任を否定することはできない。

【解答・解説】

正解 ❷

❶は債務者の主観を必要とするなら「確定期限」の意味がないでしょう。❸は「金銭の給付を目的とする債務」である点がポイントです。

❶ ×　債務の履行について確定期限があるときは、債務者は、その期限の到来した時から遅滞の責任を負います（412条1項）。この場合、債務者がその期限の到来を知ったことは不要です。また、債務の履行について不確定期限があるときは、債務者は、その期限の到来した後に履行の請求を受けた時またはその期限の到来したことを知った時のいずれか早い時から遅滞の責任を負います（同条2項）。したがって、「その期限の到来したことを知った時から遅滞の責任を負い」という記述が妥当ではありません。

❷ ○　当事者は、債務の不履行について損害賠償の額を予定することができます（420条1項）。また、賠償額の予定をしたときでも、履行の請求または解除権の行使をすることができます（同条2項）。履行の請求や解除権の行使を否定する理由はないからです。したがって、妥当な記述です。

❸ ×　債権者は、債務者が金銭の給付を目的とする債務を履行しないときは、これによって生じた損害の賠償を請求することができます（419条1項）。そして、当該損害賠償については、債権者は、その損害を証明する必要はありません（同条2項）。したがって、「債権者が、その損害を証明しなければならない」という記述が妥当ではありません。

❹ ×　債務の不履行に対する損害賠償の請求は、通常生ずべき損害の賠償をさせることを目的とし（416条1項）、特別の事情によって生じた損害であっても、当事者がその事情を予見すべきであったときは、債権者は、その賠償を請求することができます（同条2項）。したがって、「債権者は、その賠償を請求することができない」という記述が妥当ではありません。

❺ ×　裁判所は、債権者の過失を考慮して、損害賠償の責任およびその額を定めることができます（418条）。すなわち、裁判所は、債務者の賠償責任を否定することもできます。したがって、「債務者の賠償責任を否定することはできない」という記述が妥当ではありません。

問題6 ★★★ **債務不履行による損害賠償に関する次の記述のうち、妥当なのはどれか。ただし、争いのあるものは判例の見解による。**

国般2016改

❶ 債務不履行による損害の発生が債務者の帰責事由だけではなく、債権者の過失も原因となって発生した場合には、発生した損害の全てを債務者に負担させることは公平に反するため、裁判所は、債権者の過失に応じて損害賠償額を減額することができるが、債務者の損害賠償の責任全てを免れさせることはできない。

❷ 債務不履行による損害賠償の方法には、金銭賠償と原状回復とがある。金銭賠償とは金銭を支払うことによって損害が発生しなかった状態を回復するものであり、原状回復とは債務者が自ら又は他人をして現実に損害を回復するものであり、損害賠償の方法としては、金銭賠償が原則である。

❸ 債務者が、その債務の履行が不能となったのと同一の原因により債務の目的物の代償である利益を取得した場合には、その利益を債務者に享受させることは公平に反するため、債権者は、その受けた損害の額の限度を超えても、債務者に対し、その利益全ての償還を請求することができる。

❹ 債権者と債務者との間であらかじめ違約金を定めておいた場合には、その違約金は原則として債務不履行に対する制裁であるため、債務者は、債権者に対し、現実に発生した損害賠償額に加えて違約金を支払わなければならない。

❺ 債務不履行により債権者が損害を被った場合には、債務不履行による損害賠償の範囲は、債務不履行がなければ生じなかった損害全てに及び、特別な事情による損害も、通常生ずべき損害と同様に、損害賠償の対象となる。

【解答・解説】　　正解 ❷

❶は不法行為の場合との違いに注意することが重要です。❸は債務者は、その受けた損害の額の限度で利益の償還を受ければ十分でしょう。

❶ ×　裁判所は、債権者の過失を考慮して、損害賠償の責任およびその額を定めることができます（418条）。すなわち、裁判所は、債務者の損害賠償の責任すべてを免れさせることもできます。したがって、「債務者の損害賠償の責任全てを免れさせることはできない」という記述が妥当ではありません。

❷ ○　債務不履行による損害賠償の方法には、金銭賠償と原状回復とがあります。そして、民法は、損害賠償の方法としては、別段の意思表示がないときは、金銭をもってその額を定めるとしています（金銭賠償の原則：417条）。したがって、妥当な記述です。

❸ ×　債務者が、その債務の履行が不能となったのと同一の原因により債務の目的物の代償である権利または利益を取得したときは、債権者は、その受けた損害の額の限度において、債務者に対し、その権利の移転またはその利益の償還を請求することができます（422条の２）。したがって、「その受けた損害の額の限度を超えても」という記述が妥当ではありません。

❹ ×　違約金には、①債務不履行の場合に債務者が債権者に支払うべきことを約束した金銭という損害賠償の予定としての意味と、②債務不履行に対する制裁としての違約罰としての意味があります。そして、民法は、違約金を損害賠償の予定と推定しています（420条３項）。したがって、全体的に妥当な記述ではありません。

❺ ×　債務不履行により債権者が損害を被った場合には、債務不履行による損害賠償の範囲は、債務不履行によって通常生ずべき損害の賠償に限られます（416条１項）。また、特別の事情によって生じた損害であっても、当事者がその事情を予見すべきであったときは、損害賠償の対象となりますが、損害のすべてに範囲が及ぶわけではありません（同条２項）。したがって、全体的に妥当な記述ではありません。

2 債務者の責任財産の保全

学習のポイント

- この節では債権者代位権と詐害行為取消権について学習しますが、いずれも重要なのでしっかり押さえておきましましょう。
- 債権者代位権は債権者が債務者に代わって債権を行使する制度であるのに対し、詐害行為取消権は債権者が債務者のした財産行為を取り消すもので、債務者の財産管理に介入する度合いが強い制度である点を前提に、両制度を比較しながら理解するとよいでしょう。

1 債務者の責任財産の保全とは

第1節で学習した債務不履行が生じた場合、債権者は履行の強制や損害賠償の請求などの手段で自分の利益を守ることになります。

もし抵当権を設定してもらっていればその財産から債権を回収できますが、そうでなければ債務者の有するその他の一般財産をお金に換えてもらう必要があります。債務者はその一般財産によって債権者に責任を負っていると見ることもできるため、債務者の一般財産を**責任財産**と呼びます。

このような点において、**債務者がきちんとその責任財産を保全していることは、利害関係者である債権者にとって重要な意味を持っている**ことになります。基本的に、債務者は自身の財産を自由に処分できるはずですが、**一定の限度で債権者が債務者の財産管理に介入できる制度**が認められています。

これが、債務者の責任財産の保全の意義です。具体的には、この後説明する債権者代位権、詐害行為取消権という二つの権利によって、この債務者の責任財産の保全が図られています。

2 債権者代位権

> 民法第423条
> ① 債権者は、自己の債権を保全するため必要があるときは、債務者に属する権利（以下「被代位権利」という。）を行使することができる。ただし、債務者の一身に専属する権利及び差押えを禁じられた権利は、この限りでない。
> ② 債権者は、その債権の期限が到来しない間は、被代位権利を行使することができない。ただし、保存行為は、この限りでない。
> ③ 債権者は、その債権が強制執行により実現することのできないものであるときは、被代位権利を行使することができない。

(1) 意　義

債権者代位権とは、**債務者がその権利を行使しない場合に、債権者がその債権を保全するために、債務者に代わってその権利を行使することができる権利**をいいます（423条1項）。**保全されるべき債権者の債権**を被保全債権、**債務者に代わって債権者が行使する権利**を被代位権利といいます。また、債権者代位権を行使する債権者を代位債権者と呼ぶことがあります。

例えば、AがBに100万円を貸した後にBが無資力となった（返せなくなった）とします。ただ、Bは別のCに100万円を貸しており、その金銭債権を有しています。この場合Aは、履行期到来後に、BがCに対して有している100万円の金銭債権をBに代わって行使し、Cから100万円を受領できるというのが債権者代位権です。AがBに対して有している100万円の金銭債権が被保全債権、BがCに対して有している100万円の金銭債権が被代位権利に当たります。

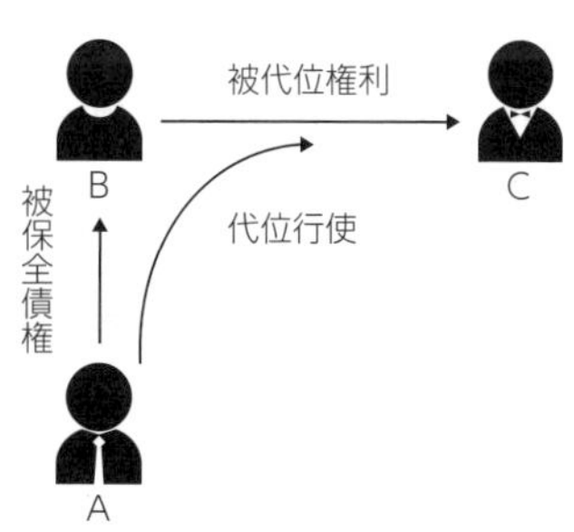

補足

通常の権利（代金債権、損害賠償債権など）はもとより、取消権、解除権のような形成権や消滅時効の援用権（最判昭43.9.26）も被代位権利となります。

⑵ 要　件

❶ 債権者が自己の債権を保全する必要があること（423条１項本文）
❷ 被保全債権の弁済期が到来していること（同条２項本文）
❸ 被保全債権が強制執行により実現できないものでないこと（同条３項）
❹ 債務者が被代位権利を行使していないこと
❺ 被代位権利が一身専属権・差押禁止債権でないこと（同条１項ただし書）

① 債権者が自己の債権（被保全債権）を保全する必要があること

債権者が自己の債権（被保全債権）を保全する必要がある状況についての要件です。

判 例

- 債権者が債権者代位権を行使するには、**債務者が無資力であることが要件です**（大判明39.11.21）。債務者の資力が十分ならば、債務者の財産管理への干渉を認める必要はないからです。
- 債権者が、所有権移転登記請求権のような**特定物に関する債権を保全するときは、債務者が無資力であることは必要ありません**（最判昭50.3.6、423条の７参照）。特定物に関する債権の保全の場合は、債務者の無資力性が問題とならないからです。
- **被保全債権は、代位行使の対象となる権利**（被代位権利）**よりも前に成立している必要はありません**（最判昭33.7.15、423条１項本文参照）債権者は債務者の権利を代位行使するにすぎないからです。

② 被保全債権の弁済期が到来していること

債権者は、**その債権の期限が到来しない間は、被代位権利を行使することができません**（423条２項本文）。

ただし、債権者は、**保存行為**（**時効の完成の阻止など**）**をする場合は、自己の債権の期限が到来しないときでも、被代位権利を行使することができます**（同ただし書）。

③ 債務者が被代位権利を行使していないこと

債権者による代位は、**債務者が自ら権利を行使しない場合に限り許されます**。例えば債務者が自分の貸金債権を取り立てようとしているのに、債権者が代位権を行使することはできません。

債務者が権利を行使しているのに債権者に被代位権利の行使を認めることは、債務者の財産管理に対する不当な干渉となるからです。

判 例

- 債務者が自ら権利を行使した後では、その行使方法または結果が**債権者にとって不利益な場合であっても、債権者は、代位権を行使することはできません**（最判昭28.12.14）。

④ **被代位権利が一身専属権・差押禁止債権でないこと**

債務者の**一身に専属する権利**（債務者のみが行使するのが適当な権利）**および差押えを禁じられた権利は、被代位権利となりません**（423条１項ただし書）。

判 例

- 遺留分侵害額請求権（1046条１項）は、債務者の一身に専属する権利なので、原則として、代位行使することはできません。ただし、**遺留分権利者がその権利行使の確定的意思を外部に表明したときには、代位行使することができます**（最判平13.11.22）。
- 相続人が慰謝料請求権を相続によって取得したときは、その相続人の債権者は、慰謝料請求権を代位行使することができます（最判昭58.10.6）。

⑶ 代位権の行使

① **行使の方法**

債権者代位権は、被保全債権の履行期が到来していれば、**裁判上でも裁判外でも行使することができます**。

判 例

- 債権者は、債務者の代理人としてではなく、**自己の名において被代位権利を行使します**（大判昭9.5.22）。

② **行使の範囲**

債権者は、**被代位権利の目的が可分であるときは、自己の債権の額の限度においてのみ被代位権利を行使することができます**（423条の２）。

債権者代位権は、責任財産の保全のために例外的に債権者による干渉を認めたものであり、必要最低限の範囲に限るべきだからです。

判 例

- ただし、目的物が不可分であるときは目的物全部について、被代位権利を行使することができます（最判昭30.10.11等）。

③ 債権者への引渡請求

債権者は、被代位権利を行使する場合において、被代位権利が金銭の支払いまたは動産の引渡しを目的とするものであるときは、**直接自己に対して**その支払い、または引渡しを求めることができます（423条の３本文）。

判 例

- 土地の賃借人は、その賃借権を保全するために賃貸人である土地所有者の所有権に基づく妨害排除請求権を代位行使し、土地の不法占拠者に対して直接自己に土地を明け渡すよう請求することができます（最判昭29.9.24）。

④ 相手方の地位

債権者が被代位権利を行使したときは、相手方は、**債務者に対して主張することができる抗弁をもって、債権者に対抗することができます**（相手方の抗弁権：423条の４）。

債権者は債務者の権利を代位行使するにすぎず、相手方である第三者は、債務者が権利を行使した場合よりも不利益を受ける理由がないからです。

⑤ 債務者の地位

債務者は、債権者が**被代位権利を行使した場合であっても、被代位権利について、自ら取立てその他の処分をすることができます**（423条の５前段）。

⑷ 効 果

① 効果の帰属

債権者が債務者の権利を代位行使すると、その効果は**直接債務者に帰属します。**

② 代位訴訟判決の効力

債務者が当事者として代位訴訟に参加していない場合でも、**判決の効力は債務者にも及びます**（423条の6）。同条が「債権者は、被代位権利の行使に係る訴えを提起したときは、遅滞なく、債務者に対し、訴訟告知をしなければならない」と規定しているのは、代位訴訟判決の効力は、債務者にも及ぶことを前提にしています。

⑸ 債権者代位権の転用

債権者代位権の被保全債権（債権者の債務者に対して有する債権）は、**金銭債権に限られる**のが原則です。

ただし、債権者が金銭債権以外の債権を保全する必要があるときは、債権者代位権を行使することができます。これを**債権者代位権の転用**といいます。この場合は、**債務者が無資力であることは要件となりません**（大判明43.7.6）。

登記または登録をしなければ権利の得喪および変更を第三者に対抗することができない財産を譲り受けた者は、その譲渡人が第三者に対して有する登記手続または登録手続をすべきことを請求する権利を行使しないときは、その権利を代位行使することができます（423条の7）。

判例

- 土地の売主の死亡後、土地の買主に対する所有権移転登記手続義務を相続した共同相続人の１人が当該義務の履行を拒絶しているため、買主が同時履行の抗弁権を行使して土地の売買代金全額について弁済を拒絶している場合には、他の相続人は、自己の相続した代金債権を保全するため、**買主が無資力でなくても**、登記手続義務の履行を拒絶している相続人に対し、**買主の所有権移転登記手続請求権を代位行使することができます**（最判昭50.3.6）。

確認してみよう

① Aが B に対する貸金債権（甲債権）を有し、C も B に対する貸金債権（乙債権）を有している場合、Bが無資力であり、かつ、乙債権の消滅時効が完成しているときであっても、AはBに代位して、Cに対し、乙債権の消滅時効を援用することはできない。裁判所2018

2 (1) 参照 ×

消滅時効の援用権も被代位権利となります。

②　債権者が被代位権利を行使した場合、債務者は、被代位権利について、自ら取立てをすることができなくなる。

2 (3) ⑤ 参照　×

被代位権利が行使された後でも、債務者は自ら取立てを行うことができます。

③　債権者が被代位権利の行使に係る債権者代位訴訟を提起した場合において、債務者が当事者として当該代位訴訟に参加していないときは、その判決の効力は債務者には及ばない。

2 (4) ② 参照　×

判決の効力は債務者にも及びます。

④　土地の売主の死亡後、土地の買主に対する所有権移転登記手続義務を相続した共同相続人の一人が当該義務の履行を拒絶しているため、買主が同時履行の抗弁権を行使して土地の売買代金全額について弁済を拒絶している場合には、他の相続人は、自己の相続した代金債権を保全するため、買主が無資力でなくても、登記手続義務の履行を拒絶している相続人に対し、買主の所有権移転登記手続請求権を代位行使することができる。国般2013

2 (5) 参照　○

正しい記述です。

⑤　第三債務者Cは、債務者Bに対して主張することのできる相殺の抗弁を債権者Aに対しても主張することができる。裁判所2010

2 (3) ④ 参照　○

正しい記述です。

3 詐害行為取消権

民法第424条
① 債権者は、債務者が債権者を害することを知ってした行為の取消しを裁判所に請求することができる。ただし、その行為によって利益を受けた者（以下この款において「受益者」という。）がその行為の時において債権者を害することを知らなかったときは、この限りでない。
② 前項の規定は、財産権を目的としない行為については、適用しない。
③ 債権者は、その債権が第一項に規定する行為の前の原因に基づいて生じたものである場合に限り、同項の規定による請求（以下「詐害行為取消請求」という。）をすることができる。
④ 債権者は、その債権が強制執行により実現することのできないものであるときは、詐害行為取消請求をすることができない。

(1) 意 義

詐害（さがい）行為取消権とは、**債務者が行った法律行為によって債権者の債権が害された場合、債権者が、その行為（詐害行為）の取消しを裁判所に請求することができる権利**をいいます（424条1項本文）。また、詐害行為取消権を行使する債権者を取消債権者と呼ぶことがあります。

例えば、AがBに500万円を貸していた後に、Bが唯一の不動産を第三者Cに贈与したため無資力となった場合、Aにとっては、贈与で財産を処分してしまうのではなく、債権者である自分に金を返してほしいと思うはずです。このようなとき、Aは、BのCに対する不動産の贈与（詐害行為）を取り消すことによって、不動産を取り戻すことができるというものです。

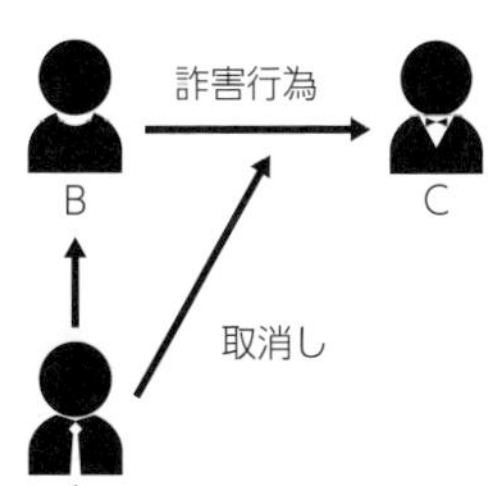

AがBC間の行為を取り消して、Bの財産状態を回復し、Bに対する債権の回収を図る

(2) 債権者側の要件

❶ 被保全債権が存在していること
❷ 被保全債権の発生原因が詐害行為前に成立していること

①　被保全債権が存在していること

被保全債権は、原則として**金銭債権であること**が必要です。

ただし、特定物債権も損害賠償債権に変わり得るので、債務者の一般財産により担保されなければならない点は金銭債権と同様であり、この場合は、被保全債権となります。

また、被保全債権は、強制執行により実現可能な債権であることが必要です（424条4項）。

判 例

- 債権者は、不動産の引渡債権を保全するために詐害行為取消請求をすることができます（最大判昭36.7.19）。
- なお、特定物債権保全のためであっても、債務者の無資力が要件となります（最大判昭36.7.19）。債務者の財産処分行為を取り消すという重大な結果を生じるものだからです。債務者の無資力については後述します。

②　被保全債権の発生原因が詐害行為前に成立していること

債権者は、**その債権が詐害行為の前の原因に基づいて生じたものである場合に限り**、詐害行為取消請求をすることができます（424条3項）。詐害行為の前の原因に基づいて生じた債権の債権者は、その原因の時点における責任財産によって自己の債権が保全されると期待しているからです。

つまり、被保全債権自体が詐害行為の前に成立していなくても、被保全債権の発生原因が詐害行為前に成立していればよいことになります。

判 例

- 詐害行為取消請求の時点で**弁済期が到来している必要はありません**（大判大9.12.27参照）。債権者代位権が弁済期の到来を必要とすることと区別しましょう。
- 債権譲渡行為が被保全債権の発生原因の前にされ、それが詐害行為を構成しないときは、**債権譲渡通知が被保全債権の成立後であっても、債権譲渡通知だけを詐害行為として取り消すことはできません**（最判平10.6.12参照）。債権譲渡通知は、単に債権の移転を債務者その他の第三者に対抗し得る効果を生じさせるだけであって、債務者の財産の減少を目的とする行為ではないからです。

(3) 債務者側の要件

❶ 債務者が無資力であること
❷ 財産権を目的とする行為であること
❸ 債権者を害する行為であること（行為の詐害性）
❹ 債務者が債権者を害することを知っていたこと

① 債務者が無資力であること

詐害行為の結果、**債務者が無資力となること**が必要です。債務者の無資力は、**詐害行為時と詐害行為取消請求の行使時の双方の時点で存在していることが要求されます**（大判大15.11.13）。

債務者が詐害行為の時点で無資力であっても、その後資力を回復すれば、詐害行為取消権を行使することはできません。

判 例

- 債務者がその所有する抵当不動産を第三者に客観的価値を下回る価格で譲渡した場合でも、当該不動産の客観的価値を上回る債権を被担保債権とする抵当権が当該不動産に設定されていたときは、当該譲渡行為は**詐害行為とはなりません**（大判昭7.6.3）。

② 財産権を目的とする行為であること

詐害行為取消請求は、**財産権を目的とした行為について適用されます**（424条2項）。

判 例

- **遺産分割協議**は、その性質上、財産権を目的とした法律行為なので、**詐害行為取消請求の対象となります**（最判平11.6.11）。
- **離婚に伴う財産分与**として金銭の給付をする旨の合意は、財産分与（768条3項）の規定の趣旨に反してその額が不相当に過大であり、財産分与に仮託してされた財産処分であると認めるに足りるような特段の事情があるときは、**不相当に過大な部分について、その限度において詐害行為の対象となります**（最判平12.3.9）。
- **相続放棄**は身分行為であり、**詐害行為取消請求の対象となりません**（最判昭49.9.20）。

③　債権者を害する行為であること（行為の詐害性）

債権者を害する行為とは、一般的に、債務者の行為によって債務者の財産が減少し、その結果、債権者の債権が完全な満足を得られなくなる行為をいいます。

（ア）債務者が相当の対価を得てした財産の処分

次のすべての要件を満たすときに、行為の詐害性が認められます（424条の２）。

- その行為が、不動産の金銭への換価等により、債務者が隠匿、無償の供与その他の債権者を害することとなる処分（隠匿等の処分）をするおそれを現に生じさせるものであること
- 債務者が、その行為の当時、対価として取得した金銭その他の財産について、隠匿等の処分をする意思を有していたこと
- 受益者が、その行為の当時、債務者が隠匿等の処分をする意思を有していたことを知っていたこと

（イ）担保の供与または債務の消滅

既存の債務についての担保の供与または債務の消滅行為が、債務者が支払不能の時に、債務者と受益者とが通謀して他の債権者を害する意図をもって行われたものであることが必要です（424条の３第１項）。

また、債務者がした既存の債務についての担保の供与または債務の消滅に関する行為が、債務者の義務に属せず、またはその時期が債務者の義務に属しない場合は、**債務者が支払不能になる前30日以内に、債務者と受益者とが通謀して他の債権者を害する意図をもって行われたものであること**が必要です（同条２項）。

（ウ）弁済・代物弁済

債務者がした債務消滅に関する行為で、受益者の受けた給付の価額が消滅した債務額よりも過大である場合は、その**消滅した債務の額に相当する部分以外の部分**について、行為の詐害性が認められます（424条の４）。

④　債務者が債権者を害することを知っていたこと

債務者は、**債権者を害することを知っていれば足り**、必ずしも債権者を害することを意図しもしくは欲することまでは必要ありません（最判昭35.4.26）。

⑷　受益者・転得者側の要件

受益者とは、債務者の詐害行為によって利益を得た者です。例えば、債務者が責任財産である不動産を第三者に贈与してしまった場合、この贈与によって利益を得た第三者が受益者です。

転得者とは、債務者から受益者に移転した財産をさらに取得した者です。

① **受益者側の要件**

債権者は、**受益者が受益行為時に債権者を害すべき事実を知っていたときに限り**、受益者に対して詐害行為取消請求をすることができます（424条1項ただし書）。受益者が善意であれば保護すべきだからです。

② **転得者側の要件**

債権者が転得者に対して詐害行為取消請求をするためには、受益者が悪意であることに加えて、次の要件が必要です（424条の5）。

転得者が受益者から転得した者である場合	転得者が、**転得の当時、債務者がした行為が債権者を害することを知っていたこと**（同条1号）
転得者が他の転得者から転得した者である場合	**転得者およびその前に転得したすべての転得者**が、それぞれの転得の当時、債務者がした行為が債権者を害することを知っていたこと（同条2号）

③ **受益者・転得者側の要件のまとめ**

受益者	転得者	取消権の行使の可否
善意	善意	両者に対して行使不可
善意	悪意	両者に対して行使不可
悪意	善意	受益者に対してのみ行使可（価額賠償）
悪意	悪意	受益者に対して価額賠償 転得者に対して現物返還 } 両者に対して行使可

(5) 詐害行為取消権の行使

① **行使の方法**

詐害行為取消請求は、**必ず裁判に請求し**（＝訴え）**なければなりません**（424条1項本文）。

判例

- 抗弁（自分が証明責任を負う事実の積極的主張）として詐害行為取消権を主張することはできません（最判昭39.6.12）。

ヒント

債権者代位権が裁判上でも裁判外でも行使できたのに対し、詐害行為取消権が裁判に訴えなければならない点に違いがあります。詐害行為取消権は、債務者の財産処分行為を取り消すという重大な結果をもたらすため、裁判所による慎重な判断が必要だからです。

② 行使の相手方

詐害行為取消請求をしようとする債権者は、受益者または転得者を被告として訴えを提起する必要がありますが（424条の７第１項）、**債務者を被告として訴えを提起する必要はありません。**

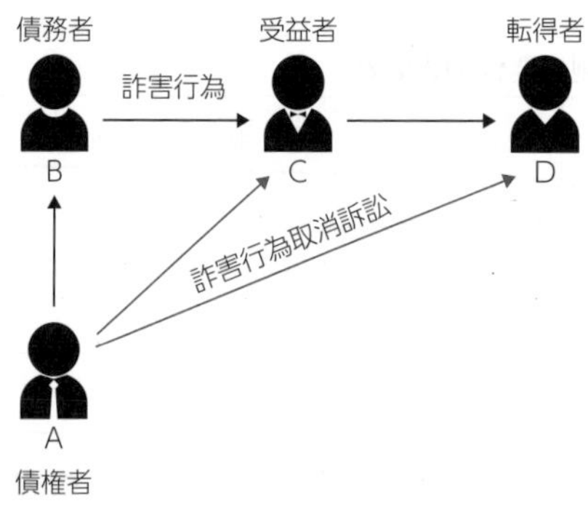

③ 行使の範囲

目的物が可分であるときは自己の債権の額の限度に限られますが、**目的物が不可分であるときは目的物全部に及びます**（424条の８第１項、最判昭30.10.11等）。

④ 行使の期間

詐害行為取消請求に係る訴えが可能な期間は、**債務者が債権者を害することを知って行為をしたことを債権者が知った時から２年間**、または**行為の時から10年**

間です。これを経過すると提起することができません（426条）。

詐害行為取消請求は第三者に与える影響が大きいのでなるべく早く法律関係を確定させることが望ましく、長期になると当事者の善意悪意の立証が困難になることから、訴えの提起期間を制限したものです。

(6) 詐害行為取消権の効果

① 効果の帰属

債権者は、詐害行為により逸出した財産が金銭の支払いまたは動産の引渡しを求めるものであるときは、受益者または転得者に対し、金銭その他の動産を**直接自己に対して**支払いまたは引渡しもしくは価額の償還を請求することができます（424条の９第１項前段、２項）。

債務者が財産の受領を拒否することで、責任財産の保全という詐害行為取消請求の目的が達成できなくなるのを防止するためです。

判例

- 債権者は、債務者・受益者間の不動産売買契約を取り消したうえで、所有権移転登記を備えていた受益者に対し、債務者に対する所有権移転登記を求めることはできますが、この場合は、自己に対する所有権移転登記を求めることはできません（最判昭53.10.5、424条の９第１項参照）。
- 債権者は、単独で債務者名義への所有権移転登記申請が可能であり、それによって責任財産の保全を図ることができるからです。

② 認容判決の効力が及ぶ者の範囲

詐害行為取消請求を認める確定判決が得られた場合、その効力は、**被告のほか、債務者およびそのすべての債権者に対しても及びます**（425条）。

判決の効力を債務者およびその他のすべての債権者に及ぼすことで、関係者間の統一的な利害調整を図るためです。

◆被告が受益者・転得者の場合

被告	取消しの効果
受益者	転得者には及ばない
転得者	転得者からの転得者、転得者の前者（中間転得者）、受益者には及ばない

効力が及ばない者との関係では被告のした行為は有効なので、債権者は、反対給付の返還を請求することはできません。

確認してみよう

① 詐害行為の成立には、債務者がその債権者を害することを知って法律行為をしたことに加え、債権者を害することを意図し又は欲して法律行為をしたことが必要である。国税2013

3 (3) ④ 参照 ×

債権者を害することを意図しもしくは欲していたことまでは必要ありません。

② 離婚に伴う財産分与として金銭の給付をする旨の合意は、その額が不相当に過大であり、財産分与に仮託してされた財産処分であると認めるに足りるような特段の事情があるときは、不相当に過大な部分について、その限度において詐害行為として取り消されるべきである。区Ⅰ2011

3 (3) ② 参照 ○

正しい記述です。

③ 債権者が債務者による詐害行為の受益者からの転得者に対して詐害行為取消請求をするためには、転得者が転得の当時、債務者の行為が債権者を害することを知っていれば足り、受益者が受益行為時に債権者を害することを知っていたことは必要とされない。

3 (4) ② 参照 ×

受益者が悪意であったこと、転得者が転得の当時悪意であったことの両方が必要です。

過去問にチャレンジ

問題1 ★ **民法に規定する債権者代位権に関する記述として、判例、通説に照らして、妥当なのはどれか。**

区Ⅰ2013改

❶ 債権者は、その債権の期限が到来しない間は、時効の完成猶予や更新などの保存行為についても、債務者に属する権利（被代位権利）を行使することはできない。

❷ 債権者代位における債権者は、債務者の代理人として債務者に属する権利を行使することができるが、自己の名においてその権利を行使することはできない。

❸ 債権者が、特定物に関する債権を保全するため代位権を行使するためには、金銭債権を保全するために代位権を行使する場合と同様に、債務者が無資力であることが必要である。

❹ 最高裁判所の判例では、債務者がすでに自ら権利を行使している場合であっても、その行使の方法又は結果が債権者にとって不利益になる場合には、債権者は被代位権利を行使することができるとした。

❺ 債権者が債務者に対する金銭債権に基づいて債務者の第三債務者に対する金銭債権を代位行使する場合においては、債権者は自己の債権額の範囲においてのみ債務者の債権を行使しうる。

【解答・解説】 正解 ❺

❷は債権者代位権は債権者固有の権利である点が、❹と❺は債権者代位権が責任財産を保全するために例外的に債務者の財産管理に干渉することを認めた点が、ポイントです。

❶ ✕　債権者は、自己の債権の期限が到来しない間は、時効の完成猶予や更新などの保存行為を除き、債務者に属する権利（被代位権利）を行使することができません（423条2項）。したがって、「時効の完成猶予や更新などの保存行為についても」という記述が妥当ではありません。

❷ ✕　債権者代位権は債権者固有の権利なので、債権者代位における債権者は、債務者の代理人としてではなく、自己の名において被代位権利を行使します（大判昭9.5.22）。したがって、全体的に妥当な記述ではありません。

❸ ✕　債権者が債権者代位権を行使するには、債務者が無資力であることが要件です（大判明39.11.21）。もっとも、債権者が、所有権移転登記請求権のような特定物に関する債権を保全するために債権者代位権を行使するときは、債務者が無資力であることは必要ありません（最判昭50.3.6、423条の7参照）。したがって、「債務者が無資力であることが必要である」という記述が妥当ではありません。

❹ ✕　債務者がすでに自ら権利を行使している場合には、その行使方法または結果が債権者にとって不利益になる場合でも、債権者は被代位権利を行使することはできません（最判昭28.12.14）。債務者がすでに権利を行使している場合に、債権者に被代位権利の行使を認めることは、債務者の財産管理に対する不当な干渉となるからです。したがって、「債権者は被代位権利を行使することができる」という記述が妥当ではありません。

❺ ○　債権者は、被代位権利を行使する場合において、被代位権利の目的が金銭債権のように可分であるときは、自己の債権額の範囲においてのみ、被代位権利を行使することができます（423条の2）。債権者代位権は、責任財産を保全するため例外的に債務者の財産管理に干渉することを認めているので、債権者は自己の債権額の範囲においてのみ債務者の債権を行使すべきだからです。したがって、妥当な記述です。

★★

債権者代位権に関する次のア～オの記述のうち、適当なもののみを全て挙げているものはどれか（争いのあるときは、判例の見解による）。

裁判所2014改

ア　甲が乙に対してＡ土地を売却し、さらに、乙は丙に対してＡ土地を売却したところ、乙が甲からＡ土地の所有権移転登記を経ていない場合、乙が無資力でなければ、丙は乙の甲に対する所有権移転登記請求権を代位行使することができない。

イ　債権者代位権を行使するためには、代位して行使する権利が発生するよりも前に被保全債権が成立していることが必要である。

ウ　甲からＡ土地を賃借している乙は、Ａ土地を不法占有している丙に対して、甲の丙に対する所有権に基づく妨害排除請求権を代位行使し、Ａ土地を乙に明け渡すよう請求することができる。

エ　甲が乙にＡ土地を売却したが、まだＡ土地の所有権移転登記手続をしていないときに、甲に対して債権を有する丙が、同債権を被保全債権として、甲の乙に対する売買代金債権を代位行使した場合、乙は、甲に対して主張できた同時履行の抗弁をもって丙に対抗することができない。

オ　遺留分権利者が遺留分侵害額請求権を第三者に譲渡するなどして、その権利行使の確定的意思を外部に表明した場合には、債権者代位権に基づき遺留分侵害額請求権を代位行使することができる。

❶　**ア、エ**
❷　**イ、ウ**
❸　**ウ、オ**
❹　**エ、イ**
❺　**オ、ア**

【解答・解説】

正解 ❸

アは債権者代位権の転用事例であって債務者の無資力が要件とならない点、**イ**と**エ**は債権者代位権は債権者が債務者に代わって権利を行使するものである点がポイントです。

ア ×　債権者が、所有権移転登記請求権のような特定物に関する債権を保全するために債権者代位権を行使するときは、債務者が無資力であることは必要ありません（423条の7参照、最判昭50.3.6）。したがって、「乙が無資力でなければ」という記述が適当ではありません。

イ ×　債権者代位権を行使するためには、債権者の保全されるべき債権（被保全債権）は債権者代位権を行使する時に存在していればよく、代位して行使する権利（被代位権利）が発生するよりも前に成立している必要はありません（423条1項本文、最判昭33.7.15）。したがって、「代位して行使する権利が発生するよりも前に被保全債権が成立していることが必要である」という記述が適当ではありません。

ウ ○　土地の賃貸借において、土地の賃借人は、その賃借権を保全するために賃貸人である土地所有者の所有権に基づく妨害排除請求権を代位行使し、土地の不法占拠者に対して直接自己に土地を明け渡すよう請求することができます（最判昭29.9.24）。したがって、適当な記述です。

エ ×　債権者丙が被代位権利を行使したときは、相手方乙は、債務者甲に対して主張することができる抗弁をもって、債権者丙に対抗することができます（423条の4）。したがって、「乙は、甲に対して主張できた同時履行の抗弁をもって丙に対抗することができない」という記述が適当ではありません。

オ ○　遺留分侵害額請求権（1046条1項）は、債務者の一身に専属する権利なので、原則として、代位行使することはできませんが（423条1項ただし書）、遺留分権利者が、遺留分侵害額請求権を第三者に譲渡するなどして、その権利行使の確定的意思を外部に表明した場合には、債権者代位権に基づき遺留分侵害額請求権を代位行使することができます（最判平13.11.22）。したがって、適当な記述です。

問題3 ★★　詐害行為取消権に関する次のア～オの記述のうち、適当なもののみをすべて挙げているのはどれか（争いのあるときは、判例の見解による。）。

裁判所2012改

ア　遺産分割協議は身分行為であり、詐害行為取消請求の対象にはならない。

イ　詐害行為取消権は訴えにより行使できるが、裁判において抗弁として主張することはできない。

ウ　債権譲渡行為が被保全債権の発生原因の成立前にされた場合でも、債権譲渡通知が被保全債権の成立後であれば、準法律行為である債権譲渡通知だけを詐害行為として取り消すことが可能である。

エ　債務の弁済に代えて第三者に対する自己の債権を譲渡した場合、譲渡された債権の額が債務の額を超えない場合には、債務者の詐害の意思の有無にかかわらず、詐害行為には当たらない。

オ　詐害行為取消請求に係る訴えは、債務者が債権者を害することを知って行為をしたことを債権者が知った時から２年を経過したとき又は行為の時から10年を経過したときは、提起することができない。

❶　ア、ウ
❷　ア、エ
❸　イ、ウ
❹　イ、オ
❺　エ、オ

【解答・解説】

正解 ❹

アは遺産分割協議の法的性質に注意が必要です。**ウ**は債権譲渡通知は債務者の財産の減少を目的とするものではない点がポイントです。

ア ×　遺産分割協議は、その性質上、財産権を目的とした法律行為なので、詐害行為取消請求の対象となります（最判平11.6.11、424条２項）。したがって、「詐害行為取消請求の対象にはならない」という記述が適当ではありません。

イ ○　詐害行為取消権は、裁判所に請求して行使しなければなりません（424条１項本文）。そして、裁判所に請求する方法としては、訴えにより行使しなければならないので、抗弁として主張することはできません（最判昭39.6.12）。したがって、適当な記述です。

ウ ×　債権譲渡行為が被保全債権の発生原因の前にされ、それが詐害行為を構成しないときは、債権譲渡通知が被保全債権の成立後であっても、債権譲渡通知だけを詐害行為として取り消すことはできません（最判平10.6.12参照）。したがって、「準法律行為である債権譲渡通知だけを詐害行為として取り消すことが可能である」という記述が適当ではありません。

エ ×　債務者が債務の弁済に代えて第三者に対する自己の債権を譲渡した場合、債権者は、その行為が、①債務者が支払不能になる前30日以内に行われたものであって、②債務者と受益者とが通謀して他の債権者を害する意図（詐害の意思）をもって行われたものである場合に限り、詐害行為取消請求をすることができます（424の３第２項）。したがって、「債務者の詐害の意思の有無にかかわらず、詐害行為には当たらない」という記述が適当ではありません。

オ ○　詐害行為取消請求に係る訴えは、債務者が債権者を害することを知って行為をしたことを債権者が知った時から２年を経過したとき、または行為の時から10年を経過したときは提起することができません（426条）。したがって、適当な記述です。

問題4 ★★ **詐害行為取消権に関する次のア～オの記述のうち、適当なもののみを全て挙げているものはどれか（争いのあるときは、判例の見解による。）。**

裁判所2016改

ア 詐害行為取消請求は、訴えによって行使しなければならないから、反訴で行使することはできるが、抗弁によって行使することはできない。

イ 詐害行為取消請求をしようとする債権者の債務者に対する債権は、詐害行為の前の原因に基づいて生じたものであることを要し、詐害行為取消請求の時点で弁済期が到来している必要がある。

ウ 詐害行為取消請求をしようとする債権者は、受益者のほかに、債務者をも被告として訴えを提起する必要がある。

エ 詐害行為取消請求をして債務者の受益者に対する弁済を取り消そうとする債権者は、受益者に対し、自己に対して直接金銭を支払うよう請求することができる。

オ 債権者は、不動産の引渡債権を保全するために詐害行為取消請求をすることができ、債務者・受益者間の不動産売買契約を取り消した上、所有権移転登記を備えていた受益者に対し、自己に対する所有権移転登記を求めることができる。

❶ **ア、イ**
❷ **ア、エ**
❸ **イ、ウ**
❹ **ウ、オ**
❺ **エ、オ**

【解答・解説】

正解 ❷

アは「反訴」は訴えであるのに「抗弁」は訴えでないのは、文言から判断できるでしょう。オは「所有権移転登記」である点が、ポイントです。

ア ○　詐害行為取消請求は、裁判所に対して訴えによって行使しなければならないので（424条1項本文）、反訴（訴訟継続中に、被告がその訴訟手続を利用して原告に対してする訴え）で行使をすることはできますが、抗弁によって行使することはできません（最判昭39.6.12）。したがって、適当な記述です。

イ ×　詐害行為取消請求をしようとする債権者の債務者に対する債権は、詐害行為の前の原因に基づいて生じたものであることが必要ですが（424条3項）、詐害行為取消請求の時点で弁済期が到来している必要はありません（大判大9.12.27参照）。したがって、「詐害行為取消請求の時点で弁済期が到来している必要がある」という記述が適当ではありません。

ウ ×　詐害行為取消請求をしようとする債権者は、受益者を被告として訴えを提起する必要がありますが（424条の7第1項1号）、債務者を被告として訴えを提起する必要はありません。したがって、「債務者をも被告として訴えを提起する必要がある」という記述が適当ではありません。

エ ○　債権者は、受益者に対して財産の返還を請求する場合において、その返還の請求が金銭の支払いまたは動産の引渡しを求めるものであるときは、受益者に対してその支払いまたは引渡しを、自己に対してすることを求めることができます（424条の9第1項前段）。したがって、適当な記述です。

オ ×　債権者は、不動産の引渡債権を保全するために詐害行為取消請求をすることができます（最大判昭36.7.19）。そして、債権者は、債務者・受益者間の不動産売買契約を取り消したうえ、所有権移転登記を備えていた受益者に対し、債務者に対する所有権移転登記を求めることはできますが、自己に対する所有権移転登記を求めることはできません（最判昭53.10.5、424条の9第1項参照）。したがって、「自己に対する所有権移転登記を求めることができる」という記述が適当ではありません。

問題5 ★★ **詐害行為取消権に関するア～オの記述のうち、妥当なもののみを全て挙げているのはどれか。**

国般2020

ア 債権者は、その債権が詐害行為の前の原因に基づいて生じたものである場合に限り、詐害行為取消請求をすることができる。

イ 債務者が、その有する財産を処分する行為をした場合には、受益者から相当の対価を取得しているときであっても、その財産を隠匿する意思があったと直ちにみなされるため、債権者は、その行為について詐害行為取消請求をすることができる。

ウ 債権者は、受益者に対する詐害行為取消請求において財産の返還を請求する場合であって、その返還の請求が金銭の支払又は動産の引渡しを求めるものであるときは、受益者に対して、その支払又は引渡しを自己に対してすることを求めることはできない。

エ 詐害行為取消請求を認容する確定判決は、債務者及びその全ての債権者に対してもその効力を有する。

オ 詐害行為取消請求に係る訴えは、債務者が債権者を害することを知って行為をした時から1年を経過したときは、提起することができない。

❶ **ア、イ**
❷ **ア、エ**
❸ **イ、オ**
❹ **ウ、エ**
❺ **ウ、オ**

【解答・解説】

正解 ❷

ウは債務者が財産の受領を拒否すると責任財産を保全することができなくなるのを防止する必要性から考えるとよいでしょう。

ア ○　債権者は、その債権が詐害行為の前の原因に基づいて生じたものである場合に限り、詐害行為取消請求をすることができます（424条3項）。したがって、妥当な記述です。

イ ×　債権者は、①債務者において隠匿等の処分をするおそれを現に生じさせたものであること、②債務者が隠匿等の処分をする意思を有していたこと、③受益者が、その行為の当時、債務者が隠匿等の処分をする意思を有していたことを知っていたことの要件のいずれにも該当する場合に限り、詐害行為取消請求をすることができます（424条の2）。したがって、「その財産を隠匿する意思があったと直ちにみなされるため」という記述が妥当ではありません。

ウ ×　債権者は、受益者に対する詐害行為取消請求において財産の返還を請求する場合であって、その返還の請求が金銭の支払いまたは動産の引渡しを求めるものであるときは、受益者に対して、その支払いまたは引渡しを自己に対してすることを求めることができます（424条の9第1項前段）。したがって、「その支払又は引渡しを自己に対してすることを求めることはできない」という記述が妥当ではありません。

エ ○　詐害行為取消請求を認容する確定判決は、債務者およびそのすべての債権者に対してもその効力を有します（425条）。認容判決の効力を債務者およびその他のすべての債権者に及ぼすことにより、関係者間の統一的な利害調整を図ることを目的とした趣旨です。したがって、妥当な記述です。

オ ×　詐害行為取消請求に係る訴えは、債務者が債権者を害することを知って行為をしたことを債権者が知った時から2年または行為の時から10年を経過したときは、提起することができません（426条）。したがって、「1年を経過したときは、提起することができない」という記述が妥当ではありません。

問題6 ★★ **債権者代位権及び詐害行為取消権に関する次のア～エの記述の正誤の組合せとして最も妥当なものはどれか（争いのあるときは、判例の見解による。）。**

裁判所2019改

ア 取消債権者が債務者に対して有すべき被保全債権は、詐害行為の前の原因に基づいて成立したものであることを要し、代位債権者が債務者に対して有する被保全債権も、被代位権利の発生前に成立したものである必要がある。

イ 債務者が、その所有する不動産を第三者に客観的価値を下回る価格で譲渡した場合であっても、当該不動産に、当該不動産の客観的価値を上回る債権を被担保債権とする抵当権が設定されていた場合には、当該譲渡行為は、詐害行為とはならない。

ウ 詐害行為取消権は、金銭債権の引き当てとなる債務者の責任財産を回復するための権利であるから、特定物の引渡請求権を債務者に対して有するにすぎない者は、当該特定物が第三者に譲渡されたことで債務者が無資力となったとしても、詐害行為取消請求をすることはできない。

エ AがBに代位してBがCに対して有する債権（被代位権利）を代位行使する場合、Cは、Bに対して行使することができる抗弁を有しているとしても、Aに対しては、その抗弁をもって対抗することはできない。

	ア	イ	ウ	エ
❶	正	誤	正	誤
❷	正	正	正	正
❸	誤	正	誤	誤
❹	誤	誤	誤	正
❺	誤	正	正	正

【解答・解説】

正解 ❸

ウは特定物債権も損害賠償債権に変じ得るものである点が、**エ**は債権者代位権は債権者が債務者に代わって被代位権利を行使する点が、ポイントです。

ア ×　取消債権者が債務者に対して有すべき被保全債権は、詐害行為の前の原因に基づいて成立したものであることが必要です（424条3項）が、代位債権者が債務者に対して有する被保全債権は、被代位権利の発生前に成立している必要はありません（最判昭33.7.15、423条1項参照）。代位債権者は債務者の権利を代位行使するにすぎないからです。したがって、「代位債権者が債務者に対して有する被保全債権も、被代位権利の発生前に成立したものである必要がある」という記述が誤りです。

イ ○　債務者が、その所有する不動産を第三者に客観的価値を下回る価格で譲渡した場合であっても、当該不動産に、当該不動産の客観的価値を上回る債権を被担保債権とする抵当権（369条）が設定されていた場合には、当該譲渡行為は詐害行為とはなりません。したがって、正しい記述です。

ウ ×　詐害行為取消権は、金銭債権の引き当てとなる債務者の責任財産を回復するための権利です（424条）。そして、特定物の引渡請求権（特定物債権）も、損害賠償債権に変わり得るので、債務者の一般財産により担保されなければならない点は金銭債権と同様です。その結果、債務者が特定物を処分することにより無資力となった場合には、特定物債権者は、詐害行為取消請求をすることができます（最大判昭36.7.19）。したがって、「詐害行為取消請求をすることはできない」という記述が誤りです。

エ ×　債権者Aが債務者Bに代位してBが第三債務者Cに対して有する債権（被代位権利）を代位行使した場合、Cは、Bに対して行使することができる抗弁を有しているときは、Aに対して、その抗弁権を行使することができます（423条の4）。したがって、「Cは、Bに対して行使することができる抗弁を有しているとしても、Aに対しては、その抗弁をもって対抗することはできない」という記述が誤りです。

問題7 ★★★

民法に規定する債権者代位権及び詐害行為取消権に関する記述として、判例、通説に照らして、妥当なのはどれか。

区Ⅰ2017改

❶ 債権者代位権の被保全債権は、代位行使の対象となる権利（被代位権利）よりも前に成立している必要があり、詐害行為取消請求の被保全債権も、詐害行為の前にその発生原因が存在している必要がある。

❷ 債権者代位権は、債務者が自ら権利を行使した後であっても、その行使が債権者にとって不利益な場合には、債権者はこれを行使でき、詐害行為取消請求は、受益者が善意であっても、債務者に詐害の意思があれば、これを行使できる。

❸ 債権者代位権を行使するためには、特定債権保全のための転用の場合であっても、債務者の無資力が要件とされるが、詐害行為取消請求が認められるためには、詐害行為当時の債務者の無資力は要件とされない。

❹ 債権者代位権の行使の範囲は、自己の債権の保全に必要な限度に限られないが、詐害行為取消請求の範囲は、詐害行為の目的物が不可分の場合であっても、取消権を行使しようとする債権者の債権額に限定される。

❺ 債権者代位権は、被保全債権の履行期が到来していれば、裁判外であっても行使することができるが、詐害行為取消請求は、必ず裁判上で行使しなければならない。

【解答・解説】

正解 ❺

❹は債権者代位権・詐害行為取消権は、被保全債権の範囲で行使させれば保護として十分だからです。❺は詐害行為取消権は、債権者代位権と異なり、債務者の財産処分行為の否認という重大な効果を生ずる点がポイントです。

❶ × 債権者代位権の被保全債権は、代位行使の対象となる権利（被代位権利）よりも前に成立している必要はありません（最判昭33.7.15、423条1項本文参照）。代位債権者は債務者の権利を代位行使するにすぎないからです。これに対して、詐害行為取消請求の被保全債権は、詐害行為の前にその発生原因が存在している必要があります（424条3項）。したがって、「債権者代位権の被保全債権は、代位行使の対象となる権利（被代位権利）よりも前に成立している必要があり」という記述が妥当ではありません。

❷ × 債権者代位権は、債務者が自ら権利を行使しない場合に限り許され、債務者が自ら権利を行使した後では、その行使が債権者にとって不利益な場合であっても、債権者は、これを行使することはできません（最判昭28.12.14）。一方、詐害行為取消権は、債務者が債権者を害すること（詐害の意思）を知ってした行為した場合でも、受益者がその行為の時において債権者を害することを知らなかった（善意）ときは、これを行使することができません（424条1項）。善意の受益者を保護する趣旨です。したがって、全体的に妥当な記述ではありません。

❸ × 債権者代位権を行使するに当たり、特定債権（登記請求権など）保全のための転用の場合には、無資力は要件となりません（423条の7参照、大判明43.7.6）。特定債権の保全は債務者の資力とは無関係だからです。これに対して、詐害行為取消請求が認められるためには、特定債権保全のためであっても、債務者の無資力が要件となります（最大判昭36.7.19）。債務者の財産処分行為を取り消すという重大な結果を生じるからです。したがって、全体的に妥当な記述ではありません。

❹ × 債権者代位権および詐害行為取消権の行使の範囲は、双方とも、目的物が可分であるときは自己の債権の額の限度に限られますが、目的物が不可分であるときは目的物全部に及びます（423条の2、424条の8、最判昭

30.10.11等)。したがって、全体的に妥当な記述ではありません。

❺ ○　債権者代位権は、被保全債権の履行期が到来していれば、裁判外であっても行使できます（423条2項参照)。これに対し、詐害行為取消権は、必ず裁判上で行使しなければなりません（424条1項)。詐害行為取消権の場合は、債務者の財産処分行為を取り消すという重大な結果を生じるため、裁判所による慎重な判断が必要だからです。したがって、妥当な記述です。

MEMO

3 債権の消滅

学習のポイント

・この節では債権の消滅について学習しますが、特に弁済と相殺に重点をおきましょう。
・弁済については、第三者弁済が否定される場合、弁済による代位ができる者、弁済の受領権者、弁済の提供についてはしっかり押さえておいてください。
・相殺については、特に相殺が禁止される場合、差押えと相殺についてしっかり押さえておいてください。

1 債権の消滅原因

債権が消滅する原因には、以下のようなものがあります。この節では、このうち弁済と相殺について詳しく扱います。

債権内容が実現したことによる消滅	弁済、代物弁済、供託
債権内容が実現したことによらない消滅	相殺、更改、免除、混同
権利一般の消滅原因による消滅	消滅時効の到来、終期の到来、取消し、解除、解除条件の成就

2 弁　済

(1) 弁済の意義

① 概　要

あらかじめ交わしていた約束のとおりに、債権者に対して債務を履行することを**弁済**(べんさい)といいます。債務者が債権者に弁済を行うと、債権は消滅します（473条）。

② 弁済についての補充規定

次に示す事項について、当事者の間で約束を取り決めていない場合は、以下の規定を適用します。

（ア）弁済の場所

弁済を行う場所について定めのない場合、特定物の引渡しは債権発生の時にその物が存在した場所において、その他の弁済は債権者の現在の住所において行います（484条1項）。

売買の目的物の引渡しと同時に代金を支払うべきときは、その引渡しの場所において代金を支払わなければなりません（574条）。

判例

- 特定物の売買契約において、**代金支払債務が先履行とされた場合**には、**買主は売主の現在の住所地において代金を支払います**（大判昭2.12.27）。

（イ）弁済の時間

法令または慣習により取引時間の定めがあるときは、その取引時間内に限り、弁済や弁済の請求を行うことができます（484条2項）。

（ウ）弁済の費用

弁済を行うための費用について定めのない場合は、**債務者の負担**となります（485条本文）。債務者は弁済の義務を負っているので、それに要する費用も負担するのが当然だからです。ただし、債権者が住所の移転などの行為によって**弁済のための費用を増加させた場合は、増加分は債権者の負担**となります（同ただし書）。債権者の行為によって弁済のための費用が増加したわけなので、その増加額を債権者に負担させるのが公平だからです。

③　弁済者の権利

弁済者は、弁済を行ったことの証明を必要とすることがありますので、次のような請求権が認められています。

（ア）受取証書の交付請求権

弁済者は、弁済を受領する者に対して**受取証書**（領収書）**の交付を請求できます**（486条）。受取証書は弁済と引換え、つまり**弁済と同時**に交付されます。

（イ）債権証書の返還請求権

弁済者が債務のすべてを弁済したときは、債権証書（借用書など）が存在する場合はこの**証書の返還を請求できます**（487条）。債権のすべてが弁済された以上、債権者は債権証書を持っている必要がないからです。この場合は、弁済を先に済ませ、証書返還が後という順序になります。

また、**相殺、更改、免除などのほかの原因によって債権の全部が消滅したときも、同様に債権証書の返還を請求することができます。**

(2) 弁済者

① 第三者の弁済

> 民法第474条
> ① 債務の弁済は、第三者もすることができる。
> ② 弁済をするについて正当な利益を有する者でない第三者は、債務者の意思に反して弁済をすることができない。ただし、債務者の意思に反することを債権者が知らなかったときは、この限りでない。
> ③ 前項に規定する第三者は、債権者の意思に反して弁済をすることができない。ただし、その第三者が債務者の委託を受けて弁済をする場合において、そのことを債権者が知っていたときは、この限りでない。
> ④ 前3項の規定は、その債務の性質が第三者の弁済を許さないとき、又は当事者が第三者の弁済を禁止し、若しくは制限する旨の意思表示をしたときは、適用しない。

弁済者は債務者自身であるのが原則ですが、債務者とは異なる第三者が弁済を行える場合があります（474条1項）。**第三者が債務者に代わって行う弁済**を、**第三者の弁済**といいます。第三者は次の2種類に区分され、それぞれ弁済を行える範囲が異なります。

なお、2種類の区分のどちらも、**債務の性質が第三者の弁済を許さない場合**（例 芸術作品の制作は当人が行うことに価値がある）**、当事者が第三者の弁済を禁止・制限する意思表示をした場合は、第三者による弁済ができません**（474条4項）。

(ア) 弁済をするについて正当な利益を有する第三者

債務者が弁済をしないと法律上不利益を被る関係にある第三者です。そのため、弁済を行える範囲が広めに規定されています。この区分に当たる第三者は、**債務者や債権者の意思に反しても弁済を行うことができます**。具体的には、次のような立場の者が該当します（最判昭39.4.21、最判昭63.7.1）。

該当する者	物上保証人、担保不動産の第三取得者、借地上の建物の賃借人
該当しない者	債務者の親族・友人にすぎない者（事実上の利害関係を有しているにすぎないため）

(イ) 弁済をするについて正当な利益を有する者でない第三者

上に挙げた第三者（該当する者）以外の第三者です。このような第三者は事実上の利害関係を有しているにすぎず、**法律上の利害関係が認められないため、債務者や債権者の意思に反する弁済は行えません**。ただし、以下の例外があります。

債務者の意思に反する弁済は原則としてできませんが、そのことについて債権者が善意だった場合、受領された弁済は有効です（474条2項）。また、債権者の意思に反する弁済は原則としてできませんが、第三者が債務者の委託を受けて行う弁済であり、そのことについて債権者が悪意だった場合は有効です（同条3項）。

	弁済をするについて正当な利益を有する第三者	弁済をするについて正当な利益を有する者でない第三者
債務の性質が第三者の弁済を許さない場合	× 不可	
当事者が第三者の弁済を禁止・制限する意思表示をした場合		
債務者の意思に反する場合	○ 可	× 不可 ※例外あり
債権者の意思に反する場合		
債権者・債務者の意思に反しない場合	○ 可	

② 第三者の弁済の効果

賠償や償還を求めることを求償（きゅうしょう）といい、それを行う権利を**求償権**といいます。

弁済を行った第三者は、債務者に対する求償権を得ます。すなわち、債務者に代わって支払いをしたのだから、その分の支払いを債務者に求める権利が生じます。この求償権を確保するため、**債権者が持っていた一切の権利を取得します**（**弁済による代位**：499条、501条1項）。

補足

弁済をするについて正当な利益を有しない者も、代位をするについて債権者の承諾は不要ですが、債権譲渡の対抗要件を備えなければ、債務者、第三者に対抗することができません（500条）。

③　弁済による代位

民法第501条

① 前2条の規定により債権者に代位した者は、債権の効力及び担保としてその債権者が有していた一切の権利を行使することができる。

② 前項の規定による権利の行使は、債権者に代位した者が自己の権利に基づいて債務者に対して求償をすることができる範囲内（保証人の一人が他の保証人に対して債権者に代位する場合には、自己の権利に基づいて当該他の保証人に対して求償をすることができる範囲内）に限り、することができる。

③ 第1項の場合には、前項の規定によるほか、次に掲げるところによる。

1　第三取得者（債務者から担保の目的となっている財産を譲り受けた者をいう。以下この項において同じ。）は、保証人及び物上保証人に対して債権者に代位しない。

2　第三取得者の一人は、各財産の価格に応じて、他の第三取得者に対して債権者に代位する。

3　前号の規定は、物上保証人の一人が他の物上保証人に対して債権者に代位する場合について準用する。

4　保証人と物上保証人との間においては、その数に応じて、債権者に代位する。ただし、物上保証人が数人あるときは、保証人の負担部分を除いた残額について、各財産の価格に応じて、債権者に代位する。

5　第三取得者から担保の目的となっている財産を譲り受けた者は、第三取得者とみなして第1号及び第2号の規定を適用し、物上保証人から担保の目的となっている財産を譲り受けた者は、物上保証人とみなして第1号、第3号及び前号の規定を適用する。

説明したとおり、第三者が債務者の代わりに弁済を行うと求償権を取得し、弁済による代位が生じます（501条）。債権者が債務者に対して有した権利には、履行請求権、損害賠償請求権、物的担保権（抵当権等）、人的担保権（債務者の保証人に対する保証債権等）などがあります。

また、弁済による代位は、後述する相殺や代物弁済等により債権が消滅した場合にも生じます。

例　AはXから500万円を借りる際に、A所有の不動産に抵当権を設定し、Bが保証人となった

⇒　BがXに対して500万円を弁済したときは、Bは、500万円の限度でXのAに対する抵当権を行使することができます。

ヒント

第三者や共同債務者（保証人、連帯債務者など）が債権者に弁済して債務を消滅させた場合、債務者に対して求償権を取得します。そして、この求償権を確保するために認められたのが弁済による代位という制度です。

保証や連帯債務については次節で詳しく学習します。

(ア) 代位の方法

弁済による代位がどのように生じるのかについて、「第三者」の区分に応じた違いがあります。任意代位における対抗要件は、第5節で学習する債権譲渡において定められた対抗要件と同じです。

弁済をするについて正当な利益を有する第三者	**法定代位**：法律上当然に代位する（499条）
弁済をするについて正当な利益を有する者でない第三者	**任意代位**：法律上当然に代位する（499条） ただし、債務者への通知、または債務者の承諾を得て対抗要件を備えなければ債務者・第三者に対抗することができない（500条）

(イ) 一部弁済

債権の全部ではなく一部に対する弁済を**一部弁済**といいます。第三者が一部弁済を行ったときは、**弁済を行った割合に応じて代位が生じます。**

具体的には、第三者は債権者の同意を得て、弁済を行った価額に応じて、債権者とともに権利を行使できます（502条1項）。

(ウ) 法定代位の代位権者が複数存在する場合

1人の債務者について、保証人、物上保証人、担保不動産の第三取得者などが複数存在する場合があります。つまり、第三者の弁済によって債権者に代位する可能性がある者が複数存在することになり、関係者相互の間の優劣・割合などのルールが必要となります。

弁済者	その他の第三者	可否
保証人・物上保証人	第三取得者	**全額**について代位（501条1項）
第三取得者	保証人・物上保証人	**代位不可**（501条3項1号）
保証人	保証人	**その数に応じて代位**（501条2項括弧書）
第三取得者	第三取得者	**財産の価格に応じて代位**（501条3項2号）
物上保証人	物上保証人	**財産の価格に応じて代位**（501条3項3号）

弁済者	その他の第三者	可否
保証人	物上保証人	**その数に応じて代位** ただし、物上保証人が複数の場合、保証人の負担部分を除いた残額について、財産の価格に応じて代位（501条3項4号）
保証人	保証人・物上保証人	
物上保証人	保証人・物上保証人	

例　債権額400万円、物上保証人A（財産価格500万円）、物上保証人B（財産価格300万円）が存在し、物上保証人Bが全額弁済した

⇒　財産の価格に応じて代位するため、

$$400万円\times\frac{500万円}{500万円+300万円}=250万円$$

となり、物上保証人Bは250万円を限度にAの財産の抵当権を行使できます。

例　債権額600万円、保証人A、物上保証人B（財産価格200万円）、物上保証人C（財産価格300万円）が存在し、保証人Aが全額弁済した

⇒　その数に応じて代位するため、まず人数で頭割りし、

600万円÷3人＝200万円

Aの負担分である200万円を除いた残額（400万円）について、財産の価格に応じて代位するため、

$$400万円\times\frac{200万円}{200万円+300万円}=160万円（Bの負担分）$$

$$400万円\times\frac{300万円}{200万円+300万円}=240万円（Cの負担分）$$

保証人Aは160万円を限度にBの財産の抵当権を行使でき、240万円を限度にCの財産の抵当権を行使できます。

（エ）債権証書の交付請求権

第三者が債権の全額を弁済した場合、債権者は、債権証書を（債務者本人ではなく）弁済による代位が生じている第三者に交付しなければなりません（503条1項）。代位者である第三者は、債務者に弁済額を求償するに当たり債権証書が必要となるからです。

(3) 相手方（弁済の受領者）

① 概　要

債権を適正に消滅させるには、適正な相手に弁済を行う必要があります。通常相手方として認められるのは、

・債権者
・法令の規定または当事者の意思表示によって弁済を受領する権限を付された第三者

とされ、**それ以外の第三者になされた弁済は、原則無効となります**。

ただし、それ以外の第三者になされた弁済が有効とされる場合があります。

② 受領権者としての外観を有する者に対する弁済

> 民法第478条
> 受領権者（債権者及び法令の規定又は当事者の意思表示によって弁済を受領する権限を付与された第三者をいう。以下同じ。）以外の者であって取引上の社会通念に照らして受領権者としての外観を有するものに対してした弁済は、その弁済をした者が善意であり、かつ、過失がなかったときに限り、その効力を有する。

「受領権者としての外観を有するもの」とは、**受領権者のように見えてしまう相手方**のことであり、この第三者に対してなされた弁済は、**弁済者が善意無過失の場合に限り有効**となります（478条）。受領権者らしい外観を信頼した者を保護する趣旨です。具体的には、次のような立場の者が該当します。

・**相続人らしい外観の者**（大判大10.5.30）
・**債権者の代理人と詐称する者**（最判昭37.8.21）
・**債権の二重譲渡の場合の劣後する譲受人**（最判昭61.4.11）
・**債権証書と印鑑の所持人**（大判昭10.8.8）
・**受取証書の持参人**

③ 受領者以外の者に対する弁済

「受領権者としての外観を有するもの」を除く受領権者以外の者に対してした弁済は、**債権者がこれによって利益を受けた限度においてのみ、その効力を有します**（479条）。

(4) 弁済の提供

弁済の提供とは、**債務者において給付の実現のために必要な準備をして、債権者の協力を求めること**をいいます（493条）。

① 現実の提供

原則的には、現実の提供により弁済することとされています（493条本文）。**現実の提供**とは、**債務者としてすべきことをすべて行い、債権者が受領できる状態にすること**をいいます。

（ア）特定物の引渡しの場合

債権の目的が特定物の引渡しである場合、原則として、契約その他の債権の発生原因および取引上の社会通念に照らして**その引渡しをすべき時の品質を定めて引き渡します**。品質を定めることができないときは、弁済者は**その引渡しをすべき時の現状でその物を引き渡します**（483条）。

（イ）金銭債権の場合

判 例

- 債権の目的が金銭債権の場合、原則として**債務の全額**（元本・利息・費用等も含む）であることが必要です（大判明44.12.16）。
- 不足分がわずかである場合は、提供があったものとされることがあります（最判昭35.12.15）。
- 金銭に代わるものの提供でも有効とされる場合があります。

有効とされるもの	郵便為替（大判大8.7.15）、振替貯金払出証書（大判大9.2.28）、銀行振出の小切手（最判昭37.9.21）
有効とされないもの	普通の小切手（最判昭35.11.22）

② 口頭の提供

次のいずれかに当たる場合は例外的に、**現実の提供でなく口頭の提供をすれば足りる**（債務不履行責任を免れる）とされています（493条ただし書）。以下に示すような場合にまで、現実の提供を要求するのは無意味だからです。**口頭の提供**とは、**弁済の準備ができていることを債権者に通知し、受領するよう催告すること**をいいます。

- **債権者があらかじめ受領を拒んだ場合**
- **債務の履行に債権者の行為が必要な場合**

例 加工債務（債権者の供給する材料に加工を行う債務）、取立債務（債権者が取り立てる債務）

③ 口頭の提供も不要な場合

債権者が契約そのものの存在を否定するなど、**弁済を受領しない意思が明確と認められる場合は、口頭の提供すらなくても債務者は債務不履行責任を免れます**（最大判昭32.6.5）。

このような場合には、債権者に翻意を促し弁済受領の機会を与えるための口頭の提供をすること自体が無意味だからです。

④ 他人の物を引き渡した場合

不特定物の引渡しを目的とする債権の弁済に当たり、他人の物を引き渡しても有効な弁済にはならず、そればかりかその物を取り戻すには、**さらに有効な弁済をする必要があります**（475条）。

ただし、弁済を受領した債権者が善意でこれを消費したり譲り渡したりした場合は、その弁済は有効となります（476条前段）。債権者が第三者から賠償の請求を受けたら、弁済者に対して求償できます（同後段）。

ヒント

475条が適用されるのは、不特定物の引渡しを目的とする債権に限られます。特定物の引渡しを目的とする債権の場合は、他の物を調達することによってさらに有効な弁済をすることができないからです。

⑤ 弁済の充当

一部弁済の場合、弁済された額を債権全体のうちのどの部分から優先的に割り当てられるかが問題になります。この割り当てを**弁済の充当**といい、次の方法でなされます。

(ア) 合意充当

事前の合意に従ってなされる弁済の充当を**合意充当**といいます。弁済者と弁済の受領者の間に、弁済の充当順序について合意がある場合は、その順序に従って弁済を充当します（490条）。

(イ) 指定充当

当事者が充当先債務を指定して行う弁済の充当を**指定充当**といいます。事前に当事者間の合意がない場合、弁済者は給付の時に、弁済を充当すべき債務を指定することができます（488条1項）。弁済者が指定しない場合は、弁済の受領者が受領の時に指定できます（同条２項本文）。ただし、弁済者がその充当に直ちに異議を述べた場合は、指定充当は無効となります（同ただし書）。

（ウ）法定充当

合意も指定もない場合に、**法の定めた順序で行う弁済の充当**を**法定充当**といい、以下の規定に沿って充当されます（488条４項、489条）。

- ・**費用→利息→元本**の順に優先的に充当する
- ・弁済期が到来した債務から優先的に充当する
- ・弁済期の違いがない場合は、債務者にとって弁済の利益が多いものから優先的に充当する
- ・債務者にとっての利益が等しい場合は、弁済期が先に到来したもの、先に到来すべきものから優先的に充当する
- ・以上の事項について違いがない場合は、各債務の額に応じて充当する

⑥　弁済の提供の効果

債務者は、**弁済の提供の時**から、債務を履行しないことによって生ずべき責任を免れることができます（492条）。

確認してみよう

①　弁済として他人の物を引き渡した場合において、債権者が弁済として受領した物を善意で消費し、または譲り渡したときでも、その弁済は、有効とならない。

2 ⑷ ④ 参照　×

債権者が弁済として受領した物を善意で消費し、または譲り渡したときは、債権者が利益を受けているので弁済は有効となります。

②　弁済の提供によって債権は消滅し、債務者は一切の債務不履行責任を免れる。裁判所2020

2 ⑷ ⑥ 参照　○

正しい記述です。

③　債権者が弁済を受領しない意思が明確と認められる場合であっても、弁済者は口頭の提供をしなければ債務不履行責任を免れない。裁判所2020

2 (4) ③ 参照　×

債権者が弁済を受領しない意思が明確と認められる場合は、口頭の提供すら不要です。

④　物上保証人は、主債務者のために第三者弁済をすることができる。裁判所2020

2 (2) ① 参照　○

正しい記述です。

3 相　殺

民法第505条
① 二人が互いに同種の目的を有する債務を負担する場合において、双方の債務が弁済期にあるときは、各債務者は、その対当額について相殺によってその債務を免れることができる。ただし、債務の性質がこれを許さないときは、この限りでない。
② 前項の規定にかかわらず、当事者が相殺を禁止し、又は制限する旨の意思表示をした場合には、その意思表示は、第三者がこれを知り、又は重大な過失によって知らなかったときに限り、その第三者に対抗することができる。

(1) 意　義

相殺（そうさい）とは、**債権者と債務者とが相互に同種の債権・債務を有する場合に、その債権と債務を対当額につき消滅させる一方的意思表示**をいいます。

例　AがBに対して絵画の売買代金200万円を、BがAに対して貸金債権300万円を有しているときに、Bは、200万円分について双方の債権・債務を消滅させて、その支払いを拒むことができる。

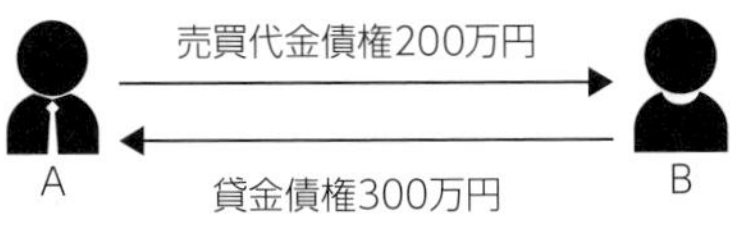

このとき、AとBは相互に同種（どちらも金銭債権）の債権を持ち合っています。このような債権をお互いに**反対債権**といいます。

上記の例によれば、Bは、一方的に200万円の限度で債務を消滅させることができるので、相互に弁済する時間も手間も省くことができます(決済の簡易化)。また、相殺により、Bは少なくとも200万円の回収を確保することができます（担保的機能)。また、Aの立場からも同様なことがいえます。これが相殺という制度の意義です。

(2) 自働債権・受働債権

相殺はいずれかの意思表示によって行われますが、この**意思表示を行った側の債権**を**自働債権**(じどう)、**意思表示を行われた側の債権**を**受働債権**(じゅどう)といいます。

(3) 要　件

① 相殺適状

相殺適状(そうさいてきじょう)とは、**相殺するのに適した状態**をいいます。相殺をするには、**双方の債権が相殺適状にあることが必要**です。そして、相殺適状にあるといえるためには、以下の要件を具備する必要があります。

(ア) 双方の債務が対立していること

自働債権の場合	原則として、相殺者が被相殺者に対して有する債権であること
受働債権の場合	被相殺者が相殺者に対して有する債権であること

時効によって消滅した債権がその消滅以前に相殺に適するようになっていた場合には、その債権者は、**相殺をすることができます**（508条)。

相殺適状にある債権を有する者は、債権債務関係が決済されたものと考えるのが通常なので、その信頼を保護するためです。

判例

- ただし、すでに時効により消滅した他人の債権を譲り受け、これを自働債権として相殺することは許されません（最判昭36.4.14)。
- 譲り受けた債権はすでに消滅時効が完成しているので、債務者自身の債権とは相殺適状にないからです。

(イ) 双方の債務が同種の目的を有すること

金銭債権の場合が通常ですが、それ以外でも同種であれば相殺できます。

同種の目的を有する債務であれば、債権の発生原因、債権額、履行期、履行地（507条前段）が異なっていても相殺できます。なお、履行地の異なる双方の債務を相殺する当事者は、相手方に対し、これによって生じた損害賠償が必要です（同後段）。

(ウ) 双方の債務が弁済期にあること

自働債権については、弁済期にあることが必要です。

受働債権については、弁済期前でも期限の利益を放棄して、弁済期が現実に到来すれば相殺できます（大判昭8.5.30）。

期限の定めのない債権は、自働債権としても受働債権としても相殺できます（大判昭17.11.19）。

判 例

- すでに弁済期にある自働債権と弁済期の定めのある受働債権とが相殺適状にあるというためには、受働債権につき、期限の利益を放棄することができるというだけではなく、期限の利益の放棄または喪失等により、**その弁済期が現実に到来していることが必要です**（最判平25.2.28）。

(エ) 債務の性質が相殺を許すものであること

現実に履行しなければ目的を達成できない性質の債務は、相殺によって消滅させることができません。「なす債務」（何かを行う債務）、「不作為債務」（何かを行わない債務）などがこれに当たります。

このほか、**自働債権に相手方の同時履行の抗弁権が付着している場合**（大判昭13.3.1）、自働債権に保証人の催告および検索の抗弁権が付着している場合（最判昭32.2.22）も相殺できません。

判 例

- 請負人の報酬債権を自働債権、請負契約における品質の不適合に関する担保責任としての損害賠償債権を受働債権とする相殺は認められます（最判昭53.9.21）。
- 両債権は同時履行の関係にありますが、相互に現実の履行をさせる特別な利益がないためです（同時履行の抗弁権について、詳しくは第2章で学習します）。

(オ) 相殺が禁止される場合に当たらないこと

これについては、項を改めて解説します。

② 相殺が禁止される場合

> 民法第509条
> 次に掲げる債務の債務者は、相殺をもって債権者に対抗することができない。ただし、その債権者がその債務に係る債権を他人から譲り受けたときは、この限りでない。
> 1 悪意による不法行為に基づく損害賠償の債務
> 2 人の生命又は身体の侵害による損害賠償の債務（前号に掲げるものを除く。）

(ア) 当事者の特約による相殺の禁止または制限のある場合

当事者どうしであらかじめ、**相殺を行わない旨の特約を定めておくことができます**。ただし、特約につき**善意・無重過失の第三者には対抗できません**（505条2項）。悪意と同視される重過失の場合とは異なり、軽過失により相殺できると信じた第三者は保護に値するからです。

(イ) 悪意による不法行為に基づく損害賠償請求権を受働債権とする相殺

不法行為の被害者は、加害者に対して損害賠償請求を行う債権を得ます。**これを受働債権として悪意の加害者側が相殺を行うことは認められません**（509条柱書本文1号）。この場合の「悪意」は「知っている」という意味ではなく「損害を加える積極的な意図」を指します。

不法行為の被害者は相殺されるのではなく実際の損害賠償を必要とすると考えられますし、債権者側による不法行為が誘発されることを防ぐ必要があるためです。

判 例

- 逆に、悪意による不法行為に基づく損害賠償債権を自働債権とし、悪意による不法行為に基づく損害賠償債権以外の債権を受働債権として相殺することは可能です（最判昭42.11.30）。
- つまり、不法行為の加害者側からの相殺は認められないが、被害者側からの相殺は認められるということです。この場合は、被害者に現実の給付を得させることや債権者による不法行為の誘発を防止する趣旨に反することがないからです。
- 当事者双方が相手方の悪意による不法行為に基づく損害賠償請求債権を有し、それが同一の事故により生じたものである場合は、相殺は認められません（最判昭49.6.28）。

(ウ) 人の生命または身体の侵害による損害賠償請求権を受働債権とする相殺

これも同様に、生命または身体の侵害を受けた被害者は、実際の損害賠償を必要とすると考えられるため、損害賠償請求権を受働債権とした相殺は認められません(509条柱書本文２号)。

過失による不法行為であっても、人の生命または身体の侵害による損害賠償の債務の場合は、相殺することはできません。

(エ) 差押禁止債権を受働債権とする相殺

例えば従業員は労働して賃金をもらい受ける債権を得ますが、この賃金のように、生活上必要なものは現実の給付がなされるべきであり、相殺により消滅させるべきではありません。このような性質の債権を**差押禁止債権**といい、**これを受働債権とした相殺は認められません**(510条)。

(オ) 差押えを受けた債権

これについては、項を改めて解説します。

③　差押えと相殺

> 民法第511条
> ①　差押えを受けた債権の第三債務者は、差押え後に取得した債権による相殺をもって差押債権者に対抗することはできないが、差押え前に取得した債権による相殺をもって対抗することができる。
> ②　前項の規定にかかわらず、差押え後に取得した債権が差押え前の原因に基づいて生じたものであるときは、その第三債務者は、その債権による相殺をもって差押債権者に対抗することができる。ただし、第三債務者が差押え後に他人の債権を取得したときは、この限りでない。

差押えと相殺においては、**差押えと債権の取得との先後関係**が問題になります(511条)。図は、AとBが相互に反対債権を持ち合っている状況ですが、Aの債権者XがAの債権を差し押さえた場合、BはAの債権を受働債権として相殺ができるかという問題です。

Bの債権取得がXによる差押えより先になされた場合	BはXに対して相殺を**対抗可能**(511条１項)

Bの債権取得がXによる差押えより後になされた場合	BはXに対して相殺を**対抗不可**1)（同条2項）

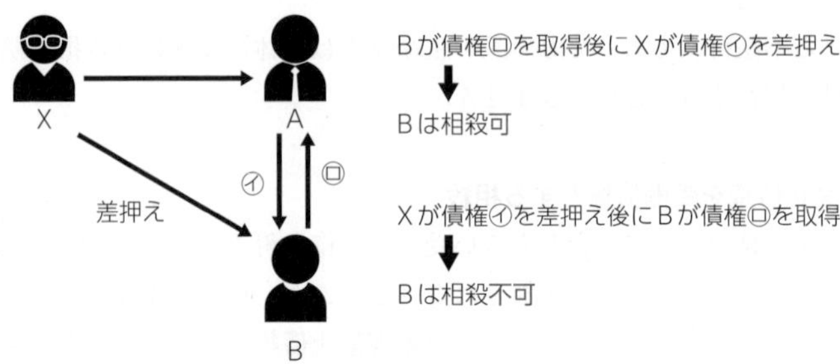

1）ただし、Bの債権が差押え前の原因に基づいて生じたものであるときは、BはXに対して相殺を対抗可能です（511条2項本文）。ただし、Bの債権がXによる差押え後に他人から取得したものであるときは、BはXに対して相殺を対抗できません（同ただし書）。

判例

- 差押債権者Aが債務者Bの第三債務者Cに対する債権を差し押さえた場合に、Cが差押え前に取得したBに対する債権の弁済期が差押えの時点では未到来であり、かつ、差し押さえられた債権の弁済期よりも後に到来するときであっても、Cは、両債権の相殺をもってAに対抗することができます（最大判昭45.6.24）。

(4) 相殺の方法

相殺は、当事者の一方から相手方に対する意思表示によって行います（506条1項前段）。

相殺の意思表示には、**条件または期限を付することができません**（506条1項後段）。相殺に条件を付けることは、一方的な意思表示により相手方を不確定な状態に陥れること、また、相殺は遡及効を持つので期限を付けても無意味なことからです。

当事者間で**相殺の合意**（相殺契約）**をする場合には、公序良俗**（90条）**に反しない限り、相殺の意思表示に条件または期限を付することができます**。

(5) 相殺の効力

相殺の意思表示は、**双方の債務が互いに相殺適状になった時に遡ってその効力を**

生じます（遡及的効力：506条２項）。

当事者は、双方の債務が互いに相殺適状になった場合、すでに双方の債権債務関係が決済されたものと考えるのが通常なので、その信頼を保護する趣旨です。

判例

- 賃貸借契約が賃料不払のため適法に解除された場合、たとえその後、賃借人の相殺の意思表示により当該賃料債権が遡って消滅しても、その**解除の効力には影響しません**（最判昭32.3.8）。
- 相殺の遡及効は、相殺の債権債務それ自体に対してであって、相殺の意思表示以前すでに有効にされた契約解除の効力には何らの影響を与えるものではないからです。

⑹ 履行地の異なる債務の相殺

相殺は、**双方の債務の履行地が異なるときであっても、することができます**（507条前段）。

確認してみよう

① 相殺は、対立する債権がいずれも有効に存在していなければならないので、時効により債権が消滅した場合には、その消滅前に相殺適状にあっても、その債権者はこれを自働債権として相殺することができない。区Ⅰ2020

3 ⑶ ① 参照 ×

時効によって消滅した債権がその消滅以前に相殺敵状にあった場合には相殺できます。

② 相殺が有効になされるためには、相対立する債権の弁済期について、自働債権は必ずしも弁済期にあることを必要としないが、受働債権は常に弁済期に達していなければならない。区Ⅰ2020

3 ⑶ ① 参照 ×

逆に、受働債権については弁済期前でも期限の利益を放棄して、弁済期が現実に到来すれば相殺できますが、自働債権については必ず弁済期にあることが必要です。

③　不法行為の被害者は、不法行為による損害賠償債権を自働債権とし、不法行為による損害賠償債権以外の債権を受動債権として相殺することができる。裁判所2020

3 (3) ② 参照　〇

正しい記述です。

④　相殺は、意思表示のときから効力を生ずる。裁判所2020

3 (5) 参照　×

双方の債務が互いに相殺適状になった時に遡ってその効力を生じます。

⑤　最高裁判所の判例では、賃貸借契約が賃料不払のため適法に解除された以上、たとえその後、賃借人の相殺の意思表示により当該賃料債務が遡って消滅しても、その解除の効力には影響はないとした。区Ⅰ2020

3 (5) 参照　〇

正しい記述です。

4 その他の債権消滅原因

(1) 代物弁済

① 意　義

代物弁済とは、**本来の給付に代えて他の給付をすることにより債権を消滅させる債権者と弁済者との契約**をいいます（482条）。

例えば、AがBに借りていた10万円を返す代わりに、A所有のノートパソコンをBに引き渡すことが代物弁済に当たります。

② 要　件

代物弁済の要件は、債権が存在していること、本来の給付に代えて他の給付をすることについての当事者間の合意が存在することの２点です。

給付の種類に制限はなく、**本来の給付に相当する価値を有するものでなくても代物弁済として有効**です。

③ 効　果

弁済者が債務者の負担した給付に代えて他の給付をした時に、弁済と同一の効力を有します（482条）。

弁済と同一の効力を有するので、本来の給付に代えて他の物を給付することにより、債務は消滅し、給付された物に品質等の不適合があっても、**品質等に不適合のない物の引渡請求をすることはできません**2)。

2) 代物弁済も有償契約なので、売買の目的物の契約不適合責任に関する規定が準用されます（559条、562条以下）。詳しくは第2章で学習します。

判 例

- 不動産所有権の譲渡による代物弁済の効果として債権の消滅という効果が生じるためには、原則として、**単に所有権移転の意思表示をするのみでは足りず、所有権移転登記手続を完了することが必要**です（最判昭40.4.30）。

(2) 供　託

① 意　義

供託（きょうたく）とは、**債権者が弁済を受領しない場合に、弁済者が、弁済の目的物を供託所に寄託して、債務を免れる制度**をいいます。

② 法的性質

供託者と供託所との間の第三者のためにする寄託契約（537条、657条）です。

ただし、供託者が供託物還付請求権を取得するために、受益の意思表示は不要です。

債務者が供託所に弁済の目的物を供託した時に、その債権は消滅します（494条1項柱書後段）。

③ 要　件

（ア）債権者の受領拒絶・不能

債権者が受領を拒んでいる場合、受領できない場合です（494条1項）。

債権者があらかじめ受領を拒んでいても、債務者は原則として**口頭の提供をする必要があります**（大判大10.4.30）。

判 例

- 口頭の提供をしても債権者が受領を拒むであろうことが明確な場合、口頭の提供をしないで直ちに供託することができます（大判明45.7.3）。

（イ）債権者の不確知

債務者が債権者を知ることができず、そのことに過失がない場合です（494条2項）。

④ 供託物の取戻し

債権者が供託を受諾せず、または供託を有効と宣告した判決が確定しない間は、弁済者は、供託物を取り戻すことができます（496条1項前段）。**供託物を取り戻した場合は、供託をしなかったものとみなされます**（同後段）。

供託によって質権または抵当権が消滅した場合には、供託物の取戻しができなくなります（同条2項）。

⑶ 更改・免除・混同

① 更 改

更改（こうかい）とは、**債務の要素を変更すること**（新債務の成立）**によって、旧債務を消滅させる契約**をいいます（513条）。給付の内容についての重要な変更や、債務者や債権者が交代する場合がこれに当たります。

旧債務と新債務には同一性がないため、旧債務に付着していた担保権や保証債務も、更改によって消滅します。

② 免 除

免除（めんじょ）とは、**債権を無償で消滅させる債権者の一方的な意思表示**をいいます（519条）。免除は単独行為ですが、例外的に条件や期限を付すことができます。

債権者Aが債務者Bに対して、自己の有する債権を免除する旨の意思表示をした場合、債務者Bの同意の有無にかかわらず、債権は消滅します。

③ 混 同

混同（こんどう）とは、**同一の債権について同一人に債権者の地位と債務者の地位とが帰属すること**をいいます（520条本文）。例えば、債権者が死亡して債務者がこれを相続すると、同一人に債権と債務が帰属することになります。自分で自分に請求するのは無意味ですから、混同が生じると債権は消滅します。

ただし、**債権が第三者の権利の目的となっているときは、債権は消滅しません**（同ただし書）。

また、債権者Aが債務者Bに対して債権を有し、当該債権に第三者Cのために質権が設定されていた場合は、AがBを相続したときでも、当該債権は混同によって消滅しません。この場合に、混同による債権の消滅を認めると、債権質権はその存続の基礎を失って消滅し、債権質権者が不測の損害を被ることになるからです。

判例

- 賃貸人の地位と転借人の地位とが同一人に帰した場合であっても、賃貸借・転貸借関係は当事者間にこれを消滅させる合意の成立しない限り、消滅しません（最判昭35.6.23）。
- 転借人が土地の所有権を取得したことにより、賃貸人の賃借人に対する使用収益させる債務も承継することになり、賃借人の賃借権が消滅せず、転借人の転借権も消滅しないからです。

確認してみよう

① 債務者が、本来の給付に代えて自己の所有する不動産の所有権を移転する契約を債権者とした場合には、当該不動産が本来の給付と同価値かそれ以上の価値があるものでなければ債務は消滅しない。

4 (1) ② 参照 ×

本来の給付に相当する価値を有するものでなくても有効です。

② 代物弁済により債権が消滅するためには、権利の移転があれば足り、第三者に対する対抗要件の具備は不要である。裁判所2020

4 (1) ③ 参照 ×

不動産所有権の譲渡による代物弁済の場合には、原則として、単に所有権移転の意思表示をするのみでは足りず、所有権移転登記手続を完了して第三者に対する対抗要件を具備することが必要です。

③　債権者が供託を受諾せず、または供託を有効と宣告した判決が確定しない間は、弁済者は、供託物を取り戻すことができる。

4 (2) ④ 参照　○

正しい記述です。

④　更改とは、当事者が元の債務を存続させつつ、当該債務に新たな付加をする契約である。裁判所2020

4 (3) ① 参照　×

更改は債務の要素を変更することであり、更改が生じると旧債務は消滅します。

⑤　賃貸人が賃借人に土地を賃貸し、同賃借人（転貸人）が転借人の同土地を賃貸した後に、転借人が賃貸人から同土地を購入した場合、賃貸借及び転貸借は混同により消滅する。裁判所2020

4 (3) ③ 参照　×

賃貸人の地位と転借人の地位とが同一人に帰した場合であっても、賃貸借・転貸借関係は当事者間にこれを消滅させる合意の成立しない限り、消滅しません。

⑥　債権者は、債務者の意思に反して債務を免除することができない。裁判所2020

4 (3) ② 参照　×

免除は、債権者の一方的な意思表示によって行われます。

過去問にチャレンジ

問題1 ★ **弁済に関するア～オの記述のうち、妥当なもののみを全て挙げているのはどれか。**

国般2013

ア 抵当不動産の物上保証人は、債務者の意思に反しても、弁済をすることができる。

イ 抵当不動産の物上保証人は、債権者が弁済の受領を拒んで受領遅滞に陥ったときであっても、供託をすることはできない。

ウ 抵当不動産の物上保証人が１名、保証人が２名いる場合、物上保証人が債権の全額を弁済したときは、物上保証人は、債権全額の３分の１の割合をもって、各保証人に対し、債権者に代位してその有していた権利を行使することができる。

エ 抵当不動産の物上保証人が債権の全額を弁済した場合であっても、債権者は、債務者本人から借用証書の返還請求があれば、物上保証人に借用証書を交付することはできない。

オ 抵当不動産の物上保証人が債権の一部のみを弁済した場合には、残額を完済するまでは、物上保証人は債権者に代位してその権利を行使することはできない。

❶ **ア、ウ**
❷ **ア、オ**
❸ **イ、ウ**
❹ **イ、エ**
❺ **エ、オ**

【解答・解説】

正解 ❶

アは物上保証人は弁済をするについて正当な利益を有する第三者に当たるかという点がポイントです。**エ**は物上保証人の保護の必要性から考えるとよいでしょう。

ア ○ 弁済をするについて正当な利益を有する第三者は、債務者の意思に反して弁済をすることができます（474条２項本文反対解釈）。「正当な利益を有する第三者」とは、債務を弁済するについて法律上の利害関係がある第三者をいいます（最判昭39.4.21）。抵当不動産の物上保証人はこのような第三者に当たり、債務者の意思に反しても弁済をすることができます（同判例）。したがって、妥当な記述です。

イ × 抵当不動産の物上保証人が弁済の提供をした場合において、債権者がその受領を拒んで受領遅滞に陥ったときであっても、物上保証人は、債権者のために弁済の目的物を供託することができます（494条１項柱書前段１号）。したがって、「供託をすることはできない」という記述が妥当ではありません。

ウ ○ 債務者に物上保証人の他に保証人が２名いる場合は、物上保証人は、債権全額の３分の１の割合をもって、各保証人に対し、債権者に代位してその有していた権利を行使することができます（501条３項４号本文）。したがって、妥当な記述です。

エ × 抵当不動産の物上保証人が債権の全額を弁済した場合、債権者は、借用証書を物上保証人に交付しなければなりません(503条１項)。したがって、「物上保証人に借用証書を交付することはできない」という記述が妥当ではありません。

オ × 抵当不動産の物上保証人が債権の一部のみを弁済した場合には、物上保証人は、債権者の同意を得て、その弁済をした価額に応じて、債権者とともにその権利を行使することができます（502条１項）。したがって、「残額を完済するまでは、物上保証人は債権者に代位してその権利を行使することはできない」という記述が妥当ではありません。

★

民法に規定する弁済に関するA～Dの記述のうち、妥当なものを選んだ組合せはどれか。

区Ⅰ2014改

A　弁済をするについて正当な利益を有する者でない第三者は、当事者が第三者の弁済を禁止する旨の意思表示をした場合は、債務の弁済をすることができないが、弁済をするについて正当な利益を有する第三者は、当事者が第三者の弁済を禁止する旨の意思表示をした場合であっても、債務の弁済をすることができる。

B　弁済の費用について別段の意思表示がないときは、その費用は、債務者の負担となるが、債権者が住所の移転その他の行為によって弁済の費用を増加させたときは、その増加額は、債権者の負担となる。

C　債権の目的が特定物の引渡しである場合において、契約その他の債権の発生原因及び取引上の社会通念に照らしてその引渡しをすべき時の品質を定めることができないときは、弁済をする者は、その引渡しをすべき時の現状でその物を引き渡さなければならない。

D　債権に関する証書がある場合において、弁済をした者が全部の弁済をしたときは、弁済をした者は、弁済を受領した者に対して受取証書の交付を請求できるので、債権に関する証書の返還を請求することはできない。

❶　A　B
❷　A　C
❸　A　D
❹　B　C
❺　B　D

【解答・解説】

正解 ④

Aは「第三者の弁済を禁止」した当事者の意思を尊重すべきでしょう。Dは弁済者が全部の弁済をしたときは、債権者は「債権証書」を持っている理由がないでしょう。

A ✕　当事者が第三者の弁済を禁止する旨の意思表示をしたときは、弁済をするについて正当な利益を有する者でない第三者はもちろん、弁済をするについて正当な利益を有する第三者であっても、債務の弁済をすることができません（474条4項）。したがって、「弁済をするについて正当な利益を有する第三者は、当事者が第三者の弁済を禁止する旨の意思表示をした場合であっても、債務の弁済をすることができる」という記述が妥当ではありません。

B ○　弁済の費用について別段の意思表示がないときは、その費用は、債務者の負担となります（485条本文）。ただし、債権者が住所の移転その他の行為によって弁済の費用を増加させたときは、その増加額は、債権者の負担となります（同ただし書）。債権者の行為によって弁済の費用が増加したときは、その増加額を債権者に負担させるのが公平だからです。したがって、妥当な記述です。

C ○　債権の目的が特定物の引渡しである場合において、契約その他の債権の発生原因および取引上の社会通念に照らしてその引渡しをすべき時の品質を定めることができないときは、弁済をする者は、その引渡しをすべき時の現状でその物を引き渡さなければなりません（483条）。したがって、妥当な記述です。

D ✕　弁済をする者は、弁済と引換えに弁済を受領する者に対して受取証書の交付を請求することができます（486条）。また、債権に関する証書がある場合において、弁済をした者が全部の弁済をしたときは、債権に関する証書の返還を請求することができます（487条）。債権者は、全部の弁済を受けた以上、債権証書を持っている必要がないからです。したがって、「債権に関する証書の返還を請求することはできない」という記述が妥当ではありません。

問題3 ★ **弁済に関する次のア～エの記述の正誤の組合せとして最も適当なものはどれか（争いのあるときは、判例の見解による。）。**

裁判所2015改

ア 弁済の費用は、別段の意思表示がないときには、原則として債務者の負担となる。

イ 債権者の代理人と称して債権を行使する者は、受領権者以外の者であって取引上の社会通念に照らして受領権者としての外観を有するものに当たらない。

ウ 物上保証人は、弁済をするについて正当な利益を有する者でない第三者であるから、主債務者の意思に反して弁済をすることができない。

エ 債権者があらかじめ弁済の受領を拒んだときは、債務者は弁済の提供として口頭の提供をすれば足り、債権者が契約そのものの存在を否定する等弁済を受領しない意思が明確と認められる場合には、口頭の提供も不要である。

	ア	イ	ウ	エ
❶	正	誤	正	正
❷	正	誤	誤	正
❸	正	正	誤	正
❹	誤	正	誤	誤
❺	誤	正	正	誤

【解答・解説】

正解 ❷

アは債務者は弁済義務を負っている点から考えるとよいでしょう。**エ**は債権者が弁済を受領しない意思が明確な場合にまで、債務者に口頭の提供をさせても無意味でしょう。

ア ○　弁済の費用は、別段の意思表示がないときには、原則として、債務者の負担となります（485条本文）。債務者は弁済の義務を負っているので、弁済の費用も負担するのが当然だからです。したがって、正しい記述です。

イ ×　債権者の代理人と称して債権を行使する者は、受領権者以外の者であって取引上の社会通念に照らして受領権者としての外観を有するものとされています（478条、最判昭37.8.21）。したがって、「受領権者以外の者であって取引上の社会通念に照らして受領権者としての外観を有するものに当たらない」という記述が誤りです。

ウ ×　弁済をするについて正当な利益を有する第三者は、債務者の意思に反して弁済をすることができます（474条2項本文反対解釈）。物上保証人は、主たる債務者が弁済をしないと抵当権を実行され自己の抵当不動産を失うという法律上の不利益を受けるので、弁済をするについて正当な利益を有する第三者に当たります（最判昭39.4.21）。したがって、「主債務者の意思に反して弁済をすることができない」という記述が誤りです。

エ ○　債権者があらかじめ弁済の受領を拒んでいるときは、債務者は弁済の準備をしたことを通知（口頭の提供）してその受領の催告をすれば足ります（493条ただし書）。しかし、債務者が口頭の提供をしても、債権者が契約そのものの存在を否定する等弁済を受領しない意思が明確と認められる場合には、口頭の提供をしても全く無意味なので、口頭の提供も不要です（最大判昭32.6.5）。債権者が弁済を受領しない意思が明確と認められる場合には、債権者に翻意を促し弁済受領の機会を与えるための口頭の提供をすること自体無意味だからです。したがって、正しい記述です。

問題4 ★★ **弁済に関する次のア～オの記述のうち、適当なもののみを全て挙げているものはどれか（争いのあるときは、判例の見解による。）。**

裁判所2017改

ア　特定物の売買契約において、代金支払債務が先履行とされた場合には、買主は、別段の意思表示のない限り、買主の現在の住所地において代金を支払わなければならない。

イ　特定物の売買契約において、買主があらかじめ目的物の受領を拒絶している場合には、売主は、引渡しの準備をしたことを買主に通知して目的物の受領を催告すれば、引渡債務の債務不履行責任を免れる。

ウ　債務者が、真実は債権者の代理人ではないのに、代理人を詐称する者に対して弁済した場合であっても、債務者が、当該人物が代理人ではないことについて善意無重過失であるときは、当該弁済は有効である。

エ　債務者が、金銭債務についてその全額に満たない金額の金銭を持参した場合は、原則として債務の本旨に従った弁済の提供とはいえない。

オ　弁済をするについて正当な利益を有する者でない第三者は、債務の弁済が債務者の意思に反する場合には、債権者の承諾を得たときに限り、債務の弁済をすることができる。

❶ **ア、イ**
❷ **ア、エ**
❸ **イ、エ**
❹ **ウ、エ**
❺ **ウ、オ**

【解答・解説】

正解 ③

アは代金支払債務が先履行である点がポイントです。**イ**は買主があらかじめその受領を拒絶している場合にまで、売主に現実の提供を要求するのは無意味でしょう。

ア ×　特定物の売買契約において、代金支払債務が先履行とされた場合、買主は、別段の意思表示のない限り、売主の現在の住所地において代金を支払わなければなりません（484条1項、大判昭2.12.27）。したがって、「買主の現在の住所地において」という記述が適当ではありません。

イ ○　特定物の売買契約においては、買主があらかじめその受領を拒絶している場合には、売主は、引渡しの準備をしたことを買主に通知してその目的物の受領の催告をすれば、引渡債務の債務不履行責任を免れることができます（493条ただし書）。買主があらかじめその受領を拒絶している場合にまで、売主に現実の提供を要求するのは無意味だからです。したがって、適当な記述です。

ウ ×　真実は債権者の代理人ではないのに、代理人を詐称する者は、受領者以外の者で取引上の社会通念に照らして受領権者としての外観を有するものに当たります（最判昭37.8.21）。その結果、債務者が、当該人物が代理人ではないことについて善意無過失で弁済したときに限り、当該弁済は有効となります（478条）。したがって、「善意無重過失であるときは」という記述が適当ではありません。

エ ○　弁済の提供は、債務の本旨に従って現実にしなければなりません（493条本文）。そして、債務者が、金銭債務についてその全額に満たない金額の金銭を持参した場合は、原則として債務の本旨に従った弁済の提供とはいえません（大判明44.12.16）。したがって、適当な記述です。

オ ×　弁済をするについて正当な利益を有する者でない第三者は、債務者の意思に反して弁済をすることができません（474条2項本文）。本条項は、債務者の意思を尊重する趣旨なので、債権者の承諾を得たとしても債務の弁済をすることはできません。したがって、「債権者の承諾を得たときに限り」という記述が適当ではありません。

問題5 ★★ 弁済に関する次のア～エの記述のうち、妥当なもののみを全て挙げているものはどれか（争いがあるときは、判例の立場による。）。

裁判所2019改

ア 債権が二重に譲渡された場合、譲受人間の優劣は、対抗要件具備の先後によるが、債務者が法律上劣後する譲受人に誤って弁済したときであっても、受領権者以外の者であって取引上の社会通念に照らして受領者としての外観を有するものに対する弁済として有効な弁済となる場合がある。

イ 受領権者以外の者であって取引上の社会通念に照らして受領者としての外観を有するものに対する弁済を一定の要件のもとに有効な弁済として扱うのは、受領権者らしき外観を信頼した者を保護する趣旨であるから、債権者の代理人らしき外観を有していたにすぎない者に対する弁済は、債務者の主観を問わず、無効である。

ウ 債権者及び債務者が、債務者が債権者に対して負っている金銭債務の弁済に代えて、債務者が所有する不動産を債権者に譲渡することにより債務を消滅させる旨の契約をした場合、当該金銭債務が消滅する効果は、当該契約の成立時に発生する。

エ 第三者が、債務者の意思に反して、債務の弁済をする場合には、弁済をするについて正当な利益を有する者であることが必要であるが、借地上の建物の賃借人は、敷地の地代の弁済につき、正当な利益を有すると認められる。

❶ ア、イ
❷ ア、ウ
❸ ア、エ
❹ イ、ウ
❺ イ、エ

【解答・解説】

正解 ❸

ア、イ、エは弁済者（債務者等）と債権者の利益のいずれを保護するのが妥当かという点から考えるとよいでしょう。

ア ○　債権が二重に譲渡された場合、譲受人間の優劣は、対抗要件具備の先後によって決定されます（467条）。その結果、法律上劣後する債権の譲受人は無権利者となるので、債務者が当該譲受人にした弁済は、原則として無効となります。ただし、債務者が、法律上劣後する譲受人に誤って弁済したときであっても、受領権者以外の者であって取引上の社会通念に照らして受領者としての外観を有するものに対する弁済として有効な弁済となる場合があります（478条、最判昭61.4.11）。したがって、妥当な記述です。

イ ×　受領権者以外の者であって取引上の社会通念に照らして受領者としての外観を有するものに対する弁済を一定の要件のもとに有効な弁済として扱うのは、受領権者らしき外観を信頼した者を保護する趣旨です（478条）。そして、債権者の代理人らしき外観を有していた者は、受領権者としての外観を有するものといえます（最判昭37.8.21）。その結果、債務者が、善意無過失で、債権者の代理人と称した者に対してした弁済は、有効となります。したがって、「債務者の主観を問わず、無効である」という記述が妥当ではありません。

ウ ×　債権者および債務者が、債務者が債権者に対して負っている金銭債務の弁済に代えて、債務者が所有する不動産を債権者に譲渡することにより債務を消滅させる旨の契約（代物弁済契約）をした場合、当該金銭債務が消滅する効果は、債務者が当該不動産を給付した時に発生します（482条）。したがって、「当該契約の成立時に」という記述が妥当ではありません。

エ ○　第三者が、債務者の意思に反して債務の弁済をする場合には、弁済をするについて正当な利益を有する者であることが必要です（474条２項本文反対解釈）。そして、借地上の建物の賃借人は、土地賃借権が消滅するときは土地賃貸人に対して、賃借建物から退去して土地を明け渡す義務を負う法律関係にあるので、敷地の地代の弁済につき、正当な利益を有すると認められます（最判昭63.7.1）。したがって、妥当な記述です。

問題6 ★★ **民法に規定する弁済に関するA～Dの記述のうち、判例、通説に照らして、妥当なものを選んだ組合せはどれか。**

区Ⅰ2019改

A 弁済の提供は、債務の本旨に従って現実にしなければならないが、債権者があらかじめ債務の受領を拒んだときに限り、弁済の準備をしたことを通知してその受領の催告をすれば足りる。

B 弁済の費用について別段の意思表示がないときは、その費用は、債務者の負担とするが、債権者が住所の移転その他の行為によって弁済の費用を増加させたときは、その増加額は、債権者の負担とする。

C 最高裁判所の判例では、借地上の建物の賃借人と土地賃貸人との間には直接の契約関係はないものの、当該建物賃借人は、敷地の地代を弁済し、敷地の賃借権が消滅することを防止することに正当な利益を有するとした。

D 最高裁判所の判例では、債権者の代理人と称して債権を行使する者もいわゆる受領権者以外の者であって取引上の社会通念に照らして受領権者としての外観を有するものにあたると解すべきであり、受領権者以外の者であって取引上の社会通念に照らして受領権者としての外観を有するものに対する弁済が有効とされるには、弁済者が善意であればよく、無過失である必要はないとした。

❶ A B
❷ A C
❸ A D
❹ B C
❺ B D

【解答・解説】

正解 ❹

Aは「債務の受領を拒んだときに限り」という点がポイントです。Bは債権者の行為によって増加した弁済の費用は、債権者に負担させるのが公平といえるでしょう。

A ✕　弁済の提供は、債務の本旨に従って現実にしなければなりません（493条本文）。ただし、債権者があらかじめ債務の受領を拒んだときのほかに、債務の履行について債権者の行為を要するとき（取立債務）は、弁済の準備をしたことを通知してその受領の催告をすれば足ります（同ただし書）。このような場合には、債務者に現実の弁済をさせることは、無意味または不可能だからです。したがって、「債権者があらかじめ債務の受領を拒んだときに限り」という記述が妥当ではありません。

B ○　弁済の費用について別段の意思表示がないときは、その費用は、債務者の負担となります（485条本文）。ただし、債権者が住所の移転その他の行為によって弁済の費用を増加させたときは、その増加額は、債権者の負担となります（同ただし書）。債権者の行為によって弁済の費用が増加したときは、その増加額を債権者に負担させるのが公平だからです。したがって、妥当な記述です。

C ○　借地上の建物の賃借人と土地賃貸人との間には直接の契約関係はありません。しかし、借地上の建物の賃借人は、土地賃借権が消滅するときは土地賃貸人に対して、賃借建物から退去して土地を明け渡す義務を負うので、敷地の地代を弁済し、敷地の賃借権が消滅することを防止することに正当な利益を有しています（最判昭63.7.1）。したがって、妥当な記述です。

D ✕　債権者の代理人と称して債権を行使する者もいわゆる受領者以外の者であって取引上の社会通念に照らして受領権者としての外観を有するものに当たります（最判昭37.8.21）。その結果、受領者以外の者であって取引上の社会通念に照らして受領権者としての外観を有するものに対する弁済が有効とされるには、弁済者が善意無過失であることが必要です（478条）。したがって、「弁済者が善意であればよく、無過失である必要はない」という記述が妥当ではありません。

問題7 ★★★ **民法に規定する弁済に関する記述として、通説に照らして、妥当なのはどれか。**

区Ⅰ2016改

❶ 債務の弁済は、第三者もすることができるため、弁済をするについて正当な利益を有する者でない第三者も、債務者の意思に反して弁済をすることができるが、その債務の性質が第三者の弁済を許さないときはできない。

❷ 弁済をした者が弁済として他人の物を引き渡したときは、その弁済をした者は、更に有効な弁済をしなければ、その物を取り戻すことができず、それは、債権の目的が物の給付であれば、不特定物の引渡しを目的とする債権に限らず、特定物の引渡しを目的とする債権の場合にも適用される。

❸ 受取証書の持参人は、取引上の社会通念に照らして受領権者としての外観を有し、弁済を受領する権限があるものとみなされるため、弁済をした者が過失によってその権限がないことを知らなかったときは、弁済は有効となるが、その権限がないことを知っていたときは、弁済は無効となる。

❹ 弁済者が、債権者との間で、債務者の負担した給付に代えて他の給付をすることにより債務を消滅させる旨の契約をした場合において、その弁済者が当該他の給付をしたときは、その給付は、弁済と同一の効力を有し、給付された物に品質等の不適合があっても、本来の給付や品質等に不適合のない物の給付を請求することはできない。

❺ 債権に関する証書がある場合において、弁済をした者が全部の弁済をしたときは、その証書の返還を請求することはできるが、弁済以外の事由である相殺、更改又は免除によって債権全部が消滅したときには、返還を請求することができない。

【解答・解説】

正解 ❹

❶は正当な利益を有する者でない第三者よりも債務者の意思を尊重すべきでしょう。❹は代物弁済も「弁済と同一の効力」を有する点がポイントです。❺は債権全部が消滅した以上、債権者に債権に関する証書を保持させておく理由はないでしょう。

❶ ×　債務の弁済は、第三者もすることができます（474条1項）。ただし、弁済をするについて正当な利益を有する者でない第三者は、債務者の意思に反して弁済をすることができません（同条2項本文）。また、その債務の性質が第三者の弁済を許さないときも、債務者の意思に反して弁済をすることができません（同条4項前段）。したがって、「債務者の意思に反して弁済をすることができる」という記述が妥当ではありません。

❷ ×　弁済をした者が弁済として他人の物を引き渡したときは、その弁済をした者は、さらに有効な弁済をしなければ、その物を取り戻すことができません（475条）。本条が適用されるのは不特定物の引渡しを目的とする債権に限られ、特定物の引渡しを目的とした債権には適用されません。特定物の場合は、他の物をもってさらに有効な弁済をすることはできないからです。したがって、「特定物の引渡しを目的とする債権の場合にも適用される」という記述が妥当ではありません。

❸ ×　受取証書の持参人は、受領権者以外の者であって取引上の社会通念に照らして受領権者としての外観を有し、弁済を受領する権限があるものとみなされます（大判昭2.6.22参照）。その結果、弁済をした者が善意であり、かつ、過失がなかったときは、弁済は有効となります（478条）。したがって、「弁済をした者が過失によってその権限がないことを知らなかったときは、弁済は有効となる」という記述が妥当ではありません。

❹ ○　弁済者が、債権者との間で、債務者の負担した給付に代えて他の給付をすることにより債務を消滅させる旨の契約をした場合において、その弁済者が当該他の給付をしたときは、その給付は、弁済と同一の効力を有します（482条）。その結果、弁済者が、本来の給付に代えて他の給付をすれば債務は消滅するので、給付された物に品質等の不適合があっても、本来の給付や品質等に不適合のない物の給付を請求することはできません。し

たがって、妥当な記述です。

❺ ×　債権に関する証書がある場合において、弁済をした者が全部の弁済をしたときは、その証書の返還を請求することができます（487条）。また、弁済者は、相殺、更改または免除などの原因によって債権全部を消滅したときも、その証書の返還を請求することができます。したがって、「弁済以外の事由である相殺、更改又は免除によって債権全部が消滅したときには、返還を請求することができない」という記述が妥当ではありません。

MEMO

問題8 ★★

相殺に関する次の記述のうち、妥当なのはどれか。ただし、争いのあるものは判例の見解による。

国般2019改

❶ 相殺をなし得るためには、相殺をする者とその相手方との間に対立する債権が存在していなければならないから、保証人は、主たる債務者が債権者に対して有する相殺権を行使することによって、債権者に対して債務の履行を拒むことができない。

❷ 受働債権を悪意による不法行為に基づく債権とする相殺は原則として許されないが、双方の債権がいずれも相手方の悪意による不法行為に基づく債権であって、かつ、それが同一の事故により生じたものである場合には、相殺は許される。

❸ 相殺は、当事者の一方から相手方に対する意思表示によってするが、双方の債権は、相殺の意思表示を行った時点で、その対当額において消滅し、その消滅の効力は遡らない。

❹ 相殺は、双方の債権がいずれも有効に存在していなければならないから、一方の債権が時効により消滅していた場合には、その債権が消滅前に相殺適状にあったとしても、その債権を自働債権として相殺することができない。

❺ 相殺の意思表示は、単独の意思表示で法律関係の変動を生じさせる形成権の行使である。また、相殺の意思表示には、条件又は期限を付けることができない。

【解答・解説】

正解 ❺

❶は次節で学習する知識を問うものなので、とりあえず保留しましょう。❷は不法行為の趣旨（被害者に現実の給付を得させることや債権者による不法行為の誘発を防止することなど）から考えるとよいでしょう。❺は相殺は一方的な意思表示であること、また遡及的効力を有する点がポイントです。

❶ ×　相殺をなし得るためには、相殺をする者とその相手方との間に対立する債権が存在していなければならないのが原則です（505条1項本文）。ただし、主たる債務者が債権者に対して相殺権を有するときは、保証人は、当該相殺権を行使することによって主たる債務者がその債務を免れるべき限度において、債権者に対して債務の履行を拒むことができます（457条3項）。したがって、「債権者に対して債務の履行を拒むことができない」という記述が妥当ではありません。

❷ ×　受働債権（相殺される側の債権）を悪意による不法行為に基づく債権とする相殺は原則として許されません（509条柱書本文1号）。また、双方の債権がいずれも相手方の悪意による不法行為に基づく債権であって、かつ、それが同一の事故により生じたものである場合でも、相殺は許されません（最判昭49.6.28）。したがって、「相殺は許される」という記述が妥当ではありません。

❸ ×　相殺は、当事者の一方から相手方に対する意思表示によってします（506条1項前段）。そして相殺の意思表示は、双方の債務が互いに相殺に適するようになった時に遡ってその効力を生じます（同条2項）。したがって、「その消滅の効力は遡らない」という記述が妥当ではありません。

❹ ×　相殺は、双方の債権がいずれも有効に存在していなければなりません（505条1項本文）。ただし、一方の債権が時効によって消滅した場合でも、その債権が消滅前に相殺に適するように（相殺適状）なっていたときには、その債権者は、その債権を自働債権（相殺する側の債権）として相殺をすることができます（508条）。相殺適状にある債権を有する者は、債権債務関係が決済されたものと考えるのが通常なので、その信頼を保護するためです。したがって、「その債権が消滅前に相殺適状にあったとしても、

その債権を自働債権として相殺することができない」という記述が妥当ではありません。

❺ ○　相殺の意思表示は、単独の意思表示で法律関係の変動を生じさせる形成権の行使です。また、相殺の意思表示には、条件または期限を付けることができません（506条1項後段）。相殺に条件を付けることは、一方的な意思表示により相手方を不確定な状態に陥れることになること、また、相殺は遡及効を有するので期限を付けても無意味なことからです。したがって、妥当な記述です。

MEMO

★★

相殺に関する次の記述のうち、最も適当なものはどれか（争いのあるときは、判例の見解による。）。

裁判所2014改

❶ 相殺するためには、自働債権及び受働債権の双方が弁済期にあることが必要である。

❷ 債務者が、第三者からその債権者に対する債権を譲り受けた場合、当該債権の譲渡を受けるより前にその債権について消滅時効が完成していたとしても、譲り受けた債権を自働債権、自身の債務を受働債権として、相殺することができる。

❸ 自働債権が悪意による不法行為に基づく損害賠償請求権であっても、受働債権が悪意による不法行為に基づく損害賠償請求権でなければ、相殺することができる。

❹ 請負代金債権を自働債権として請負契約における品質の不適合に関する担保責任としての損害賠償を受働債権と相殺することは、請負代金債権に同時履行の抗弁権が付着しているため、認められない。

❺ 第三債務者が債務者に対して負う債務について、債権者が差押えをしたときは、第三債務者が当該差押えの前から債務者に対して債権を有していたとしても、当該債権を自働債権とし、差し押さえられた債務を受働債権として相殺することはできない。

【解答・解説】

正解 ❸

❶は債務者は期限の利益を放棄できる点がポイントです。❺は第三債務者の相殺による決済の期待権の保護から考えるとよいでしょう。

❶ ×　相殺をするためには、自働債権は弁済期にあることが必要ですが、受働債権は必ずしも弁済期にあることが必要ではありません（大判昭8.5.30）。受働債権の債務者は、弁済期までの支払猶予の利益（期限の利益）を放棄することができるからです（136条1項）。したがって、「自働債権及び受働債権の双方が弁済期にあることが必要である」という記述が適当ではありません。

❷ ×　債務者が、第三者からその債権者に対する債権を譲り受けた場合、当該債権の譲渡を受けるより前にその債権について消滅時効が完成していたときは、譲り受けた債権を自働債権、自身の債権を受働債権として、相殺することはできません（最判昭36.4.14）。したがって、「相殺することができる」という記述が適当ではありません。

❸ ○　自働債権が悪意による不法行為に基づく損害賠償請求権であっても、受働債権が悪意による不法行為に基づく損害賠償請求権でなければ、相殺することができます（509条柱書本文1号反対解釈）。したがって、適当な記述です。

❹ ×　請負代金債権を自働債権として請負契約における品質の不適合に関する担保責任としての損害賠償を受働債権として相殺することは、請負代金債権に同時履行の抗弁権が付着しているときでもあっても、認められます（最判昭53.9.21）。この場合、相殺により清算的調整を図ることが当事者双方の便宜と公平に適するからです。したがって、「認められない」という記述が適当ではありません。

❺ ×　差押えを受けた債権の第三債務者は、差押え前に取得した債権による相殺をもって対抗することができます（511条1項後段）。第三債務者の相殺による決済の期待権を保護する趣旨です。したがって、「相殺することはできない」という記述が適当ではありません。

問題10 ★★ **相殺に関するア～オの記述のうち、妥当なもののみを全て挙げているのはどれか。ただし、争いのあるものは判例の見解による。**

国税・労基・財務2015改

ア 債務が悪意による不法行為によって生じたときは、その債務者は相殺によって債権者に対抗することは認められない。

イ 相殺は、相殺適状にある債権の債権者にとって担保的な機能を有し、当該担保的機能への期待は尊重されるべきであることから、民法上、差押禁止債権を受働債権として相殺を行うことも認められる。

ウ 相殺を行うには、当事者双方の債務が弁済期にあることが要件とされているから、自働債権が弁済期にある場合であっても、受働債権が弁済期にないときには、受働債権の期限の利益を放棄して相殺を行うことも認められない。

エ 相殺が認められるためには、当事者相互が同種の目的を有する債務を負担することが必要であり、当事者双方の債務の履行地が同じであることが必要である。

オ 時効によって消滅した債権を自働債権とする相殺をするためには、消滅時効が援用された自働債権は、その消滅時効期間が経過する以前に受働債権と相殺適状にあったことが必要である。

❶ ア、イ
❷ ア、オ
❸ イ、ウ
❹ ウ、エ
❺ エ、オ

【解答・解説】

正解 ❷

イは「差押禁止債権」という点がポイントです。**オ**は消滅以前に相殺適状にある債権を有する者の相殺の期待権を保護すべきでしょう。

ア ○　債務が悪意による不法行為によって生じたときは、その債務者が相殺によって債権者に対抗することは認められません（509条柱書本文1号）。被害者に現実の給付を得させることや債権者による不法行為の誘発を防止することなどがその趣旨です。したがって、妥当な記述です。

イ ×　相殺は、相殺適状にある債権の債権者にとって担保的な機能を有し、当該担保的機能への期待は尊重されるべきです（505条1項1項）。しかし、民法上、差押禁止債権を受働債権として相殺を行うことは認められません（510条）。したがって、「民法上、差押禁止債権を受働債権として相殺を行うことも認められる」という記述が妥当ではありません。

ウ ×　相殺を行うには当事者双方の債務が弁済期にあることが要件とされています（505条1項本文）。ただし、自働債権が弁済期にある場合は、受働債権が弁済期にないときでも、債務者は、受働債権の期限の利益を放棄して相殺を行うことが認められます（大判昭8.5.30）。したがって、「受働債権の期限の利益を放棄して相殺を行うことも認められない」という記述が妥当ではありません。

エ ×　相殺が認められるためには、当事者相互が同種の目的を有する債務を負担することが必要です（505条1項本文）。しかし、必ずしも当事者双方の債務の履行地が同じである必要はありません（507条前段）。したがって、「当事者双方の債務の履行地が同じであることが必要である」という記述が妥当ではありません。

オ ○　時効によって消滅した債権を自働債権として相殺するためには、消滅時効が援用された自働債権は、その消滅時効期間が経過する以前に受働債権と相殺適状にあったことが必要です（508条）。消滅以前に相殺適状にある債権を有する者は、債権債務関係が決済されたものと考えるのが通常なので、その信頼を保護する趣旨です。したがって、妥当な記述です。

民法に規定する相殺に関する記述として、通説に照らして、妥当なのはどれか。

★★

区Ⅰ2015

❶ 時効によって消滅した債権がその消滅以前に相殺適状にあった場合には、その債権者は、これを自働債権として相殺することができるが、消滅時効完成後の債権の譲受人が、これを自働債権として相殺することは許されない。

❷ 不法行為による損害賠償債権を受働債権として、不法行為によるものではない債権と相殺することができるが、損害賠償請求権を自働債権として、不法行為によるものではない債権と相殺することはできない。

❸ 相殺は、２人が相互に同種の内容の債務をもつ場合に、双方の債務を対当額において消滅させることができるので、双方の債務の履行地が同一でなく異なるときは相殺の要件をなさない。

❹ 相殺が有効になされるためには、相対立する債権の弁済期において、受働債権は常に弁済期に達していなければならないが、自働債権については必ずしも弁済期にあることを必要としない。

❺ 意思表示による相殺の効力発生時期は、当事者の一方から相手方に対して、実際に相殺の意思表示をした時期であり、双方の債務が互いに相殺に適するようになった時にさかのぼって相殺の効力を生じることはない。

【解答・解説】

正解 ❶

❷は不法行為の被害者からの相殺を認めても不都合はないでしょう。❹は債務者が期限の利益を放棄できる点がポイントです。

❶ ○　時効によって消滅した債権がその消滅以前に相殺適状にあった場合には、その債権者は、これを自働債権（相殺する側の債権）として相殺をすることができます（508条）。これに対して、消滅時効完成後の債権の譲受人が、これを自働債権として相殺することは許されません（最判昭36.4.14）。したがって、妥当な記述です。

❷ ×　悪意による不法行為に基づく損害賠償請求権を受働債権（相殺される側の債権）として、不法行為によるものではない債権と相殺することはできません（509条柱書本文１号）。これに対して、悪意による不法行為に基づく損害賠償請求権を自働債権（相殺する側の債権）として、不法行為によるものではない債権と相殺することはできます。したがって、全体的に妥当な記述ではありません。

❸ ×　相殺は、２人が互いに同種の内容の債務を持つ場合に、双方の債務を対当額において消滅させることができます（505条１項本文）。そして、双方の債務の履行地が同一であることは相殺の要件ではないので、双方の債務の履行地が同一でなく異なるときでも相殺をすることができます（507条前段）。したがって、「双方の債務の履行地が同一でなく異なるときは相殺の要件をなさない」という記述が妥当ではありません。

❹ ×　相殺が有効とされるためには、相対立する債権の弁済期において、自働債権は常に弁済期に達していなければなりませんが（505条１項本文）、受働債権は必ずしも弁済期にあることが必要ではありません（大判昭8.5.30）。したがって、全体的に妥当な記述ではありません。

❺ ×　相殺の意思表示は、双方の債務が互いに相殺に適するようになった時に遡ってその効力を生じます（506条２項）。したがって、「双方の債務が互いに相殺に適するようになった時にさかのぼって相殺の効力を生じることはない」という記述が妥当ではありません。

問題12 民法に規定する相殺に関する記述として、妥当なのはどれか。

★★

区Ⅰ2018改

❶ 相殺をするためには、相対立する債権が相殺適状にあることが必要であるが、当事者が相殺禁止の意思表示をした場合は、相殺は適用されず、その意思表示は、善意軽過失の第三者にも対抗することができる。

❷ 相殺は、当事者の一方から相手方に対する意思表示によって効力を生じるが、その相殺の効力発生時期は、実際に相殺の意思表示をした時期であり、双方の債権が相殺適状になった時に遡及して効力を生じることはない。

❸ 時効によって消滅した債権がその消滅以前に相殺適状にあったときは、その債権者は、時効消滅した債権を自働債権として、その時点に遡及して相殺することはできない。

❹ 悪意による不法行為によって生じた損害賠償債権の債務者は、不法行為による損害賠償債権を受働債権として、不法行為による損害賠償債権以外の債権と相殺することはできない。

❺ 第三債務者が差押えによって支払を差し止められた場合において、その後に取得した反対債権を自働債権として相殺したときは、これをもって差押債権者に対抗することができる。

【解答・解説】

正解 ❹

❸は消滅以前に相殺適状にある債権を有する者の相殺の期待権を保護すべきでしょう。

❶ ×　相殺するためには、相対立する債権が相殺適状にあることが必要です（505条1項本文）。ただし、当事者が相殺禁止の意思表示をした場合は、相殺は適用されませんが、その意思表示は、善意軽過失の第三者に対抗することができません（同条2項反対解釈）。したがって、「善意軽過失の第三者にも対抗することができる」という記述が妥当ではありません。

❷ ×　相殺は、当事者の一方から相手方に対する意思表示によって効力を生じます（506条1項前段）。そして、その相殺の効力発生時期は、実際に相殺の意思表示をした時ではなく、双方の債権が相殺適状になった時に遡ってその効力を生じます（同条2項）。したがって、「双方の債権が相殺適状になった時に遡及して効力を生じることはない」という記述が妥当ではありません。

❸ ×　時効によって消滅した債権がその消滅以前に相殺適状にあったときは、その債権者は、時効消滅した債権を自働債権（相殺する側の債権）として、その時点に遡及して相殺をすることができます（508条、506条2項）。したがって、「時効消滅した債権を自働債権として、その時点に遡及して相殺することはできない」という記述が妥当ではありません。

❹ ○　悪意による不法行為によって生じた損害賠償債権の債務者は、不法行為による損害賠償債権を受働債権（相殺される側の債権）として、不法行為による損害賠償債権以外の債権と相殺することはできません（509条柱書本文1号）。したがって、妥当な記述です。

❺ ×　第三債務者が差押えによって支払いを差し止められた場合において、その後に取得した反対債権を自働債権として相殺したときは、これをもって差押債権者に対抗することができません（511条1項後段反対解釈）。差押債権者の利益を保護すべきだからです。したがって、「その後に取得した反対債権を自働債権として相殺したときは、これをもって差押債権者に対抗することができる」という記述が妥当ではありません。

問題13 ★★★ **相殺に関するア～エの記述のうち、妥当なもののみを全て挙げているのはどれか。ただし、争いのあるものは判例の見解による。**

国般2018

ア　連帯債務者Ａ及びＢのうち、Ａが債権者Ｃに対して反対債権を有する場合において、Ａが相殺を援用したときは、債権はＡのみの利益のために消滅する。

イ　既に弁済期にある自働債権と弁済期の定めのある受働債権とが相殺適状にあるというためには、受働債権につき、期限の利益を放棄することができるというだけではなく、期限の利益の放棄又は喪失等により、その弁済期が現実に到来していることを要する。

ウ　使用者は、労働者に対して有する不法行為に基づく損害賠償請求権を自働債権とし、賃金債権を受働債権とする相殺をすることができる。

エ　ＡがＢのＣに対する債権を差し押さえた場合に、Ｃが差押前に取得したＢに対する債権の弁済期が差押えの時点で未到来であり、かつ、差し押さえられた債権の弁済期よりも後に到来するときは、Ｃは、両債権の相殺をもってＡに対抗することができない。

❶ **ア**
❷ **イ**
❸ **ウ**
❹ **ア、エ**
❺ **イ、エ**

【解答・解説】

正解 ❷

アは次節で学習する知識を必要とするため、いったん保留しましょう。**ウ**は労働者は現実に賃金を支払ってもらえないと生活できなくなる点から考えるとよいでしょう。

ア × 連帯債務者AおよびBのうち、Aが債権者Cに対して反対債権を有する場合において、Aが相殺を援用したときは、債権はAおよびBの利益のために消滅します（439条1項）。相殺は実質的に弁済と同様の効果を生ずるので、Cに対して債権を有するAが相殺を援用したときは、Bに対しても消滅の効力が生じます。したがって、「債権はAのみの利益のために消滅する」という記述が妥当ではありません。

イ ○ すでに弁済期にある自働債権（相殺する側の債権）と弁済期の定めのある受働債権（相殺される側の債権）とが相殺適状にあるというためには、受働債権につき、期限の利益を放棄することができるというだけではなく、期限の利益の放棄または喪失等により、その弁済期が現実に到来していることが必要です（最判平25.2.28）。したがって、妥当な記述です。

ウ × 相殺は、債務の性質がこれを許さないときはすることができません（505条1項ただし書）。そして、労働者の賃金は、労働者の日常生活を支える重要な財源であり、直接労働者に支払わねばならない性質のものなので（労働基準法24条1項）、使用者は、労働者に対して有する不法行為に基づく損害賠償請求権を自働債権とし、賃金債権を受働債権とする相殺をすることはできません（最大判昭36.5.31）。したがって、「相殺をすることができる」という記述が妥当ではありません。

エ × 差押債権者Aが債務者Bの第三債務者Cに対する債権を差し押さえた場合に、Cが差押え前に取得したBに対する債権の弁済期が差押えの時点では未到来であり、かつ、差し押さえられた債権の弁済期よりも後に到来するときであっても、Cは、両債権の相殺をもってAに対抗することができます（511条1項後段、最大判昭45.6.24）。Cの相殺による決済の期待権を保護する趣旨です。したがって、「Cは、両債権の相殺をもってAに対抗することができない」という記述が妥当ではありません。

債権の消滅原因に関する記述として最も妥当なものはどれか（争いのあるときは、判例の見解による。）。

★

裁判所2018改

❶ 双方の過失による同一交通事故によってＡとＢが共に身体の侵害を受け、ＡのＢに対する不法行為に基づく損害賠償請求権（債権１）とＢのＡに対する不法行為に基づく損害賠償請求権（債権２）が発生した場合、Ａが債権２を受働債権として、また、Ｂが債権１を受働債権として相殺をすることは、いずれもできない。

❷ 相殺の意思表示は、条件及び期限をつけることはできないから、相殺合意をする場合であっても、相殺合意の効力発生に条件及び期限をつけることはできない。

❸ 対立する双方の債務の弁済期がいずれも到来していない限り、相殺をすることはできない。

❹ 債権者Ａが、債務者Ｂに対して、自己の有する債権を免除する旨の意思表示をした場合、債務者Ｂの同意がなければ、債権は消滅しない。

❺ ＡがＢに対して債権（甲債権）を有していたところ、ＡがＢを相続した場合、甲債権に債権を目的とする質権が設定されていた場合であっても、甲債権は混同により消滅する。

【解答・解説】

正解 ❶

❶はABとも「受働債権」である点がポイントです。❹は債務者が債務を免除されたとしても法律上何ら不利益を受けない点から考えるとよいでしょう。

❶ ○　双方の過失による同一交通事故によってAとBがともに身体の侵害を受け、AのBに対する不法行為に基づく損害賠償請求権とBのAに対する不法行為に基づく損害賠償請求権が発生した場合、Aが債権2を受働債権として、また、Bが債権1を受働債権として相殺することは、いずれもできません（509条柱書本文2号）。被害者に現実の給付を得させる趣旨です。したがって、妥当な記述です。

❷ ×　相殺の意思表示には、条件および期限を付けることができません（506条1項後段）。ただし、本条項は法定相殺に関する規定なので、当事者間で相殺合意（契約）をする場合には、公序良俗（90条）に反しない限り、相殺合意の効力発生に条件および期限を付けることができます。したがって、「相殺合意をする場合であっても」という記述が妥当ではありません。

❸ ×　相殺をするためには、原則として自働債権および受働債権の双方の弁済期が到来していることが必要です（505条1項本文）。ただし、自働債権は弁済期が到来していることが必要ですが、受働債権は必ずしも弁済期が到来していることは必要ありません（大判昭8.5.30）。したがって、「相殺をすることはできない」という記述が妥当ではありません。

❹ ×　債権者Aが、債務者Bに対して、自己の有する債権を免除する旨の意思表示をした場合、債務者Bの同意の有無にかかわらず、債権は消滅します（519条）。免除によって債務者が法律上不利益を受けるわけではないので、債務者の承諾は不要とされています。したがって、「債務者Bの同意がなければ」という記述が妥当ではありません。

❺ ×　AがBに対して債権（甲債権）を有していたところ、AがBを相続した場合、甲債権に債権を目的とする質権が設定されていた場合には、甲債権は混同によって消滅しません（520条ただし書）。したがって、「甲債権は混同により消滅する」という記述が妥当ではありません。

問題15 ★★ **債権の消滅事由に関するア〜オの記述のうち、妥当なもののみを全て挙げているのはどれか。ただし、争いのあるものは判例の見解による。**

国般2015改

ア 悪意による不法行為に基づく損害賠償債権を受働債権として相殺をすることは許されないが、悪意による不法行為に基づく損害賠償債権を自働債権とし、悪意による不法行為に基づく損害賠償債権以外の債権を受働債権として相殺をすることは許される。

イ 相殺は、当事者の一方から相手方に対する意思表示によって行われ、その効果は、当該意思表示が相手方に到達した時から生じ、相殺適状の時に遡らない。

ウ 不動産所有権の譲渡による代物弁済の効果として債権の消滅という効果が生じるためには、単に所有権移転の意思表示をするのみで足り、所有権移転登記手続を完了することは必要ない。

エ 代物弁済として給付した物に品質等の不適合があった場合には、品質等の不適合のない物の引渡請求をすることができるため、売買目的物の契約不適合に関する規定が準用されることはない。

オ 債権者が弁済の受領を拒んでいる場合、債務者は、供託所との間で供託契約を締結して弁済の目的物を供託することができる。その後、債権者が受益の意思表示をして供託物還付請求権を取得することにより、債権は消滅し、債務者は債務を免れることができる。

❶ ア
❷ イ
❸ ア、オ
❹ イ、エ
❺ ウ、オ

【解答・解説】

正解 ❶

アは509条柱書本文1号の趣旨（被害者に現実の給付を得させることや債権者による不法行為の誘発を防止することなど）から考えるとよいでしょう。**イ**は当事者は相殺適状時に債権債務関係が決済されたと考えるのが通常でしょう。

ア ○　悪意による不法行為に基づく損害賠償債権を受働債権として相殺することは許されません（509条柱書本文1号）。これに対して、悪意による不法行為に基づく損害賠償債権を自働債権とし、悪意による不法行為に基づく損害賠償債権以外の債権を受働債権として相殺することは許されます。したがって、妥当な記述です。

イ ×　相殺は、当事者の一方から相手方に対する意思表示によって行われます（506条1項前段）。そして相殺の効果は、双方の債務が互いに相殺に適するようになった時に遡って生じます（同条2項）。当事者は、双方の債務の相殺適状時に、双方の債権債務関係は決済されたものとの考えるのが通常なので、その信頼を保護する趣旨です。したがって、「相殺適状の時に遡らない」という記述が妥当ではありません。

ウ ×　不動産所有権の譲渡による代物弁済の効果として債権の消滅という効果が生じるためには、原則として、単に所有権移転の意思表示をするのみでは足りず、所有権移転登記手続を完了することが必要です（最判昭40.4.30）。したがって、「所有権移転登記手続を完了することは必要ない」という記述が妥当ではありません。

エ ×　代物弁済は、弁済と同一の効力を有するので（482条）、本来の給付に代えて他の物を給付することにより債務は消滅し、給付された物に品質等の不適合があっても、品質等に不適合のない物の引渡請求をすることはできません。ただし、代物弁済も有償契約なので、売買目的物の契約不適合に関する規定が準用されます（559条、562条以下）。したがって、全体的に妥当な記述ではありません。

オ ×　債権者が弁済の受領を拒んでいる場合、債務者は、供託所との間で供託契約を締結して弁済の目的物を供託することができます（494条１項柱書前段１号）。そして、債務者が供託所に弁済の目的物を供託した時に、その債権は消滅し（同条項柱書後段）、債務者は債務を免れることができます。したがって、「債権者が受益の意思表示をして供託物還付請求権を取得することにより」という記述が妥当ではありません。

MEMO

4 多数当事者の債権関係

学習のポイント

- この節では多数当事者の債権関係について学習します。特に連帯債務、保証債務、連帯保証の出題が多い分野です。
- 連帯債務と連帯保証の異同、保証債務と連帯保証の異同という形で整理するとよいでしょう。

1 分割債権・分割債務

(1) 意　義

分割債権とは、**1個の可分給付について複数の債権者が存在する場合であって、一定の割合でその給付が各債権者に分割されるもの**をいいます。例えば、AとBが共有しているバイクをCに60万円で売却した場合、AとBがCに対して有する各30万円の代金請求権が分割債権に当たります。

分割債務とは、**1個の可分給付について複数の債務者が存在する場合であって、一定の割合でその債務が各債務者に分割されるもの**をいいます。例えば、AとBが共同でCからノートパソコンを10万円で購入した場合、AとBがCに対して負う各5万円の代金債務が分割債務に当たります（最判昭45.10.13）。

分割するには、例に挙げた金銭による債権・債務のように、給付が可分（複数に分けられるもの）でなければなりません。次に学習する不可分債権・不可分債務と比較しましょう。

(2) 効　力

① 対外的効力

各債権者または各債務者は、別段の意思表示がないときは、それぞれ**等しい割合**で権利を有し、または義務を負います（427条）。

また、各債権者は、**自己の債権だけを単独で行使することができ**、各債務者は、**自己の債務だけを弁済すれば債務を免れることができます。**

② １人について生じた事由

１人の債権者または１人の債務者について生じた事由は、**他の債権者または他の債務者に影響を及ぼしません**（相対的効力）。

例えば債務者の１人について時効が完成した場合でも、その効力は他の債務者には及びません。

確認してみよう

① 分割債権の各債権者は、すべての債権者のために履行を請求することができ、また、分割債務の各債務者は、自己の債務だけを弁済すれば債務を免れることができる。

1 (2) ① 参照 ×

分割債権の各債務者は、自己の債権だけを単独で行使することができるだけです。

② 分割債務において、債務者の１人について消滅時効が完成した場合、その効力は他の債務者にも及ぶ。

1 (2) ② 参照 ×

１人について生じた事由は、他の債権者または債務者に影響を及ぼしません。

2 不可分債権・不可分債務

(1) 不可分債権

① 意 義

不可分債権とは、**債権の目的がその性質上不可分である場合において、複数の債権者がいること**をいいます（428条）。例えば、ＡとＢが共同してＣから自動車を購入した場合、ＡとＢがＣに対して有する自動車の引渡請求権が不可分債権に当たります。

② 効　力

(ア) 対外的効力

各債権者は、**すべての債権者のために全部または一部の履行を請求することができ**、債務者は、**すべての債権者のために各債権者に対して履行をすることができます**（428条、432条）。

(イ) 1人について生じた事由の効力

履行の請求（時効の完成猶予・更新、履行遅滞）、弁済、弁済の提供、供託、受領遅滞、相殺の効力は、他の債務者に対しても及びます（**絶対的効力**）。

それ以外は、他の債務者に対して影響しません（**相対的効力**）。

⑵ 不可分債務

① 意　義

不可分債務とは、**債務の目的がその性質上不可分である場合において、複数の債務者がいること**をいいます（430条）。例えば、AとBが共同でCから不動産を賃借している場合、AとBがCに対して負担する賃料支払債務は不可分債務に当たります（大判大11.11.24）。

② 効　力

(ア) 対外的効力

債権者は、**各債務者に対して全部または一部の履行を請求することができる**とともに、**すべての債務者に対し、同時にまたは順次に全部または一部の履行を請求することができます**（430条、436条）。

(イ) 1人について生じた事由の効力

弁済、弁済の提供、供託、受領遅滞、更改、相殺の効力は、他の債務者に対しても及びます（**絶対的効力**：430条）。

それ以外の事由の効力は、他の債務者に対して及びません（**相対的効力**：430条、441条）。例えば履行の請求による債務者の1人に生じた時効の完成猶予の効力は、他の債務者に対して及びません。

確認してみよう

① 不可分債権において、債権者の１人と債務者が更改契約を締結した場合、その効力は他の債権者にも及ぶ。

2 (1) ② 参照 ×

更改の効力は他の債権者には及びません。不可分債務との違いに注意しましょう。

② 不可分債務において、債権者が債務者の１人に対して履行の請求をした場合、それにより生じた時効の完成猶予の効力は他の債務者に対しても及ぶ。

2 (2) ② 参照 ×

履行の請求の結果として生じた時効の完成猶予の効力は、他の債務者には及びません。

3 連帯債権

(1) 意　義

連帯債権とは、**債権の目的がその性質上可分である場合において、法令の規定または当事者の意思表示によって数人が連帯して債権を有すること**をいいます（432条）。

(2) 効　力

① 対外的効力

各債権者は、**すべての債権者のために全部または一部の履行を請求することができ**、債務者は、**すべての債権者のために各債権者に対して履行をすることができます**（432条）。

② １人について生じた事由の効力

連帯債権者の１人について生じた、**弁済**（代物弁済・供託）、**請求**（432条）、**更改・免除**（433条）、**相殺**（434条）、**混同**（435条）は、他の連帯債権者に対しても効力を生じます（**絶対的効力**）。

それ以外の事由の効力は、他の連帯債権者に対して及びません（相対的効力：

435条の２本文）。

確認してみよう

① 連帯債権者の１人が債務者に対し債務を免除した場合、その効力は他の債権者には及ばない。

3 (2) ② 参照 ×

連帯債権者の１人がした免除の効力は他の債権者にも及びます。

② 連帯債権において、各債権者は、すべての債権者のために全部または一部の履行を請求することができないが、債務者は、すべての債権者のために各債権者に対して履行をすることができる。

3 (2) ① 参照 ×

連帯債権の各債権者は、すべての債権者のために全部または一部の履行を請求できます。

4 連帯債務

(1) 意　義

連帯債務とは、**数人の債務者が同一内容の給付について、各自が独立して全部の給付をすべき債務を負担し、そのうちの１人が給付をすれば、他の債務者も債務を免れるという関係にある多数当事者の債務**をいいます。

例えば、ＡＢＣが連帯してＸから150万円を借りている場合、Ｘは、ＡＢＣのそれぞれに対して、150万円全額の支払請求をすることができます。

連帯債務は、債権の目的が**その性質上可分である場合**において、**法令の規定または当事者の意思表示**によって成立します（436条参照）。

補足

分割債務と違って、各債務者はそれぞれ全額を負担することになるため、債権者は債務者の１人が無資力になって回収が難しくなっても、残りの債務者から全額の回収が期待できるというメリットがあります。

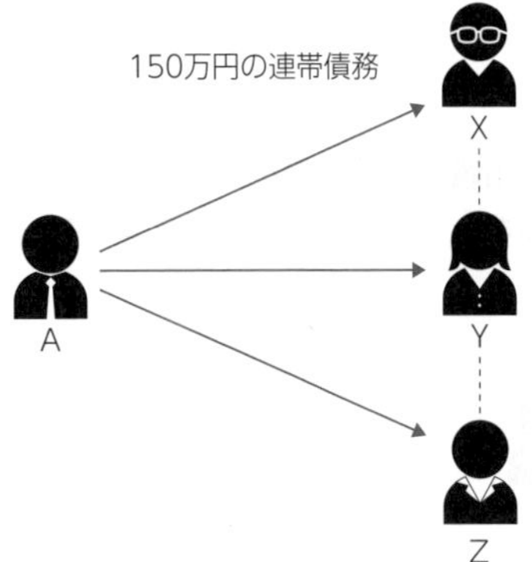

・150万円という一つの債権につき、X・Y・Zが各自独立に債務を負う
・X・Y・Zは各自全額の給付義務を負うが、内部的には負担部分を有する（定めなければ平等）
・絶対的効力事由がある
・債務者間に求償関係が生じる

(2) 性　質

連帯債務は、債務者の数に応じた**複数の独立した債務**です。

連帯債務者の１人について法律行為の無効または取消しの原因があっても、**他の連帯債務者の債務が失われるわけではありません**（437条）。連帯債務は複数の独立した債務であるため、その成立原因も個別的に扱うのが当事者の意思に適合するからです。

連帯債務者間の負担割合は、平等が原則ですが、当事者間に特約があればその特約に従うことになるので、**負担部分が全くない連帯債務者や全部を負担する連帯債務者を認めることも可能**です。

(3) 効　力

①　対外的効力

債権者は、**その連帯債務者の１人に対し、または同時にもしくは順次にすべての連帯債務者に対し、全部または一部の履行を請求することができます**（436条）。

②　１人について生じた事由の効力

(ア) 絶対的効力事由

弁済	連帯債務者の１人が債権者に対し、債務の全額を弁済したときは、債権は、すべての連帯債務者の利益のために消滅
更改	連帯債務者の１人と債権者との間に更改があったときは、債権は、すべての連帯債務者の利益のために消滅（438条）
相殺	連帯債務者の１人が債権者に対して債権を有する場合において、その連帯債務者が相殺を援用したときは、債権は、すべての連帯債務者の利益のために消滅（439条１項）

混同	連帯債務者の１人と債権者との間に混同があったときは、債権は、すべての連帯債務者の利益のために消滅 (440条)

債権者に対して債権を有する連帯債務者が**相殺を援用しない間は、その連帯債務者の負担部分の限度において、他の連帯債務者は、債権者に対して債務の履行を拒むことができます**（439条２項)。

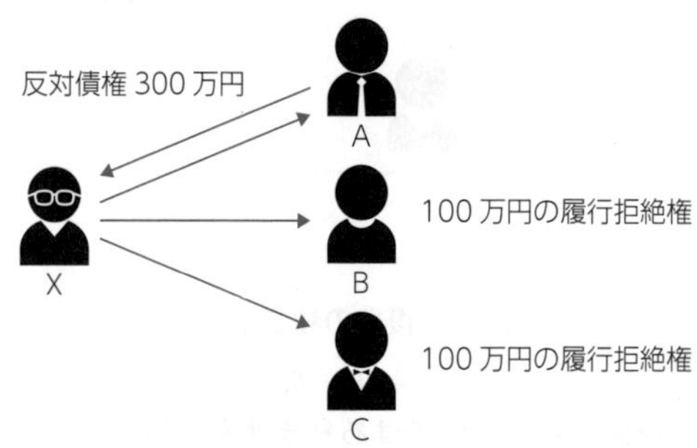

ＡＢＣの３人が連帯して、Ｘに対して300万円の借入金債務を負担しており、３人の負担部分は平等（100万円ずつ）だとします。その後、連帯債務者の１人であるＡがＸに対する300万円の反対債権を取得しました。ここで、**Ａが相殺した場合、300万円の債権はすべての連帯債務者の利益のために消滅します**（439条１項)。

Ａが相殺しない場合、**Ａの負担部分を限度として、他の連帯債務者ＢＣは、債権者Ｘに対して債務の履行を拒むことができます**（同条２項)。Ａの負担部分は100万円なので、ＢまたはＣは、Ｘに対して200万円を支払えばよいことになります。

(イ) 相対的効力事由

その他の１人について生じた事由の効力は、他の連帯債務者に及びません（**相対的効力**：441条)。

判 例

- ただし、甲乙が丙に対して連帯債務を負担していたところ、甲丙間で訴訟上の和解が成立し、甲が丙の請求額の一部につき和解金を支払い、丙が甲に対し残債務を免除した場合において、丙が乙の残債務をも免除する意思を有していると認められるときは、乙に対しても**残債務の免除の効力が及びます**(最判平10.9.10参照)。

③　内部関係

(ア) 求償権の発生

連帯債務者の１人が弁済、その他自己の財産をもって共同の免責を得たときは、その連帯債務者は、その免責を得た額が自己の負担部分を超えるかどうかにかかわらず、他の連帯債務者に対し、その免責を得るために支出した財産の額（その財産の額が共同の免責を得た額を超える場合にあっては、その免責を得た額）のうち各自の負担部分に応じた額の**求償権を有します**（442条１項）。

また、その求償権は、**弁済その他免責があった日以後の法定利息および避けることができなかった費用その他の損害の賠償を含みます**（同条２項）。

例えば、ＡＢＣの３人が連帯してＸから150万円を借りており（３人の負担部分は平等）、Ａが150万円全額をＸに支払って連帯債務が消滅すると、ＢとＣは全く負担なく債務の免責を得たことになります。ここでＡに求償権が生じ、ＢとＣにそれぞれ50万円の求償ができるということです。

判 例

- 連帯債務者が弁済したのが債務の全部でなく一部であっても、他の連帯債務者に対する求償権が生じます（大判大6.5.3）。
- 上記の例で、Ａが30万円だけ弁済した場合は、負担部分は平等なので、Ａは、Ｂ・Ｃに対して10万円ずつ求償できます。この30万円というのはＡの負担部分である50万円を下回っていますが、求償を妨げません。

(イ) 求償権の制限

連帯債務者の１人が弁済を行うことが、他の連帯債務者にとって常に好ましいことであるとは限りません。例えば、反対債権を有しており、相殺するつもりであった連帯債務者がいる場合、他の連帯債務者に弁済されてしまうと相殺の機会を失ってしまうことになります。

このため、弁済を行う場合、その旨を**事前・事後に他の連帯債務者に通知すべきことが定められています**。この通知を怠ると、**求償権に制限が生じます**（443条）。

連帯債務者が事前の通知を怠った場合	他の連帯債務者は、債権者に対抗することができる事由を有していたときは、その負担部分について、その事由をもってその免責を得た（事前の通知を怠った）連帯債務者の求償権の行使に対抗可（443条１項前段）

連帯債務者が事後の通知を怠った場合	他の連帯債務者が善意で弁済その他自己の財産をもって免責を得るための行為をしたときは、当該他の連帯債務者は、その免責を得るための行為を有効であったものとみなすこと可（同条２項）

判 例

- 連帯債務者の１人が事前・事後の通知を怠って弁済をした場合において、他の連帯債務者が事前の通知を怠って弁済をしたときは、原則に戻って、先に行った連帯債務者の弁済が有効となります（最判昭57.12.17）。

◆多数当事者の債権債務の類型のまとめ

	対外的効力	１人について生じた事由	求償・内部関係
分割債権 分割債務	影響なし 独立した債権債務を有し、分割割合は平等（427条）	影響なし	特別の場合のみ分担・分配
不可分債権	連帯債権と同じ（428条、432条）	請求（時効の完成猶予・更新、履行遅滞）、相殺、受領遅滞、弁済（代物弁済、供託等）以外は影響なし（428条、435条の２）	内部関係の割合に応じて利益を分配し、その割合は特別事情がない限り平等と推定
不可分債務	連帯債務と同じ（430条、436条）	弁済（代物弁済、供託等）、受領遅滞、更改、相殺以外は影響なし（430条、441条）	連帯債務と同じ（430条、442条～445条）
連帯債権	各債権者は、すべての債権者のために全部または一部の履行を請求することができ、債務者は、すべての債権者のために各債権者に対して履行をすることができる（432条）	原則：影響なし（435条の２本文） 例外：弁済（代物弁済、供託等）、請求、更改、免除、相殺、混同（432条～435条）は影響あり	不可分債権と同じ
連帯債務	債権者は、その連帯債務者の１人に対し、または同時にもしくは順次にすべての連帯債務者に対し、全部または一部の履行を請求することができる（436条）	原則：影響なし（441条本文） 例外：弁済（代物弁済、供託等）、更改、相殺、混同（438条～440条）は影響あり	一定範囲の求償可（442条～445条）

確認してみよう

① 連帯債務者の1人が債権者に対して有する反対債権を自働債権として、自己の債務との相殺を援用した場合でも、債権はすべての連帯債務者の利益のために消滅しない。

4 (3) ② 参照 ×

連帯債務者の1人がする自己の債務との相殺の援用は、絶対的効力事由です。

② 連帯債務者の1人が死亡し債権者がその地位を相続して両者の間に混同が生じた場合でも、他の連帯債務者の債務は消滅しない。

4 (3) ② 参照 ×

混同は絶対的効力事由です。

③ 連帯債務者の1人が他の連帯債務者があることを知りながら、他の連帯債務者に通知をしないで債権者に対し弁済をした場合において、他の連帯債務者は、債権者に対抗することができる事由を有していたときは、その負担部分について、その事由をもって弁済をした連帯債務者の求償権行使に対抗することができる。

4 (3) ③ 参照 ○

正しい記述です。

④ A、B及びCが負担部分平等で300万円の連帯債務を負っており、Aが債権者に対して300万円を弁済したが、B及びCに対して事後の通知をしていなかったところ、その後、Bも、A及びCに対して事前の通知なしに、債権者に対して300万円を弁済した。この場合、事後の通知をしなかったAは、B及びCに対して求償することができない。国税2017

4 (3) ③ 参照 ×

このような場合は、先に行われたAによる弁済が有効と扱われます。

5 保証債務

(1) 意　義

保証債務とは、**他人が債務を履行しない場合に、その債務を他人に代わって履行するという債務**のことをいいます（446条1項）。保証債務を負う債務者を保証人といいます。

保証債務は、主たる債務の履行を確実にすることにより、債権の効力を強化することを目的とする人的担保制度です。

(2) 性　質

保証債務は、次に掲げる付従性（448条参照）、随伴性、補充性という性質を持ちます。

付従性	・主たる債務が無効または取り消されたときは、保証債務も無効 ・主たる債務の変更に応じて保証債務の内容も原則として変更 ・主たる債務が消滅するときは、保証債務も消滅
随伴性	・主たる債務に対応する債権（被保証債権）が移転すると、保証債務もこれに随伴して移転
補充性	・保証債務は主たる債務が履行されないときに第二次的に履行する（主たる債務者が履行できない場合のみ、保証債務を履行する必要が生じる）

保証人には、上に掲げた補充性から、催告の抗弁権と検索の抗弁権が認められます。

催告の抗弁権	債権者からの保証債務の履行請求に対して、保証人より前にまず主たる債務者に催告をするように求める権利1)（452条本文）
検索の抗弁権	債権者からの保証債務の履行請求に対して、まず主たる債務者の財産について執行するように求める権利（453条）

1) ただし、主たる債務者が破産手続開始の決定を受けたとき、またはその行方が知れないときは、保証人は催告の抗弁権を行使することはできません（452条ただし書）。

判例

- 解除によって主たる債務が消滅すると保証債務も消滅し、その後に債権者と主たる債務者とが解除をなかったことにする旨の合意をしても、**保証債務は復活しません**（大判昭4.3.16）。
- 保証人の関与しないところで、保証債務の消滅という保証人の利益を奪うことは許されないからです。

(3) 成 立

保証債務は、**債権者と保証人との間の契約**によって生じます（大判大6.9.25）。**主たる債務とは別個の債務**です。

また、**書面**によってなされなければその効力を生じません（446条２項）。保証内容を明確にするとともに、保証人に保証契約の締結に当たり慎重さを求める趣旨です。内容を記録した**電磁的記録**によってなされた場合は、書面によってなされたものとみなされます（同条３項）。

保証債務の成立には主債務者が関係しない点に注意しましょう。

(4) 保証人の要件

保証債務を負う保証人には次の要件が求められます（450条）。

債務者が保証人を立てる義務を負う場合	保証人は、①行為能力者であること、②弁済をする資力を有すること（450条１項）
保証人が②の要件を欠くに至った場合	債権者は、上記①②の要件を具備する者をもってこれに代えることを請求可（同条２項）
債権者が保証人を指名した場合	上記の１項・２項は不適用（同条３項） 保証人の資格については、特に制限なし

⑸ 保証債務の範囲等

① 原 則

(ア) 保証債務の範囲

保証債務は、主たる債務に関する利息、違約金、損害賠償その他その**債務に従たるすべてのものを包含します**（447条1項）。

保証人の負担が債務の目的または態様において主たる債務より重いときは、**保証人の負担は主たる債務の限度に減縮されます**（448条1項）。

主たる債務の目的または態様が保証契約の締結後に加重されたときであっても、**保証人の負担は加重されません**（同条2項）。

(イ) 違約金等の範囲

保証人は、**その保証債務についてのみ、違約金または損害賠償の額を約定することができます**（447条2項）。主たる債務と保証債務は別個の債務であり、この規定は保証債務の付従性に関係しません。保証債務の履行を確実にするにすぎないからです。このため、保証債務について定めた違約金や損害賠償の額が、主たる債務より重くなる可能性も考えられます。

(ウ) 行為能力の制限によって取り消すことができる債務を保証した場合

行為能力の制限によって取り消すことができる債務を保証した者は、保証契約の時においてその**取消しの原因を知っていたとき**は、主たる債務の不履行の場合またはその債務の取消しの場合において**これと同一の目的を有する独立の債務を負担したものと推定されます**（449条）。

つまり、主債務が取り消されても保証人は保証債務を負うことになります。保証人は行為能力の制限によって取り消される可能性があることをわかっていながら保証契約を結んだわけですから、保証人に責任を負わせて債権者を保護するための規定です。

② 契約解除による原状回復義務

特定物の売買における売主のための保証人は、特に反対の意思表示のない限り、売主の債務不履行により契約が解除された場合における**原状回復義務についても保証の責任を負います**（最大判昭40.6.30）。

⑹ 効 力

① 債権者と保証人間の効力

保証人は、**主たる債務者が主張することができる抗弁**をもって債権者に対抗することができます（457条２項）。

② 主たる債務者と保証人間の効力

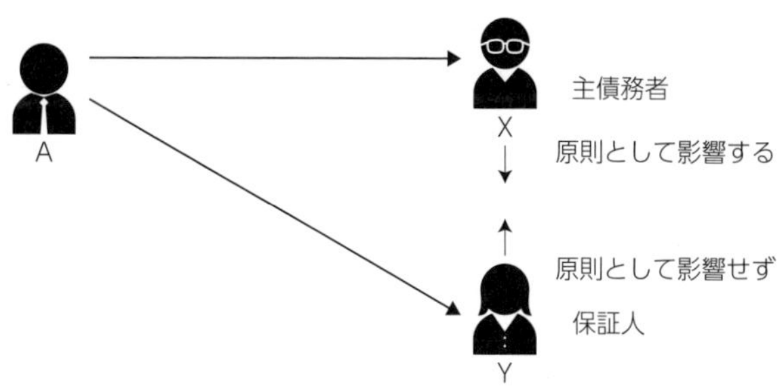

（ア）主たる債務者に生じた事由

主たる債務者に生じた事由は、原則として、**保証債務の内容を加重するものでない限り、すべて保証人にその効力が生じます**（保証債務の付従性）。

（保証人に効力が生ずる場合）
- 主たる債務者に対する履行の請求その他の事由による時効の完成猶予および更新は、保証人に対しても、その効力を生じます（457条１項）。
- 主たる債務者が**主たる債務を承認したときは、保証債務の時効は更新します**。
- 債権者が、主たる債務者に対する債権を第三者に譲渡した場合に、主たる債務者に対して債権譲渡の通知（467条１項）をすれば、保証人に対してもその効力が及びます。

（保証人に効力が生じない場合）
- 主たる債務が時効消滅した後に、主たる債務者が**時効の利益を放棄しても、保証人は主たる債務の時効を援用**（145条）**することができます**（大判昭6.6.4参照）。

「債務の承認」とは、債務者が債務の存在を認めることで、債務の消滅時効を更新（リセット）させる行為です。「民法Ⅰ」において学習した内容です。

（イ）保証人に生じた事由

弁済その他の債務を消滅させるものを除き、保証人に生じた事由は、原則として、**主たる債務者にその効力を及ぼしません**。

・保証人が保証債務を承認した場合でも、主たる債務の時効は更新しません（大判昭5.9.17）。
・債権者が保証人に対して債権譲渡の通知（467条1項）をしても、**主たる債務者に対してその効力は及びません**（大判昭9.3.29）。

(7) 求償権

保証人の求償権に関しては、主たる債務者から委託を受けて保証人になった場合とそうでない場合とで規定が異なります。

① 委託を受けた保証人の場合

主債務者から委託を受けた保証人には、債務の消滅後の求償権のほか、**あらかじめ求償権を行使できる場合**が定められています。

(ア) 事後求償権

要件	弁済その他自己の財産をもって債務を消滅させる行為（弁済、代物弁済、供託等）をすること（459条1項）。
範囲	支出した財産額、弁済その他免責があった日以後の法定利息、避けることができなかった費用、その他の損害賠償2)（同条2項、442条2項）

2) 主たる債務の弁済期前に債務の消滅行為をしたときは、**債務の消滅行為の当時に主たる債務者が利益を受けた限度で求償権が認められます**（459条の2第1項）。

(イ) 事前求償権

委託を受けた保証人は、次の場合、あらかじめ求償権を行使することができます。

・主たる債務者が破産手続開始の決定を受け、かつ、**債権者がその破産財団の配当に加入しないとき**（460条1号）
・債務が弁済期にあるとき（ただし、保証契約後、債権者が主たる債務者に許与した期限は保証人に対抗不可）（同条2号）
・保証人が過失なく債権者に弁済をすべき旨の裁判の言渡しを受けたとき（同条3号）

ただし、**物上保証人には、事前求償権は認められません**（最判平2.12.18）。物上保証人は、債務者から担保物権を設定する委託を受けているにすぎず、保証債務そのものを負担しているわけではないからです。

② 委託を受けない保証人の場合

主債務者からの委託を受けていない保証人の場合は、事後の求償権のみが次のとおりの範囲で認められます。保証人となったことが、主債務者の意思に反するものであったかどうかによって異なります。

また、主債務者から委託を受けた保証人の場合と異なり、**法定利息、避けることができなかった費用、その他の損害賠償は含まれません**。

主債務者の意思に反しない場合	債務の消滅行為の当時に主たる債務者が利益を受けた限度の額（462条1項、459条の2第1項前段）
主債務者の意思に反する場合	求償の時に主たる債務者が現に利益を受けている限度の額（462条2項前段）

③ 連帯債務・不可分債務の保証人の求償権

連帯債務者または不可分債務者の１人のために保証をした者は、他の債務者に対し、**その負担部分のみについて求償権を有します**（464条）。

④ 通知義務

連帯債務と同様、主債務者からの委託を受けた保証人が債務の消滅行為を行う場合、事前・事後の通知を行うよう定められています。これを怠った場合の定めについて以下に示します。

(ア) 保証人の通知義務

主債務者からの委託を受けた保証人が債務の消滅行為をしたにもかかわらず、主たる債務者への通知を怠った場合、以下のように定められています。

主債務者から委託を受けていない保証人については、事前通知に関する規定がありません。

事前通知を怠った場合	主たる債務者は、債権者に対抗することができた事由をもって保証人に対抗可（463条1項前段）
事後通知を怠った場合	主たる債務者が善意で債務の消滅行為をしたときは、主たる債務者は、債務消滅行為を有効とみなすことが可能[3)]（同条3項）

3) この場合は、保証人が主たる債務者の委託を受けたか否かにかかわらず適用されます。

(イ) 主たる債務者の通知義務

逆に、主たる債務者が債務の消滅行為をしたにもかかわらず、委託した保証人への通知を怠った場合には、以下のように定められています。

事後通知を怠った場合	保証人が善意で債務の消滅行為をしたときは、保証人は債務消滅行為を有効とみなすことが可能 (463条2項)

こちらは、保証人に対する事前通知義務違反の問題は生じません。

主たる債務者から委託を受けていない保証人に対しては、主たる債務者は、事前・事後を問わず、通知義務を負いません。

確認してみよう

① 保証債務は主たる債務とは別個の債務であるから、債権者が主たる債務者に履行を求めずに保証人に履行を請求してきた場合、保証人は直ちに保証債務を履行しなければならない。

5 (2) 参照 ×

保証債務はあくまで主たる債務が履行されないときに第二次的に履行するものであり、保証人は催告の抗弁権や検索の抗弁権により主債務者への履行の請求を主張することができます。

② 保証人は、主たる債務者が主張することができる抗弁をもって債権者に対抗することができる。

5 (6) 参照 ○

正しい記述です。

③ 主たる債務者から委託を受けた物上保証人は、主たる債務が弁済期にあるときは、債権者に対し弁済をする前に、主たる債務者に対して、あらかじめ求償権を行使することができる。

5 (7) ① 参照 ×

物上保証人には、事前求償権は認められていません。

④ 主たる債務者から委託を受けず、かつその意思に反する保証人が、弁済その他の債務消滅行為をしたときは、保証人は、主たる債務者に対し、債務の消滅行為の当時に主たる債務者が現に利益を受けている限度の額においてのみ求償権を有する。

5 (7) ② 参照 ×

求償の時に主たる債務者が現に利益を受けている限度です。

⑤ 主たる債務者から委託を受けた保証人は、事前に主たる債務者に通知することなく弁済その他の債務の消滅行為をしたとしても、事後にその旨を主たる債務者に通知すれば、主たる債務者から債権者に対抗することができた事由を対抗されることはない。

5 (7) ④ 参照 ×

保証人が事前通知を怠った場合、主たる債務者は、債権者に対抗することができた事由をもって保証人に対抗できます。

6 連帯保証

(1) 意義・成立

① 意　義

連帯保証とは、**保証人が主たる債務者と連帯して債務を負担する旨の合意をした保証**をいいます。

例えば、Aがマンションを購入するために銀行Xとローン契約を締結するに当たり、父親Bが連帯して保証人となる場合です。

② 成　立

連帯保証契約は、**債権者と保証人との連帯保証契約**によって成立します（大判大6.9.25参照）。

主たる債務が主たる債務者の商行為によって生じたとき、または、保証契約が商行為に当たるときは、その保証は、法律上、連帯保証とされます（商法511条）。

⑵ 性 質

連帯保証もまた保証債務の一種なので、付従性、随伴性が認められます。ただ、**連帯保証には補充性が認められず**、催告の抗弁権（452条）、検索の抗弁権（453条）を行使することができません（454条）。

ヒント

これが連帯保証の特色であり、保証に連帯債務の要素を加えた制度であるといえます。補充性がないので、債権者が主債務者ではなく連帯保証人に直接請求を行うことができます。

判 例

- 主たる債務が免除によって消滅した後に、その債権が譲渡され、これに主たる債務者が抗弁を放棄する旨の意思表示をした場合であっても、連帯保証人は、免除があったことを譲受人に対抗することができます（大判昭15.10.9）。
- 連帯保証人の関与しないところで、連帯保証債務の消滅という連帯保証人の利益を奪うことは許されないからです。

⑶ 効 力

① 債権者と連帯保証人間の効力

債権者は、主たる債務者に不履行があったときに、**連帯保証人に対して直接請求することができます。**

② 主たる債務者と連帯保証人間の効力

（ア）主たる債務者に生じた事由の効力

主たる債務者に生じた事由の効力は、連帯保証の付従性から、連帯保証人に及びます。

主たる債務者に対する履行の請求その他の事由による時効の完成猶予および更新は、連帯保証人に対しても、その効力を生じます（457条１項参照）。

（イ）連帯保証人に生じた事由の効力

連帯保証には、連帯債務に関する規定が準用されるので、更改（438条）、相殺（439条１項）、混同（440条）の場合は、主たる債務者にその効力が及びます（458条）。

また、弁済、代物弁済その他の債務の消滅に関連する事由も、主たる債務者にその効力が及びます。

確認してみよう

1. 連帯保証は、保証債務の一種であるから、付従性、随伴性、および補充性の性質を有する。

6 (2) 参照 ×

連帯保証には補充性がありません。

2. 連帯保証人と債権者との間で、更改、相殺、免除または混同のいずれかが生じた場合、いずれの場合も、その効力は主たる債務者にも及ぶ。

6 (3) ② 参照 ×

免除の効力は主たる債務者に及びません。

7 共同保証

(1) 意義・種類

① 意 義

共同保証とは、**同一の債務について数人が保証債務を負担する**（保証人が複数名存在する）**保証の形態**をいいます。

例えば、AのXに対する500万円の債務について、CとDの２人が保証した場合です。この場合、CとDは、後述する「分別の利益」を有するので、それぞれ250万円ずつ負担すればよいことになります。

② 種 類

共同保証には、以下の三つの形態があります。

普通保証	数人がいずれも普通の保証人である場合
連帯保証	数人がそれぞれ連帯保証人である場合
保証連帯	保証人相互間に全額弁済する旨の特約がある場合

(2) 性　質

① 付従性・随伴性

普通保証、連帯保証、保証連帯のいずれである場合でも、付従性・随伴性が認められます。

② 補充性

普通保証である場合と保証連帯である場合は、補充性（催告の抗弁権：452条、検索の抗弁権：453条）が認められます。

連帯保証である場合は、補充性が認められません（454条）。

③ 分別の利益

共同保証人は、原則として、**主たる債務の額を平等の割合で分割した額についてのみ保証債務を負担します**（456条、427条）。これを**分別の利益**（ぶんべつ）といいます。ただし、一定の場合には、分別の利益を有しません。

分別の利益	あり	・普通保証である場合
	なし	・主たる債務が不可分債務である場合（465条1項） ・連帯保証である場合4） ・保証連帯である場合

4）主たる債務について2人の連帯保証人がある場合でも、各連帯保証人は、債務者に対して主たる債務の全額について保証債務を負います。

確認してみよう

1　共同保証人間に保証連帯の特約がある場合、付従性、随伴性の性質を有するが、補充性の性質は有しない。

7 (2) ② 参照 ×

保証連帯の特約がある場合は、補充性も認められます。

2　各共同保証人は、必ず分別の利益を有する。

7 (2) ③ 参照 ×

主たる債務が不可分債務である場合や、連帯保証・保証連帯である場合には分別の利益がありません。

8 個人根保証契約

(1) 意 義

根(ね)保証とは、**債権者と主たる債務者との間の継続的な契約関係から現在および将来発生、消滅、または増減変動する複数の債権を包括的に保証するもの**をいいます。

一定の範囲に属する不特定の債務を主たる債務とする保証契約（根保証契約）であって保証人が法人でないものを**個人根保証契約**といいます。

(2) 個人根保証契約の保証人の責任

個人根保証契約の保証人は、主たる債務の元本、主たる債務に関する利息、違約金、損害賠償その他その債務に従たるすべてのものおよびその保証債務について約定された違約金または損害賠償の額について、その全部に係る**極度額を限度として、その履行をする責任を負います**（465条の2第1項）。

(3) 効 力

個人根保証契約は、**極度額を定めなければ、その効力を生じません**（465条の2第2項）。**法人が保証人である場合は、極度額を定めることを要請されていません。**

確認してみよう

①　根保証とは、債権者と主たる債務者との間における継続的な契約関係から、現在および将来において発生、消滅、または増減変動する複数の債権を包括的に保証するものをいう。

8 (1) 参照 ○

正しい記述です。

② 個人根保証契約の保証人は、主たる債務の元本、主たる債務に関する利息、違約金、損害賠償その他その債務に従たるすべてのものおよびその保証債務について約定された違約金または損害賠償の額の全部について、その履行をする責任を負う。

8 (2) 参照 ×

全部ではなく、極度額を限度として履行の責任を負います。

過去問にチャレンジ

問題1 ★★　**多数当事者の債権債務関係に関するア～オの記述のうち、妥当なもののみをすべて挙げているのはどれか。**

国税・労基2011改

ア　ある債務が分割債務である場合、各債務者は、各自独立して債務を負担し、その割合は、特段の意思表示がない限り、原則として平等である。他方、当該債務はもともと一つの債務であるため、債務者の一人について時効が完成した場合、その効力は他の債務者にも及ぶ。

イ　債務の目的がその性質上不可分である不可分債務の場合、連帯債務の規定が準用されるため、債権者は各債務者に対して全部の履行を請求することができるとともに、すべての債務者に対し、同時又は順次に全部の履行を請求することができる。また、連帯債務と同様、弁済や履行の請求による時効の完成猶予など債務者の一人について生じた事由の効力は他の債務者にも及ぶ。

ウ　連帯債務は各自独立した債務であるため、債務者の一人について錯誤などの取消原因があったとしても、その影響は他の債務者には及ばない。

エ　連帯債務者間の負担割合は特約があればその特約に従うため、負担部分が零の連帯債務者や全部を負担する連帯債務者も存在し得る。

オ　連帯保証契約は債権者と保証人との合意により成立するが、債務が主たる債務者の商行為によって生じたとき、又は、保証契約が商行為に当たるときは、その保証は、法律上、連帯保証とされる。また、通常の保証債務の保証人は、催告の抗弁権及び検索の抗弁権を有するのに対し、連帯保証の保証人はこれらの抗弁権を有さない。

❶ **ア、エ**
❷ **エ、オ**
❸ **ア、イ、ウ**
❹ **イ、ウ、オ**
❺ **ウ、エ、オ**

【解答・解説】

正解 ❺

ア、**ウ**は分割債務および連帯債務が別個独立の債務である点がポイントです。**オ**の商行為の部分はできなくても気にする必要はありません。

ア ×　分割債務である場合、各債務者は、各自独立して債務を負担し、その割合は、特段の意思表示がない限り、原則として平等です（分割債務：427条）。また、当該債務は、別個独立した債務であるため、債務者の１人について時効が完成した場合でも、その効力は他の債務者には及びません（相対的効力）。したがって、「債務者の一人について時効が完成した場合、その効力は他の債務者にも及ぶ」という記述が妥当ではありません。

イ ×　債務の目的がその性質上不可分である不可分債務の場合は、混同（440条）を除き、連帯債務の規定が準用されます（430条）。その結果、債権者は各債務者に対して全部の履行を請求することができるとともに、すべての債務者に対し、同時にまたは順次に全部の履行を請求することができます（436条）。また、連帯債務と同様に、債務者の１人が債権者にした弁済の効力は、他の債務者に対しても及びます（絶対的効力）。これに対し、履行の請求による債務者の１人に生じた時効の完成猶予の効力は他の債務者に対して及びません（相対効の原則：441条）。したがって、「履行の請求による時効の完成猶予など債務者の一人について生じた事由の効力は他の債務者にも及ぶ」という記述が妥当ではありません。

ウ ○　連帯債務は各自独立した債務であるため、連帯債務者の１人について錯誤などによる取消原因があったとしても、その影響は他の債務者には及びません（437条）。連帯債務は各自独立した債務であるため、その成立原因も個別的に扱うのが当事者の意思に適うからです。したがって、妥当な記述です。

エ ○　連帯債務者間の負担割合は、平等が原則ですが、当事者間に特約があればその特約に従うことになるので、負担部分が全くない（零の）連帯債務者や全部を負担する連帯債務者も存在し得ることになります。したがって、妥当な記述です。

オ ○　連帯保証契約は債権者と保証人との合意により成立します（大判大6.9.25参照）。そして、債務が主たる債務者の商行為によって生じたとき、または、保証契約が商行為に当たるときは、その保証は、法律上、連帯保証とされます（商法511条）。また、通常の保証債務の保証人は、催告の抗弁権（452条）および検索の抗弁権（453条）を有するのに対し、連帯保証の保証人はこれらの抗弁権を有しません（454条）。連帯保証人には補充性（446条１項）が認められないからです。したがって、妥当な記述です。

MEMO

問題2 ★★ **多数当事者の債権関係に関するア～オの記述のうち、妥当なもののみを全て挙げているのはどれか。**

国般2017改

ア　１個の可分給付につき数人の債務者がある場合、各債務者は、別段の意思表示がある場合に限り、それぞれ等しい割合で義務を負う。

イ　債務の目的がその性質上不可分である１個の不可分給付につき数人の債務者がある場合、債権者が債務者の一人に対してその債務を免除したときは、その債務者の負担部分についてのみ、他の債務者の利益のためにも、その効力を生ずる。

ウ　連帯債務者の一人について法律行為の無効又は取消しの原因があっても、他の連帯債務者の債務は、その効力を妨げられない。

エ　連帯債務者の一人と債権者との間に更改があったときは、その連帯債務者の負担部分についてのみ、他の連帯債務者の利益のためにも、その効力を生ずる。

オ　債務者が保証人を立てる義務を負う場合、債権者が保証人を指名したときを除き、その保証人は行為能力者であることが必要である。

❶ イ
❷ オ
❸ ア、ウ
❹ イ、エ
❺ ウ、オ

【解答・解説】

正解 ⑤

イは混同の場合を除き連帯債務の規定が準用されている点に注意が必要です。**ウ**は連帯債務が別個独立の債務である点がポイントです。

ア ×　１個の可分給付につき数人の債務者がある場合、別段の意思表示がないときは、各債権者は、それぞれ等しい割合で義務を負います（分割債務：427条）。したがって、「別段の意思表示がある場合に限り」という記述が妥当ではありません。

イ ×　債務の目的がその性質上不可分である場合において、数人の債務者がある不可分債務については、混同（440条）の場合を除き、連帯債務の規定が準用されるので（430条）、更改（438条）、相殺（439条）以外は相対的効力事由（441条）となります。その結果、債権者が債務者の１人に対してその債務を免除しても、他の債務者の利益のためにその効力は生じません。したがって、「他の債務者の利益のためにも、その効力を生ずる」という記述が妥当ではありません。

ウ ○　連帯債務者の１人について法律行為の無効または取消しの原因があっても、他の連帯債務者の債務は、その効力を妨げられません（437条）。連帯債務は各自独立した債務であるため、その成立原因も個別的に扱うのが当事者の意思に適うからです。したがって、妥当な記述です。

エ ×　連帯債務者の１人と債権者との間に更改があったときは、債権は、すべての連帯債務者の利益のために消滅します（絶対的効力：438条）。更改に絶対的効力を認めたのは、当事者間の法律関係の決済を容易にする趣旨です。したがって、「その連帯債務者の負担部分についてのみ」という記述が妥当ではありません。

オ ○　債務者が保証人を立てる義務を負う場合、債権者が保証人を指名した場合を除き、その保証人は行為能力者であることが必要です（450条１項１号、３項）。債務者が特に保証人を立てる義務を負う場合は、保証人は行為能力者でなければならないとして、債権者の保護を図った趣旨です。したがって、妥当な記述です。

問題3 ★ **民法に規定する連帯債務に関する記述として、妥当なのはどれか。**

区Ⅰ2013改

❶ 連帯債務者の全員が破産手続開始の決定を受けたときは、債権者は、その債権の各連帯債務者の負担部分にかかる額についてのみ、各破産財団の配当に加入することができる。

❷ 債権者が連帯債務者の一人に対してした債務の免除は、他の連帯債務者の利益のためにその効力を生ずる。

❸ 連帯債務者の一人が債権者に対して債権を有する場合において、その連帯債務者が相殺を援用しない間は、その連帯債務者の負担部分の限度において、他の連帯債務者は、債権者に対して債務の履行を拒むことができる。

❹ 連帯債務者の一人が債務を弁済し共同の免責を得た場合に、その弁済が債務の一部であるときは、その弁済部分について、他の債務者に対しその負担部分の割合に応じて求償することはできない。

❺ 連帯債務者の一人のために時効が完成したときは、その連帯債務者の負担部分については、他の連帯債務者もその義務を免れる。

【解答・解説】

正解 ❸

❶は破産法の知識なのでわからなくても気にする必要はありません。❷、❺は連帯債務の絶対的効力事由（更改、相殺、混同）を押さえておくことが重要です。

❶ ×　連帯債務者の全員が破産手続開始の決定を受けたときは、債権者は、破産手続開始の時において有する債権の全額について破産手続に参加することができます（破産法104条１項）。したがって、「その債権の各連帯債務者の負担部分にかかる額についてのみ」という記述が妥当ではありません。

❷ ×　債権者が連帯債務者の１人に対して債務の免除をしても、他の連帯債務者の利益のためにその効力は生じません（相対的効力：441条）。更改（438条）、相殺（439条１項）および混同（440条）の場合を除き、連帯債務者の１人について生じた事由は、他の連帯債務者に対してその効力を生じないからです。したがって、「他の連帯債務者の利益のためにその効力を生ずる」という記述が妥当ではありません。

❸ ○　連帯債務者の１人が債権者に対して債権を有する場合において、その連帯債務者が相殺を援用しない間は、その連帯債務者の負担部分の限度において、他の連帯債務者は、債権者に対して債務の履行を拒むことができます（439条２項）。したがって、妥当な記述です。

❹ ×　連帯債務者の１人が債務を弁済し共同の免責を得た場合に、その連帯債務者は、その免責を得た額が自己の負担部分を超えるかどうかにかかわらず、他の連帯債務者に対し、その免責を得るために支出した財産の額のうち各自の負担部分に応じた額の求償権を有します（442条１項）。したがって、「他の債務者に対しその負担部分の割合に応じて求償することはできない」という記述が妥当ではありません。

❺ ×　連帯債務者の１人のために時効が完成しても、その連帯債務者の負担分についても、他の連帯債務者はその義務を免れることはできません（相対的効力：441条）。したがって、「その連帯債務者の負担部分については、他の連帯債務者もその義務を免れる」という記述が妥当ではありません。

問題4 民法に規定する連帯債務に関する記述として、妥当なのはどれか。

★

区Ⅰ2019改

❶ 債権の目的がその性質上可分である場合において、当事者の意思表示によって数人が連帯債務を負担するとき、債権者は、その連帯債務者の1人に対し、全部又は一部の履行を請求することができるが、同時にすべての連帯債務者に対し、全部又は一部の履行を請求することはできない。

❷ 連帯債務者の１人について生じた事由については、民法に規定する場合を除き、相対的効力しか認められないのが原則であるが、例外として、連帯債務者の１人に対する履行の請求は、他の連帯債務者に対して、その効力を生ずる。

❸ 連帯債務者の１人に対してした債務の免除は、他の連帯債務者に対して、その効力を生じないが、連帯債務者の１人が債権者に対してした債務の承認は、他の連帯債務者に対しても、その効力を生ずる。

❹ 連帯債務者の１人が債権者に対して債権を有する場合において、当該債権を有する連帯債務者が相殺を援用しない間は、その連帯債務者の負担部分の限度において、他の連帯債務者は、債権者に対して債務の履行を拒むことができる。

❺ 連帯債務者の１人が弁済をし、その他自己の財産をもって共同の免責を得たとき、その連帯債務者は、その免責を得た額が自己の負担部分を超えるかどうかにかかわらず、他の連帯債務者に対し、その免責を得るために支出した財産の額のうち各自の負担部分に応じた額の求償権を有するが、当該求償権には、免責のあった日以後の法定利息は含まれない。

【解答・解説】

正解 ❹

❷および❸は連帯債務の絶対的効力事由を押さえておくことが重要です。

❶ ×　債務の目的がその性質上可分である場合において、当事者の意思表示によって数人が連帯して債務を負担するときは、債権者は、その連帯債務者の１人に対し、または同時にもしくは順次にすべての連帯債務者に対し、全部または一部の履行を請求することができます（436条）。したがって、「同時にすべての連帯債務者に対し、全部又は一部の履行を請求することはできない」という記述が妥当ではありません。

❷ ×　連帯債務者の１人に対する履行の請求は、他の連帯債務者に対して、その効力を生じません（相対的効力：441条）。したがって、「他の連帯債務者に対して、その効力を生ずる」という記述が妥当ではありません。

❸ ×　更改（438条）、相殺（439条１項）および混同（440条）の場合を除き、連帯債務者の１人について生じた事由は、他の連帯債務者に対してその効力を生じません（相対的効力：441条）。したがって、「連帯債務者の１人が債権者に対してした債務の承認は、他の連帯債務者に対しても、その効力を生ずる」という記述が妥当ではありません。

❹ ○　連帯債務者の１人が債権者に対して債権を有する場合において、当該債権を有する連帯債務者が相殺を援用しない間は、その連帯債務者の負担部分の限度において、他の連帯債務者は、債権者に対して債務の履行を拒むことができます（439条２項）。したがって、妥当な記述です。

❺ ×　連帯債務者の１人が弁済をし、その他自己の財産をもって共同の免責を得たとき、その連帯債務者は、その免責を得た額が自己の負担部分を超えるかどうかにかかわらず、他の連帯債務者に対し、その免責を得るために支出した財産の額のうち各自の負担部分に応じた額の求償権を有します（442条１項）。また、その求償権は、弁済その他免責があった日以後の法定利息および避けることができなかった費用その他の損害の賠償を含みます（同条２項）。したがって、「当該求償権には免責のあった日以後の法定利息は含まれない」という記述が妥当ではありません。

問題5 ★★★ **民法に規定する連帯債務に関するA～Dの記述のうち、判例、通説に照らして、妥当なものを選んだ組合せはどれか。**

区Ⅰ2016改

A 連帯債務者の一人が債権者に対して債権を有する場合において、当該債権を有する連帯債務者が相殺を援用しない間は、その連帯債務者の負担部分についても他の連帯債務者は、債権者に対して債務の履行を拒むことはできない。

B 連帯債務者の一人に対する履行の請求は、他の連帯債務者に対して、その効力を生じない。また、連帯債務者の一人について法律行為の無効又は取消しの原因があっても、他の連帯債務者の債務は、その効力を妨げられない。

C 最高裁判所の判例では、甲と乙が共同不法行為により丙に損害を加えた場合、甲と乙が負担する損害賠償責務は、不真正連帯債務であるから、甲丙間で訴訟上の和解が成立し、甲が丙の請求額の一部につき和解金を支払い、丙が甲に対し残債務を免除したとき、丙が乙の残債務をも免除する意思を有していると認められるとしても、乙に対し残債務の免除の効力が及ばないとした。

D 最高裁判所の判例では、他の連帯債務者甲があることを知りながら、連帯債務者の一人である乙が弁済その他の免責の行為をするに先立ち、他の連帯債務者甲に通知することを怠った場合、他の連帯債務者乙があることを知りながら、既に弁済しその他共同の免責を得ていた他の連帯債務者甲が乙に事後の通知をせずにいた場合でも、乙の免責行為を有効であるとみなすことはできないとした。

❶ A B
❷ A C
❸ A D
❹ B C
❺ B D

【解答・解説】

正解 ❺

Cは「丙が乙の残債務をも免除する意思を有していると認められる」としている点が、Dは甲乙の双方が通知を怠っている点がポイントです。

A ✕　連帯債務者の１人が債権者に対して債権を有する場合において、当該債権を有する連帯債務者が相殺を援用しない間は、その連帯債務者の負担部分についてのみ他の連帯債務者は、債権者に対して債務の履行を拒むことができます（439条２項）。したがって、「他の連帯債務者は、債権者に対して債務の履行を拒むことはできない」という記述が妥当ではありません。

B ○　連帯債務者の１人に対する履行の請求は、他の連帯債務者に対して、その効力を生じません（相対的効力：441条）。また、連帯債務は別個独立の債務であるため、連帯債務者の１人について法律行為の無効または取消しの原因があっても、他の連帯債務者の債務は、その効力を妨げられません（437条）。したがって、妥当な記述です。

C ✕　甲と乙が共同不法行為により丙に損害を加えた場合、甲と乙が負担する損害賠償債務（719条１項）は、不真正連帯債務（最判昭57.3.4）なので、甲丙間で甲の債務を免除する旨の和解が成立しても、他の不真正連帯債務者乙の債務には影響しないのが原則です（最判昭45.4.21）。ただし、甲丙間で訴訟上の和解が成立し、丙が乙の残債務をも免除する意思を有していると認められるときは、乙に対しても残債務の免除の効力が及びます（最判平10.9.10参照）。したがって、「丙が乙の残債務をも免除する意思を有していると認められるとしても」という記述が妥当ではありません。

D ○　他の連帯債務者甲があることを知りながら、連帯債務者の１人である乙が弁済その他の免責の行為をするに先立ち、他の連帯債務者甲に通知することを怠った場合、他の連帯債務者乙があることを知りながら、すでに弁済しその他共同の免責を得ていた他の連帯債務者甲が乙に事後の通知をせずにいた場合でも、乙の免責行為を有効であるとみなすことはできません（最判昭57.12.17）。この場合、443条２項の適用はなく、原則規定である同条１項が適用され、先にした甲の弁済が有効となるからです。したがって、妥当な記述です。

問題6 ★

民法に規定する保証債務に関する記述として、通説に照らして、妥当なのはどれか。

区Ⅰ2014改

❶ 保証契約は、債務者と保証人との間の契約であるが、保証契約の締結に際しては、債権者の同意が必要である。

❷ 保証債務は、主たる債務の内容の変更に応じて保証債務もその内容を変ずるので、主たる債務の目的又は態様が保証契約の締結後に重くなった場合には、それに応じて保証債務も重くなる。

❸ 保証債務は主たる債務とは別個の債務であるから、主たる債務者に対する履行の請求その他の事由による時効の完成猶予及び更新は、保証人に対しては、その効力を生じない。

❹ 債権者が指名した保証人が弁済をする資力を有することの要件を欠くに至ったときは、当該債権者は、弁済をする資力を有することの要件を具備する者をもってこれに代えることを常に債務者に請求することができる。

❺ 連帯債務者又は不可分債務者の一人のために保証をした者は、他の債務者に対し、その負担部分のみについて求償権を有する。

【解答・解説】

正解 ❺

❶は保証債務は主たる債務とは異なる債務である点がポイントです。❷は保証人の保護の点から考えることが重要です。

❶ ×　保証契約は、債権者と保証人との間の契約であって（大判大6.9.25)、債務者と保証人との間の契約ではありません。また、保証契約の締結に際しては、債権者の同意は問題とならず、債務者の同意も必要ではありません。したがって、全体的に妥当な記述ではありません。

❷ ×　保証債務は主たる債務に対して従たる性質を有するので、主たる債務の内容の変更に応じて保証債務もその内容を変じます。しかし、主たる債務の目的又は態様が保証契約の締結後に重くなったときでも、保証人の負担は加重されません(448条２項)。保証人を保護する趣旨です。したがって、「主たる債務の目的又は態様が保証契約の締結後に重くなった場合には、それに応じて保証債務も重くなる」という記述が妥当ではありません。

❸ ×　保証債務は、債権者と保証人との間の契約によって生じる債務であって(大判大6.9.25)、主たる債務とは別個の債務です。ただし、主たる債務者に対する履行の請求その他の事由による時効の完成猶予および更新は、保証人に対しても、その効力を生じます（457条１項)。保証債務のみが時効によって消滅することを防止する趣旨です。したがって、「保証人に対しては、その効力を生じない」という記述が妥当ではありません。

❹ ×　債務者が保証人を立てる義務を負う場合において、保証人が弁済をする資力を有することの要件を欠くに至ったときは、債権者は、弁済をする資力を有することの要件を具備する者をもってこれに代えることを請求できます（450条２項)。これに対して、債権者が保証人を指名した場合には、そのような請求ができません（同条３項)。したがって、「常に債務者に請求することができる」という記述が妥当ではありません。

❺ ○　連帯債務者または不可分債務者の１人のために保証をした者は、他の債務者に対し、その負担部分のみについて求償権を有します（464条)。したがって、妥当な記述です。

問題7 ★★ **保証債務に関する次のア～オの記述のうち、適当なもののみを全て挙げているのはどれか（争いのあるときは、判例の見解による。）。**

裁判所2013改

ア 保証付債権の譲受人は、保証人に債権譲渡を対抗するには主たる債務者に対して対抗要件を備えることを要し、上記債権の譲渡人が保証人に対してのみ譲渡の通知をしても、保証人に債権譲渡を対抗することはできない。

イ 主たる債務が免除によって消滅した後に、その債権が譲渡され、これに主たる債務者が抗弁を放棄する旨の意思表示をした場合であっても、連帯保証人は、免除があったことを譲受人に対抗することができる。

ウ 解除によって主たる債務が消滅した後に、債権者と主たる債務者とが解除をなかったことにする旨の合意をしても、保証債務は復活しない。

エ 保証債務について定められた損害賠償の額が主たる債務について定められた損害賠償の額よりも負担が重い場合には、保証人の負担は主たる債務の限度に減縮される。

オ 保証人は、主たる債務者の委託を受けて保証した場合でなくとも、主たる債務の弁済期が到来すれば、主たる債務者に対して、あらかじめ、求償権を行使することができる。

❶ **ア、イ、ウ**
❷ **ア、ウ、エ**
❸ **ア、エ、オ**
❹ **イ、ウ、オ**
❺ **イ、エ、オ**

【解答・解説】

正解 ❶

イと**ウ**は保証人・連帯保証人の利益保護の見地から考えるとよいでしょう。

ア ○　保証付債権の譲渡人は、主たる債務者に対して債権譲渡の対抗要件（467条1項）を備えることによって、保証人にも債権譲渡を対抗することができます（457条1項参照）。これに対して、保証付債権の譲渡人が、保証人に対してのみ譲渡通知をしても保証人に債権譲渡を対抗することはできません（大判昭9.3.29）。したがって、適当な記述です。

イ ○　主たる債務が免除によって消滅した後に、その債権が譲渡され、これに主たる債務者が抗弁を放棄する旨の意思表示をした場合であっても、連帯保証人は、免除があったことを譲受人に対抗することができます（大判昭15.10.9）。連帯保証人の関与なしに、連帯保証債務の消滅という連帯保証人の利益を奪うことは許されないからです。したがって、適当な記述です。

ウ ○　解除によって主たる債務が消滅すると、保証債務の付従性から、保証債務も消滅します。そして、その後に債権者と主たる債務者とが解除をなかったことにする旨の合意をしても、保証債務は復活しません（大判昭4.3.16）。したがって、適当な記述です。

エ ×　保証人の負担が債務の目的または態様において主たる債務より重いときは、これを主たる債務の限度に減縮されます（448条）。ただし、保証債務について定められた損害賠償の額が主たる債務について定められた損害賠償の額より負担が重い場合であっても、保証人の債務は主たる債務の限度に減縮されません（447条2項参照）。この場合は、保証債務の履行を確実にするにすぎないからです。したがって、「保証人の負担は主たる債務の限度に減縮される」という記述が適当ではありません。

オ ×　保証人は、主たる債務者の委託を受けて保証をした場合において、債務が弁済期にあるときは、主たる債務者に対して、あらかじめ、求償権を行使することができます（460条2号）。したがって、「主たる債務者の委託を受けて保証した場合でなくとも」という記述が適当ではありません。

問題8 ★★ **保証債務に関するア～オの記述のうち、妥当なもののみを全て挙げているのはどれか。ただし、争いのあるものは判例の見解による。**

国般2015改

ア 主たる債務について二人の連帯保証人がある場合、各連帯保証人は、債務者に対して主たる債務の２分の１の額についてのみ保証債務を負う。

イ 主たる債務が弁済期にある場合、保証人は、主たる債務者の委託を受けないで保証をしたときであっても、主たる債務者に対して事前求償権を行使することができるが、主たる債務者の意思に反して保証をしたときは、事前求償権を行使することができない。

ウ 特定物の売買における売主のための保証においては、保証人は、特に反対の意思表示のない限り、売主の債務不履行により、契約が解除された場合における原状回復義務についても保証の責めに任ずる。

エ 根保証契約は、自然人が保証人であっても法人が保証人であっても、極度額を定めなければ効力を生じない。

オ 債権者が主たる債務者に対して債務の履行を催告した後に保証人の財産について執行してきた場合、保証人は、主たる債務者に弁済の資力があり、かつ、執行が容易であることを証明して、まず主たる債務者の財産に対して執行すべきことを主張することができる。

❶ ア、ウ
❷ ア、エ
❸ イ、エ
❹ イ、オ
❺ ウ、オ

【解答・解説】

正解 ❺

アは連帯保証には分別の利益がない点がポイントです。**オ**は保証債務の補充性から考えるとよいでしょう。

ア × 　連帯保証には分別の利益がないため、主たる債務について2人の連帯保証人がある場合でも、各連帯保証人は、債務者に対して主たる債務の全額について保証債務を負います。したがって、「各連帯保証人は、債務者に対して主たる債務の2分の1の額についてのみ保証債務を負う」という記述が妥当ではありません。

イ × 　保証人は、主たる債務者の委託を受けて保証をした場合において、債務が弁済期にあるときは、主たる債務者に対して、あらかじめ、求償権を行使することができます（460条2号）。これに対して、主たる債務の委託を受けていない保証人は、事前求償権を行使することができません。したがって、全体的に妥当な記述ではありません。

ウ ○ 　特定物の売買における売主のための保証においては、保証人は、特に反対の意思表示のない限り、売主の債務不履行により契約が解除された場合における原状回復義務についても保証の責に任ずるものとされています（最大判昭40.6.30）。したがって、妥当な記述です。

エ × 　根保証契約であって保証人が法人でない個人根保証契約は、極度額を定めなければ、その効力を生じません（465の2第2項）。これに対して、法人が保証人である場合は、極度額を定めることを要請されていません。したがって、「法人が保証人であっても」という記述が妥当ではありません。

オ ○ 　債権者が主たる債務者に対して債務の履行を催告した後に保証人の財産について執行してきた場合、保証人は、主たる債務者に弁済をする資力があり、かつ、執行が容易であることを証明して、まず主たる債務者の財産について執行すべきことを主張することができます（検索の抗弁権：453条）。本条は、保証債務の補充性（主たる債務者がその債務を履行しないときに、保証人がその履行をする責任を負う）から認められたものです。したがって、妥当な記述です。

問題9 ★★　**保証に関する次の記述のうち、妥当なのはどれか。ただし、争いのあるものは判例の見解による。**

国般2019改

❶ 保証人が保証債務を承認した場合、主たる債務の時効も更新するが、主たる債務者が主たる債務を承認したとしても、保証債務の時効は更新しない。

❷ 主たる債務者に対する履行の請求による時効の完成猶予は、保証人に対しては、その効力を生じない。

❸ 主たる債務が時効で消滅した場合において、主たる債務者が時効の利益を放棄したときであっても、保証人は主たる債務の時効を援用することができる。

❹ 主たる債務者の委託を受けない保証人が、主たる債務者に代わって弁済その他自己の財産をもって主たる債務を消滅させる行為をした場合において、保証人となったことが主たる債務者の意思に反しないときは、保証人は、主たる債務者が現に利益を受けている限度においてのみ求償することができる。

❺ 保証債務は、保証人と債権者との間の保証契約によって成立するほか、保証人と主たる債務者との間の保証委託契約によっても成立する場合がある。

【解答・解説】

正解 ❸

❶、❷は保証債務の付従性がポイントです。❹は事前求償と事後求償の違いに注意することが大切です。

❶ ×　保証人が保証債務を承認した場合、主たる債務の時効は更新しません(大判昭5.9.17)。これに対して、主たる債務者が主たる債務を承認したときは、保証債務の付従性から、保証債務の時効は更新します（457条1項）。したがって、全体的に妥当な記述ではありません。

❷ ×　保証債務の付従性から、主たる債務者に対する履行の請求による時効の完成猶予は、保証人に対しても、その効力を生じます（457条1項）。したがって、「保証人に対しては、その効力を生じない」という記述が妥当ではありません。

❸ ○　主たる債務が時効で消滅した場合において、主たる債務者が時効の利益を放棄したときであっても、保証人は主たる債務の時効を援用（145条）することができます（大判昭6.6.4参照）。時効の利益の放棄の効力は相対的効力しかないため、保証人に及ばないからです。したがって、妥当な記述です。

❹ ×　主たる債務者の委託を受けない保証人が、主たる債務者に代わって弁済その他自己の財産をもって債務を消滅させる行為をした場合において、保証人となったことが主たる債務者の意思に反しないときは、保証人は、主たる債務者がその当時利益を受けた限度において求償することができます(462条1項、459条の2第1項前段)。したがって、「主たる債務者が現に利益を受けている限度においてのみ」という記述が妥当ではありません。

❺ ×　保証債務は、保証人と債権者との間の保証契約によって成立します（大判大6.9.25)。これに対して、保証契約は、保証人と主たる債務者との間の保証委託契約によって成立することはありません。したがって、「保証人と主たる債務者との間の保証委託契約によっても成立する場合がある」という記述が妥当ではありません。

問題10 民法に規定する保証債務に関する記述として、妥当なのはどれか。

★★

区Ⅰ2017

❶ 保証債務は、保証人と主たる債務者との間の保証契約によって成立し、保証人は、主たる債務者がその債務を履行しないときに、その履行をする責任を負うが、保証契約は、書面でしなければ、その効力を生じない。

❷ 行為能力の制限によって取り消すことができる債務を保証した者は、保証契約の時においてその取消しの原因を知っていたときは、主たる債務の取消しがあっても、これと同一の目的を有する独立の債務を負担したものと推定される。

❸ 債務者が法律上又は契約上、保証人を立てる義務を負う場合には、債権者が当該保証人を指名したときであっても、当該保証人は行為能力者であること及び弁済をする資力を有することの要件を具備する者でなければならない。

❹ 催告の抗弁権とは、債権者が保証人に債務の履行を請求した場合に、保証人が、まず主たる債務者に催告をすべき旨を請求できる権利をいい、主たる債務者が破産手続開始の決定を受けたときであっても、催告の抗弁権を行使できる。

❺ 主たる債務者の委託を受けずに、主たる債務者の意思に反しないで保証をした者が弁済をして、主たる債務者にその債務を免れさせたときは、免責当時に利益を受けた限度において求償できるため、利息や損害賠償も請求できる。

【解答・解説】

正解 ❷

❶は保証債務は、保証人と債権者との間の保証契約である点が、❷は「保証契約の時においてその取消しの原因を知っていた」という点がポイントです。

❶ ×　保証債務は、保証人と債権者との間の保証契約によって成立します（大判大6.9.25）。そして、保証人は、主たる債務者がその債務を履行しないときに、その履行をする責任を負います（保証債務の補充性：446条1項）。ただし、保証債務は、書面でしなければ、その効力を生じません（同条2項）。保証内容を明確にするとともに保証人に保証契約の締結に当たり慎重さを要請する趣旨です。したがって、「保証債務は、保証人と主たる債務者との間の保証契約によって成立し」という記述が妥当ではありません。

❷ ○　行為能力の制限によって取り消すことができる債務を保証した者は、保証契約の時においてその取消しの原因を知っていたときは、主たる債務の取消しがあっても、これと同一の目的を有する独立の債務を負担したものと推定されます（449条）。したがって、妥当な記述です。

❸ ×　債務者が法律上または契約上、保証人を立てる義務を負う場合には、当該保証人は行為能力者であることおよび弁済をする資力を有することの要件を具備する者でなければなりません（450条1項）。しかし、債権者が当該保証人を指名した場合には、当該保証人はこのような要件を具備する者である必要はありません（同条3項）。したがって、「債権者が当該保証人を指名したときであっても」という記述が妥当ではありません。

❹ ×　催告の抗弁権とは、債権者が保証人に債務の履行を請求した場合に、保証人が、まず主たる債務者に催告をすべき旨を請求できる権利をいいます（452条本文）。ただし、主たる債務者が破産手続開始の決定を受けたとき、またはその行方が知れないときは、保証人は催告の抗弁権を行使することはできません（同ただし書）。したがって、「主たる債務者が破産手続開始の決定を受けたときであっても、催告の抗弁権を行使できる」という記述が妥当ではありません。

❺ ×　主たる債務者の委託を受けずに、主たる債務者の意思に反しないで保証をした者が弁済をして、主たる債務者にその債務を免れさせたときは、当該保証人は、主たる債務者が免責当時に利益を受けた限度において求償できますが（462条１項、459条の２第１項前段）、利息や損害賠償は求償できません。したがって、「利息や損害賠償も求償できる」という記述が妥当ではありません。

MEMO

5 債権譲渡・債務引受

学習のポイント

- この節では債権譲渡と債務引受について学習しますが、出題頻度から債権譲渡に重点をおきましょう。
- 譲渡制限の意思表示の扱いや、債務者・第三者に対する対抗要件、二重譲渡がなされた場合の優劣の考え方をしっかり把握してください。

1 債権譲渡

民法第466条
① 債権は、譲り渡すことができる。ただし、その性質がこれを許さないときは、この限りでない。
② 当事者が債権の譲渡を禁止し、又は制限する旨の意思表示（以下「譲渡制限の意思表示」という。）をしたときであっても、債権の譲渡は、その効力を妨げられない。
③ 前項に規定する場合には、譲渡制限の意思表示がされたことを知り、又は重大な過失によって知らなかった譲受人その他の第三者に対しては、債務者は、その債務の履行を拒むことができ、かつ、譲渡人に対する弁済その他の債務を消滅させる事由をもってその第三者に対抗することができる。
④ 前項の規定は、債務者が債務を履行しない場合において、同項に規定する第三者が相当の期間を定めて譲渡人への履行の催告をし、その期間内に履行がないときは、その債務者については、適用しない。

(1) 債権譲渡の意義

債権の内容を変えることなく、権利を他者に移転させることを**債権譲渡**といいます。債権譲渡が行われるとき、**旧債権者（債権を譲渡した者）**を**譲渡人**、**新債権者（債権を譲り受けた者）**を**譲受人**といいます。

債権譲渡がなされると、一切の抗弁権（第2章で学習する同時履行の抗弁権など）や従たる権利（利息債権、担保物権、保証債務など）も当然に移転します（随伴性）。

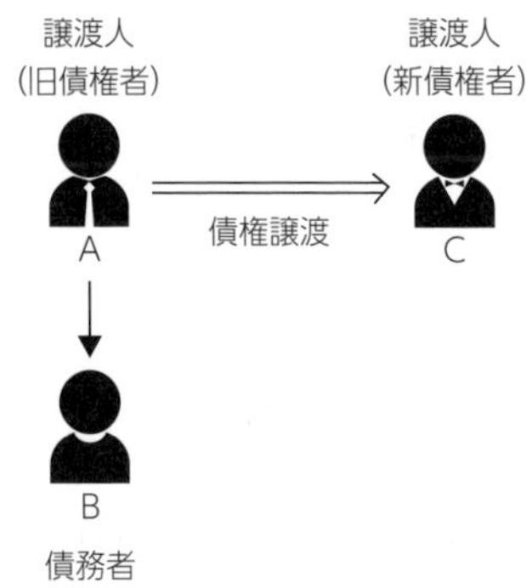

(2) 譲渡性の制限

どのような性質の債権でも譲渡できるわけではなく、一定の制限が設けられています。

債権の性質上の制限 (466条1項ただし書)	性質上、特定の債権者に履行することが当然に予定されている債権 例　画家に肖像画を描いてもらう債権
法律上の制限	法律が明文で譲渡を禁止している債権 例　扶養請求権（881条）、恩給請求権、労災補償金請求権

(3) 譲渡制限の意思表示

当事者（債権者と債務者）の間で、第三者に債権が譲渡されることを禁止・制限する取決めを結ぶ場合があります。主に、債務者の不利益（苛酷な取立てをする取立屋に債権が譲渡されるなど）を防ぐ目的で設けられます。

① 譲渡制限の意思表示に反する債権譲渡

当事者間の**譲渡制限の意思表示に反する債権譲渡も有効**です。譲受人が譲渡制限の意思表示があることについて**善意か悪意かを問わず有効**です（466条２項）。債権譲渡による資金調達を容易に行えるようにした趣旨です。

② 譲渡制限の意思表示について悪意・重過失のある譲受人

当事者間で譲渡制限の意思表示があることについて、**悪意または重過失のある譲受人に対しては、債務者は債務の履行を拒むことができ、譲渡人に対する弁済などで債務が消滅したことを対抗することができます**1)（466条３項）。

債権の譲受人がさらに第三者に債権を譲渡している場合、この第三者（転得者）に対しても同様です。

1）旧債権者（譲渡人）に対して債務の履行を行った場合、そのことを譲受人に対して主張することができるということです。

⑷ 譲渡制限の意思表示のある債権の差押え

当事者間で譲渡制限の意思表示のなされた債権に対して**強制執行（差押え）が行われた場合、この差押債権者に対しては、譲渡制限特約の効果を主張することはできません**（466条の4第1項）。**差押債権者が悪意・重過失であっても、債務者は履行を拒むことも、債権者に対する履行を対抗することもできません**。当事者間の合意で差押禁止債権を安易に作り出せてしまうことを防ぐための規定です。

悪意・重過失の譲受人と差押債権者で違いが生じることに注意しましょう。譲渡制限の意思表示について悪意・重過失の譲受人に対しては、債務者は履行の拒絶、債務消滅の対抗ができますが、悪意・重過失の差押債権者に対しては、債務者はこれを行えません。

⑸ 将来債権の譲渡性

債権譲渡は、**当事者間で約束を交わす時点でその債権が現実に存在していなくても行うことができます**（466条の6第1項）。この場合、債権が発生した段階で譲受人がこれを取得します（同条2項）。

判 例

- 将来発生する債権を目的とする債権譲渡契約は、その契約締結時において目的とする債権が発生する可能性が低くても有効です（最判平11.1.29）。医師が、社会保険診療報酬支払基金から将来支払いを受けるべき診療報酬債権を譲渡したときは、その譲渡の効力が生じます。
- 将来発生する債権を目的とする債権譲渡予約に当たっては、予約完結時において目的となるべき債権が、譲渡人が有する他の債権から識別できる程度に特定されていれば足りるとされます（最判平12.4.21）。

(6) 債権譲渡の方法

民法第467条
① 債権の譲渡（現に発生していない債権の譲渡を含む。）は、譲渡人が債務者に通知をし、又は債務者が承諾をしなければ、債務者その他の第三者に対抗することができない。
② 前項の通知又は承諾は、確定日付のある証書によってしなければ、債務者以外の第三者に対抗することができない。

債権譲渡は譲渡人と譲受人との間でなされますが、譲受人がこのことを債務者や他の第三者に主張するためには対抗要件が必要となります。これについて、債務者に対する対抗要件、第三者に対する対抗要件に分けて見ていきます。

① 債務者に対する対抗要件

譲受人が、自分が新たな債権者であることを債務者に対して主張するためには、**譲渡人から債務者への債権譲渡の通知、または債務者が債権譲渡を承諾すること、**が必要です（467条1項）。債務者が旧債権者・新債権者に二重に弁済してしまうことを避けるための規定です。この通知または承諾が**確定日付ある証書**[2)] **によってなされる必要はありません。**

債務者は、**この対抗要件が具備されるまでに譲渡人に対して生じた事由をもって、譲受人に対抗することができます**[3)]（468条1項）。対抗要件が具備された後は、債務者は譲受人に債務を履行することになります。

2) 確定日付のある証書とは、**公正証書**や**内容証明郵便**などを指します。普通郵便はこれに当たりません。

3)「譲渡人に対して生じた事由」とは、弁済・時効消滅、契約の無効・取消し・解除など、債務者が債務の履行を拒む理由となることを指します。**債務者はこれを放棄することもでき、放棄する旨の意思表示をした場合は、債務の消滅を譲受人に対抗できなくなります。**

判例

- 譲渡人による通知、または債務者の承諾がなくても債権譲渡を債務者に対抗できる旨の特約は無効です（大判大10.2.9）。
- 「譲渡人から債務者への債権譲渡の通知」とあるとおり、通知の発信者は譲渡人（旧債権者）であることが必要です。譲受人が代位して譲渡通知を行うことは認められていません（大判昭5.10.10）。債権者以外の者からの通知を認めると、債権者は知らないうちに債権を失う危険があるからです。

② 債務者以外の第三者に対する対抗要件

債務者以外の第三者に対して債権譲渡を対抗するためには、**債務者に対する通知が確定日付のある証書によってなされること、または債務者の承諾が確定日付のある証書によってなされること**、が必要です（467条２項）。

ヒント

債務者との関係においては確定日付のある証書であることが必要でない点と区別して把握しましょう。

③ 譲受人相互の優劣関係

債権が異なる譲受人に二重に譲渡されてしまうようなケースでは、どちらの譲受人が優先するかが問題になります。

（ア）確定日付のある通知・承諾とない通知・承諾の場合

債権譲渡について、確定日付のある証書による通知・承諾のある場合と確定日付のない証書による通知・承諾の場合では、**常に前者が優先**します。

債務者は、後者の弁済を拒否することができますが（大判昭7.6.28）、前者に弁済しなければなりません（大判大8.3.28）。

（イ）確定日付のある通知・承諾が競合した場合

この場合は、第三者に対する対抗要件を満たしたタイミングが重要となります。**確定日付のある証書による通知が債務者に到達した日時、または確定日付のある証書により債務者が承諾した日時が早いほうの譲受人が優先**となります（最判昭49.3.7）。

対抗要件を満たしたのが同日であったり先後が不明であったりする場合は、優劣がつきません。この場合、**各譲受人は、債務者に対して譲受債権の全部の履行を請求することができます。**

ヒント

通知の到達、または承諾の日時によって決まるのであって、証書に記された日時によって決まるわけではない点に注意しましょう。

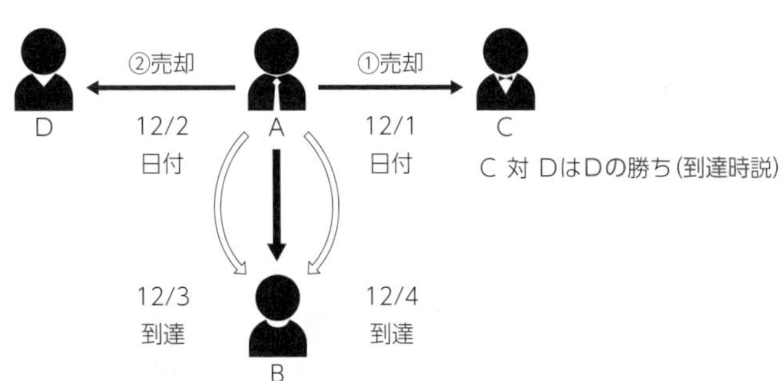

④ 弁済後の債権譲渡

判例

- 第一の債権譲渡が行われ、債務者が譲受人に弁済を済ませた後で、譲渡人から第二の譲受人へ債権が譲渡され、確定日付のある証書が債務者に到達した場合、第二の譲受人はすでに消滅した債権を譲り受けたことになり、債務者は第二の譲受人に対する支払いを拒絶できます（大判昭7.12.6）。

⑺ 債権譲渡と相殺

債務者が反対債権を有している場合、債権どうしが相殺によって処理されることを期待していることがあります。この状態で債権譲渡がなされ、債権者に変更が生じた場合、どうなるかについて見ていきます。

① 対抗要件具備前に取得した債権による相殺

債権譲渡の**対抗要件が具備されるより前**に債務者が反対債権を取得しており、この債権の弁済期が到来している場合は、**相殺が可能**です（469条１項）。譲渡人に対する反対債権をもって、譲受人に対抗することができます（最判昭50.12.8）。

② 対抗要件具備後に取得した債権による相殺

次の場合に限って相殺できます4)（469条２項）。

- **対抗要件具備より前の原因に基づいて生じた債権**
- 譲受人の取得した債権の発生原因である契約に基づいて生じた債権

4) ただし、債務者が対抗要件具備時より後に他人の債権を取得した場合を除きます。

2 債務引受

債務者以外の第三者が債務の履行義務を引き受けることを**債務引受**（ひきうけ）といいます。債務引受において、**債務を引き受ける者**を**引受人**といいます。以下のとおり、債務引受は３種類の類型に分かれます。

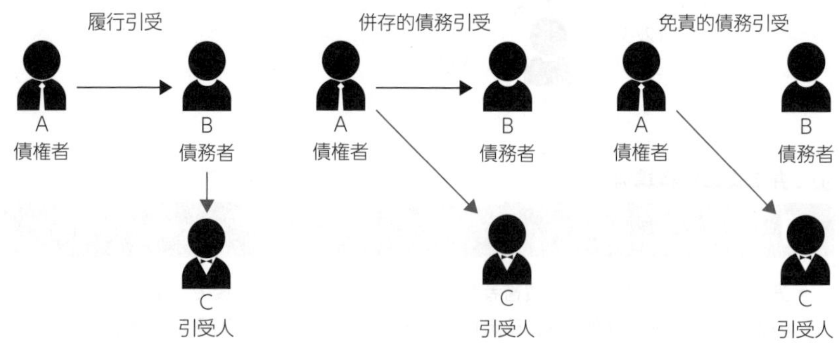

(1) 履行引受

債務者と引受人との間で結ばれる債務引受を**履行引受**といいます。これには債権者は関与せず、**債権者の同意は不要**です。

履行引受がなされると、引受人は債権者への弁済義務を債務者に対して負います。義務を負うだけであって、引受人が債務者に代わるわけではありません。

(2) 併存的債務引受

引受人が新たに債務者に加わり、債務者と引受人が連帯して債権者に対する同一内容の債務を負う契約を**併存的債務引受**といいます（470条１項）。**債務者と引受**

人は連帯債務者となります。

債権者と引受人との間で結ばれる場合は、**債務者の同意を必要としません**（同条2項、大判大15.3.25参照）。債務者の地位には影響が生じないからです。債務者と引受人との間で結ばれる場合は、**債権者が引受人に対して承諾する必要があります**（同条3項）。

併存的債務引受がなされると、引受人は債務者と同一内容の債務を連帯して負担しますので、債務引受の効力が生じた時に債務者が債権者に対して持っていた抗弁をすべて対抗することができます（471条1項）。

⑶ 免責的債務引受

引受人が債務者となり、債務者が自己の債務を免れる形の債務引受の契約を**免責的債務引受**といいます（472条1項）。同一内容の債務がそっくり引受人に移転します。

債権者と引受人との間で結ばれる場合は、債権者がその旨を債務者に通知した時に効力を生じます（同条2項前段）。債務者と引受人との間で結ばれる場合は、債権者が引受人に対して承諾することによって効力を生じます（同後段）。

免責的債務引受がなされると、引受人は債務者と同一内容の債務を連帯して負担しますので、債務引受の効力が生じた時に債務者が債権者に対して持っていた抗弁をすべて対抗することができます（472条の2第1項）。また、**引受人は、債務者に対して求償権を持ちません**（472条の3）。

過去問にチャレンジ

問題1 ★ **債権譲渡に関する記述として最も適当なものはどれか（争いのあるときは、判例の見解による。）。**

裁判所2015改

❶ 当事者が債権の譲渡制限の意思表示をしたときは、第三者の善意・悪意を問わず、第三者に対して、債務者は、その債務の履行を拒むことができる。

❷ 譲渡人による通知又は債務者の承諾がなくても債権譲渡を債務者に対抗できる旨の特約は有効である。

❸ 債権が二重に譲渡され、第一の譲受人及び第二の譲受人の双方に確定日付のある証書によって譲渡人による通知がされ又は債務者の承諾がされた場合、譲受人相互間の優劣は、通知又は承諾に付された確定日付の先後によって決まる。

❹ 将来発生する債権を目的とする債権譲渡契約は、同契約締結時において目的となる債権の発生可能性が低い場合には、当然に無効となる。

❺ 債権者が債務者に対する債権を譲受人に譲渡した後、債権譲渡の通知を受ける前に、債務者が債権者に対して当該債権の弁済をした場合は、債務者は、弁済による債権の消滅事由をもって譲受人に対抗することができる。

【解答・解説】

正解 ❺

❶は善意無重過失の第三者は保護されるべきでしょう。❷は債権譲渡の通知または承諾は強行規定である点がポイントです。

❶ ×　当事者が債権の譲渡制限の意思表示をしたときは、債務者は、譲渡制限の意思表示がされたことを知り、または重大な過失によって知らなかった譲受人その他の第三者に対しては、その債務の履行を拒むことができますが（466条3項前段）、善意無重過失の第三者に対しては、その債務の履行を拒むことはできません。したがって、「第三者の善意・悪意を問わず」という記述が適当ではありません。

❷ ×　債権の譲渡は、譲渡人が債務者に通知をし、または債務者が承諾をしなければ、債務者その他の第三者に対抗することができません（467条1項）。そして、対抗要件に関する本条の規定は、当事者が自由にその内容を変更することのできない強行規定なので、譲渡人による通知または債務者の承諾がなくても債権譲渡を債務者に対抗できる旨の特約は無効です（大判大10.2.9）。したがって、「特約は有効である」という記述が適当ではありません。

❸ ×　債権が二重に譲渡され、第一の譲受人および第二の譲受人の双方に確定日付のある証書によって譲渡人による通知がされまたは債務者の承諾がされた場合、譲受人相互の間の優劣は、通知または承諾に付された確定日付の先後ではなく、確定日付のある通知が債務者に到達した日時または確定日付のある債務者の承諾の日時の先後によって決まります（最判昭49.3.7）。したがって、「譲受人相互間の優劣は、通知または承諾に付された確定日付の先後によって決まる」という記述が適当ではありません。

❹ ×　将来発生すべき債権についても債権譲渡する契約を締結することができます（466条の6第1項）。そして、将来発生すべき債権を目的とする債権譲渡契約にあって、契約締結時において債権の発生の可能性が低い場合でも、その債権譲渡契約は有効です（最判平11.1.29）。したがって、「同契約締結時において目的となる債権の発生可能性が低い場合には、当然に無効となる」という記述が適当ではありません。

❺ ○　債権者が債務者に対する債権を譲受人に譲渡した後、債権譲渡の通知を受ける前に、債務者が債権者に対して当該債権の弁済をした場合、債務者は、弁済による債務の消滅事由をもって譲受人に対抗することができます(468条1項)。したがって、適当な記述です。

MEMO

問題2 ★ **債権譲渡、債務引受に関する次のア～エの記述の正誤の組合せとして最も妥当なものはどれか（争いのあるときは、判例の見解による。）。**

裁判所2018改

ア 重大な過失により譲渡制限の意思表示がされた債権であることを知らずに譲渡を受けた第三者に対しては、債務者は、その債務の履行を拒むことができない。

イ 将来発生すべき債権を目的とする債権譲渡の予約をするに当たっては、予約完結時において譲渡の目的となるべき債権を譲渡人が有する他の債権から識別することができる程度に特定されていれば足りる。

ウ 譲渡制限の意思表示のされた債権をその譲渡人が同意思表示の存在を知って譲り受けた場合は、譲受人は、当該債権を有効に取得することができない。

エ 債権者A、債務者B、引受人Cがおり、CがAとの間で、BのAに対する債務を併存的に引き受ける旨の併存的債務引受をする場合には、Bの同意を得なければならない。

	ア	イ	ウ	エ
❶	正	誤	誤	誤
❷	誤	誤	正	正
❸	正	正	正	誤
❹	正	誤	誤	正
❺	誤	正	誤	誤

【解答・解説】

正解 ❺

アと**ウ**は譲渡制限の意思表示がされた債権であるこてについて悪意または重過失の譲受人（第三者）でも当該債権を有効に取得できるものの、債務者はその履行を拒むことができる点がポイントです。

ア ×　債務者は、譲渡制限の意思表示がされたことを知り、または重大な過失によって知らなかった譲受人その他の第三者に対しては、その債務の履行を拒むことができます（466条3項前段）。したがって、「債務者は、その債務の履行を拒むことができない」という記述が誤りです。

イ ○　将来発生すべき債権についても債権譲渡する契約を締結することができます（466条の6第1項）。そして、将来発生すべき債権を目的とする債権譲渡予約をするに当たっては、予約完結において譲渡の目的となるべき債権を譲受人が有する他の債権から識別することができる程度に特定されていれば足ります（最判平12.4.21）。したがって、正しい記述です。

ウ ×　債権の譲受人は、債権に譲渡制限の意思表示がされたことを知り、または重大な過失によって知らなかったときでも、その債権を有効に取得することができます（466条2項）。債権譲渡による資金調達を容易に行えるようにした趣旨です。したがって、「譲受人は、当該債権を有効に取得することができない」という記述が誤りです。

エ ×　併存的債務引受は、債権者Aと引受人Cとなる者との契約によってすることができます（470条2項）。この場合において、債務者Bの同意を得る必要はありません（大判大15.3.25参照）。AとCとの間で併存的債務引受契約が締結されても、Bの地位に影響を生じないからです。したがって、「Bの同意を得なければならない」という記述が誤りです。

問題3 **債権譲渡に関する次の記述のうち、妥当なのはどれか。**

★★

国税・労基2011改

❶ 債権は譲渡することができるのが原則であるが、扶養請求権など、法律上、譲渡することができない債権もある。また、債権の譲渡は、その意思表示の時に債権が現に発生していることが必要である。

❷ 当事者は債権の譲渡制限の意思表示をすることができる。そして、この譲渡制限の意思表示がされたことを知り、又は重大な過失によって知らなかった譲受人に対しては、債務者は、その債務の履行を拒むことができる。

❸ 債権の譲渡は債権者（譲渡人）と譲受人の合意によって成立する。しかし、債権者（譲渡人）又は譲受人から当該譲渡について債務者に対し通知をするか、債務者から承諾を得なければ、当該譲渡を債務者に対抗することはできない。

❹ 債権が二重に譲渡され、それぞれについて確定日付のある証書による通知がなされた場合には、通知に付された確定日付の先後によりその優劣を決するとするのが判例である。

❺ 債権譲渡の際に債務者が抗弁を放棄する旨の意思表示をした場合、債務者は旧債権者（譲渡人）に対抗することができた事由を新債権者（譲受人）に対抗することができなくなる。しかし、債務者が既に一部の弁済をしていた場合、債務者は、抗弁を放棄する旨の意思表示をしても、この弁済により債務が一部消滅していることを新債権者（譲受人）に対抗することができる。

【解答・解説】

正解 ❷

❹は判例が「到達時説」を採っている点がポイントです。

❶ × 債権は譲渡することができるのが原則ですが（466条1項本文）、扶養請求権（881条）など、法律上、譲渡することができない債権もあります。また、債権の譲渡は、その意思表示の時に債権が現に発生していることが必要ではありません（466条の6第1項）。したがって、「債権の譲渡は、その意思表示の時に債権が現に発生していることが必要である」という記述が妥当ではありません。

❷ ○ 当事者は債権の譲渡制限の意思表示をすることができます（466条2項）。そして、債権の譲渡に際し、譲渡制限の意思表示がされたことを知り、または重大な過失によって知らなかった譲受人に対しては、債務者は、その債務の履行を拒むことができます（同条3項前段）。したがって、妥当な記述です。

❸ × 債権の譲渡は債権者（譲渡人）と譲受人の合意によって成立します。しかし、当該債権の譲渡は、債権者が債務者に通知をし、または債務者が承諾をしなければならず、譲受人がしても債務者に対抗することができません（467条1項、大判大5.10.10参照）。したがって、「譲受人から当該譲渡について債務者に対し通知をする」という記述が妥当ではありません。

❹ × 債権が二重に譲渡され、それぞれについて確定日付のある証書による通知がされた場合、譲受人相互の間の優劣は、確定日付のある通知が債務者に到達した日時または確定日付のある債務者の承諾の日時の先後により決します（最判昭49.3.7）。したがって、「通知に付された確定日付の先後によりその優劣を決する」という記述が妥当ではありません。

❺ × 債権譲渡の際に債務者が抗弁を放棄する旨の意思表示をした場合、債務者は、弁済により債務が一部消滅していることを新債権者（譲受人）に対抗することができなくなります（468条1項参照）。したがって、「債務者は、抗弁を放棄する旨の意思表示をしても」という記述が妥当ではありません。

問題4 ★★ **民法に規定する債権の譲渡に関するA～Dの記述のうち、最高裁判所の判例に照らして、妥当なものを選んだ組合せはどれか。**

区Ⅰ2012改

A 債権が二重に譲渡され、それぞれについて確定日付のある証書による通知がなされた場合、譲受人相互の間の優劣は、通知に付された確定日付の先後によって定めるべきではなく、通知が債務者に到達した日時の先後によって決すべきである。

B 譲渡制限の意思表示がされた債権に対する強制執行をした差押債権者が、差押の当時、譲渡制限の意思表示がされた債権であることを知り、又は重大な過失によって知らなかったときは、債務者は、その債務の履行を拒むことができる。

C 弁済期到来前に受働債権の譲渡があった場合、債務者は、当該債権の譲渡通知の送達の当時すでに弁済期の到来している反対債権を有していても、当該債権の譲受人に対し、相殺をもって対抗することはできない。

D 譲渡制限の意思表示のされた債権の譲受人は、その意思表示の存在を知らないことにつき重大な過失があるときでも、その債権を有効に取得することができる。

❶ A B
❷ A C
❸ A D
❹ B C
❺ B D

【解答・解説】

正解 ❸

Bは差押債権者である点がポイントです。Dは債権者の債権譲渡による資金調達の保護の必要性から考えるとよいでしょう。

A ○　債権が二重に譲渡された場合、譲受人相互の間の優劣は、通知または承諾に付された確定日付の先後ではなく、確定日付のある通知が債務者に到達した日時または確定日付のある債務者の承諾の日時の先後によって決すべきとされています（到達時説：最判昭49.3.7）。したがって、妥当な記述です。

B ×　譲渡制限の意思表示がされた債権に対する強制執行をした差押債権者が、差押えの当時、譲渡制限の意思表示がされた債権であることを知り、または重大な過失によって知らなかったときでも、債務者は、その債務の履行を拒むことができません（466条の4第1項）。私人間の意思表示によって差押禁止財産を作出することを禁止する趣旨です。したがって、「債務者は、その債務の履行を拒むことができる」という記述が妥当ではありません。

C ×　弁済期の到来前に受働債権の譲渡があった場合、債務者は、当該債権の譲渡通知の送達の当時すでに弁済期の到来している反対債権を有しているときは、当該債権の譲受人に対し、相殺をもって対抗することができます（最判昭50.12.8、469条1項）。したがって、「当該債権の譲受人に対し、相殺をもって対抗することはできない」という記述が妥当ではありません。

D ○　債権の譲受人は、その債権に譲渡制限の意思表示がされたことを知り、または重大な過失によって知らなかったときでも、その債権を有効に取得することができます（466条2項）。債権譲渡による資金調達を容易に行えるようにした趣旨です。したがって、妥当な記述です。なお、債務者は、譲渡制限の意思表示がされたことを知り、または重大な過失によって知らなかった譲受人その他の第三者に対しては、その債務の履行を拒むことができます（同条3項前段）。

問題5 ★★ **債権譲渡に関する次の記述のうち、妥当なのはどれか。ただし、争いのあるものは判例の見解による。**

国般2020

❶ Aは、自らの肖像を画家Bに描かせる債権を、Cに譲渡することができる。

❷ 債権者Aと債務者Bが債権の譲渡を禁止し、又は制限する旨の意思表示をしていたにもかかわらず、AがCにその債権を譲渡した場合には、その譲渡の効力は生じない。

❸ 医師Aが、社会保険診療報酬支払基金から将来支払を受けるべき診療報酬債権をBに譲渡したとしても、その譲渡の効力が生じることはない。

❹ 債権者Aは、債務者Bに対して有する債権をCに譲渡し、その旨を2020年5月1日の確定日付のある証書によってBに通知したところ、この通知は、同月7日にBに到達した。また、Aは、同じ債権をDにも譲渡し、その旨を2020年5月2日の確定日付のある証書によってBに通知したところ、この通知は、同月5日にBに到達した。この場合、Bは、Cから債務の履行を求められたときは、これに応じなければならない。

❺ 債権者Aは、債務者Bに対して有する債権をCに譲渡し、その旨を確定日付のある証書によってBに通知したが、Bは、その通知がなされる前にAに対する債権を取得していた。この場合、Bは、Cから債務の履行を求められたときは、Aに対する債権による相殺をもってCに対抗することができる。

【解答・解説】

正解 ❺

❶は「自らの肖像を画家Bに描かせる債権」である点が、❺は「Bは、その（債権譲渡の）通知がなされる前にAに対する債権を取得していた」点が、ポイントです。

❶ ×　債権は、その性質がこれを許さないときは、譲り渡すことができません（466条1項ただし書）。その性質がこれを許さない債権とは、債権者を異にすることでその給付内容が全く変更されることになってしまう債権、例えば、自分の肖像画を描かせる債権や契約上の扶養請求権などをいいます。したがって、「Cに譲渡することができる」という記述が妥当ではありません。

❷ ×　債権者Aと債務者Bが債権の譲渡を禁止し、または制限する旨の意思表示をしたにもかかわらず、AがCにその債権を譲渡した場合でも、その譲渡の効力が生じます（466条2項）。債権譲渡による資金調達を容易に行えるようにした趣旨です。したがって、「その譲渡の効力は生じない」という記述が妥当ではありません。なお、債務者は、譲渡制限の意思表示がされたことを知り、または重大な過失によって知らなかった譲受人その他の第三者に対しては、その債務の履行を拒むことができます（同条3項前段）。

❸ ×　債権の譲渡は、その意思表示の時に債権が現に発生していることを要しないので（466条の6第1項）、医師Aが、社会保険診療報酬支払基金から将来支払いを受けるべき診療報酬債権をBに譲渡したときは、その譲渡の効力が生じます（最判平11.1.29）。したがって、「その譲渡の効力が生じることはない」という記述が妥当ではありません。

❹ ×　債権が二重に譲渡された場合、譲受人相互の間の優劣は、確定日付のある通知が債務者に到達した日時または確定日付のある債務者の承諾の日時の先後によって決定されます（最判昭49.3.7）。債権者Aが、債務者Bに対する債権をCとDに二重に譲渡し、Cへの譲渡通知よりも先にDへの譲渡通知がBに到達しているのでDへの譲渡通知が優先し、Dが債権者となります。その結果、Bは、Dから債務の履行を求められたときは、これに応じなければなりません。したがって、「Bは、Cから債務の履行を求め

られたときは、これに応じなければならない」という記述が妥当ではありません。

❺ ○ 債務者は、対抗要件具備時より前に取得した譲渡人に対する債権による相殺をもって譲受人に対抗することができます(469条１項)。債務者Ｂは、債権者ＡからＣへの譲渡に対する確定日付のある証書の通知がなされる前にＡに対する債権を取得しているので、Ｂは、Ｃからの債務の履行を求められたときは、Ａに対する債権による相殺をもってＣに対抗することができます。したがって、妥当な記述です。

MEMO

問題6 ★★★

AがBに対して有するα債権（以下「α」という。）をCに譲渡した場合における次の記述のうち、妥当なのはどれか。ただし、争いのあるものは判例の見解による。

国税2014改

❶ αをCに譲渡したことについて、AからBへの通知又はBの承諾がない場合であっても、Bが当該譲渡につき悪意であれば、CはBに対してαの譲受けを主張することができる。

❷ Aは、αをCに譲渡した後にDに二重に譲渡し、12月2日付けの内容証明郵便によりαをCに譲渡した旨をBに通知し、12月3日付けの内容証明郵便によりαをDに譲渡した旨をBに通知した。これらの二つの通知がBに同時に到達した場合には、C及びDは、Bに対し、αの全額の2分の1の額の弁済を請求することができるのみであって、αの全額の弁済を請求することはできない。

❸ Aは、αをCに譲渡したことについて、普通郵便によりBに通知した。この通知が12月3日にBに到達し、Bが同日にCにαの全額を弁済した場合には、その後、AがαをDに二重に譲渡し、その旨の内容証明郵便がBに到達したとしても、Bは、αはCへの弁済により消滅しているとして、Dからされたαの支払請求を拒絶することができる。

❹ αに譲渡制限の意思表示が付されていたが、Cが当該意思表示の存在について悪意又は重過失でαを譲り受けた場合には、Aは、当該譲渡制限の意思表示の存在を理由に、Cに対してαの譲渡の無効を主張することができる。

❺ αをCに譲渡したことについてのBへの通知は、Aが行うことができるほか、当該譲渡に利害関係を持つCも、Aに代位してこれを行うことができる。

【解答・解説】

正解 ❸

❶は債権譲渡の対抗要件に関する規定は当時者間で自由にその内容を変更することのできない規定である点に注意が必要です。❸は債務者が第一譲受人に弁済して債権が消滅している点がポイントです。

❶ × 債権の譲渡は、譲渡人Aが債務者Bに通知をし、またはBが承諾をしなければ、その他の第三者Cに対抗することができません（467条1項）。そして、対抗要件に関する本条は、当事者が自由にその内容を変更することができないので、債務者への通知を不要とすることは認められません（大判大10.2.9）。したがって、「AからBへの通知又はBの承諾がない場合であっても」という記述が妥当ではありません。

❷ × 債権者Aが債務者Bに対するα債権をCとDに二重に譲渡し、確定日付のある各譲渡通知が同時にBに到達したときは、CおよびDは、Bに対し、αの全額の弁済を請求することができます（最判昭55.1.11）。したがって、「C及びDは、Bに対し、αの全額の2分の1の額の弁済を請求することができるのみであって、αの全額の弁済を請求することはできない」という記述が妥当ではありません。

❸ ○ 債権者Aが、αをCに譲渡し、普通郵便（確定日付のない証書）による通知を債務者Bにした場合、Bとの関係では有効な対抗要件となるので（467条1項）、BがCにした弁済は有効となり、債権は消滅します。その結果、Bは、αはCへの弁済により消滅しているとして、Dからされたαの支払請求を拒絶することができます（大判昭7.12.6）。したがって、妥当な記述です。

❹ × αに譲渡制限の意思表示が付されていたが、債権の譲受人Cが当該譲渡制限の意思表示の存在について悪意または重大な過失でαを譲り受けた場合であっても、Aは、譲渡制限の意思表示の存在を理由に、Cに対してαの譲渡の無効を主張することはできません（466条2項）。したがって、「Aは、当該譲渡制限の意思表示の存在を理由に、Cに対してαの譲渡の無効を主張することができる」という記述が妥当ではありません。なお、Bは、悪意または重過失のCに対してその債務の履行を拒むことができます（同

条３項)。

❺ ×　αをCに譲渡したことについての債務者Bへの通知は、必ず債権者Aからすることを必要とし、CがAに代位して行うことはできません（467条１項、大判昭5.10.10)。A以外の者からの通知を認めると、Aは自己の知らないうちに債権を失う危険があるからです。したがって、「当該譲渡に利害関係を持つCも、Aに代位してこれを行うことができる」という記述が妥当ではありません。

MEMO

問題7 ★★★ **Aは、Bに対して有する売買代金債権をCに譲渡した。この事例に関する記述として最も適当なものはどれか（争いのあるときは、判例の見解による。）。**

裁判所2017改

❶ ＡがＣに対して賃金債務を負担しており、その履行を怠っている場合、Ｃは、当該賃金債権を保全するため、ＡＣ間の債権譲渡について、Ａに代位して、有効な債権譲渡通知をすることができる。

❷ Ａはその後、Ｃに譲渡した売買代金債権をＤに譲渡した。Ａが、ＡＣ間の債権譲渡について、確定日付のある証書によらずに通知をした場合には、ＣはＤに対抗することができないが、Ｂが確定日付のある証書によらずに承諾をした場合には、ＣはＤに対抗することができる。

❸ Ａはその後、Ｃに譲渡した売買代金債権をＤに譲渡した。Ａが、ＡＣ間の債権譲渡について、確定日付のある証書によらずに通知をし、ＡＤ間の債権譲渡について、確定日付のある証書による通知をした場合、Ｂは、Ｃ及びＤのいずれに対しても支払を拒むことができない。

❹ ＡがＣに売買代金債権を譲渡して対抗要件を具備する前に、ＢがＡに対して売買代金の一部を支払っていた場合、ＣがＢの一部支払を認識していなくても、Ｂは、Ｃに対して既に支払った額の支払を拒むことができる。

❺ Ａはその後、Ｃに譲渡した売買代金債権をＤに譲渡した。Ａが、ＡＣ間の債権譲渡についても、ＡＤ間の債権譲渡についても確定日付のある証書による通知をしたところ、これらの通知がＢに同時に到達した場合、Ｂは、Ｃ及びＤのいずれに対しても支払を拒むことができる。

【解答・解説】

正解 ❹

❷と❸は債権の二重譲渡双方について確定日付のある証書による通知または承諾がされているか否かという点がポイントです。

❶ ×　債権の譲渡は、譲渡人Aが債務者Bに通知をしなければ、Bに対抗することができません（467条1項）。この場合のBへの債権譲渡の通知は、必ずAからすることを必要とし、譲受人CがAに代位して行うことはできません（大判昭5.10.10）。A以外の者からの通知を認めると、Aは自己の知らないうちに債権を失う危険があるからです。したがって、Cは、「Aに代位して、有効な債権譲渡通知をすることができる」という記述が適当ではありません。

❷ ×　債権者Aが債務者Bに対する売買代金債権をCとDに二重に譲渡した場合、AのCに対する債権譲渡の通知またはBの承諾は、確定日付のある証書によってしなければ、CはDに対抗することができません（467条2項）。したがって、「Bが確定日付のある証書によらずに承諾をした場合には、CはDに対抗することができる」という記述が適当ではありません。

❸ ×　AがBに対する売買代金債権をCとDに二重に譲渡し、Cへの債権譲渡については確定日付のある証書によらずに通知をし、Dへの債権譲渡については確定日付のある証書による通知をした場合、DがCに債権の取得を対抗することができる結果、Dが唯一の債権者となるので、Bは、Dに対して支払いを拒むことはできません（大判大8.3.28）。これに対して、Bは、Cに対して支払いを拒むことができます。したがって、「Bは、C及びDのいずれに対しても支払を拒むことができない」という記述が適当ではありません。

❹ ○　債権者AがCに売買代金債権を譲渡して対抗要件を具備する前に、債務者BがAに対して売買代金の一部を支払っていた場合、Bは、Cに対してすでに支払った額の支払いを拒むことができます（468条1項）。このことは、BがAに対して売買代金の一部を支払っていたことをCが知っていたか否かにかかわらず認められます。したがって、適当な記述です。

❺ ×　債権者Aが債務者Bに対する債権をCおよびDに二重に譲渡し、各債権譲渡について確定日付のある証書による通知がされ、これらの通知が債務者Bに同時に到達した場合、各譲受人CDは、Bに対しそれぞれの譲受債権全額の弁済を請求することができます。その結果、Bは、他の譲受人に対する弁済その他の債務消滅事由が存在しない限り、CおよびDのいずれに対しても支払いを拒むことはできません(最判昭55.1.11参照)。したがって、「Bは、C及びDのいずれに対しても支払を拒むことができる」という記述が適当ではありません。

MEMO

問題8 ★★★

債権譲渡に関する次の記述のうち、妥当なのはどれか。ただし、争いのあるものは判例の見解による。

国般2017改

❶ 当事者が債権の譲渡制限の意思表示をしたときであっても、債権の譲渡は、その効力を妨げられないが、譲受人が、譲渡制限の意思表示の存在を知らずに債権を譲り受けた場合であっても、これにつき譲受人に軽過失があるときには、債務者は、債務の履行を拒むことができる。

❷ 差押債権者が譲渡制限の意思表示がされた債権であることを知りながら当該債権に対する強制執行をした場合、債務者は、差押債権者にその債務の履行を拒むことができない。

❸ 債権譲渡は、譲渡人から債務者に対する確定日付のある証書による通知又は確定日付のある証書による債務者の承諾がなければ、債務者に対抗することができない。

❹ 債権が二重に譲渡された場合において、どちらの債権譲渡についても譲渡人から債務者に対する確定日付のある証書による通知があるときには、譲受人間の優劣は、その確定日付の先後で決定される。

❺ 現在存在している債権だけではなく、将来発生すべき債権についても債権譲渡する契約を締結することができるが、将来発生すべき債権を目的とする債権譲渡契約にあっては、契約締結時において債権発生の可能性が低い場合には、その債権譲渡契約は無効となる。

【解答・解説】

正解 ❷

❷は「差押債権者」である点に、❸は債務者と第三者に対する関係では、債権譲渡の通知または承諾の要件が異なっている点に注意が必要です。

❶ × 債権の譲受人は、その債権に譲渡制限の意思表示がされたことを知り、または重大な過失によって知らなかったときでも、その債権を有効に取得することができます（466条２項）。ただし、債務者は、譲渡制限の意思表示がされたことを知り、または重大な過失によって知らなかった譲受人その他の第三者に対しては、その債務の履行を拒むことができます（同条３項前段）。したがって、「譲受人に軽過失があるときには、債務者は、債務の履行を拒むことができる」という記述が妥当ではありません。

❷ ○ 差押債権者が譲渡制限の意思表示がされた債権であることを知りながら当該債権に対する強制執行をした場合、債務者は、差押債権者にその債務の履行を拒むことができません（466条の４第１項）。私人間の意思表示によって差押禁止財産を作出することを禁止する趣旨です。したがって、妥当な記述です。

❸ × 債権譲渡は、譲渡人が債務者に通知をし、または債務者が承諾をしなければ、債務者その他の第三者に対抗することができません（467条１項）。ただし、債務者との関係では、通知または承諾は確定日付のある証書で行う必要はありません。通知または承諾に確定日付のある証書で行う必要があるのは第三者との関係です（同条２項）。したがって、「債権譲渡は、譲渡人から債務者に対する確定日付のある証書による通知又は確定日付のある証書による債務者の承諾がなければ」という記述が妥当ではありません。

❹ × 債権が二重に譲渡された場合、譲受人相互の間の優劣は、通知または承諾に付された確定日付の先後ではなく、確定日付のある通知が債務者に到達した日時または確定日付のある債務者の承諾の日時の先後で決定されます（最判昭49.3.7）。したがって、「譲受人間の優劣は、その確定日付の先後で決定される」という記述が妥当ではありません。

❺ ×　現在存在している債権だけではなく将来発生すべき債権についても債権譲渡する契約を締結することができます（466条の6第1項）。そして、将来発生すべき債権を目的とする債権譲渡契約にあっては、契約締結時において債権の発生の可能性が低い場合でも、その債権譲渡契約は有効です（最判平11.1.29）。したがって、「契約締結時において債権発生の可能性が低い場合には、その債権譲渡契約は無効となる」という記述が妥当ではありません。

第2章

債権各論

1 契約総論

学習のポイント

・この節では契約の意義・種類、同時履行の抗弁権、危険負担、契約の解除について学習しますが、特に同時履行の抗弁権と契約の解除の出題が多く重要です。
・同時履行の抗弁権では、それが認められる場合と効果について、契約の解除では、催告によらない解除と解除の効果について押さえておきましょう。

1 意義・種類

契約とは、**複数の者の合意により当事者間に権利や義務を発生させる制度**をいいます。

例えば、ＡがＢに対してノートパソコンを５万円で売りたいとの意思表示（申込み）をし、ＢがＡに対して、Ａの提示した条件に同意する意思表示（承諾）をすると、契約（売買契約）が成立したことになります。

(1) 契約自由の原則

民法における契約は、**契約自由の原則**に貫かれており、この原則は、次の三つを内容とします。

契約締結の自由	誰でも、契約するかどうかを自由に決めることができる（521条１項）
内容決定の自由	契約の内容を自由に決めることができる（同条２項）
方式の自由	原則として、書面の作成その他の方式によることを必要としない（522条２項）

(2) 契約の種類

民法において規定されている契約は次の13種類であり、これらを**典型契約**といいます。ただ、内容決定の自由にあるとおり、契約の内容は当事者が自由に決められますので、ここに示された**類型に当てはまらない契約**を締結することもできます。このような契約を**非典型契約**といいます。

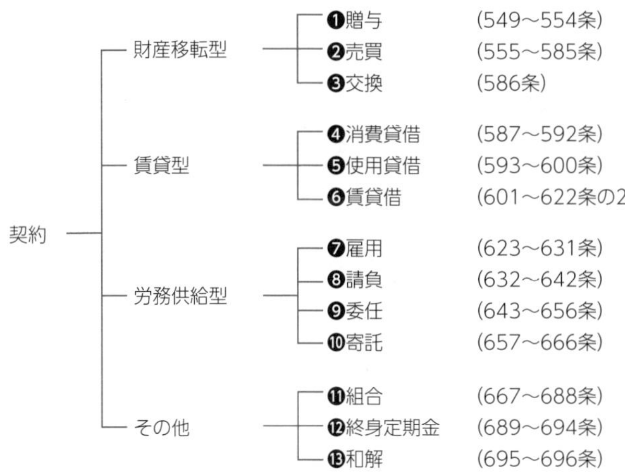

第２章の第２節〜第４節では、典型契約のうちいくつかを中心的に扱います。

⑶ 契約の分類

各種の契約は、いくつかの軸で分類することができます。典型契約／非典型契約も分類軸の一つですが、そのほかに重要な分類として次のようなものがあります。

① 双務契約／片務契約

当事者双方が互いに対価的債務を負担する契約を**双務契約**といい、**当事者の一方だけが債務を負担する契約**を**片務契約**といいます。

売買、賃貸借、請負などの契約が双務契約に当たります。例えば、本節の冒頭に掲げた例では、ＡがＢにノートパソコンを５万円で売るという売買契約が成立しています。このとき、ＡはＢにノートパソコンを引き渡す義務、ＢはＡに５万円を支払う義務を負っています。このように、契約の両当事者が債権・債務を持ち合う契約が双務契約です。

片務契約の例としては、贈与や使用貸借が挙げられます。

② 諾成契約／要物契約

当事者の意思表示が合致することのみで成立する契約を**諾成契約**といい、**意思表示の合致に加えて目的物の引渡しなどを成立要件とする契約**を**要物契約**といいます。

ほとんどの契約は諾成契約であり、要物契約の例としては消費貸借（書面にて行うものを除く）が挙げられます。

③　有償契約／無償契約

契約の当事者が対価的な出捐（しゅつえん）1)**をする契約**を有償契約といい、**当事者の一方に出捐が生じない契約**を無償契約といいます。

有償契約の例としては、売買、賃貸借、請負などが挙げられ、無償契約の例としては贈与、使用貸借、消費貸借などが挙げられます。

1）金銭や品物を支出することを出捐といいます。

補足

すべての双務契約は有償契約ですが、有償契約の中には双務契約ではないものが存在します。

利息付消費貸借の契約は、有償契約ですが片務契約です。

⑷　契約の成立

契約は、当事者の意思表示の合致によって成立します。このプロセスを詳しく分解すると、次のようになります。

申込み	内容を示し、契約の締結を申し入れること
承諾	申込みに応じること

契約は、一方の申込みを他方が承諾することによって成立することになります（522条１項）。

①　申込みの撤回

申込者は、契約が成立するより前であれば、一定の場合において**申込みを撤回することができます。**

（ア）承諾の期間の定めのある申込み

承諾の期間を定めて行った申込みの場合、**申込者は申込みを撤回することができません。**ただし、申込者が撤回する権利を留保したときは撤回することができます（523条１項）。

定めた期間が経過しても相手からの承諾がない場合は、申込みは効力を失います(同条2項)。

(イ) 承諾の期間の定めのない申込み

承諾の期間を定めなかった申込みの場合、**相当な期間を経過するまでは、申込者は申込みを撤回することができません**。ただし、申込者が撤回する権利を留保したときは撤回することができます(525条1項)。

対話者[2]**に対して行った申込みは、対話が継続している間はいつでも撤回することができ**(同条2項)、対話が終了するまでに相手からの承諾がなければ効力を失います(同条3項)。

2) 面と向かって話している相手、電話で話している相手を対話者といいます。

(ウ) 申込者の死亡等

申込者が申込みを行った後、死亡したり、意思能力を喪失したり、行為能力を制限された場合でも、申込みの効力は有効です。

ただし、申込者に死亡、意思能力の喪失、行為能力の制限が生じた場合において、申込みがその効力を失う旨の意思表示をあらかじめ申込者が行っていたとき、または相手方が承諾の通知を発するまでにその事実が生じたことを知ったときは、申込みは効力を失います(526条)。

② 承　諾

前述のとおり、契約は申込みの意思表示に対して相手方が承諾することによって成立します。

(ア) 遅延した承諾

承諾の期間の定めのある申込みに対して、承諾がこの期間に対して遅延して到達した場合、申込者はこれを**新たな申込みとみなすことができます**(524条)。

(イ) 申込みに変更を加えた承諾

申込みの内容に変更を加えて承諾の回答があった場合は、**申込みの拒絶と同時に新たな申込みがなされたものとみなされます**(528条)。

③ 交叉申込み

当事者どうしが互いに内容の合致する申込みをすることを**交叉申込み**といいます。交叉申込みの場合、**後になされた申込みの相手方への到達時が契約の成立時期とされます。**

(5) 第三者のためにする契約

① 意　義

第三者のためにする契約とは、**契約当事者の一方が第三者に直接債務を負担することを相手方に約束する契約**をいいます（537条1項）。

例えば、夫Xが保険会社甲と自分が死亡した際の保険金の受取人を妻Yとする生命保険契約を締結する場合です。

このとき、夫Xを**要約者**、保険会社甲を**諾約者**、妻Yを**受益者**といいます。

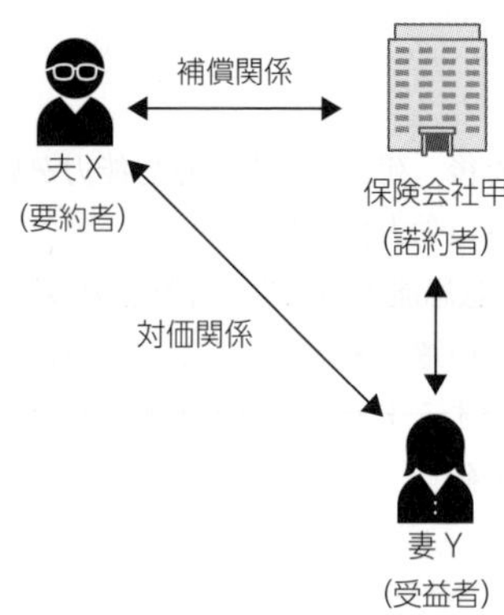

② 効　果

受益者の権利は、その**受益者が諾約者に対して当該契約の利益を享受する意思を表示した時**に発生します（537条3項）。

受益者の権利が発生した後は、契約当事者は、これを変更し、または消滅させることはできません（538条1項）。

2 同時履行の抗弁権

> 民法第533条
> 　双務契約の当事者の一方は、相手方がその債務の履行（債務の履行に代わる損害賠償の債務の履行を含む。）を提供するまでは、自己の債務の履行を拒むことができる。ただし、相手方の債務が弁済期にないときは、この限りでない。

(1) 意　義

例えば売買契約においては、買主には代金を支払う債務が、売主には目的物を引き渡す債務が生じます。二つの債務は、どちらかの債務を先に履行するというような特別な約束（先履行の約束）がない限り、**同時に履行する関係となります**（同時履行の関係）。

同時履行の抗弁権とは、**同時履行の関係にある双務契約の相手方が債務の履行を提供するまでは、自分の債務を拒むことができる権利**をいいます（533条）。すなわち、代金を払うまで品物を渡さない／品物を受け取るまで代金を払わない、と抗弁する権利です。

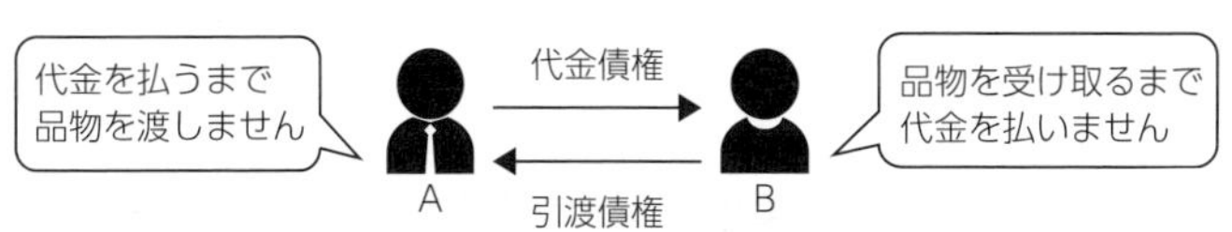

(2) 要　件

同時履行の抗弁権が成立する要件は次のとおりです。

> ❶ 双方の債務が同一の双務契約から生じたものであること
> ❷ 双方の債務がともに弁済期にあること
> ❸ 相手方が、自己の債務の履行または履行の提供をしないで請求すること

現実の提供をすれば、相手方の同時履行の抗弁権は消滅します（493条本文）。ただし、相手が受領を拒んでいる場合に同時履行の抗弁権を消滅させるには、**現実の提供は必要ありませんが、口頭の提供は必要です**（同ただし書）。

判 例

- 履行の提供は一度行えば十分というわけではなく、継続的に行うことが必要です（最判昭34.5.14）。履行の提供が一度でもあれば同時履行の抗弁権が失われるとすると、一度履行の提供を行った側がその後目的物を転売したり無資力になったりしたとしても、相手方は無条件で債務を履行しなければならなくなり不公平だからです。
- 当事者の一方が債務を履行しない意思を明確にした場合は、相手方が自己の債務の弁済の提供をしなくても、当事者の一方は同時履行の抗弁権を主張することができなくなり、履行遅滞の責を免れなくなります（最判昭41.3.22）。

(3) 効 果

① 履行の拒絶

相手方から履行の強制を受けず、これを**拒絶することができます。**

判 例

- 相手が履行の請求をしてきた場合、裁判所は、原告の請求を棄却せずに、引換給付判決3)がなされます（大判明44.12.11）。

3) 原告が給付するのと引き換えに給付を行うべきであると命じる判決をいいます。

補足

同時履行の抗弁権は、留置権（295条１項）と異なり、原則として契約当事者以外の第三者に行使することはできません。同時履行の抗弁権は、双務契約の債権的効力として認められるものだからです。

② 債務不履行責任の不発生

相手が債務の履行を提供しない限り、履行期日を徒過しても違法性がなく、**債務不履行責任**（415条、大判大6.3.7）、**契約の解除権**（541条）**が発生しません。**

補足

債務者の債務が先履行にあるときは、債権者の債務の履行との間に同時履行の抗弁権（533条）は認められないため、その履行期が到来した場合は、債務者の履行遅滞は違法となるので、債権者は自己の債務の履行を提供しなくても、契約を解除することができます。

③ 相殺の禁止

同時履行の抗弁権の付着した債権を**自働債権として相殺を行うことはできません**（大判昭13.3.1）。

⑷ 適用範囲

同時履行の抗弁権は、基本的には双務契約を対象とするものですが、それ以外にも同時履行関係に立つことが認められているものがあります。

準用規定	・契約の解除における双方の原状回復義務（546条） ・負担付贈与における負担と贈与（553条）
肯定判例	・契約の無効・行為能力の制限の取消しによる原状回復義務相互間（最判昭28.6.16、最判昭47.9.7） ・契約が詐欺を理由に取り消された場合の原状回復義務（最判昭47.9.7） ・不動産の売主の所有権移転協力義務と買主の代金支払債務（大判大7.8.14） ・建物買取請求権（借地借家法13条、14条）を行使した場合の土地の引渡義務と代金支払義務（大判昭18.2.18） ・賃貸借契約における賃貸人の修繕義務（606条）と賃借人の賃料支払義務（大判大4.12.11） ・債務の弁済と受取証書の交付義務（486条、大判昭16.3.1）
否定判例	・債務の弁済とその債務を担保のための抵当権設定登記の抹消登記手続（最判昭57.1.19） ・造作買取請求権（借地借家法33条）を行使した場合の建物明渡義務と代金支払義務（最判昭29.7.22） ・賃貸借契約が終了した場合の賃借人の目的物明渡債務と賃貸人の敷金返還債務（622条の2第1項、最判昭49.9.2）

不動産の売主の所有権移転協力義務と買主の代金支払債務は同時履行の関係ですが、売主から買主への引渡しはこれに含まれていません。したがって、買主は不動産が引き渡されるまで代金を支払わないと主張することはできません。

確認してみよう

① 目的物がAからB、BからCへと転売され、BがAに対して当該目的物の売買契約に基づく金銭債務を履行しない場合、Aは同時履行の抗弁権に基づき、Cからの目的物の引渡請求を拒むことができる。裁判所2015

2 (3) ① 参照　×

同時履行の抗弁権は、原則として契約当事者以外の第三者に行使することはできません。

---

②　建物買取請求権を行使したときの代金債務と建物収去土地明渡義務は、同一の双務契約から生じたものではないから、同時履行の関係には立たない。
裁判所2015

2 (4) 参照　×

両債務は同時履行の関係となります。

---

③　弁済と債権証書の返還は同時履行の関係にあるが、弁済と受取証書の交付は同時履行の関係にない。国般2009

2 (4) 参照　×

債権証書と受取証書の結論が反対です。

3 危険負担

(1) 意　義

危険負担とは、契約成立後に、一方の債務が当事者の責めに帰することができない事由によって履行不能となった場合に、反対債務の履行がどうなるのか、すなわち、**その不能という危険を当事者のどちらが負担するのかという問題**をいいます。

例えば、ＡＢ間で、ＡがＢに家屋を1,000万円で売却する契約が締結されており、Ａが家屋をＢに引き渡す前に、家屋は隣家の失火によって焼失してしまったというケースを考えます。隣家からの失火であるためＡに帰責事由はないものの、引渡債務は履行不能となってしまいました。このとき、Ｂは代金債務1,000万円の支払いを拒むことができるのか、という問題です。

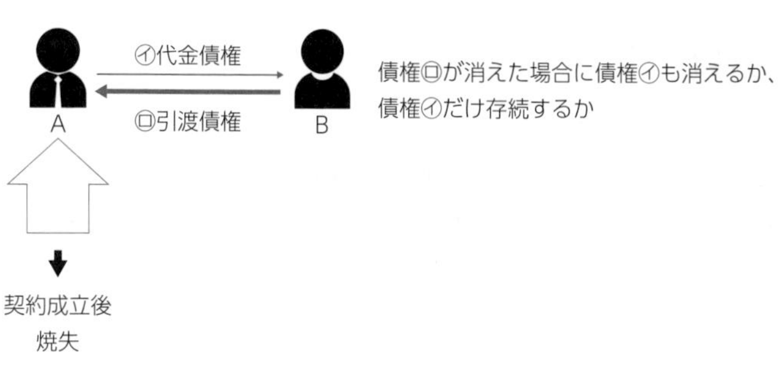

⑵ 効　果

民法第536条
① 当事者双方の責めに帰することができない事由によって債務を履行することができなくなったときは、債権者は、反対給付の履行を拒むことができる。
② 債権者の責めに帰すべき事由によって債務を履行することができなくなったときは、債権者は、反対給付の履行を拒むことができない。この場合において、債務者は、自己の債務を免れたことによって利益を得たときは、これを債権者に償還しなければならない。

① 当事者双方に帰責事由がない場合（債務者主義）

当事者双方に帰責事由がない場合は、債権者は反対給付の履行を拒むことができます（536条１項）。例に挙げたケースでは、家屋の買主であるＢは反対給付（1,000万円の支払い）を拒むことができます。一方の履行が不能になったのだから、もう一方の履行も拒絶を認めて公平を図る趣旨です。

② 債権者に帰責事由のある場合（債権者主義）

債権者側に帰責事由がある場合、債権者は反対給付の履行を拒むことができません（536条２項前段）。例に挙げたケースで、隣家からの失火による焼失ではなく、買主Ｂが引渡しを受ける前にうっかり家屋を全壊させてしまったような場合には、債権者に帰責事由がありますから反対給付（1,000万円の支払い）を拒むことができません。

債務者は、自己の債務を免れたことによって利益を得たときは、これを債権者に償還する必要があります（同後段）。

4 契約の解除

(1) 意　義

契約の解除とは、契約成立後に、**当事者の一方の意思表示によって契約関係を解消し、契約がはじめから存在しなかったのと同様の状態に戻す効果を生じさせる法律行為**をいいます。

契約の解除には、次のような種類があります。

法定解除	原因が法律で定められている解除
約定解除	当事者があらかじめ定めておいた原因によってなされる解除
合意解除	当事者間での契約を解除するという合意（契約を解除するという新たな契約）

法定解除の原因となるものの筆頭が債務不履行であり、これを中心に解説していきます。

(2) 解除権の行使

民法第540条
① 契約又は法律の規定により当事者の一方が解除権を有するときは、その解除は、相手方に対する意思表示によってする。
② 前項の意思表示は、撤回することができない。

① 解除の方式

解除は、相手方に対する意思表示によってします（540条1項）。ただし、**一度した解除の意思表示は、撤回することができません**（同条2項）。任意に解除の意思表示の撤回を許すと、相手方に不利益を被らせるおそれがあるからです。

判 例

- 契約の解除のような単独行為に条件を付けることは、相手方を不当に不利益にするため認められません。もっとも、催告と同時に、催告期間内に適法な履行がないことを停止条件とする解除の意思表示は、相手方を不当に不利益にするとは認められないため、有効です（大判明43.12.9）。

② 解除権の不可分性

当事者の一方が数人ある場合には、契約の解除は、その全員からまたはその全員に対してのみすることができます（544条１項）。ただし、**解除権が当事者のうちの１人について消滅したときは、他の者についても消滅します**（同条２項）。

⑶ 催告による解除

民法第541条
　当事者の一方がその債務を履行しない場合において、相手方が相当の期間を定めてその履行の催告をし、その期間内に履行がないときは、相手方は、契約の解除をすることができる。ただし、その期間を経過した時における債務の不履行がその契約及び取引上の社会通念に照らして軽微であるときは、この限りでない。

相手方に債務不履行がある場合、その債務の不履行が債務者の責めに帰することができない事由にあるときであっても、債権者は**相当の期間を定めてその履行を催告し、それでも履行がなされない場合に契約の解除をすることができます**。つまり、法定解除を行うには前もって履行の催促をすることが必要です（541条本文）。

判 例

- ただし、債務者が期間を定めずに債務の履行の催告をした場合でも、催告の時と解除の時との間に相当な期間が経過していれば、解除は有効です（大判昭2.2.2）。
- 期限の定めのない債務については、債権者は債務者に対して１回催告すれば、債務者を遅滞に陥れることができるとともに、契約を解除するための催告も兼ねることができます（大判大6.6.27）。

⑷ 催告によらない解除

例えば債務が履行不能となったことが明らかな場合には、履行の催促を行う意味がありません。このような場合に、**催告をすることなく解除できる**ことが定められています（542条）。

① 履行不能

債務の全部または債務の一部の履行が不能であるときは、その債務の不履行が債務者の責めに帰することができない事由によるものであるときでも、債権者は、契約の全部の解除または一部の解除をすることができます（542条１項１号、同条２項１号）。

② 履行拒絶

債務者がその債務の全部または一部の履行を拒絶する意思を明確に表示した場合には、債権者は、履行の催告をすることなく、直ちに契約の全部の解除または一部の解除をすることができます（542条１項２号、同条２項２号）。

催告は債務者に翻意を促し債務を履行する機会を与えるものですが、債務者が履行を拒絶する意思を明確に表示している場合には、催告をすることが無意味だからです。

③ 定期行為

特定の日時または一定の期間内に履行をしなければ契約をした目的を達することができない定期行為のような場合は、債権者は、債務の履行の催告をすることなく契約を解除することができます（542条１項４号）。

例えば、Ａが洋菓子店にクリスマスケーキを注文したところ、12月25日になっても自宅に届けられなかった場合です。この場合、洋菓子店に催告して25日過ぎに持って来てもらっても意味がないので、Ａは催告することなく売買契約を解除することができます。

ヒント

通常の履行遅滞の場合は催告による解除が必要ですが、定期行為の場合は履行遅滞があった時点で催告をすることなく契約を解除できる点に注意しましょう。

④ その他

判例

- 賃貸借契約において、無催告解除特約が合意されたうえで賃借人に債務不履行があったときは、催告をしなくても不合理とは認められない事情がある場合には、賃貸人は無催告で賃貸借契約を解除することができます（最判昭43.11.21）。
- 特約があったとしても、催告をしなくても不合理とは認められない事情がなければ無催告解除ができるわけではないということです。

⑸ 効　果

民法第545条
① 当事者の一方がその解除権を行使したときは、各当事者は、その相手方を原状に復させる義務を負う。ただし、第三者の権利を害することはできない。
② 前項本文の場合において、金銭を返還するときは、その受領の時から利息を付さなければならない。
③ 第１項本文の場合において、金銭以外の物を返還するときは、その受領の時以後に生じた果実をも返還しなければならない。
④ 解除権の行使は、損害賠償の請求を妨げない。

契約の解除がなされると、**契約は遡及的に消滅し、はじめからなかったことになります**。

① 当事者間の関係

契約の解除がなされると、各当事者はその**相手方を原状に復させる義務**（原状回復義務）**を負います**（545条１項本文）。なお、金銭以外の物を返還するときは、その**受領の時以後に生じた果実の返還も必要です**（同条３項）。

また、契約の解除後も、帰責事由のある債務者に対する**損害賠償請求は可能**です（同条４項）。契約を有効と考えた債権者を保護するためです。

② 第三者との関係

当事者間は相互に原状回復を行えばいいですが、第三者は保護する必要があります（545条１項ただし書）。

例えば、Ａを売主、Ｂを買主とする土地の売買契約がなされ、ＡはＢに土地を明け渡したもののＢが代金を支払わないためにこの契約を解除したというケースで、契約解除前にＢが第三者Ｃに土地を転売していたようなケースでは、Ｃを保護する必要があります。

ここでの「第三者」とは、**契約の解除が行われる前に、契約の目的物について別個の新たな権利関係を取得した者**をいいます。

判　例

- 第三者として保護を受けるためには、その権利につき対抗要件（177条）を備えていることが必要です（最判昭33.6.14）。不動産であれば登記、動産であれば引渡しを受けていることがこれに当たります。
- もっとも、解除後に権利を取得した第三者も、対抗要件（177条）を備えないと所有者に対して所有権を対抗することができません（最判昭35.11.29）。

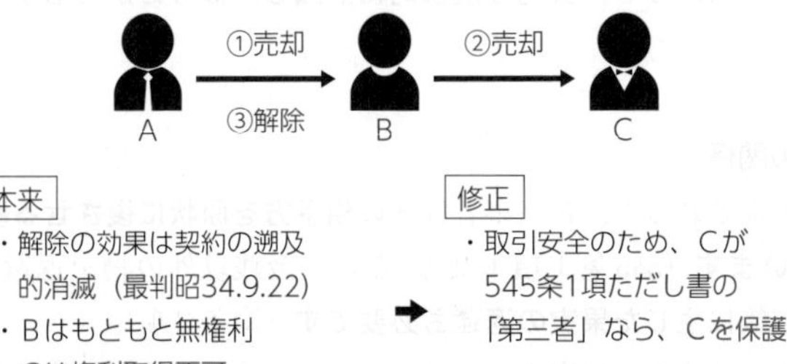

本来
・解除の効果は契約の遡及的消滅（最判昭34.9.22）
・Bはもともと無権利
・Cは権利取得不可

➡

修正
・取引安全のため、Cが545条1項ただし書の「第三者」なら、Cを保護

⑹　解除権の消滅

例えば契約解除の原因となっている債務不履行状態が解消されるなど一定の事由が生じた場合に、**解除権が消滅する**ことがあります。

解除権を有する者がその解除権を有することを知りながら、故意・過失によって契約の目的物を著しく損傷し、もしくは返還することができなくなったとき、または加工・改造によってこれを他の種類に変えたときは、解除権は消滅します（548条）。

確認してみよう

① 契約の当事者の一方が数人ある場合には、契約の解除は、その全員からまたはその全員に対してのみ、することができ、解除権が当事者のうちの一人について消滅したときは、他の者についても消滅する。区Ⅰ2016

4 ⑵ ② 参照　○

正しい記述です。

2 解除権が行使されると、解除によって遡及的に契約の効力が失われ、各当事者は相手方を原状に復させる義務を負い、相手方の債務不履行を理由に契約を解除する場合であっても、損害賠償を請求することはできない。区Ⅰ 2016

4 (5) ① 参照 ×

契約の解除後も、帰責事由のある債務者に対する損害賠償請求は可能です。

3 自らに契約の解除権があることを知っている者が、自己の行為によって契約の目的物を著しく損傷したときは、解除権は消滅するが、加工または改造によってこれを他の種類の物に変えたときは、解除権は消滅しない。区Ⅰ 2016

4 (6) 参照 ×

このような場合には、解除権は消滅します。

過去問にチャレンジ

問題1 **同時履行の抗弁権に関する次の記述のうち、妥当なのはどれか。**

★

国般2014

❶ 双務契約の当事者の一方は、相手方の同時履行の抗弁権を消滅させるためには、常に相手方に対して現実の提供をすることが必要である。

❷ 双務契約の当事者の一方は、契約の相手方に対して同時履行の抗弁権を行使した場合であっても、契約上の債務の履行期日を徒過すれば債務不履行の責任を負う。

❸ 双務契約の当事者の一方が契約の相手方に対して訴訟上で債務の履行を請求する場合であっても、その相手方が同時履行の抗弁権を主張したときは、請求が棄却される。

❹ 同時履行の抗弁権は、留置権と同様、公平の見地から認められる制度であるから、契約当事者以外の第三者に対しても行使することができる。

❺ 双務契約である売買契約の解除によって発生した原状回復義務につき、売主及び買主は、原状回復義務の履行について、互いに同時履行の抗弁権を行使することができる。

【解答・解説】 正解 ❺

❶は相手方が受領を拒んでいるときにも現実の提供をさせるのは無意味でしょう。❹は債権（同時履行の抗弁権）と物権（留置権）の違いがポイントです。

❶ ×　双務契約の当事者の一方は、相手方の同時履行の抗弁権（533条本文）を消滅させるためには、債務の本旨に従った現実の提供が必要ですが、相手方があらかじめその受領を拒んでいるときは、口頭の提供をすれば足ります（493条）。したがって、「常に相手方に対して現実の提供をすることが必要である」という記述が妥当ではありません。

❷ ×　債務者が相手方に対して同時履行の抗弁権（533条本文）を行使した場合、履行をしないこと自体が違法とはいえないため、債務不履行責任を負いません（412条、大判大6.3.7）。したがって、「契約上の債務の履行期日を徒過すれば債務不履行の責任を負う」という記述が妥当ではありません。

❸ ×　双務契約の当事者の一方が契約の相手方に対して訴訟上で債務の履行を請求する場合にあって、その相手方が同時履行の抗弁権（533条本文）を主張したときは、裁判所は、請求を棄却することなく、引換給付判決をします（大判明44.12.11）。したがって、「請求が棄却される」という記述が妥当ではありません。

❹ ×　同時履行の抗弁権（533条本文）も留置権（295条１項）と同じく公平の見地から認められた制度ですが、同時履行の抗弁権は、双務契約の債権的効力として認められるものなので、物権である留置権とは異なり、原則として契約当事者以外の第三者には行使することができません。したがって、「第三者に対しても行使することができる」という記述が妥当ではありません。

❺ ○　双務契約である売買契約を解除すると、売主および買主はその相手方を原状に復させる義務（原状回復義務）を負います（545条１項本文）。そして、売主および買主は、この原状回復義務の履行について、互いに同時履行の抗弁権（533条本文）を行使することができます（546条）。したがって、妥当な記述です。

問題2 ★★ **同時履行の抗弁権に関する次の記述のうち、最も適当なものはどれか（争いのあるときは、判例の見解による。）。**

裁判所2014改

❶ 土地を目的物とする売買契約を締結した場合、売主の所有権移転登記協力義務及び引渡義務と買主の代金支払義務とは同時履行の関係にあるため、買主は、売主が所有権移転登記手続及び土地の引渡しをするまで、同時履行の抗弁権を理由として、代金の支払を拒むことができる。

❷ 履行遅滞により双務契約を解除するには、相手方の同時履行の抗弁権を封じるため、自己の債務について履行の提供をする必要があるが、債権者があらかじめ受領を拒んでいる場合には、履行の提供をする実益がないため、履行の提供は不要である。

❸ 双務契約が行為能力の制限により取り消された場合、双方の当事者が既履行の給付について負担する原状回復義務は、同時履行の関係となる。

❹ 同時履行の抗弁権が付着する債権の履行を請求するには、相手方の同時履行の抗弁権を封じる必要があるが、一度でも自己の債務について履行の提供をした場合には、同時履行の抗弁権は消滅するため、裁判所は原告の請求を認容することになる。

❺ 同時履行の抗弁権が付着する債権の履行を請求しても、相手方が同時履行の抗弁権を行使した場合、債務の履行を拒めるため、裁判所は原告の請求を棄却することになる。

【解答・解説】

正解 ❸

❸と❹は同時履行の抗弁権の趣旨（当事者間の履行の公平）から考えるとよいでしょう。

❶ ×　不動産の売買契約の場合において、買主の売買代金支払債務と同時履行の関係（533条本文）にあるのは、売主の所有権移転登記協力義務であって、引渡義務は同時履行の関係にはありません。その結果、買主は、売主が土地を引き渡さない場合に同時履行の抗弁権を理由として、代金の支払いを拒むことはできません（大判大7.8.14）。したがって、「土地の引渡しをするまで」という記述が適当ではありません。

❷ ×　履行遅滞により双務契約を解除するには、相手方の同時履行の抗弁権（533条本文）を封じるため、自己の債務について履行の提供が必要です。そして、債権者があらかじめ受領を拒んでいる場合は、現実の提供は必要ありませんが、口頭の提供は必要です（493条）。したがって、「履行の提供は不要である」という記述が適当ではありません。

❸ ○　双務契約が行為能力の制限により取り消された場合、双方の当事者が既履行の給付について負担する原状回復義務は、同時履行の関係となります（最判昭28.6.16）。契約当事者双方の原状回復義務を同時履行の関係とすることが公平の観念に適するからです。したがって、適当な記述です。

❹ ×　同時履行の抗弁権が付着する債権の履行を請求するには、相手方の同時履行の抗弁権（533条本文）を封じる必要があります。そして、そのためには、自己の債務について履行の提供を継続する必要があります（最判昭34.5.14）。したがって、「一度でも自己の債務について履行の提供をした場合には、同時履行の抗弁権は消滅するため」という記述が適当ではありません。

❺ ×　同時履行の抗弁権（533条本文）が付着する債権の履行を請求しても、相手方が同時履行の抗弁権を行使した場合、裁判所は、原告の請求を棄却することなく、引換給付判決をします（大判明44.12.11）。したがって、「原告の請求を棄却することになる」という記述が適当ではありません。

問題3 ★★ **同時履行又は同時履行の抗弁権に関する記述として、最高裁判所の判例に照らして、妥当なのはどれか。**

区Ⅰ2013

❶ 売買契約が詐欺を理由として取り消された場合における当事者双方の原状回復義務は、同時履行の関係に立たない。

❷ 双務契約の当事者の一方は、相手方から履行の提供が一度でもあれば、不受領の不利益を提供の継続という形で相手方に転嫁するのは公平に反するため、相手方の履行の提供が継続しなくても、同時履行の抗弁権を失う。

❸ 債務の弁済とその債務を担保するための抵当権設定登記の抹消手続とは、前者が後者に対し先履行の関係にあるものではなく、両者は同時履行の関係に立つ。

❹ 双務契約の当事者の一方が自己の債務の履行をしない意思を明確にした場合には、相手方が自己の債務の弁済の提供をしなくても、当該当事者の一方は、自己の債務の不履行について履行遅滞の責を免れることをえない。

❺ 家屋の賃貸借終了に伴う賃借人の家屋明渡債務と賃貸人の敷金返還債務とは、賃借人保護が要請されるため、特別の約定のない限り、同時履行の関係に立つ。

【解答・解説】 正解 ❹

❶と❷は同時履行の抗弁権の趣旨（当事者間の履行の公平）から考えるとよいでしょう。

❶ ×　売買契約が詐欺を理由として取り消された場合、当事者双方は債務の履行として受け取った給付物を原状に回復させる義務を負います（121条の2第1項）。そして、双方の原状回復義務は、民法533条本文の類推適用により、同時履行の関係に立ちます（最判昭47.9.7）。したがって、「同時履行の関係に立たない」という記述が妥当ではありません。

❷ ×　双務契約の当事者の一方は、相手から履行の提供が一度でもあれば、同時履行の抗弁権（533条本文）が失われるとすると、その後に相手方が無資力となって履行ができない場合でも、債務の履行をさせるのは公平に反することになります。そこで、相手方が履行の提供を継続しない限り、双務契約の当事者の一方は同時履行の抗弁権を失われないとされています（最判昭34.5.14）。したがって、「相手方の履行の提供が継続しなくても、同時履行の抗弁権を失う」という記述が妥当ではありません。

❸ ×　債務の弁済とその債務を担保するための抵当権設定登記の抹消登記手続とは、前者が後者に対し先履行の関係にあるので、同時履行の関係に立つものではありません（最判昭57.1.19）。したがって、「両者は同時履行の関係に立つ」という記述が妥当ではありません。

❹ ○　同時履行の抗弁権（533条本文）を封じるためには、履行の提供が必要です（492条）。しかし、双務契約の当事者の一方が自己の債務の履行をしない意思が明確な場合には、相手方において自己の債務の弁済の提供をしなくても、当該当事者の一方は自己の債務の不履行について履行遅滞の責を免れることを得ないとされています（最判昭41.3.22）。したがって、妥当な記述です。

❺ ×　家屋の賃貸借終了に伴う賃借人の家屋明渡債務は、賃貸人の敷金返還債務に対して先履行の関係にあるので、両債務は同時履行の関係に立ちません（622条の2第1項、最判昭49.9.2）。したがって、「特別の約定のない限り、同時履行の関係に立つ」という記述が妥当ではありません。

問題4 ★★ **契約の解除における催告の要否に関する次のア～エの記述のうち、適当なもののみを全て挙げているものはどれか（争いのあるときは、判例の見解による。）。**

裁判所2014改

ア 売買契約において、買主が期限を過ぎても代金全額の支払を拒絶する意思を明確に表示している場合でも、売主は催告することなく契約を解除することができない。

イ 賃貸借契約において、無催告解除特約が合意されている場合には、賃借人に債務不履行があれば、いかなる場合でも、賃貸人は催告することなく契約を解除することができる。

ウ 定期行為の履行遅滞により解除する場合には、催告することなく解除することができる。

エ 他人の権利の売買において、売主が売却した権利を取得して買主に移転することができない場合には、買主は催告することなく契約を解除することができる。

❶ ア、ウ
❷ ア、エ
❸ イ、エ
❹ イ、ウ
❺ ウ、エ

【解答・解説】

正解 ❺

アは「催告」を必要とした趣旨から判断すればわかるでしょう。**エ**は次節で扱う知識を問うものであり、この段階でわからなくてもかまいません。

ア ×　債権者が債務者の履行遅滞を理由に解除をするには、相当の期間を定めてその催告をすることが必要です（541条本文）。ただし、債務者がその債務の全部の履行を拒絶する意思を明確に表示した場合には、債権者は、履行の催告をすることなく、直ちに契約の解除をすることができます（無催告解除：542条1項2号）。催告は債務者に翻意を促し債務を履行する機会を与えるものですが、買主が期限を過ぎても代金全額の支払いを拒絶する意思を明確に表示している場合には、催告をしても無意味だからです。したがって、「契約を解除することができない」という記述が適当ではありません。

イ ×　賃貸借契約において、無催告解除特約が合意されている場合には、賃借人に債務不履行があれば、催告をしなくても不合理とは認められない事情があるときには、賃貸人は催告することなく契約を解除することができます（最判昭43.11.21）。したがって、「いかなる場合でも、賃貸人は催告することなく契約を解除することができる」という記述が適当ではありません。

ウ ○　定期行為（特定の日時または一定の期間内に履行をしなければ契約をした目的を達することができない行為）において履行遅滞があった場合は、債権者は、債務の履行の催告をすることなく契約を解除することができます（542条1項4号）。定期行為の場合は、期間経過後に履行がされても無意味だからです。したがって、適当な記述です。

エ ○　他人の権利を売買の目的とした場合は、売主は、その権利を取得して買主に移転する義務を負います（561条）。その結果、売主が売却した権利を取得して買主に移転することができないときは、履行不能となり、買主は無催告で契約を解除することができます（542条1項1号）。したがって、適当な記述です。

問題5 ★★ **解除に関する次のア～オの記述のうち、適当なもののみをすべて挙げているのはどれか（争いのあるときは、判例の見解による。）。**

裁判所2012

ア　解除の意思表示は撤回することができない。

イ　期限の定めのない債務につき履行遅滞を理由に解除する場合、債務を履行遅滞に付するための催告と解除の要件としての催告は別個のものであるから、１回の催告で両方の催告を兼ねることはできない。

ウ　履行遅滞を理由に解除するに当たり、期間を定めないで催告をした場合であっても、催告をしてから解除の意思表示をするまでに相当な期間が経過していれば、解除は有効である。

エ　解除の意思表示に条件を付けることはできないから、解除の催告と同時に催告期間内に適法な履行のないことを停止条件として解除の意思表示をしても、当該解除の意思表示は効力を有しない。

オ　民法545条１項ただし書きは、解除の遡及効により害される第三者の権利を保護する規定であり、解除前に権利を有するに至った第三者は、解除権を行使する者との関係では、その権利につき対抗要件を具備していなくても保護される。

❶ **ア、ウ**
❷ **ア、オ**
❸ **イ、ウ**
❹ **イ、エ**
❺ **エ、オ**

【解答・解説】　　正解 ❶

アは任意に解除の意思表示の撤回を許せば相手方が不利益を被ることになる点がポイントです。**ウ**は「催告」を必要とした趣旨から判断すればわかるでしょう。

ア ○　解除権を有する者が解除の意思表示をした場合、解除の意思表示を撤回することはできません（540条２項）。任意に解除の意思表示の撤回を許すと、相手方に不利益を被らせるおそれがあるからです。したがって、適当な記述です。

イ ×　期限の定めのない債務につき履行遅滞を理由に解除する場合、債権者は債務者に対して１回の催告をすれば、債務者を遅滞に陥れることができるとともに、契約を解除するための催告も兼ねることができます（大判大6.6.27）。したがって、「１回の催告で両方の催告を兼ねることはできない」という記述が適当ではありません。

ウ ○　履行遅滞を理由に契約を解除するには、相当の期間を定めてその履行を催告することが必要です（541条本文）。ただし、債務者が期間を定めずに債務の履行の催告をした場合でも、催告の時と解除の時との間に相当な期間が経過していれば、解除は有効です（大判昭2.2.2）。したがって、適当な記述です。

エ ×　契約の解除のような単独行為に条件を付けることは、相手方を不当に不利益にするため認められません。ただし、催告と同時に、催告期間内に適法な履行がないことを停止条件とする解除の意思表示は、相手方を不当に不利益にするとは認められないので有効です（大判明43.12.9）。したがって、「履行のないことを停止条件として解除の意思表示をしても、当該解除の意思表示は効力を有しない」という記述が適当ではありません。

オ ×　民法545条１項ただし書は、解除の遡及効により害される解除前の第三者の権利を保護する規定と解されています。ただし、第三者が保護を受けるためには、自己の権利につき対抗要件（177条）を具備している必要があります（最判昭33.6.14）。したがって、「その権利につき対抗要件を具備していなくても保護される」という記述が適当ではありません。

問題6
★★

解除に関する記述として最も適当なものはどれか（争いのあるときは、判例の見解による。）。

裁判所2016

❶ 売主の債務不履行により売買契約を解除した買主は、売主に対して既に支払った売買代金の返還を請求できるが、売主は、買主に対して既に引き渡した目的物の返還を請求することはできない。

❷ 債権者は、債務者の履行遅滞を理由に契約を解除する場合、債務の履行の催告をしなければ契約を解除することはできない。

❸ 契約が解除されるとその契約の効力ははじめから失われるから、債務不履行を理由に契約を解除した場合、相手方に対して損害賠償を請求することはできない。

❹ 相手方の債務が先履行であり、その履行期が到来した場合、債権者は自己の債務の履行を提供しなくても契約を解除することができる。

❺ 債権者が期間を定めずに債務の履行の催告をした場合、相当の期間を定めた履行の催告に当たらないから、相当期間経過後に解除の意思表示をしても契約を解除することはできない。

【解答・解説】

正解 ❹

❷は定期行為の存在に気づくことが、❹は「先履行」という点が、ポイントです。

❶ ×　当事者の一方がその解除権を行使したときは、各当事者は、その相手方を原状に復させる義務を負います（545条1項本文）。その結果、買主は、売主に対してすでに支払った売買代金の返還を請求することができ、売主は、買主に対してすでに引き渡した目的物の返還を請求することができます。したがって、「売主は、買主に対して既に引き渡した目的物の返還を請求することはできない」という記述が適当ではありません。

❷ ×　定期行為（特定の日時または一定の期間内に履行をしなければ契約をした目的を達することができない行為）のような場合は、債権者は、債務の履行の催告をすることなく契約を解除することができます（542条1項4号）。したがって、「債務の履行の催告をしなければ契約を解除することはできない」という記述が適当ではありません。

❸ ×　契約が解除されるとその契約の効力ははじめから失われますが（545条1項本文）、相手方に対して損害賠償請求ができます（545条4項）。契約を有効と考えた債権者を保護する趣旨です。したがって、「相手方に対して損害賠償を請求することはできない」という記述が適当ではありません。

❹ ○　債務者の債務が先履行にあるときは、債権者の債務の履行との間に同時履行の抗弁権（533条）は認められないので、その履行期が到来した場合は、債務者が履行をしないことは違法となります。その結果、債権者は自己の債務の履行を提供しなくても、契約を解除することができます（541条本文）。したがって、適当な記述です。

❺ ×　契約を解除するには、相当の期間を定めてその履行を催告することが必要です（541条本文）。ただし、債務者が期間を定めずに債務の履行の催告をした場合でも、相当期間経過後に解除の意思表示をすれば、契約を解除することができます（大判昭2.2.2）。したがって、「契約を解除することはできない」という記述が適当ではありません。

★★

民法に規定する契約の解除に関する記述として、通説に照らして、妥当なのはどれか。

区Ⅰ2018改

❶ 契約又は法律の規定により当事者の一方が解除権を有するときは、その解除は、相手方に対する意思表示によってするが、当該意思表示は、任意に撤回することができる。

❷ 当事者の一方がその債務を履行しない場合において、相手方は、相当の期間を定めてその履行の催告をすることで契約を解除することができるが、期間を明示しない催告は、催告後相当期間を経過しても解除権は発生しない。

❸ 契約の性質により、特定の日時に履行をしなければ目的を達することができない契約において、当事者の一方が履行をしないでその時期を経過したときは、相手方は、催告をすることなく、直ちにその契約を解除することができる。

❹ 履行の全部又は一部が不能となったときは、その債務の不履行が債務者の責めに帰することができない事由によるものであるときは、債権者は、契約の解除をすることができない。

❺ 当事者の一方が解除権を行使したときは、契約の効力を遡及的に消滅させ、各当事者は相手方を原状に復させる義務を負うが、相手方の債務不履行を理由に契約を解除した者は、相手方に対して損害賠償を請求することができない。

【解答・解説】

正解 ❸

❷は「催告」を必要とした趣旨から判断すればわかるでしょう。❸は定期行為に気づくことがポイントです。

❶ ×　契約または法律の規定により当事者の一方が解除権を有するときは、その解除は、相手方に対する意思表示によってしますが（540条1項）、解除の意思表示は撤回することができません（同条2項）。任意に撤回を許すと相手方が不利益を被るおそれがあるからです。したがって、「当該意思表示は、任意に撤回することができる」という記述が妥当ではありません。

❷ ×　契約を解除するには、相当の期間を定めてその履行を催告することが必要です（541条本文）。ただし、債務者が期間を定めずに債務の履行の催告をした場合でも、催告の時と解除の時との間に相当な期間が経過すれば解除権は発生します（大判昭2.2.2）。したがって、「催告後相当期間を経過しても解除権は発生しない」という記述が妥当ではありません。

❸ ○　契約の性質により、特定の日時に履行をしなければ目的を達することができない契約（定期行為）において、当事者の一方が履行をしないでその時期を経過したときは、相手方は、催告をすることなく、直ちに契約を解除することができます（542条1項4号）。定期行為のような場合、期間経過後に履行がされても無意味だからです。したがって、妥当な記述です。

❹ ×　履行の全部または一部が不能となったときは、その債務の不履行が債務者の責めに帰することができない事由によるものであるときでも、債権者は、契約の解除をすることができます（542条1項）。したがって、「債権者は、契約の解除をすることができない」という記述が妥当ではありません。

❺ ×　当事者の一方がその解除権を行使したときは、契約の効力を遡及的に消滅させ、各当事者は相手方を原状に復させる義務を負います（545条1項本文）。また、相手方の債務不履行を理由に契約を解除した者は、相手方に対して損害賠償を請求することができます(同条4項)。したがって、「相手方に対して損害賠償を請求することができない」という記述が妥当ではありません。

問題8 ★★

Aは、Bとの間で、Aの所有する甲建物の売買契約（以下「本件契約」という。）を締結し、Bに対し、甲建物の所有権移転登記を了したが、Bが甲建物の売買代金を支払わなかったため、Aは本件契約を解除した。この事例に関する次のア～エの記述の正誤の組合せとして最も妥当なものはどれか（争いのあるときは、判例の見解による。）。

裁判所2018

ア Aによる本件契約の解除前に甲建物をBから買い受けたCは、Aに対し、登記を具備せずとも、甲建物の所有権を主張することができる。

イ Aによる本件契約の解除後に甲建物をBから買い受けたDは、Aに対し、登記を具備しなければ、甲建物の所有権を主張することができない。

ウ Aが本件契約を解除する前に、Aの過失により、甲建物が消失してしまった場合であっても、Aは本件契約を解除することができる。

エ Bは、Aに対し、甲建物の引渡しを受けたときから甲建物を明け渡すまでの使用利益を支払わなければならない。

	ア	イ	ウ	エ
❶	正	誤	誤	正
❷	誤	誤	正	誤
❸	誤	正	誤	正
❹	誤	正	正	誤
❺	正	正	誤	正

【解答・解説】

正解 ❸

ウは売主が不当な損害を受けることになるという点から考えるとよいでしょう。**エ**は「契約は遡って無効となる」という点から考えるとよいでしょう。

ア ×　Aによる甲建物の売買契約の解除前に甲建物をBから買い受けたCは、Aに対し、登記を具備しないと、甲建物の所有権を主張することはできません（545条1項ただし書）。CはAの契約解除前に甲建物を取得しているので、民法545条1項ただし書の第三者に当たりますが、第三者として保護を受けるためには、甲建物について登記（177条）を備えていることが必要です（最判昭33.6.14）。したがって、「登記を具備せずとも」という記述が誤りです。

イ ○　Aによる甲建物の売買契約の解除後に甲建物をBから買い受けたDは、Aに対し、登記を具備しなければ、甲建物の所有権を主張することはできません（177条、最判昭35.11.29）。BからAへの甲建物の移転とBから第三者Dへの甲建物の移転は、あたかも二重譲渡と同様の関係となるため、Dは、Aに対し、登記を具備しなければ、甲建物の所有権を主張することができないからです。したがって、正しい記述です。

ウ ×　Aが甲建物の売買契約を解除する前に、Aの過失により、甲建物が焼失してしまった場合は、解除権が消滅するので、Aは本契約を解除することはできません（548条本文）。したがって、「Aは本件契約を解除することができる」という記述が誤りです。

エ ○　Bは、Aに対し、甲建物の引渡しを受けた時から甲建物を明け渡すまでの使用利益を支払わなければなりません（最判昭34.9.22）。これは原状回復義務（545条1項本文）に基づく一種の不当利得返還義務（703条、704条）とされています。したがって、正しい記述です。

2 契約各論Ⅰ（売買）

学習のポイント

・売買は出題頻度の高い重要な論点なのでしっかり理解してください。
・特に、手付における「履行の着手」の意義、契約不適合責任に重点をおきましょう。

1 売買の意義

売買とは、**当事者の一方**（売主）**が、ある財産権を相手方**（買主）**に移転することを約束し、これに対して相手方がその代金を支払うことを約束することによって成立する契約**をいいます（555条）。

2 売買の成立

(1) 売買の成立

売買契約は、当事者の合意によって成立する、**双務・諾成・有償契約**です。

(2) 売買の予約

① 売買の予約の意義

いますぐにではなく、**将来において売買契約を締結することを約束する**ことがあり、これを**売買の予約**といいます。売買の予約がなされた場合、予約をしているだけの状態から本来の売買契約を成立させる状態に移行するために、当事者が意思表示を行います。この意思表示を行う権利を**予約完結権**といいます。

予約完結権を当事者の一方が有する場合を**売買の一方の予約**、当事者の双方が有する場合を**売買の双方の予約**といいます。

② 売買の一方の予約

売買の一方の予約は、**予約完結権を有する当事者が売買を完結する意思を表示した時から、売買の効力を生じます**（556条1項）。

通常の売買契約であれば、当事者の一方が申込みを行い、他方が承諾することによって成立しますが、売買の一方の予約の場合、予約完結権を有する当事者が意思表示をするだけで一方的に売買契約を成立させるという点に特徴があります。

判例

- 売買の一方の予約は、相手方の予約完結の意思表示により本契約である売買が初めて成立する純然たる予約です（大判大8.6.10）。

⑶ 手 付

① 意 義

手付とは、**売買契約を締結するときに、買主が売主に対して交付する金銭等の有価物**をいいます。不動産売買契約などにおいては、買主が手付金を交付するのが一般的です。

手付には、以下の３種類があります。

（ア）証約手付

証約手付とは、**契約が成立したことの証拠としての効力しか有していない手付**です。**すべての手付は、証約手付としての効力を持っています**。

（イ）解約手付

解約手付とは、**当事者が契約の解除権を留保する趣旨で交付する手付**です（557条）。この意味合いについては後述します。

（ウ）違約手付

違約手付とは、手付交付者に**債務不履行**（違約）**があったときに、手付受領者によって没収される手付**です。

判 例

- 売買における手付は、**反対の意思表示のない限り、解約手付の性質を有する**ものと解されます（最判昭29.1.21）。つまり、手付に解約手付以外の意味を持たせたい当事者は、そのことを証明する必要があります。
- 違約手付であることが売買契約書上で明らかなときであっても、**違約手付と解約手付とを兼ねることは可能**です（最判昭24.10.4）。

② 解約手付の要件・効果

すでに述べたとおり、解約手付は契約の解除権を留保するためのものです。つまり、売主・買主ともに途中で契約を解除できる可能性を残しておくための仕組みです。

（ア）解約手付の要件

買主が契約を解除したい場合は、すでに供した**手付を放棄**すればよく、売主が契約を解除したい場合は、受け取った**手付の倍額を現実に提供**することとされています（557条1項本文）。

ただし、**相手方が契約の履行に着手した後は、解約手付による解除ができません**（同ただし書）。

ヒント

売主側からの契約解除には、「倍額を返します」という意思表示（口頭の提供）では不十分であり、現実の提供が求められる点に注意しましょう。

判例

- 「履行の着手」とは、客観的に外部から認識し得るような形で履行行為の一部をなし、または履行の提供のために欠くことのできない前提行為をした状態をいいます（最判昭40.11.24）。例えば、土地の売買において、所有権移転登記は済んでいないものの、土地の引渡しが済んでいる場合などは売主側の「履行の着手」が済んでいるといえます。
- また、解除者が履行に着手していても、相手方が履行に着手していなければ解約手付による解除ができます（557条１項ただし書、最判昭40.11.24）。
- 売買契約が合意解除された場合、手付金を交付した者は、特段の事情がない限り、相手方に対し、手付金相当額の返還を請求できます（大判昭11.8.10）。契約が合意解除された以上、相手方が手付金相当額を所持している法的理由がないからです。

（イ）解約手付の効果

解約手付による契約解除がなされると、**売買契約の効力が消滅します**（557条１項本文）。解約手付による解除は債務不履行によるものではありませんから、**損害賠償義務は生じません**（同条２項）。

ただし、手付を交付した場合でも、**相手方に債務不履行があるときは法定解除が認められるので、損害賠償を請求できます**（545条４項、大判昭7.8.9）。

⑷　売買契約に関する費用

売買契約に関する費用は、**当事者双方が等しい割合で負担します**（558条）。ただし、当事者が契約でこれと異なる定めをすることは有効です。

確認してみよう

① 一方の当事者が予約完結権を有する予約は、その行使により本契約たる売買の効力を生じさせるので、一方の当事者の相手方に対する予約完結の意思表示とともに、改めて相手方の承諾がなければ、本契約たる売買は成立しない。区Ⅰ 2010

2 ⑵ ② 参照　×

売買の一方の予約の場合、予約完結権を行使すれば売買契約が成立し、相手方の承諾は必要ありません。

② 　１つの手付が解約手付と違約手付の両者を兼ねることはできない。裁判所2020

2 (3) ① 参照 ×

違約手付であることが売買契約書上で明らかなときであっても、違約手付と解約手付とを兼ねることは可能です。

③ 　買主が売主に手付を交付したときは、売主がその倍額を口頭で提供して、契約の解除をすることができる。裁判所2020

2 (3) ② 参照 ×

口頭の提供では足りず、現実の提供が必要です。

3 売買の効力

(1) 売主の義務

売買契約が成立したことによって売主に生じる義務には、次のようなものがあります。

① 財産権移転義務

売主は、目的物の**財産権を買主に移転する義務**を負います（555条）。また、買主のために**対抗要件を備えさせる義務**を負います（560条）。つまり、売買の目的物が動産であれば引渡し、不動産であれば所有権移転登記が必要です。

② 他人の権利の売買の場合

他人の権利を目的とした売買契約も有効です。売主は、**他人から権利を取得して買主に移転する義務**を負います（561条）。

ただ、勝手に権利を売られた他人がその移転を承諾するとは限りません。例えば、他人の不動産を売却する契約をした売主が、その不動産の所有権を取得して買主に移転することができなかったときは、履行不能（542条１項１号）となり、買主は、**売買契約の解除をすることができます**（545条１項本文）。

権利の一部を買主に移転することができない場合には、後述する契約不適合責任を負います。

③ 契約不適合責任

財産権の移転について契約不適合があった場合、売主は買主に対して責任を負います。これについては、項を改めて詳述します。

⑵ 買主の義務

① 代金支払義務

買主は売主に対し、目的物の代金を支払う義務を負います（555条）。売主の目的物引渡義務と買主の代金支払義務は**同時履行の関係**に立ちます（533条）。

② 利息支払義務

買主は、**目的物が引き渡された日から**、代金の利息を支払う義務を負います（575条２項本文）。

⑶ 果実の帰属

いまだ引き渡されていない売買の目的物が果実を生じたときは、その**果実は、売主に帰属します**（575条１項）。

判 例

- 売主は、目的物の引渡しを遅滞していても、**買主の代金が未払いである限り果実を取得できます。また買主は、代金の支払いを遅滞していても、売主からの引渡しがなされない限り利息を支払う必要がありません**（大連判大13.9.24）。
- 当事者間の権利義務関係を画一的かつ公平に処理するためです。

確認してみよう

① 売買の目的物の動産から果実が生じたときは、売買契約が成立していれば、買主から代金の支払がなく売主から売買の目的物が引き渡されていない場合であっても、果実収取権は買主に属する。

3 ⑶ 参照 ×

果実収取権は売主に帰属します。

4 契約不適合責任

契約不適合責任とは、**契約不適合があった場合に売主が買主に対して負うべき一定の責任**をいいます。

補足

契約不適合は大きく捉えると債務不履行（約束どおりの給付がなされないこと）に当たりますが、売買契約においては、売主から買主に移転した権利が契約の内容に適合しない場合の責任を特に定めており、その特別ルールが契約不適合責任という位置づけです。

(1) 契約不適合責任の種類

契約不適合責任には、目的物の種類・品質・数量に関する契約不適合、権利に関する契約不適合の２種類があります。

① 目的物の種類・品質・数量に関する契約不適合

引き渡された目的物が、**種類・品質・数量の面で契約内容に適合しない場合**です。

約束と違った種類の物が引き渡されたり、引き渡された物の機能に問題があったり、数量に応じて代金が定めてあったのに引き渡された物に不足があったりした場合がこれに当たります。

② 権利に関する契約不適合

引き渡された目的物を利用する**権利が契約内容に適合しない場合**です。

売買の目的物に第三者の利用権が付着しているため買主による利用が制限されてしまうような場合と、一部他人物の売買で売主が目的物を買主に移転できない場合がこれに当たります。

(2) 買主の救済手段

引き渡された目的物に契約不適合がある場合、買主は、売主に対して以下の手段による救済を請求することができます。

① 追完請求権

欠陥があるために一定の効果を生じていない法律行為に、欠けているものを補って効果を生じさせることを**追完**（ついかん）といいます。契約不適合のある場合、買主は売主に対して**目的物の修補、代替物の引渡し、不足分の引渡し**によって履行を追完することを請求できます（562条1項）。

契約不適合に関して**買主に帰責事由がある場合は、追完を請求できません**（同条2項）。このような場合にまで、買主に履行の追完請求を認めて保護する必要はないからです。

② 代金減額請求権

買主が売主に対して、相当の期間を定めて履行の追完を催告したにもかかわらず、期間内に追完がなされない場合は、不適合の程度に応じて**代金の減額を請求することができます**（563条1項）。

ただし、追完が不能であるとき、売主が明確に追完を拒絶したとき、定期行為に対する不適合であるとき、その他追完の見込みがないことが明確なときは、催告を経ずに代金の減額を請求できます（同条2項）。

契約不適合に関して**買主に帰責事由がある場合は、代金減額を請求できません**（同条3項）。

③ 損害賠償請求権・契約解除権

買主は、債務不履行の一般原則に従って、売主に対して損害賠償の請求や契約の解除をすることができますが（564条、415条、541条、542条）、買主に帰責事由がある場合、契約の解除はできません。また、売主に帰責事由がない場合、買主は、損害賠償請求はできませんが、契約の解除はできます。

(3) 期間の制限

売主が**種類・品質に関して契約の内容に適合しない**目的物を買主に引き渡した場合において、**買主がその不適合を知った時から1年以内**にその旨を売主に通知しないときは、買主は、その不適合を理由として、契約の解除をすることができません（566条本文）。

ただし、**売主が引渡しの時にその不適合を知り、または重大な過失によって知らなかったとき**は、買主は1年経過後でも契約を解除することができます（同ただし書）。

ヒント

期間の制限は、数量に関する契約不適合、権利に関する契約不適合の場合には適用されません。

⑷ 競売における特則

競売というのは、差し押さえた債務者の財産を強制的に換価することをいいます。競売にかけられた物は、買受人の救済手段に一定の違いがあります。

競売の目的物に**種類・品質に関して契約内容の不適合があったとき、買受人は契約不適合責任を追及することはできません**（568条４項）。競売は債務者の意思と無関係に行われるからです。

他方、競売の目的物に**数量・権利に関して契約内容の不適合があったとき、買受人は代金の減額請求、契約の解除はできますが**（同条１項）、**履行の追完請求はできません**。また、債権者または債務者が悪意の場合を除いて**損害賠償請求もできません**（同条３項）。

過去問にチャレンジ

問題1 **売買に関するア〜エの記述のうち、妥当なもののみを全て挙げているのはどれか。**
★

国税・労基・財務2013改

ア Ａ及びＢは、Ａを売主、Ｂを買主として１億円の土地の売買契約を締結し、その際、ＢはＡに対して1,000万円の手付金を支払った。この場合において、Ｂは、1,000万円の手付金を放棄すれば、Ａが履行に着手していたとしても、契約を解除することができる。

イ 他人の権利を売買の目的としたときは、売主は、その権利を取得して買主に移転する義務を負う。

ウ Ａ及びＢが、Ａを売主、Ｂを買主としてＣの権利を目的物とする売買契約を締結した場合において、ＡがＣの権利を取得してＢに移転することができないときでも、ＢはＡに対して契約の解除又は損害賠償の請求をすることができない。

エ 引き渡された売買の目的物が品質に関して契約の内容に適合しないものであり、その不適合が買主の責めに帰すべき事由によるものであるときは、買主は、売主に対し、履行の追完を請求することができない。

❶ ア
❷ エ
❸ ア、ウ
❹ イ、ウ
❺ イ、エ

【解答・解説】

正解 ❺

アは「Aが履行に着手していた」点がポイントです。**イ**は「他人物売買」も有効である点に気づくことがポイントです。

ア ×　買主Bが売主Aに手付を交付したときは、Aが契約の履行に着手するまでは、Bはその手付を放棄し、Aはその倍額を現実に提供して、契約の解除をすることができます（557条1項）。したがって、「Aが履行に着手していたとしても、契約を解除することができる」という記述が妥当ではありません。

イ ○　他人の権利を売買の目的としたときは、売主は、その権利を取得して買主に移転する義務を負います（561条）。他人の権利を目的とする売買も、債権的には有効だからです。したがって、妥当な記述です。

ウ ×　AおよびBが、Cの権利を目的とする売買契約を締結した場合、売主AはCの権利を取得して買主Bに移転する義務を負います（561条）。その結果、AがCの権利を取得してBに移転することができないときは、履行不能となり、Bは、損害賠償の請求（415条1項本文）または契約の解除（542条1項1号）をすることができます。したがって、「BはAに対して契約の解除又は損害賠償の請求をすることができない」という記述が妥当ではありません。

エ ○　引き渡された目的物が種類、品質または数量に関して契約の内容に適合しないものであるときは、買主は、売主に対し、目的物の修補、代替物の引渡しまたは不足分の引渡しによる履行の追完を請求することができます（562条1項本文）。ただし、その不適合が買主の責めに帰すべき事由によるものであるときは、買主は、履行の追完の請求をすることができません（同条2項）。このような場合にまで、買主に履行の追完請求を認めて保護する必要はないからです。したがって、妥当な記述です。

★

手付に関する次のア～オの記述のうち、適当なもののみを全て挙げているものはどれか（争いのあるときは、判例の見解による。）。

裁判所2017改

ア　売買契約における手付は、反対の意思表示がない限り、解約手付の性質を有するものと解釈される。

イ　売主は、手付の倍額を提供して売買契約を解除するためには、買主に対し、手付の倍額を提供する旨を告げてその受領を催告すれば足りる。

ウ　手付金を交付した者は、売買契約が合意解除されたときには、特段の事情がない限り、相手方に対し、手付金相当額の返還を求めることができる。

エ　手付金を交付した者は、相手方に債務不履行があっても、手付解除ができるにとどまり、損害賠償請求をすることはできない。

オ　手付金を交付した者は、相手方が履行の提供をするまでは、手付解除をすることができる。

❶　ア、イ
❷　ア、ウ
❸　イ、オ
❹　ウ、エ
❺　エ、オ

【解答・解説】

正解 ❷

アは民法の規定している手付が解約手付であることを知っていれば簡単でしょう。**エ**は「債務不履行」の効果としての「損害賠償請求」に気づくことがポイントです。

ア ○　売買における手付は、反対の意思表示のない限り、民法557条1項本文のいわゆる解約手付の性質を有するものと解釈されています（最判昭29.1.21）。したがって、適当な記述です。

イ ×　売主は、手付の倍額を提供して売買契約を解除するためには、買主に対し、その倍額を現実に提供することが必要です（557条1項本文）。したがって、「手付の倍額を提供する旨を告げてその受領を催告すれば足りる」という記述が適当ではありません。

ウ ○　手付を交付した者は、売買契約が合意解除されたときは、特段の事情がない限り、相手方に対し、手付金相当額の返還を求めることができます（大判昭11.8.10）。契約が合意解除された以上、相手方が手付金相当額を所持している法的理由がないからです。したがって、適当な記述です。

エ ×　解約手付の場合に、損害賠償請求が認められないのは（557条2項）、債務不履行を要件としていないからです。そこで、手付を交付した場合でも、相手方に債務不履行があれば法定解除が認められるので、損害賠償請求をすることができます（545条4項、大判昭7.8.9）。したがって、「損害賠償請求をすることはできない」という記述が適当ではありません。

オ ×　買主が売主に手付を交付したときは、その相手方が契約の履行に着手するまでは、買主はその手付を放棄して、契約の解除をすることができます（557条1項）。すなわち、相手が履行に着手したときは、履行の提供をする前であっても、手付解除をすることはできません。したがって、「相手方が履行の提供をするまでは」という記述が適当ではありません。

問題3 ★★

売買に関するア～オの記述のうち、妥当なもののみを全て挙げているのはどれか。ただし、争いのあるものは判例の見解による。

国般2014改

ア 買主が売主に対して手付を交付した場合、この手付が違約手付であることが売買契約書上で明らかなときは、違約手付と解約手付とを兼ねることは不可能であるから、この手付は解約手付を兼ねる違約手付ではないとされる。

イ 買主が売買の一方の予約をした場合、買主が売主に対して売買を完結する意思を表示したときは、売主は契約を承諾する義務を負うが、売買の効力は生じない。

ウ 売主は、買主に対し、売買の目的である財産権を買主へ移転する義務を負うが、売買の目的物が不動産である場合、売主は、買主に対し、不動産の引渡しだけではなく、買主が不動産の対抗要件を具備することに協力する義務を負う。

エ 売主が、買主に対し、品質に関して契約の内容に適合しない建物を売却した場合、買主は、売買契約の解除をすることができる。

オ 売主が、買主に対し、他人の土地を売却したが、その権利を取得して買主に移転することができない場合であっても、買主は、売買契約を解除することができない。

❶ ア、イ
❷ ア、オ
❸ イ、エ
❹ ウ、エ
❺ ウ、オ

【解答・解説】

正解 ❹

ウは不動産は対抗要件を備えなければ第三者に対抗できないので、売主の義務に含まれるといえるでしょう。**オ**は「他人物売買」も有効である点に気づくことがポイントです。

ア ×　買主が売主に対して交付した手付が、違約手付であることが売買契約書上で明らかなときであっても、解約手付の意思を排除するものとはいえないので、違約手付と解約手付とを兼ねることは可能であるとされています（最判昭24.10.4）。したがって、「違約手付と解約手付とを兼ねることは不可能である」という記述が妥当ではありません。

イ ×　買主が売買の一方の予約をした場合、買主が売主に対して売買を完結する意思を表示したときは、当然に売買の効力を生じるので（556条1項）、売主が契約を承諾する義務を負うことになるわけではありません（大判大8.6.10）。したがって、「売主は契約を承諾する義務を負うが、売買の効力は生じない」という記述が妥当ではありません。

ウ ○　売主は、買主に対し、売買の目的である財産権を買主に移転する義務を負います（555条）。また、売買の目的物が不動産である場合、売主は、買主に対し、不動産の引渡しだけではなく、買主が不動産の対抗要件を具備することに協力する義務を負います（560条）。したがって、妥当な記述です。

エ ○　売主が、買主に対し、品質に関して契約内容に適合しない建物を売却した場合、買主は、売買契約の解除をすることができます（564条、541条、542条）。したがって、妥当な記述です。

オ ×　売主が買主に対して他人の土地を売却したときは、売主は、その土地を取得して買主に移転する義務を負います（561条）。その結果、売主がその土地を取得して買主に移転することができないときは、履行不能となり、売買契約を解除することができます（542条1項1号）。したがって、「買主は、売買契約を解除することができない」という記述が妥当ではありません。

問題4 売買契約に関する次の記述のうち、妥当なのはどれか。

★★

国税・労基・財務2016改

❶ 他人の権利を目的とする売買契約において、売主がその権利を取得して買主に移転することができない場合でも、買主は契約の解除をすることができる。

❷ 売主が品質に関して契約内容に適合しない目的物であることを重大な過失によって知らずに引き渡した場合において、買主がそれを理由に契約を解除することができるのは、買主がその不適合を知った時から１年以内に売主にその旨を通知したときに限られる。

❸ 売買契約に関する費用は、契約で特に定めなかった場合は、全て買主が負担する。

❹ 売買の一方の予約がなされた後、予約完結権を有する当事者から売買を完結する意思表示がなされた場合には、予約の時に遡って売買の効力を生じる。

❺ ＡＢ間の売買契約で、Ａがその所有する宝石をＢに売却し、代金はＢがＣに支払うとの合意をした場合において、ＣがＢに対して、その代金を受領する意思を表示した後であっても、Ａ及びＢは、かかる売買契約を合意解除することができる。

【解答・解説】

正解 ❶

❶は「他人物売買」も有効である点に気づくこと、❺は「第三者のためにする契約」である点に気づくことが、ポイントです。

❶ ○　他人の権利を売買の目的としたときは、売主は、その権利を取得して買主に移転する義務を負います（561条）。その結果、売主が権利を取得して買主に移転することができないときは履行不能となり、売買契約を解除することができます（542条1項1号）。したがって、妥当な記述です。

❷ ×　売主が品質に関して契約の内容に適合しない目的物を買主に引き渡した場合において、売主が引渡しの時にその不適合を知り、または重大な過失によって知らなかったときは、買主がその不適合を知った時から1年を経過した後にその旨を売主に通知したときでも、買主は、契約の解除をすることができます（566条ただし書）。したがって、「1年以内に売主にその旨を通知したときに限られる」という記述が妥当ではありません。

❸ ×　売買契約に関する費用は、当事者双方が等しい割合で負担します（558条）。ただし、当事者が契約でこれと異なる定めをすることは有効です。したがって、「契約で特に定めなかった場合は、全て買主が負担する」という記述が妥当ではありません。

❹ ×　売買の一方の予約は、相手方が売買を完結する意思を表示した時から、売買の効力を生じます（556条1項）。したがって、「予約の時に遡って売買の効力を生じる」という記述が妥当ではありません。

❺ ×　ＡＢ間の売買契約で、Ａがその所有する宝石をＢに売却し、代金はＢがＣに支払うとの合意をした場合は、第三者Ｃのためにする契約となります（537条1項）。そして、Ｃの権利が発生した後は、ＡおよびＢは、これを変更し、または消滅させることはできません（538条1項）。そこで、ＣがＢに対して、その代金を受領する意思を表示した後は、ＡおよびＢは、かかる売買契約を合意解除することはできません。したがって、「ＣがＢに対して、その代金を受領する意思を表示した後であっても」という記述が妥当ではありません。

問題5 ★★★ **売買に関する次の記述のうち、妥当なのはどれか。ただし、争いのあるものは判例の見解による。**

国般2017改

❶ 売買契約締結に際し、買主から売主に対し手付が交付された場合において、その後買主が履行に着手することにより売主が契約の履行に対する期待を抱いた以上、売主がいまだ履行に着手していないときであっても、履行に着手した買主は売主に対して契約を解除することはできない。

❷ 売買契約締結に際し、買主から売主に対し手付が交付された場合であっても、契約書にその手付について「買主に契約不履行があるときは、売主は手付を没収し、売主に契約不履行があるときは、売主は買主に手付の倍額を損害賠償として提供する」と定めているときには、売主は、この手付を根拠にして、手付の倍額を返還して契約を解除することはできない。

❸ 他人の権利を売買の目的とする売買契約を締結した場合において、その他人に権利を譲渡する意思がないことが明らかなときは、その売買契約は原始的不能を理由に無効となる。

❹ 競売も売買と同一の性格をもつので、競売の目的物に品質に関して契約内容の不適合があったときは、買受人は、売主の地位に立つ債務者に対し、目的物の契約不適合に基づく契約不適合責任を追及することができる。

❺ 売買契約において、引渡前に目的物から生じた果実は売主に帰属し、買主は目的物の引渡日より代金の利息の支払義務を負うから、売主は、目的物の引渡しを遅滞していても、代金が未払である限り、果実を収得することができる。

【解答・解説】

正解 ❺

❶は履行に着手していない相手方の履行に対する期待権を保護する必要はないでしょう。
❺は買主が代金を未払いである限り、売主は果実を取得できるとするのが公平でしょう。

❶ ×　買主が売主に手付を交付したときは、売主が契約の履行に着手するまでは、買主はその手付を放棄し、売主はその倍額を現実に提供して、契約の解除をすることができます（557条1項）。したがって、「売主がいまだ履行に着手していないときであっても」という記述が妥当ではありません。

❷ ×　買主が売主に対して交付した手付が、債務不履行があった場合の損害賠償額をその手付額によって決するとする違約手付であることが売買契約書上で明らかなときであっても、手付の規定（557条1項）の適用を排除するものではありません（最判昭24.10.4）。その結果、売主は、手付の倍額を返還して契約を解除できます。したがって、「手付の倍額を返還して契約を解除することはできない」という記述が妥当ではありません。

❸ ×　原始的不能とは、契約成立の時点で、契約そのものの効力が生じないことをいいます。他人の権利を売買の目的とする売買契約を締結した場合において、その他人に権利を譲渡する意思がないことが明らかなときでも、売買契約は債権的には有効です（561条）。したがって、「その売買契約は原始的不能を理由に無効となる」という記述が妥当ではありません。

❹ ×　競売の目的物に品質に関して契約内容の不適合があったときでも、買受人は、目的物の契約不適合に基づく契約不適合責任を追及することはできません（568条4項）。競売は債務者の意思と無関係に行われるからです。したがって、全体的に妥当な記述ではありません。

❺ ○　いまだ引き渡されていない売買の目的物が果実を生じたときは、その果実は、売主に帰属し（575条1項）、他方、買主は、目的物が引き渡されるまでは、原則として代金の利息の支払義務を負わないので（同条2項本文反対解釈）、売主は、目的物の引渡しを遅滞していても、代金が未払いである限り、果実を収得することができます（大連判大13.9.24）。したがって、妥当な記述です。

契約各論Ⅱ（賃貸借）

学習のポイント

・賃貸借も、売買と並んで重要な論点なのでしっかり押さえておいてください。

・特に、賃借権の譲渡・転貸、賃借人と第三者の関係、敷金に重点をおきましょう。

1 賃貸借の意義

> 民法第601条
> 　賃貸借は、当事者の一方がある物の使用及び収益を相手方にさせることを約し、相手方がこれに対してその賃料を支払うこと及び引渡しを受けた物を契約が終了したときに返還することを約することによって、その効力を生ずる。

賃貸借（ちんたいしゃく）とは、**当事者の一方が相手方に、ある物の使用および収益をさせることを約し、これに対して、相手方がその賃料を支払うこと、契約が終了したときに引渡しを受けた物を返還することを約することによって、その効力を生ずる契約**です（601条）。

賃料を受け取って物を貸す側を**賃貸人**（ちんたいにん）、**賃料を支払って物を借りる側**を**賃借人**（ちんしゃくにん）といいます。賃貸借契約は、**双務・諾成・有償契約**です。

2 賃貸借の成立

(1) 賃貸借の成立

賃貸借契約は諾成契約なので、当事者双方の合意によって成立します。

(2) 存続期間

賃貸借の存続期間は、**50年を超えることができません**（604条１項前段）。契約でこれより長い期間を定めたときであっても、その存続期間は50年となります（同後段）。

また、この存続期間は更新することもできますが、更新後の存続期間も最長50年と定められています（同条２項）。

(3) 短期賃貸借

処分の権限を有しない者が賃貸借をする場合には、存続期間が通常より短く設定されており、これを**短期賃貸借**といいます（602条）。

・樹木の栽植または伐採を目的とする山林の賃貸借	10年
・それ以外の土地の賃貸借	5年
・建物の賃貸借	3年
・動産の賃貸借	6か月

3 賃貸借の効力

(1) 第三者への対抗力

賃借権は物権でなく債権であり、物権は債権に優先する（**売買は賃貸借を破る**）ため、例えば賃貸借の目的物を賃貸人が第三者に譲渡してしまった場合、賃借人はこれに対抗することができません。ただ、例えば不動産の賃貸借契約でこのようなことが許されてしまうと、賃借人の生活基盤が不安定になってしまいます。

そこで、不動産の賃借権については、**第三者への対抗力を付与する特則**が設けられています。

① 民法上の特則

賃借人は、**不動産賃借権の登記**を備えれば、その後の不動産について物権を取得した者その他の第三者に対抗することができます（605条）。

判 例

- 不動産の賃借人は、特約のない限り、賃貸人に対して当然に賃借権を設定する登記の請求権を有していません（大判大10.7.11）。

② 借地借家法上の特則

上に挙げた民法上の特則は、賃借人に登記請求権が定められていないため、実効性に乏しいものとなっています。そこで借地借家法では、賃借人の保護のための特則が設けられています。

借地	借地上に借地権者が**登記**1) されている建物を所有しているときは、第三者への対抗力を有する（借地借家法10条）
借家	賃借人が**建物の引渡し**を受ければ、登記がなくても第三者への対抗力を有する（借地借家法31条）

1) 建物の登記は借地人自身の名義であることが必要です（最大判昭41.4.27）。

(2) 賃貸人の義務・責任

賃貸借契約が成立したことによって賃貸人に生じる義務・責任には、次のようなものがあります。

① 物を使用・収益させる義務

賃貸人は賃借人に対して、**賃借物を使用・収益させる義務**を負います（601条）。

補足

他人物売買と同様、他人物の賃貸借契約も有効であり（559条、561条）、このような契約が締結されると、賃貸人は所有者から権利を取得して目的物を賃借人に使用させる義務を負います。

② 修繕義務

賃貸人は賃借人に対して、賃借物が使用・収益に適するよう**目的物を修繕する義務**を負います（606条1項本文）。ただし、賃借人の責めに帰すべき事由によってその修繕が必要となったときは、修繕義務はありません（同ただし書）。賃貸人が必要な修繕をするときに、**賃借人はこれを拒むことができません**（同条2項）。

賃貸人が賃借人の意思に反して保存行為をしようとする場合において、そのために賃借人が賃借の目的を達することができなくなるときは、**賃借人は契約を解除することができます**（607条）。

判例

- 修繕義務を賃借人が負う旨の特約を定めることも可能です（最判昭29.6.25）。

③ 費用償還義務

賃貸人は賃借人に対して、**賃借人が目的物に関して支出した費用を償還する義務**を負います（608条）。この費用には必要費と有益費の２種類があります。

	必要費（608条１項）	有益費（同条２項）
内容	目的物を使用するために必要な費用 例　賃貸住宅の水漏れの修繕	目的物の価値を高めるための費用 例　賃貸住宅の壁紙の貼り替え
償還の時期	支出と同時	賃貸借終了時
償還の範囲	全額	全額または価値増加分

判 例

- 建物の賃借人が有益費を支出した後、建物の所有権譲渡により賃貸人が交替した場合には、特段の事情のない限り、新賃貸人が旧賃貸人の費用償還義務（608条）を承継し、旧賃貸人はこれを負うことはありません（最判昭46.2.19）。

④ 契約不適合責任

賃貸借契約の目的物に契約不適合があった場合、賃貸人は目的物の修補、代替物の引渡しまたは不足分の引渡しによる**履行の追完責任を負います**（559条、562条１項本文）。

ただし、不適合が借主の帰責事由によるときは、履行の追完責任はありません（559条、562条２項）。

(3) 賃借人の義務

賃貸借契約が成立したことによって賃借人に生じる義務には、次のようなものがあります。

① 賃料支払義務

賃借人は賃貸人に対して、**賃料を支払う義務**を負います（601条）。原則として、**賃料は使用・収益の後に支払います**（**賃料後払いの原則**：614条本文）。

他人の所有物を賃貸借の目的物として引渡しを受けた場合にも、賃料支払義務は生じます（601条）。

賃借人の責めに帰することができない事由により賃借物の一部が滅失その他の事由により使用・収益することができなくなった場合、そのできなくなった部分の割合に応じて、賃料は当然に減額されます（611条１項）。

判例

- 賃貸不動産につき権利を有する者から当該不動産の明渡しを求められた以後は、賃借人は賃料の支払いを拒絶することができます（最判昭50.4.25）。
- 明渡しを請求されると、賃借人は当該不動産を使用収益することができなくなるおそれがあるので、賃料支払い拒絶を認めたものです。

② 用法順守義務

賃借人は、契約またはその目的物の性質によって**定まった用法に従い、賃借物を使用・収益する義務**を負います（616条、594条１項）。

契約の本旨に反する使用・収益によって損害が発生した場合は、賃貸人は賃借人に損害賠償請求を行うことができます（415条）。この損害賠償請求は、賃貸人が目的物の返還を受けた時から１年以内に行うものと定められています（622条、600条１項）。

③ 通知義務

賃借人は、賃借物が修繕を要するとき、賃借物について権利を主張する者があるときは、**賃貸人がすでにそのことを知っているときを除き、遅滞なくその旨を賃貸人に通知する義務**を負います（615条）。

④ 目的物返還義務

賃借人は、賃貸借契約が終了したときには、**目的物を返還する義務**を負います（601条）。

⑤ 原状回復義務

賃借人は、賃借物に損傷が生じた場合には、賃貸借の終了時にこれを**原状に復する義務**を負います（621条本文）。ただし、その損傷が賃借人の責めに帰することができない事由による場合は、原状回復義務を負いません（同ただし書）。また、損傷が通常の使用・収益によって生じた賃借物の損耗ならびに賃借物の経年変化である場合も、原状回復義務を負いません（同条本文かっこ書）

判 例

- 建物の賃貸借期間中に生じる通常の損耗については、通常損耗の原状回復義務を賃借人が負う旨の特約（通常損耗補修特約）が明確に合意されていない限り、賃借人の原状回復義務の対象とはなりません（最判平17.12.16）。

確認してみよう

① 賃貸借契約は、賃貸人の賃借人に対する目的物の引渡債務と、賃借人の賃料支払債務とが同時履行の関係に立つ、有償・双務・要物契約であるとともに、継続的契約の一つの典型である。区Ⅰ2010

1、3 (3) ① 参照 ×

賃貸借契約は要物契約でなく諾成契約です。また、原則として賃料は使用・収益の後に支払います。

② 賃借権の対抗要件を備えた建物の賃借人が有益費を支出した後、建物の所有権譲渡により賃貸人が交替したときは、新賃貸人は、当該有益費の償還義務を承継する。区Ⅰ2010

3 (2) ③ 参照 ○

正しい記述です。

4 賃借権の譲渡・転貸

民法第612条
① 賃借人は、賃貸人の承諾を得なければ、その賃借権を譲り渡し、又は賃借物を転貸することができない。
② 賃借人が前項の規定に違反して第三者に賃借物の使用又は収益をさせたときは、賃貸人は、契約の解除をすることができる。

賃貸借契約の存続中に、賃借人以外の第三者が賃借物を利用できるようになる手段として、譲渡・転貸があります。

賃借権の譲渡とは、**新たな賃借人が賃借権を譲り受け、旧賃借人が賃貸借関係から離脱するもの**です。賃貸人は、賃借人に対し、その受け取った敷金の額から賃貸借に基づいて生じた賃借人の賃貸人に対する金銭の給付を目的とする債務の額を控除した残額を返還しなければなりません（622条の２第１項２号）。

賃借権の転貸とは、**もとの賃貸借契約を維持したまま、賃借人が賃借物をさらに第三者に賃貸するもの**です。このとき、賃借人を**転貸人**（てんたいにん）、第三者を**転借人**（てんしゃくにん）といいます。

譲渡・転貸は、**賃貸人の承諾を得て行う必要があります**が（612条１項）、承諾を得て行った場合とそうでなかった場合とに分けて説明していきます。

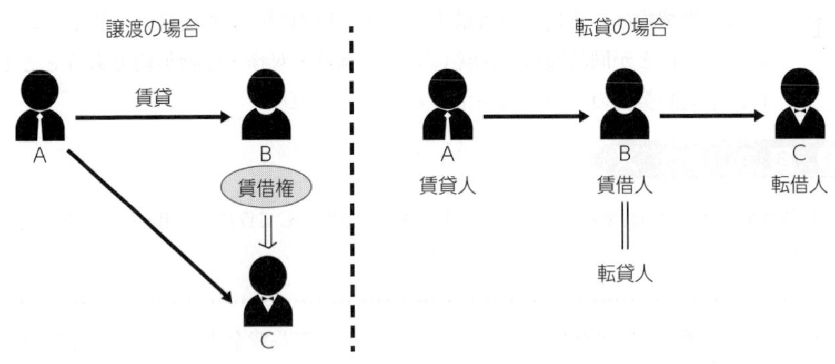

⑴　賃貸人の承諾がある譲渡・転貸

賃借権の譲渡・転貸について、賃貸人の承諾がある場合の規定は、次のとおりです。

①　賃貸人と賃借人の関係

譲渡の場合、旧賃借人が賃貸借関係から離脱します。

転貸の場合、賃貸人と賃借人との関係は変わりません。

②　賃貸人と譲受人・転借人の関係

（ア）譲渡の場合

譲渡の場合、譲受人が賃貸人と旧賃借人との賃貸借関係を承継して、新賃借人となります。

（イ）転貸の場合

転貸の場合、**賃貸人は転借人に対して直接義務を負いません。**転借人は賃貸人に対して直接目的物の修繕を請求することができず、賃借人（転貸人）をとおしてこれを請求することになります。

一方、転借人は、**賃貸人と賃借人との間の賃貸借に基づく賃借人の債務の範囲を限度として、賃貸人に対して転貸借に基づく債務を直接履行する義務を負います**（613条1項前段）。転借人は賃借人との間で契約関係を結ぶものですが、賃貸人を保護するために、転借人に直接賃料を請求することを認めたものです。

ここで転借人は、**賃貸料と転貸料のうち、いずれか低いほうの金額を支払えば足りる**ことになります。このとき、転借人が、**賃借人に対する賃料の前払いをもって賃貸人に対抗することはできません**（同後段）。

転借人と賃貸人の間には直接の契約関係がないため、転借人は賃貸人に対して権利を持ちませんが、義務は負う関係となります。

判例

- 賃貸人は、賃借人との間の賃貸借を合意解除しても、特別の事情がない限り、その効果を転借人に対抗することができず、転貸借契約は存続します（613条3項本文、最判昭37.2.1）。賃貸借契約が合意解除されると、転貸借もその基礎を失って消滅するので、転貸人が目的物を使用収益できなくなるという不利益を防止するためです。
- 賃借人の債務不履行により賃貸借契約が解除されたときは、賃貸借契約の終了と同時に転貸借契約も、その履行不能により当然に終了するので、賃貸人は、賃借人との間の賃貸借を解除したことをもって転借人に対抗することができます（613条3項ただし書、最判昭36.12.21）。
- 賃貸人が賃借人の賃料不払いを理由に賃貸借契約を解除するには、賃借人に対して催告をすれば足り、特段の事情のない限り、転借人に通知等をして賃料の代払いの機会を与える必要はありません（最判昭37.3.29）。
- 賃貸人と賃借人との間の土地賃貸借が合意解除された場合において、賃借人がその土地上に建物を建てて第三者に賃貸し、土地上の建物の賃借人が引渡しを受けて居住しているときは、特段の事情がない限り、建物賃借人は土地の賃借権をもって賃貸人に対抗できます（最判昭38.2.21）。

③　賃借人と転借人の関係

転貸の場合、賃借人（転貸人）と転借人との間に、新たな賃貸借関係が生じます。

判　例

- 賃貸借契約が賃借人の債務不履行を理由とする解除により終了した場合、賃貸人の承諾のある転貸借は、原則として、賃貸人が転借人に対して目的物の返還を請求した時に、賃借人の転借人に対する債務の履行不能により終了します（最判平9.2.25）。

(2)　賃貸人の承諾がない譲渡・転貸（無断譲渡・転貸）

賃借権の譲渡・転貸について、賃貸人の承諾がない場合の規定は、次のとおりです。

①　賃貸人と賃借人の関係

賃借人が賃貸人の承諾を得ずに第三者に賃借物の使用または収益をさせたときは、賃貸人は、**契約の解除をすることができます**（612条２項）。

判　例

- ただし、賃借人が賃貸人の承諾を得ずに第三者に賃借権の譲渡または賃借物の転貸をした場合でも、賃貸人に対する背信行為と認めるに足りない特段の事情がある場合は、賃貸人は、賃借権の無断譲渡または賃借物の無断転貸を理由に賃貸借契約を解除できません（最判昭28.9.25、最判昭39.6.30）。
- 賃借人が借地上に築造した建物を第三者に賃貸しても、土地賃借人は建物所有のため自ら土地を使用しているときは、賃借権の譲渡とはいえないので（大判昭8.12.11）、賃貸人は、賃貸借契約を解除することができません。
- 賃借人が賃貸人の承諾を得ずに賃借物を第三者に転貸した場合であっても、賃借人がその第三者に賃借物の使用または収益をさせる前であるときは、賃貸人は、賃借人との間の賃貸借契約を解除できません（大判昭13.4.16）。
- 賃借人である小規模で閉鎖的な有限会社において、持分の譲渡および役員の交代により実質的な経営者が交代した場合は、法人格の同一性が失われるものではないため賃借権の譲渡には当たりません（最判平8.10.14）。

②　賃貸人と譲受人・転借人の関係

賃貸不動産の無断譲渡・転貸を受けた譲受人・転借人は、賃貸人との関係では不法占拠者であるので、賃貸人は、**賃借人との賃貸借契約を解除しなくても、譲受人・転借人に対し不動産の明渡しを請求することができます**（最判昭26.5.31）。

③　**賃借人と譲受人・転借人の関係**

賃借人と譲受人・転借人間の賃借権の譲渡契約や賃借物の転貸借契約は、債権的な契約として**当事者間では有効**です（大判昭2.4.25）。

確認してみよう

①　甲所有の建物を賃借していた乙が、甲に無断で丙に転貸した場合、乙丙間の賃貸借契約は有効であるが、甲は丙に対して、所有権に基づいて建物の明渡しを求めることができる。裁判所2010

4 (2) ②、③ 参照　○

正しい記述です。

5 賃借人と第三者との関係

(1) 賃貸人の地位の移転

賃貸借契約が存続している間に、賃借物の所有権が第三者に移転した場合の権利関係を見ていきます。

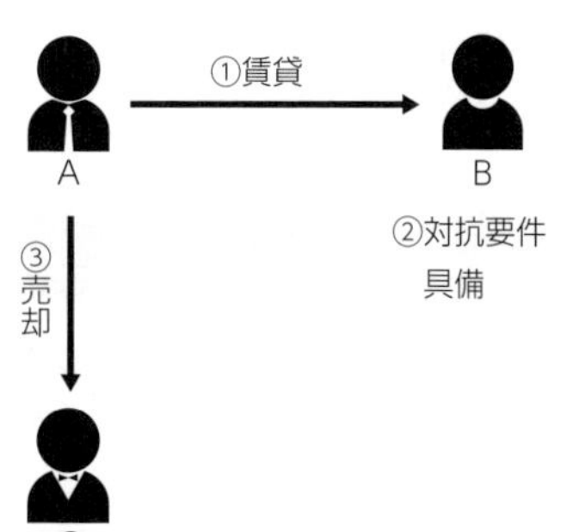

・マンションの一室の売却により、自動的に、賃貸人の地位が、AからCに移転する
・AC間で特段の意思表示不要
・Bの承諾不要

①　賃借人が賃借権の対抗要件を備えている場合

不動産の譲渡により賃貸人の地位はその譲受人に移転し（605条の２第１項）、旧所有者はその関係から離脱します。これについて**賃借人の合意・承諾は不要**ですが、賃貸人の地位の移転を賃借人に対抗し、賃料請求などを行うためには、**賃貸物である不動産について所有権の移転の登記をする必要があります**（同条３項）。

②　賃借人が賃借権の対抗要件を備えていない場合

不動産の譲渡人が賃貸人であるときは、その賃貸人の地位は、譲渡人と譲受人との合意により、譲受人に移転することができます（605条の３前段）。賃貸人の義務は賃貸人が誰であっても特に変わることはないため、これについて**賃借人の合意・承諾は不要**ですが、賃貸人の地位の移転を賃借人に対抗し、賃料請求などを行うためには、**賃貸物である不動産について所有権の移転の登記をする必要があります**（同後段）。

⑵　第三者からの妨害がある場合

賃貸借契約に基づいて賃借人が利用している不動産について、第三者が使用・収益を妨害している場合の規定です。

①　賃借人が賃借権の対抗要件を備えている場合

賃借人は、**不動産賃借権に基づいて第三者に妨害の停止を請求することができます**（605条の４第１号）。第三者が不動産を占有しているときは、その返還を請求することができます（同条２号）。また、賃借人は、**占有の訴え**（民法Ⅰで学習しました）を行使することができます。

②　賃借人が賃借権の対抗要件を備えていない場合

賃借人は、**占有の訴え**のみを行使することができます。

判　例

- このほか、賃貸人に対する賃借物の使用収益請求権を被代位権利として、賃貸人の第三者に対する所有物妨害排除請求権を代位行使することができます（大判昭4.12.16）。

確認してみよう

1　賃貸借契約の目的となっている土地を第三者が不法に占有している場合、賃借人は、対抗要件を具備していれば、第三者に対し、賃借権に基づいて妨害の停止を請求することができる。裁判所2010

5 (2) ① 参照　○

正しい記述です。

6 賃貸借の終了

民法第620条
　賃貸借の解除をした場合には、その解除は、将来に向かってのみその効力を生ずる。この場合においては、損害賠償の請求を妨げない。

賃貸借契約は、契約期間の満了などの事由により終了します。

当事者が賃貸借の期間を定めなかったときは、各当事者は、いつでも解約の申入れをすることができますが、賃貸借は、**解約の申入れの日から一定の期間**（土地の賃貸借は１年、建物の賃貸借は３か月、動産および貸席の賃借権は１日）**を経過することによって終了します**（617条１項）。

賃貸借の解除をした場合には、その解除は、**将来に向かってのみその効力を生じます**（620条前段）。賃貸借のような継続的契約関係において遡及効のある解除を認めると、当事者の清算関係が複雑になるためです。

判例

- 建物増改築禁止の特約があるにかかわらず、賃借人が賃貸人の承諾を得ないで増改築をした場合においても、この増改築が借地人の土地の通常の利用上相当であり、土地賃貸人に著しい影響を及ぼさないため、賃貸人に対する信頼関係を破壊するおそれがあると認めるに足りないときは、賃貸人が当該特約に基づき解除権を行使することは許されません（最判昭41.4.21）。

7 敷　金

(1) 敷金の意義

敷金（しききん）とは、賃貸借に基づいて生じる賃借人の賃貸人に対する**金銭債務を担保する目的で、賃借人が賃貸人に対して交付する金銭**をいいます。賃貸物の返還時に残存する賃料債権等は、敷金が存在する限度において敷金の充当により当然に消滅することになり、**相殺のように当事者の意思表示を必要とされていません**（622条の2第1項、最判平14.3.28）。

また、賃貸人は、賃借人が賃貸借に基づいて生じた金銭の給付を目的とする債務を履行しないときに、敷金をその債務の弁済に充てることができるのであって（同条2項）、**当然に充当されるわけではありません。**

(2) 敷金の返還時期

敷金は、次の場合に賃貸人から賃借人に返還されます。目的物の返還と敷金の返還では、前者が先履行とされ、**両債務は同時履行の関係**（533条本文）**に立ちません。**

- 賃貸借が終了し、目的物の返還を受けたとき（622条の2第1項1号）
- 賃借人が適法に賃借権を譲り渡したとき（同条項2号）

(3) 当事者の交代と敷金の承継

① 賃貸人が交代した場合

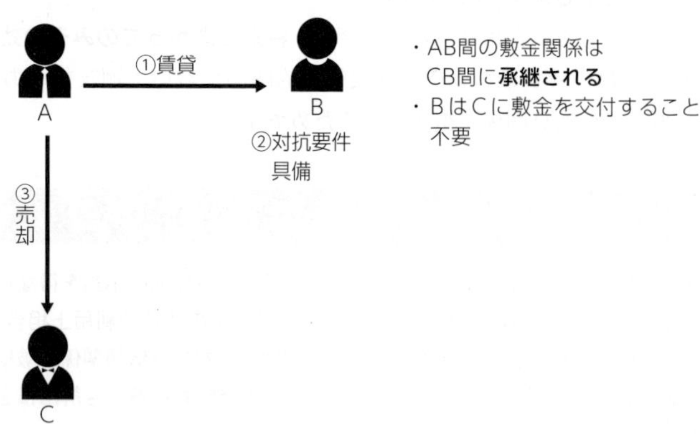

賃貸借の対抗要件を備えた不動産が譲渡され、賃貸人たる地位が譲受人に移転したときは、旧賃貸人に差し入れられた敷金は、賃借人の旧賃貸人に対する**未払賃料債務があればその弁済としてこれに当然に充当され、残額についてのみ譲受人が承継します**（605条の２第４項、最判昭44.7.17）。

判例

- 家屋の賃貸借契約終了後、明渡し前にその所有権が他に移転された場合、敷金に関する権利義務の関係は、**旧所有者と新所有者との合意のみによっては、新所有者に承継されません**（最判昭48.2.2）。
- 賃貸借契約が終了しているのであれば、賃貸借契約に従属する敷金が新所有者に承継される理由がないからです。

② 賃借人が交代した場合

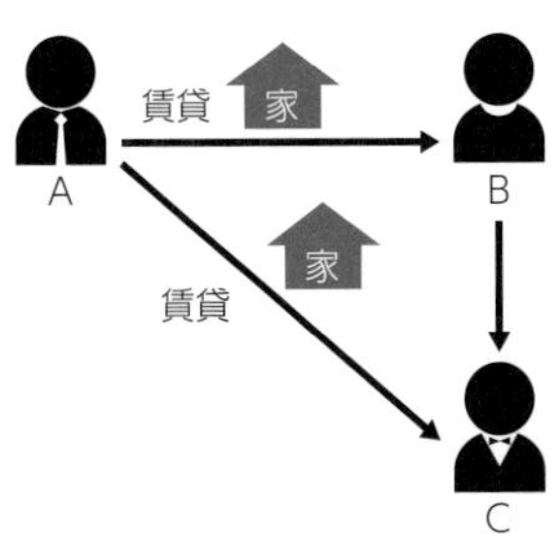

・AB間の敷金関係はAC間に**承継されない**
・ＡはＢに敷金返還し、改めてＣから敷金の交付を受けなければならない

賃借権の譲渡により賃借人が賃貸借関係から離脱した場合においては、特段の事情のない限り、敷金に関する旧賃借人の権利義務関係は**新賃借人に承継されません**（622条の２第１項２号、最判昭53.12.22）。

旧賃借人の敷金で将来新賃借人が新たに負担することとなる債務についても担保させることは、旧賃借人の予期に反して不利益を被らせる結果となるからです。

確認してみよう

① 最高裁判所の判例では、家屋賃貸借契約の終了後、明渡し前にその所有権が他に移転された場合には、敷金に関する権利義務の関係は、新所有者と旧所有者の合意のみによって、新所有者に承継されるとした。区Ⅰ2010

7 (3) ① 参照 ×

新旧所有者の合意のみによっては承継されません。

過去問にチャレンジ

問題1
★

賃貸借に関するア～オの記述のうち、妥当なもののみを全て挙げているのはどれか。

国般2013改

ア 処分の権限を有しない者であっても、賃貸人として５年以内の建物賃貸借契約を締結することができる。

イ 賃貸借契約において、当事者が賃貸借の期間を定めなかったときは、賃貸人は、いつでも契約の解約の申入れをして、直ちに賃貸物の返還を請求することができる。

ウ 賃貸人は、賃借人の責に帰すべき事由によって賃貸物の修繕が必要となった場合を除き、賃貸物の使用及び収益に必要な修繕をする義務を負う。

エ 賃借人が適法に賃借物を転貸したときは、転借人は、賃貸人と賃借人との間の賃貸借に基づく賃借人の債務の範囲を限度として、賃貸人に対して転貸借に基づく債務を直接履行する義務を負う。

オ 賃借物の一部が滅失その他の事由により使用及び収益をすることができなくなった場合において、それが賃借人の責めに帰することができない事由によるものであるときは、賃料は、賃借人の請求により、その使用及び収益をすることができなくなった部分の割合に応じて、減額される。

❶ **ア、イ**
❷ **ア、ウ**
❸ **イ、オ**
❹ **ウ、エ**
❺ **エ、オ**

【解答・解説】

正解 ④

イは直ちに賃借人に賃貸借の目的物を返還させるのは酷でしょう。**ウ**は賃貸借契約の内容からわかるでしょう。

ア ×　処分の権限を有しない者が賃貸借をする場合には、建物の賃貸借は３年の期間を超えることができません（602条）。期間の長い賃貸借は、実際上、処分行為と同様の効果を生じるために賃貸借を短期賃貸借に限定した趣旨です。したがって、「５年以内の建物賃貸借契約を締結することができる」という記述が妥当ではありません。

イ ×　当事者が賃貸借の期間を定めなかったときは、各当事者は、いつでも解約の申入れをすることができますが、賃貸借は、解約の申入れの日から一定の期間（土地の賃貸借は１年、建物の賃貸借は３か月、動産および貸席の賃借権は１日）を経過することによって終了するので（617条１項）、その後でなければ目的物の返還を請求できません。したがって、「直ちに賃貸物の返還を請求することができる」という記述が妥当ではありません。

ウ ○　賃貸人は、賃貸物の使用および収益に必要な修繕をする義務を負います（606条１項本文）。ただし、賃借人の責めに帰すべき事由によってその修繕が必要となったときは、賃貸人は、当該修繕義務を負いません（同ただし書）。賃貸借契約の当事者間の公平を図る趣旨です。したがって、妥当な記述です。

エ ○　賃借人が適法に賃借物を転貸したときは、転借人は、賃貸人と賃借人との間の賃貸借に基づく賃借人の債務の範囲を限度として、賃貸人に対して転貸借に基づく債務を直接履行する義務を負います（613条１項前段）。したがって、妥当な記述です。

オ ×　賃借物の一部が滅失その他の事由により使用および収益をすることができなくなった場合において、それが賃借人の責めに帰することができない事由によるものであるときは、賃料は、その使用および収益をすることができなくなった部分の割合に応じて、当然に減額されます（611条１項）。したがって、「賃借人の請求により」という記述が妥当ではありません。

★ **賃貸借に関するア～オの記述のうち、妥当なもののみを全て挙げているのはどれか。ただし、争いのあるものは判例の見解による。**

国税・労基2017改

ア 賃料の支払は、特約又は慣習がない場合には、前払いとされている。ただし、収穫の季節があるものについては、後払いとされている。

イ 賃借人が賃貸人の承諾を得ずに賃借物を転貸して第三者に使用又は収益をさせた場合であっても、賃借人の当該行為が賃貸人に対する背信的行為と認めるに足りない特段の事情があるときには、賃貸人は民法第612条第２項により契約を解除することはできない。

ウ 対抗要件を備えた土地の賃貸借の目的物が譲渡された場合、原則として、旧所有者と賃借人との間に存在した賃貸借関係は新所有者と賃借人との間に移転し、旧所有者はその関係から離脱するが、その所有権の移転について未登記の譲受人は、賃貸人たる地位の取得を賃借人に対抗することができない。

エ 家屋の賃貸借契約が終了しても、賃借人は、特別の約定のない限り、敷金が返還されるまでは家屋の明渡しを拒むことができる。

オ 土地の賃借権が賃貸人の承諾を得て旧賃借人から新賃借人に移転された場合であっても、旧賃借人が差し入れた敷金に関する権利義務関係は、特段の事情のない限り、新賃借人に承継されない。

❶ **ア、エ**
❷ **ウ、オ**
❸ **ア、イ、エ**
❹ **イ、ウ、オ**
❺ **イ、エ、オ**

【解答・解説】

正解 ❹

アは「賃貸借料の後払いの原則」という点が、**エ**は賃借人による目的物の返還が先履行義務である点が、ポイントです。

ア ×　賃料は、動産、建物および宅地については毎月末に、その他の土地については毎年末に、収穫の季節があるものについては、その季節の後に遅滞なく支払わなければならないとして（614条）、賃料後払いの原則を規定しています。したがって、「賃料の支払は、特約又は慣習がない場合には、前払いとされている」という記述が妥当ではありません。

イ ○　賃借人が賃貸人の承諾を得ずに第三者に賃借物の使用収益をさせた場合でも、賃借人の当該行為が賃貸人に対する背信的行為と認めるに足りない特段の事情があるときは、賃貸人は民法612条２項により契約を解除することはできません（最判昭28.9.25）。したがって、妥当な記述です。

ウ ○　対抗要件を備えた土地の賃貸借の目的物が譲渡されたときは、原則として、その不動産の賃貸人たる地位は、その譲受人に移転し（605条の２第１項、２項前段）、旧所有者はその関係から離脱します。ただし、賃貸人たる地位の移転は、賃貸物である不動産について所有権の移転の登記をしなければ、賃借人に対抗することができません（同条３項）。したがって、妥当な記述です。

エ ×　賃貸借契約終了後の賃借人の家屋明渡義務は、賃貸人の敷金返還義務に対して先履行の関係にあるので（622条の２第１項１号）、賃借人は、敷金が返還されないことを理由に家屋の明渡しを拒めません。したがって、「家屋の明渡しを拒むことができる」という記述が妥当ではありません。

オ ○　賃借権が旧賃借人から新賃借人に移転され賃貸人がこれを承諾したことにより旧賃借人が賃貸借関係から離脱した場合においては、特段の事情のない限り、敷金に関する旧賃借人の権利義務関係は新賃借人に承継されません（622条の２第１項２号、最判昭53.12.22）。旧賃借人の敷金で将来新賃借人が負担する債務についても担保させることは、旧賃借人の予期に反して不利益を被らせる結果となるからです。したがって、妥当な記述です。

問題3 ★ **賃貸借契約に関する次のア～オの記述のうち、適当なもののみを全て挙げているものはどれか（争いのあるときは、判例の見解による。）。**

裁判所2017改

ア 賃貸人は、賃借人に賃貸物の使用及び収益をさせる義務を負うとともに、それに必要な修繕をする義務を負う。

イ 不動産の賃借人は、賃貸人に対し、特約がなくても、賃借権の登記をするように請求することができる。

ウ 不動産の賃借人は、不動産の不法占拠者に対し、賃借権の対抗要件を具備していなくても、賃借権に基づき、不動産の返還の請求をすることができる。

エ 建物の賃貸借契約の終了時において、賃貸人の敷金返還債務と賃借人の建物明渡債務は同時履行の関係にあり、賃借人は、敷金の返還を受けるまで、建物の使用を継続することができる。

オ 賃借人は、賃貸物について賃貸人の負担に属する必要費を支出したときは、賃貸人に対し、直ちにその償還を請求することができる。

❶ ア、イ
❷ ア、オ
❸ イ、ウ
❹ ウ、エ
❺ エ、オ

【解答・解説】

正解 ❷

イは賃借権は「債権」であって物権でない点がポイントです。**オ**は賃借人が賃借物について必要な費用を支出して賃貸人が利得をした以上、直ちにその償還を認めるのが公平でしょう。

ア ○　賃貸人は、賃借人に賃借物の使用および収益をさせる義務を負うとともに（601条）、賃貸物の使用および収益に必要な修繕をする義務を負います（606条１項本文）。したがって、適当な記述です。

イ ×　賃借人は、賃借権の登記をする旨の特約がない場合は、賃貸人に対して賃借権の登記を請求することはできません（大判大10.7.11）。したがって、「特約がなくても」という記述が適当ではありません。

ウ ×　不動産の賃借人は、不動産の対抗要件を備えた場合には、不法にその不動産を占有している第三者に対して、その不動産の返還の請求をすることができます（605条の４第２号）。したがって、「賃借権の対抗要件を具備していなくても」という記述が適当ではありません。

エ ×　建物の賃貸借契約において、賃借人の建物明渡債務は、賃貸人の敷金返還債務に対して先履行の関係にあるので（622条の２第１項１号）、両債務は同時履行の関係（533条本文）に立ちません。その結果、賃借人は、敷金の返還を受けるまで、建物の使用を継続することはできません。したがって、「賃借人は、敷金の返還を受けるまで、建物の使用を継続することができる」という記述が適当ではありません。

オ ○　賃借人は、賃借物について賃貸人の負担に属する必要費を支出したときは、賃貸人に対し、直ちにその償還を請求することができます（608条１項）。賃借人が賃借物について必要な費用を支出して賃貸人が利得をした以上、直ちにその償還を認めるのが公平といえるからです。したがって、適当な記述です。

問題4 ★★　Aは、自己の所有する甲建物をBに賃貸し、Bは、Aの承諾を得て、甲建物をCに転貸した。この事例に関する次のア～オの記述のうち、適当なもののみを全て挙げているものはどれか（争いのあるときは、判例の見解による。）。

裁判所2017

ア　Cは、Aに対し、賃料の支払義務を負うが、Bの賃借料とCの転借料のうち、いずれか低い方の金額を支払えば足りる。

イ　Cは、Bに対して賃料を前払いしていれば、Aの賃料請求を拒むことができる。

ウ　Cは、BがAに対して賃料を支払わない場合、Bに代わって賃料を第三者弁済することができる。

エ　Aは、Bの賃料支払債務の不履行を理由にAB間の賃貸借契約を解除する場合、Cに対して賃料の支払を催告しなければならない。

オ　Aは、AB間の賃貸借契約を合意解約した場合、Cに対し、甲建物の返還を求めることができる。

❶　ア、イ
❷　ア、ウ
❸　イ、エ
❹　ウ、オ
❺　エ、オ

【解答・解説】

正解 ❷

ア・ウ・オは転借人を保護する見地から考えるとよいでしょう。

ア ○ Aが、自己所有の甲建物をBに賃貸し、BがAの承諾を得て甲建物をCに転貸したときは、Cは、AとBとの間の賃貸借に基づくBの債務の範囲を限度として、Aに対して転貸借に基づく債務を直接履行する義務を負います（613条1項前段）。すなわち、Cは、Aに対し、Bの賃貸料とCの転貸料のうち、いずれか低いほうの金額を支払えば足ります。したがって、適当な記述です。

イ × 転借人Cは、賃借人Bに対する賃料の前払いをもって賃貸人Aに対抗することができません（613条1項後段）。したがって、「Aの賃料請求を拒むことができる」という記述が適当ではありません。

ウ ○ 弁済をするについて正当な利益を有する第三者は、債務者の意思に反して弁済をすることができます（474条2項本文反対解釈）。賃貸人Aと賃借人B間の賃貸借が解除されると賃借人Bと転借人C間の転貸借も終了することから（最判昭36.12.21）、Cは、弁済をするについて正当な利益を有する者といえるので、Bに代わって（意思に反しても）弁済することができます。したがって、適当な記述です。

エ × 賃貸人Aが賃借人Bの賃料不払いを理由に賃貸借契約を解除するには、Bに対して催告をすれば足りるので、特段の事情のない限り、転借人Cに通知等をして賃料の支払いの機会を与える必要はありません（最判昭37.3.29）。したがって、「Cに対して賃料の支払を催告しなければならない」という記述が適当ではありません。

オ × Aが、自己所有の甲建物をBに賃貸し、BがAの承諾を得て甲建物をCに転貸したときは、原則として、Aは、Bとの間の賃貸借を合意により解除したことをもってCに対抗することができません（613条3項本文）。その結果、Aは、Cに対し、甲建物の返還を求めることはできません。したがって、「甲建物の返還を求めることができる」という記述が適当ではありません。

問題5 ★★ **賃貸借に関する次のア～オの記述のうち、適当なもののみをすべて挙げているのはどれか（争いのあるときは、判例の見解による。）。**

裁判所2012

ア 賃貸人Aが、Bに対して賃貸しているA所有の建物をCに譲渡し、さらに、AB間の賃貸借契約におけるAの地位をCに移転する旨合意した。この場合、賃貸人の地位は、Bの承諾がなくても、AからCに移転する。

イ A所有の建物を賃借していたBが、Aの承諾を得て同建物の賃借権をCに譲渡した。この場合、BがAに対して差し入れていた敷金は、当然にCに引き継がれる。

ウ Aから建物を賃借しているBが、Aの承諾を得ずに同建物をCに転貸した。この場合、BC間の転貸借契約は、Aの承諾を得ていないから無効である。

エ Aから土地を賃借しているBが、Aの承諾を得て同土地をCに転貸し、Cは同土地の占有を開始した。その後、Aは、Bの賃料不払いを理由に、AB間の賃貸借契約を解除した。この場合、BC間の転貸借契約は、原則として、AがCに対して同土地の明渡しを請求したときに、当然に終了する。

オ Aから土地を賃借しているBが、同土地上に建物を建て、同建物をAの承諾を得ることなく第三者Cに賃貸した場合、Aは、Bとの間の賃貸借契約を解除することができる。

❶ ア、ウ
❷ ア、エ
❸ イ、エ
❹ イ、オ
❺ ウ、オ

【解答・解説】

正解 ❷

ウは「転貸借契約」は賃借人と転借人との間で締結されている点が、**オ**はBがAから借りているのは「土地」であるのに対し、BがCに貸しているのはB所有の「建物」である点が、ポイントです。

ア ○　建物の譲渡人Aが賃貸人であるときは、その賃貸人たる地位は、賃借人Bの承諾を要しないで、Aと譲受人Cとの合意により、Cに移転させることができます（605条の3前段）。したがって、適当な記述です。

イ ×　A所有の建物を賃借していたBが、Aの承諾を得て同建物の賃借権をCに譲渡した場合、Aは、Bに対し、敷金を返還しなければならないので（622条の2第1項2号）、当然にCに敷金が引き継がれることはありません。したがって、「敷金は、当然にCに引き継がれる」という記述が適当ではありません。

ウ ×　Aから建物を賃借しているBが、Aの承諾を得ずに同建物をCに転貸した場合であっても、BとCとの転貸借契約は有効です（大判昭2.4.25）。転貸借契約は、BとCとの間で締結されるものであり、それだけではAに不利益な影響を及ぼすことはないからです。したがって、「Aの承諾を得ていないから無効である」という記述が適当ではありません。

エ ○　賃借人Bが賃貸人Aの承諾を得て土地を第三者Cに転貸し、Cが同土地を占有した後に、AがBの債務不履行を理由とする解除により終了した場合、BC間の転貸借契約は、原則として、AがCに対して土地の明渡しを請求したときに、当然に終了します（最判平9.2.25）。したがって、適当な記述です。

オ ×　Bが借地上に築造した建物をAの承諾を得ることなく第三者Cに賃貸しても、土地の無断転貸とはならないので（大判昭8.12.11）、Aは、Bとの賃貸借契約を解除することができません（612条2項）。したがって、「Aは、Bとの間の賃貸借契約を解除することができる」という記述が適当ではありません。

問題6 ★★ **Aが、自己所有の建物甲をBに賃貸し、Bが、建物甲をCに転貸した事例に関する次のア～オの記述のうち、適当なもののみを全て挙げているものはどれか（争いのあるときは、判例の見解による。）。**

裁判所2014改

ア　Bが、Aに無断で建物甲をCに転貸した場合であっても、Aは、Bとの賃貸借契約を解除しなければ、Cに対して建物甲の明渡しを請求することはできない。

イ　Aが、BからCへの転貸を承諾していた場合であっても、AとCとの間には契約関係がないから、Cは、AB間の賃貸借に基づくBの債務の範囲内であっても、Aに対して転貸借に基づく債務を直接履行する義務を負わない。

ウ　AとBが、賃貸借契約を合意によって解除した場合、AがBの債務不履行による解除権を行使できるなどの事情がない限り、Aは、Cに対して賃貸借契約の終了の効果を対抗することができない。

エ　Aが、BからCへの転貸を承諾していた場合であっても、Cが過失によって建物甲を毀損した場合は、Bは、Aに対して損害賠償責任を負う。

オ　Aが、BからCへの転貸を承諾していた場合は、BがAに対して賃料を支払わなくとも、Cを保護する必要があるから、Aは、Cに対して催告しなければ、Bとの間の賃貸借契約を解除できない。

❶ **ア、イ**
❷ **ア、ウ**
❸ **イ、オ**
❹ **ウ、エ**
❺ **エ、オ**

【解答・解説】

正解 ❹

アは無断転借人は賃貸人との関係では「不法占拠者」である点がポイントです。**イ**は転借人は賃貸人の目的物を転借している点から考えるとよいでしょう。

ア ×　Aが、自己所有の建物甲をBに賃貸し、Bが、Aに無断で建物甲をCに転貸した場合、CはAとの関係では建物甲の不法占拠者となるので、Aは、Bとの賃貸借契約を解除しなくても、Cに対し建物甲の明渡しを請求することができます（最判昭26.5.31）。したがって、「Aは、Bとの賃貸借契約を解除しなければ」という記述が適当ではありません。

イ ×　Aが、BからCへの建物甲の転貸を承諾した場合、AとCとの間には契約関係はありませんが、Cは、AとBとの間の賃貸借に基づく賃借人の債務の範囲を限度として、Aに対して転貸借に基づく債務を直接履行する義務を負います（613条1項前段）。したがって、「Aに対して転貸借に基づく債務を直接履行する義務を負わない」という記述が適当ではありません。

ウ ○　AとBが、賃貸借契約を合意によって解除した場合、AがBの債務不履行による解除権を行使できるなどの事情のない限り、Aは、Cに対して賃貸借契約の終了の効果を対抗することができません（613条3項）。したがって、適当な記述です。

エ ○　債務者の責めに帰するべき事由（故意・過失等）によって履行不能となったときは、債権者は損害賠償を請求できます（415条1項本文、2項1号）。そして、賃借人Bが賃貸人Aの承諾を得て第三者Cに建物甲を転貸した場合において、Cの過失によって建物甲が滅失したときは、Bに過失がないときでも、Bは自己の過失と同様に損害賠償責任を負います（大判昭4.6.19）。したがって、適当な記述です。

オ ×　Aが、BからCへの建物甲の転貸を承諾していた場合に、AがBの賃料不払いを理由に賃貸借契約を解除するには、Bに対して催告をすれば足りるので、特段の事情のない限り、Cに催告する必要はありません（最判昭37.3.29）。したがって、「Aは、Cに対して催告しなければ」という記述が適当ではありません。

問題7 ★★ **賃貸借に関するア〜オの記述のうち、妥当なもののみを全て挙げているのはどれか。**

国税・労基・財務2014改

ア 賃貸借は、書面によらない消費貸借と同様に要物契約であるが、有償・双務契約である点で書面によらない消費貸借と異なる。

イ 賃借人は、賃貸人の承諾を得なければ、目的物を転貸することができず、賃貸人の承諾を得ずに締結された転貸借契約は無効となる。

ウ 家屋の賃貸借の終了に伴う賃借人の家屋明渡債務と賃貸人の敷金返還債務は、一個の双務契約によって生じた対価的債務の関係にあるため、両債務の間に同時履行の関係を認めることができる。

エ 賃貸人は、賃借人に目的物を使用及び収益させる義務を負うとともに、それに必要な修繕をする義務を負う。また、賃借人は、目的物が修繕を要する状態にあり、賃貸人がこれを知らないときは、遅滞なくその旨を賃貸人に通知しなければならない。

オ 賃借人が賃貸人の承諾を得て目的物を転貸した場合、転借人は賃借人との間で契約関係を結ぶのであるから、賃貸人は、賃貸人と賃借人との間の賃貸借に基づく賃借人の債務の範囲であっても、転借人に直接賃料を請求することはできない。

❶ エ
❷ オ
❸ ア、ウ
❹ イ、エ
❺ ウ、オ

【解答・解説】

正解 ❶

イは「転貸借契約」は賃借人と転借人との間で締結される債権契約である点が、**ウ**は賃借人による目的物の返還が先履行義務である点が、ポイントです。

ア ×　書面によらない消費貸借は、要物、無償、片務契約です（587条）。これに対して、賃貸借は、諾成、有償、双務契約です（601条）。したがって、「書面によらない消費貸借と同様に要物契約である」という記述が妥当ではありません。

イ ×　賃借人は、賃貸人の承諾を得なければ、目的物を転貸することができません（612条1項）。ただし、賃貸人の承諾を得ずに賃借人と転借人の間で締結された転貸借契約は有効です。転貸借契約自体が賃貸人に不利益な影響を及ぼすことはないからです。したがって、「賃貸人の承諾を得ずに締結された転貸借契約は無効となる」という記述が妥当ではありません。

ウ ×　賃貸借契約終了後の賃借人の家屋明渡債務は、賃貸人の敷金返還義務に対して先履行の関係にあるので（622条の2第1項1号）、両債務の間に同時履行の関係（533条本文）を認めることはできません。したがって、「両債務の間に同時履行の関係を認めることができる」という記述が妥当ではありません。

エ ○　賃貸人は、賃借人に目的物を使用および収益させる義務を負う（601条）とともに、目的物の使用および収益に必要な修繕をする義務を負います（606条1項前段）。また、賃借人は、賃借物が修繕を要するときは、賃貸人がすでにそのことを知っているときを除き、遅滞なくその旨を賃貸人に通知しなければなりません（615条）。したがって、妥当な記述です。

オ ×　賃借人が賃貸人の承諾を得て目的物を転貸した場合、賃貸人は、賃貸人と賃借人との間の賃貸借に基づく賃借人の債務の範囲を限度として、転借人に直接賃料を請求することができます（613条1項前段）。したがって、「転借人に直接賃料を請求することはできない」という記述が妥当ではありません。

問題8 ★★ **賃貸借に関する記述として最も適当なものはどれか（争いのあるときは、判例の見解による。）。**

裁判所2015改

❶ 引き渡された賃借物が品質に関して契約の内容に適合しないものであっても、その不適合が賃貸人の責めに帰すべき事由によるものでないときは、賃借人は、賃貸人に対し、履行の追完を請求することができない。

❷ 甲土地の所有者ＡはＢに対して甲土地を賃貸し、Ｂは甲土地上に乙建物を建築した。ＢがＡに無断で乙建物をＣに売却した場合、Ａは、甲土地の賃貸借契約を常に解除することができる。

❸ 建物の賃料の支払時期について特に定められていない場合、翌月分の賃料を前月末日に支払うこととなる。

❹ ＡはＢに対して甲建物を賃貸して引き渡したが、甲建物の所有権はＣが有していた。この場合、甲建物を使用収益させているのはＡではなくＣだから、ＡはＢに対して賃料の支払を請求することができない。

❺ ＡはＢに対して甲建物を賃貸したが、甲建物の所有権はＣが有していた。ＣがＢに対して甲建物の明渡しを請求した場合、Ｂは以後Ａに対する賃料支払を拒むことができる。

【解答・解説】

正解 ❺

❷は「常に」という点がポイントです。❺は賃借人の保護から考えるとよいでしょう。

❶ ×　引き渡された賃借物が品質に関して契約の内容に適合しないものであるときは、買主は、売主に対し、目的物の修補、代替物の引渡しまたは不足分の引渡しによる履行の追完を請求することができます（559条、562条本文）。そして、その不適合が賃貸人の責めに帰すべき事由によるものでないときであっても、賃借人は、履行の追完の請求をすることができます（562条２項参照）。したがって、「その不適合が賃貸人の責めに帰すべき事由によるものでないときは」という記述が適当ではありません。

❷ ×　賃借人Ｂが賃貸人Ａから賃借している甲土地上に乙建物を建築し、Ａの承諾を得ずに乙建物を第三者Ｃに売却した場合、ＢはＣに対して敷地の賃借権も譲り渡したものと認められます（87条２項類推適用、最判昭47.3.9）。ただし、特段の事情が認められるときには賃借権の無断譲渡に当たらないので、Ａは解除することはできません（同判例）。したがって、「常に解除することができる」という記述が適当ではありません。

❸ ×　賃料は、動産、建物および宅地については毎月末に、その他の土地については毎年末に、支払わなければなりません（614条本文）。すなわち、賃料は後払いが原則です。したがって、「翌月分の賃料を前月末日に支払うこととなる」という記述が適当ではありません。

❹ ×　ＡがＢに対してＣ所有の甲建物を賃貸して引き渡した場合でも、ＡＢ間に賃貸借契約は有効に成立します（559条、561条）。そして、Ａは、Ｂに甲建物を引き渡している以上、Ｂに対して賃料の支払いを請求することができます（601条）。したがって、「ＡはＢに対して賃料の支払を請求することができない」という記述が適当ではありません。

❺ ○　ＡがＢに対してＣ所有の甲建物を賃貸して引き渡した場合、ＣがＢに対して甲建物の明渡しを請求したときは、Ｂは以後Ａに対する賃料支払いを拒むことができます（最判昭50.4.25）。したがって、適当な記述です。

問題9 ★★ **賃貸借に関するア〜オの記述のうち、妥当なもののみを全て挙げているのはどれか。ただし、争いのあるものは判例の見解による。**

国般2018

ア 不動産の賃借人は、賃借権に基づいて、賃貸人に対して当然にその登記を請求する権利を有する。

イ 賃貸借契約の解除をした場合には、その解除は契約締結時に遡ってその効力を生ずるが、解除以前に生じた損害賠償請求権は消滅しない。

ウ 建物の賃借人が有益費を支出した後、建物の所有権譲渡により賃貸人が交替した場合には、特段の事情のない限り、新賃貸人が当該有益費の償還義務を承継し、旧賃貸人は償還義務を負わない。

エ 貸主Aが借主Bとの間で建物の賃貸借契約を締結し、更にBがAの同意を得てCとの間で当該建物の転貸借契約を締結した場合において、AB間の賃貸借契約がBの債務不履行を原因として解除により終了したときであっても、AはCに当該建物の返還を請求することはできない。

オ AがBに対して建物所有を目的として土地を賃貸しており、その契約中にBがAの承諾を得ずに借地内の建物の増改築をするときはAは催告を要せずに契約の解除ができる旨の特約があるにもかかわらず、BがAの承諾を得ずに建物の増改築をした場合において、当該増改築が借地人の土地の通常の利用上相当であり、土地賃貸人に著しい影響を及ぼさないため、賃貸人に対する信頼関係を破壊するおそれがあると認めるに足りないときは、Aは当該特約に基づき解除権を行使することができない。

❶ **ア、イ**
❷ **ア、ウ**
❸ **イ、エ**
❹ **ウ、オ**
❺ **エ、オ**

【解答・解説】

正解 ❹

アは賃借権は「債権」であって物権でない点が、**イ**は賃貸借契約が「継続的契約」である点が、ポイントです。

ア ×　不動産の賃借人は、賃借権の登記をする旨の特約がない場合は、賃貸人に対して賃借権の登記を請求することはできません（大判大10.7.11）。したがって、「賃貸人に対して当然にその登記を請求する権利を有する」という記述が妥当ではありません。

イ ×　賃貸借の解除をした場合には、その解除は、将来に向かってのみその効力を生じます（620条前段）。賃貸借のような継続的契約関係において遡及効のある解除を認めると、当事者の清算関係が複雑となるからです。したがって、「その解除は契約締結時に遡ってその効力を生ずる」という記述が妥当ではありません。

ウ ○　建物の賃借人が有益費（608条２項）を支出した後、建物の所有権譲渡により賃貸人が交替した場合には、特段の事情のない限り、新賃貸人が旧賃貸人の有益費を承継し、旧賃貸人は償還義務を負うことはありません（最判昭46.2.19）。したがって、妥当な記述です。

エ ×　貸主Ａが借主Ｂとの間で建物の賃貸借契約を締結し、さらにＢがＡの同意を得てＣとの間で当該建物の転貸借契約を締結した後に、ＡＢ間の賃貸借契約がＢの債務不履行を原因として解除により終了したときは、ＡはＣに当該建物の返還を請求することができます（613条３項ただし書、最判昭36.12.21）。したがって、「ＡはＣに当該建物の返還を請求することはできない」という記述が妥当ではありません。

オ ○　ＡとＢとの間でＢが賃借地内の建物を無断で増改築したときは、Ａは無催告で賃貸借契約を解除することができる旨の特約がある場合でも、Ｂの増改築が土地の通常の利用上相当であり、Ａに著しい影響を及ぼさないため、Ａに対する信頼関係を破壊するおそれがあると認めるに足りないときは、Ａは当該特約に基づき解除権を行使することはできません（最判昭41.4.21）。したがって、妥当な記述です。

賃貸借に関する記述として最も妥当なものはどれか（争いのあるときは、判例の見解による。）。

★★

裁判所2018改

❶ Ａから甲土地を賃借しているＢが、Ｃに対して適法に甲土地を転貸したとき、Ｃは、ＡとＢとの間の賃貸借に基づくＢの債務の範囲内であっても、Ａに対して直接に義務を負わない。

❷ 借地上の建物の賃借人は、その敷地の地代の弁済について正当な利益を有する者とはいえないので、借地人の意思に反して、第三者として地代を弁済することができない。

❸ 建物の賃貸借契約において、契約が終了し建物が明け渡された後に敷金の返還請求がされた場合、賃料の未払があるときは、敷金が当然に充当されるため、賃貸人が賃借人に相殺の意思表示をする必要はない。

❹ 賃貸借契約が解除されたときは、その賃貸借は契約の時に遡って効力を失う。

❺ Ａは自己が所有する土地をＢに賃貸し、Ｂはその土地上に建物を建て、それをＣに賃貸し、Ｃはその建物の引渡しを受け居住している。ＡＢ間の賃貸借契約が合意解除された場合、Ｃは建物の賃借権をもってＡに対抗することができない。

【解答・解説】

正解 ❸

❶は転借人は賃貸人の目的物を転借している以上、賃貸人に直接に義務を負うべきでしょう。❹は賃貸借が「継続的契約」である点が、ポイントです。

❶ ×　Aから甲土地を賃借しているBが、Cに対して適法に甲土地を転貸したときは、Cは、AとBとの間の賃貸借に基づくBの債務の範囲を限度として、Aに対して転貸借に基づく債務を直接履行する義務を負います（613条1項前段）。したがって、「Aに対して直接に義務を負わない」という記述が妥当ではありません。

❷ ×　弁済をするについて正当な利益を有する第三者は、債務者の意思に反して弁済をすることができます（474条2項本文反対解釈）。そして、借地上の建物の賃借人は、土地の賃借権が消滅するとその上の建物も存続できなくなるため、その敷地の地代の弁済について正当な利益を有する第三者です（最判昭63.7.1）。したがって、全体的に妥当な記述ではありません。

❸ ○　賃貸物の返還時に残存する賃料債権等は、敷金が存在する限度において敷金の充当により当然に消滅することになるので、相殺の意思表示は必要とされていません（622条の2第1項柱書、最判平14.3.28）。したがって、妥当な記述です。

❹ ×　賃貸借契約が解除されたときは、その賃貸借は将来に向かって効力を失います（620条前段）。したがって、「その賃貸借は契約の時に遡って効力を失う」という記述が妥当ではありません。

❺ ×　Aが自己所有の土地をBに賃貸し、Bがその上に建物を建て、それを第三者Cに賃貸し、Cがその建物に居住した後に、AB間で当該土地の賃貸借契約を合意解除しても、特別の事情がない限り、Cは建物の賃借権をもってAに対抗することができます（613条3項本文参照、最判昭38.2.21）。AB間で土地の賃貸借が合意解除されると、転貸借はその基礎を失って消滅するので、Cが目的物を使用収益できなくなってしまうという不利益を防止する趣旨です。したがって、「Cは建物の賃借権をもってAに対抗することができない」という記述が妥当ではありません。

問題11 ★★★ **敷金に関する次のア〜オの記述のうち、適当なもののみをすべて挙げているのはどれか（争いのあるときは、判例の見解による。）。**

裁判所2011

ア 賃借人から賃貸人に対し、十分な敷金が差し入れられている場合、賃料不払があっても、敷金がこれに充当されるから、賃貸人は、賃料不払を理由として賃貸借契約の解除をすることはできない。

イ 賃貸借契約終了時に賃借人に賃料不払の債務がある場合、不払の賃料額分が当然に敷金から控除されるのではなく、当事者による相殺の意思表示が必要である。

ウ 賃貸借契約終了後の賃借人の目的物返還義務と賃貸人の敷金返還義務は同時履行の関係に立つ。

エ 賃貸借契約の存続中に目的物である建物が譲渡され、賃借人が建物の譲受人に賃借権を対抗できる場合、賃借人が旧賃貸人に対して差し入れていた敷金の法律関係は、旧賃貸人に対する未払賃料等の債務を控除した残額につき、当然に譲受人に引き継がれる。

オ 賃貸借契約終了後に目的物の修補に要した費用は、その修補が通常の使用によって生じた損耗に対するものである場合、特約のない限り賃貸人の負担であり、これを敷金から控除することはできない。

❶ ア、イ
❷ ア、エ、オ
❸ イ、ウ
❹ ウ
❺ エ、オ

【解答・解説】

正解 ❺

ウは賃借人による目的物の返還が先履行義務である点が、**エ**は「賃借人が建物の譲受人に賃借権を対抗できる場合」である点が、ポイントです。

ア ×　賃貸人は、賃借人が賃貸借に基づいて生じた金銭の給付を目的とする債務を履行しないときは、敷金をその債務の弁済に充てることができるのであって（622条の2第2項前段）、当然に充当されるわけではありません。したがって、「賃料不払があっても、敷金がこれに充当される」という記述が適当ではありません。

イ ×　賃貸借終了時に賃借人に賃料不払いの債務がある場合、当該不払いの賃料額分は、敷金が存在する限度において敷金の充当により当然に消滅することになるので、当事者による相殺の意思表示は必要とされていません（622条の2第1項柱書、最判平14.3.28）。したがって、「当事者による相殺の意思表示が必要である」という記述が適当ではありません。

ウ ×　賃貸借契約終了後の賃借人の目的物返還義務は、賃貸人の敷金返還義務に対して先履行の関係にあるので（622条の2第1項1号）、両義務は同時履行の関係（533条本文）に立ちません。したがって、「賃借人の目的物返還義務と賃貸人の敷金返還義務は同時履行の関係に立つ」という記述が適当ではありません。

エ ○　賃貸借の対抗要件を備えた不動産が譲渡され、賃貸人たる地位が譲受人に移転したときは、旧賃貸人に差し入れられた敷金は、賃借人の旧賃貸人に対する未払賃料債務があればその弁済としてこれに充当され、残額につき当然に譲受人に引き継がれます（605条の2第4項、最判昭44.7.17）。したがって、適当な記述です。

オ ○　賃借人は、賃借物を受け取った後にこれに生じた損傷が通常の使用および収益によって生じた賃借物の損耗並びに賃借物の経年変化である場合は、賃貸借が終了したときに、その損傷を原状に復する義務を負うことはありません（621条本文かっこ書、最判平17.12.16）。したがって、適当な記述です。

★★★

民法に規定する賃貸借に関する記述として、判例、通説に照らして、妥当なのはどれか。

区Ⅰ2016

❶ 賃貸人は、賃貸物の使用及び収益に必要な修繕をする義務を負い、特約によって修繕義務を免れることは一切できず、賃借人は、賃借物が修繕を要するときは、遅滞なくその旨を賃貸人に通知しなければならないが、賃貸人が既にこれを知っているときは、この限りでない。

❷ 賃貸人が賃貸物の保存に必要な行為をしようとするときは、賃借人はこれを拒むことができず、賃貸人が賃借人の意思に反して保存行為をしようとする場合において、そのために賃借人が賃借をした目的を達することができなくなるときであっても、賃借人は契約の解除をすることができない。

❸ 最高裁判所の判例では、民法は、賃貸人の承諾なく賃借人から第三者への賃借権の譲渡をしたときは、賃貸人は賃貸借契約を解除することができる旨を定めているが、小規模で閉鎖的な有限会社において、持分の譲渡及び役員の交代により実質的な経営者が交代した場合、当該賃借権の譲渡に当たるとした。

❹ 最高裁判所の判例では、家屋の賃貸借終了後家屋明渡前にその所有権が他に移転された場合、敷金に関する権利義務の関係は、旧所有者と新所有者との合意のみによって新所有者に承継されるが、賃貸借終了後であっても、その明渡前においては、敷金返還請求権を転付命令の対象とすることはできないとした。

❺ 最高裁判所の判例では、土地の賃貸借契約において、適法な転貸借関係が存在する場合に、賃貸人が賃料の不払を理由に契約を解除するには、特段の事情のない限り、転借人に通知等をして賃料の代払の機会を与えなければならないものではないとした。

【解答・解説】 正解 ❺

❶は例えば賃貸人が賃料を安くする代わりに通常の修繕義務を負わないとの特約をしても賃借人に不利益とはならないでしょう。❹は「家屋の賃貸借終了後」である点が、ポイントです。

❶ ×　賃貸人は、目的物の使用および収益に必要な修繕をする義務を負います（606条1項前段）。ただし、賃借人が一定の範囲で修繕義務を負うものとする特約は有効です（最判昭29.6.25）。また、賃借人は、賃借物が修繕を要するときは、賃貸人がすでにこれを知っているときを除き、遅滞なくその旨を賃貸人に通知しなければなりません（615条）。したがって、「特約によって修繕義務を免れることは一切できず」という記述が妥当ではありません。

❷ ×　賃貸人が賃貸物の保存に必要な行為をしようとするときは、賃借人は、これを拒むことができません（606条2項）。ただし、賃貸人が賃借人の意思に反して保存行為をしようとする場合において、そのために賃借人が賃借をした目的を達することができなくなるときは、賃借人は、契約の解除をすることができます（607条）。したがって、「賃借人は契約の解除をすることができない」という記述が妥当ではありません。

❸ ×　賃借人である小規模で閉鎖的な有限会社において、持分の譲渡および役員の交代により実質的な経営者が交代しても、会社が借主であることには変わりはないので、賃借権の譲渡（612条1項）には当たらないとされています（最判平8.10.14）。したがって、「当該賃借権の譲渡に当たる」という記述が妥当ではありません。

❹ ×　家屋の賃貸借終了後家屋明渡前にその所有権が他に移転された場合、敷金に関する権利義務の関係は、旧所有者と新所有者との間の合意のみによって新所有者に承継されることはありません（最判昭48.2.2）。また、賃貸借終了後であっても、その明渡前においては、敷金返還請求権は、その発生および金額の不確定な権利であるので、転付命令の対象とすることはできません（同判例）。したがって、「敷金に関する権利義務の関係は、旧所有者と新所有者との合意のみによって新所有者に承継される」という

記述が妥当ではありません。

❺ ○　土地の賃貸借契約において、適法な転貸借関係が存する場合に、賃貸人が賃借人の賃料不払いを理由に賃貸借契約を解除するには、賃借人に対して催告をすれば足りるので、特段の事情のない限り、転借人に通知等をして賃料の代払いの機会を与える必要はないとされています（最判昭37.3.29）。したがって、妥当な記述です。

MEMO

問題13 ★★★

民法に規定する賃借権に関する記述として、判例、通説に照らして、妥当なのはどれか。

区Ⅰ2020

❶ 賃貸人が賃貸物の保存に必要な行為をしようとする場合において、そのために賃借人が賃借をした目的を達することができなくなるときは、賃借人は、これを拒むこと又は賃料の減額を請求することができる。

❷ 賃借人は、賃借物について賃貸人の負担に属する必要費を支出したときは、賃貸人に対し、賃貸借を終了した時に限り、その費用の償還を請求することができる。

❸ 最高裁判所の判例では、家屋の賃貸借における敷金契約は、賃貸人が賃借人に対して取得することのある債権を担保するために締結されるものであって、賃貸借契約に付随するものであるから、賃貸借の終了に伴う賃借人の家屋明渡債務と賃貸人の敷金返還債務とは、一個の双務契約によって生じた対価的債務の関係にあり、特別の約定のない限り、同時履行の関係に立つとした。

❹ 最高裁判所の判例では、適法な転貸借関係が存在する場合、賃貸人が賃料の不払を理由として賃貸借契約を解除するには、特段の事情のない限り、転借人に通知をして賃料の代払の機会を与えなければならないとした。

❺ 最高裁判所の判例では、土地賃借権が賃貸人の承諾を得て旧賃借人から新賃借人に移転された場合であっても、敷金に関する敷金交付者の権利義務関係は、敷金交付者において賃貸人との間で敷金をもって新賃借人の債務の担保とすることを約し、又は新賃借人に対して敷金返還請求権を譲渡する等、特段の事情のない限り、新賃借人に承継されないとした。

【解答・解説】　　正解 ❺

❷は「必要費」と「有益費」の違いに注意が必要です。❺は賃貸人の承諾を得て賃貸借関係から離脱した旧賃借人の利益保護の点から考えるとよいでしょう。

❶ ×　賃貸人が賃借人の意思に反して保存行為をしようとする場合において、そのために賃借人が賃借をした目的を達することができなくなるときは、賃借人は、契約の解除をすることができますが（607条）、保存行為を拒むことや賃料の減額を請求することはできません。したがって、「賃借人は、これを拒むこと又は賃料の減額を請求することができる」という記述が妥当ではありません。

❷ ×　賃借人は、賃借物について賃貸人の負担に属する必要費を支出したときは、賃貸人に対し、直ちにその償還を請求することができます（608条１項）。したがって、「賃貸借を終了した時に限り」という記述が妥当ではありません。なお、賃借人は、有益費を支出したときは、賃貸人に対し、賃貸借の終了の時に、その費用の償還を請求することができます（同条２項）。

❸ ×　家屋の賃貸借契約において、賃貸借の終了に伴う賃借人の家屋明渡債務は、賃貸人の敷金返還債務に対して先履行の関係にあるので（622条の２第１項１号）、両債務は同時履行の関係（533条本文）に立ちません（最判昭49.9.2）。したがって、「同時履行の関係に立つ」という記述が妥当ではありません。

❹ ×　土地の賃貸借契約において、適法な転貸借関係が存在する場合、賃貸人が賃料不払いを理由として賃貸借契約を解除するには、賃借人に対して催告をすれば足りるので、特段の事情のない限り、転借人に通知をして賃料の代払いの機会を与える必要はありません（最判昭37.3.29）。したがって、「転借人に通知をして賃料の代払の機会を与えなければならない」という記述が妥当ではありません。

❺ ○　土地の賃借権が賃貸人の承諾を得て旧賃借人から新賃借人に移転され、旧賃借人が賃貸借関係から離脱した場合においては、敷金に関する敷金交付者（旧賃借人）の権利義務関係は、敷金交付者において賃貸人との間で

敷金をもって新賃借人の債務の担保とすることを約する等、特段の事情のない限り、新賃借人に承継されません（622条の２第１項２号、最判昭53.12.22）。旧賃借人の敷金で将来新賃借人が新たに負担する債務を担保させることは、旧賃借人の予期に反して不利益を被らせることになるからです。したがって、妥当な記述です。

MEMO

4 契約各論Ⅲ（その他の契約）

学習のポイント

・ここでは、売買、賃貸借以外の典型契約のうち主要なものを取り扱います。
・特に、請負と委任の出題頻度が高いので、これらを中心に押さえておきましょう。

1 贈　与

(1) 意　義

贈与（ぞうよ）とは、**当事者の一方がある財産を無償で相手方に与える意思を表示し、相手方が受諾することによって、その効力を生ずる契約**です（549条）。贈与を行う側を**贈与者**（ぞうよしゃ）、贈与を受ける側を**受贈者**（じゅぞうしゃ）といいます。贈与は**片務・諾成・無償契約**です。

(2) 贈与者の引渡義務等

贈与の目的である特定物について、目的物として特定した時の状態で引き渡すことを約束したものと推定されます（551条１項）。

(3) 贈与の解除

書面によらない贈与は、各当事者が解除することができます（550条本文）。軽率に贈与契約を行ってしまった場合の救済です。

ただし、書面によらない贈与でも、履行が終わった部分については解除することができません（同ただし書）。「履行が終わった」と評価されるのは次のような場合です。

動産	引き渡したとき（現実の引渡し、簡易の引渡し、占有改定、指図による移転）
不動産	引き渡したとき（最判昭31.1.27）または移転登記をしたとき（最判昭40.3.26）

(4) 負担付贈与

負担付贈与とは、**贈与契約の一部として受贈者に一定の給付義務を負担させる契約**をいいます。

負担付贈与については、**その性質に反しない限り双務契約に関する規定を準用**され（553条）、解除の規定（545条1項本文）や、同時履行の抗弁権の規定（533条）が適用されます。

また、目的物に契約不適合があった場合、贈与者は、契約不適合の責任を負います（551条2項）。

確認してみよう

① 贈与とは、当事者の一方がある財産を無償で相手方に与える意思を表示し、相手方が受諾をすることによって成立する契約のことをいい、無償契約、片務契約であり、諾成契約である。区Ⅰ2017

1 (1) 参照 ○

正しい記述です。

② 書面によらない贈与は、贈与の目的物が動産である場合、その動産の引渡しをもって履行の終了となり、各当事者は解除することができなくなるが、この引渡しは、現実の引渡しに限られ、占有改定や指図による移転は含まれない。区Ⅰ2017

1 (3) 参照 ×

現実の引渡しだけでなく、簡易の引渡し、占有改定、指図による移転も含まれます。

③ 負担付贈与とは、贈与契約の際に受贈者に負担を課すもので、双務契約に関する規定が適用されるが、同時履行の抗弁権の規定の適用はない。区Ⅰ2009

1 (4) 参照 ×

同時履行の抗弁権の規定も適用されます。

2 消費貸借

(1) 意 義

消費貸借（しょうひたいしゃく）とは、**当事者の一方**（借主）**が、種類・品質・数量の同じ物をもって返還することを約して、相手方**（貸主）**から金銭その他の物を受け取ることによって成立する契約**をいいます（587条）。

お金を借りて返す場合のように、借りた個体と返す個体が別の物になるような貸借契約です。書面によらない場合と書面による場合とで契約の性質が異なります。

① 書面によらない消費貸借

書面によらない消費貸借は、貸主から借主に物が引き渡された時点で効力を生じます（587条）。この時点で貸主から借主への引渡しが済んでいるので、借主から貸主への返還義務だけが残ります。したがって、**片務・要物契約**に当たります（無利息であれば無償契約、利息つきであれば有償契約となります）。

② 書面による消費貸借

書面による消費貸借は、実際の引渡しの前に書面で約束を交わす時点で効力を生じます（587条の２第１項）。したがって、**片務・諾成契約**に当たります（無利息であれば無償契約、利息つきであれば有償契約となります）。

(2) 返還時期

① 返還時期の定めがある場合

返還時期を定めていた場合は、貸主は約束していた時期に返還請求を行えます。借主の側からは返還時期が到来していなくても返還することができます（591条２項）。ただし、借主が返還時期の前に返還したことにより貸主が損害を受けたときは、貸主は借主に損害賠償請求ができます（同条３項）。

② 返還時期の定めのない場合

返還時期を定めなかった場合は、貸主は、相当の期間を定めて返還の催告をすることができます（591条１項）。借主の側からはいつでも返還することができます（同条２項）。

確認してみよう

① 返還時期の定めがある無利息の消費貸借では、借主は、返還時期に限り、目的物を返還することができる。裁判所2020

2 (2) ① 参照 ×

借主の側からは、返還時期が到来していなくても返還できます。

② 返還時期の定めのない消費貸借では、借主は、貸主から返還を求められれば、直ちに返還しなければならない。裁判所2020

2 (2) ② 参照 ×

返還時期の定めのない消費貸借では、貸主は、相当の期間を定めて返還の催告をします。直ちに返還しなければならないわけではありません。

③ 返還時期の定めのない消費貸借では、借主は、相当な期間を定めて催告しただけでは返還をすることができない。裁判所2020

2 (2) ② 参照 ×

借主の側からは、いつでも返還することができます。

3 使用貸借

(1) 意 義

使用貸借(しようたいしゃく)は、**当事者の一方がある物を引き渡すことを約し、相手方がその受け取った物について無償で使用および収益をして契約が終了したときに返還をすることを約することによって成立する契約**です（593条）。

消費貸借とは異なり、借りた個体と返す個体が同一の物になります。また、賃貸借と異なり賃料が生じません。よって、**片務・諾成・無償契約**に当たります。

(2) 貸主・借主の権利義務

① 貸主の権利義務

貸主は、借主が借用物を受け取るまで契約を解除することができます（593条の

２本文)。ただし、書面による使用貸借契約の場合は借主が受け取る前であっても解除できません（同ただし書）。

また、貸主は目的物の引渡し義務を負います（596条）。

② 借主の権利義務

借主は、借用物を使用・収益することができます（593条）。

また、借主は、借用物の返還（593条）、契約またはその目的物の性質によって定まった用法の遵守（594条１項）、使用貸借中に借用物に付属した物の収去義務（599条１項本文）を負うとともに収去権（同条２項）を有します。

借主が、貸主の承諾を得ずに借用物を第三者に使用または収益をさせた場合、貸主は、借主に催告することなく、契約を解除することができます（無催告解除：594条３項）。

③ 必要費・有益費の償還

通常の必要費（借用物の維持のために必要な補修費用等）**は、借主が負担**します（595条１項）。使用貸借は無償契約なので、この程度は借主が負担すべきという考え方です。

その他の必要費（予想外の事態が生じたための必要費）や有益費は、貸主に償還を請求できます（同条２項）。

⑶ 使用貸借の終了

使用貸借契約は、次のような事由で終了します。

① 期間満了等による終了

使用貸借の期間を当事者で定めていた場合、使用貸借は、その**期間が満了することで終了**します（597条１項）。また、期間を定めなかったものの使用・収益の目的を当事者で定めていた場合、使用貸借は、**借主がその目的を達成することで終了**します（同条２項）。また、**借主の死亡によっても終了**します（同条３項）。

② 解除による終了

当事者が使用貸借の期間を定めず使用・収益の目的のみを定めていた場合、**その目的に従い借主が使用・収益をするのに足りる期間が経過すると貸主からの解除で終了**します（598条１項）。当事者で**期間も目的も定めていなかった場合は、いつでも貸主からの解除で終了**します（同条２項）。また、借主からは、いつでも契約の解除ができ、これによって終了します（同条３項）。

確認してみよう

① 使用貸借は、借主が物を受け取ることによってその効力が生じる。「受け取る」とは、借主が物の引渡しを受けることであるが、使用貸借の効力が生じるためには、簡易の引渡しや占有改定では足りず、借主への現実の引渡しが必要である。国般2015

3 (1) 参照 ×

使用貸借は諾成契約であり、当事者どうしが約することのみで効力を生じます。

② 使用貸借において、借主が、貸主の承諾を得ずに借用物を第三者に使用又は収益をさせた場合、貸主は、借主に催告をしなければ、契約を解除することはできない。国般2015

3 (2) ② 参照 ×

このような場合は、無催告での解除が可能です。

③ 使用貸借の借主は、無償で借用物の使用及び収益をすることができることとの均衡を図るため、特約のない限り、借用物の通常の必要費、災害により破損した借用物の修繕費等の特別の必要費及び借用物の有益費のいずれも負担しなければならない。国般2015

3 (2) ③ 参照 ×

通常の必要費は借主が負担しますが、有益費、特別の必要費は貸主に償還を請求できます。

④ 使用貸借は、返還時期の定めがある場合、期限到来により終了する。また、使用貸借は、借主が死亡した場合も、特約のない限り、終了する。国般2015

3 (3) ① 参照 ○

正しい記述です。

4 請　負

> 民法第632条
> 　請負は、当事者の一方がある仕事を完成することを約し、相手方がその仕事の結果に対してその報酬を支払うことを約することによって、その効力を生ずる。

(1) 意　義

請負(うけおい)は、**当事者の一方がある仕事を完成することを約し、相手方がその仕事の結果に対してその報酬を支払うことを約することによって、その効力を生ずる契約**です（632条）。

仕事を完成する側を**請負人**(うけおいにん)、仕事を発注する側を**注文者**といいます。請負は**双務・諾成・有償契約**です。

(2) 請負人の義務

① 仕事完成義務

請負人は、契約の成立により定められた仕事を完成する義務を負います（632条）。

注文者の報酬支払義務と請負人の仕事の目的物引渡義務は同時履行の関係に立ちますが（633条）**、請負人の仕事完成義務は、注文者の報酬支払義務より先に履行する必要があります**。

② 完成物の引渡義務

契約の目的が物の製作である場合、請負人は完成物を注文者に引き渡す義務を負います（632条）。

(3) 注文者の義務

注文者は、請負人に対して報酬を支払う義務を負います（632条）。

請負人の報酬債権は、**請負契約成立の時に発生します**（大判昭5.10.28）が、報酬の支払時期については、特約があればその特約に従います。特約がなく**仕事の目的物の引渡しが必要な場合は引渡しと同時、引渡しが必要ない場合は後払いとなります**（633条）。

補足

注文者の責めに帰すべき事由によって仕事の完成が不能となったときは、注文者は、報酬の支払いを拒むことができず、一方、請負人は、自己の債務を免れたことによって利益を得たときは、これを注文者に償還しなければなりません（559条、536条２項）。

⑷　下請負人の使用

請負は「仕事を完成すること」を約束する契約であり、原則的には誰がその仕事をするかを問うものではありませんので、**請負人が別の者に仕事をさせる**ことがあります。これを**下請け**(したう)といい、下請け契約を請け負う人を**下請負人**(したうけおいにん)といいます。

判例

- **下請負契約はもとの請負契約とは別個独立した関係にあり、注文者と下請負人との間には直接の法律関係はないため、下請負人は、注文者に対して直接義務を負うことはありません**（大判明41.5.11）。

⑸　仕事が完成できなくなった場合

仕事の完成ができなくなった場合、請負人・注文者の債権・債務関係がどのように処理されるのかを見ていきます。

①　請負人の責めに帰すべき事由によって仕事の完成ができなくなった場合

仕事が完成していないので、**注文者は報酬支払義務を負いません**。また、請負人の債務不履行となるので、注文者は請負人に損害賠償請求ができます（415条１項本文）。

②　注文者の責めに帰すべき事由によって仕事の完成ができなくなった場合

この場合は、**注文者は全額の報酬支払義務を負います**。請負人が残債務を免れることによって利益を得たときは、これを**注文者に償還する必要があります**（536条２項）。

③　両当事者に帰責事由がない場合

仕事が完成していないので、**注文者は報酬支払義務を負いません**。

④　注文者が受ける利益の割合に応じて報酬を請求できる場合

請負人が途中まで仕事を進めており、そのことが注文者に一定の利益をもたらす場合にも、全く報酬を請求できないのは酷といえます。このことから、仕事のうち完成した部分を評価して報酬を発生させるという考え方です。

注文者の責めに帰すべき事由によって仕事の完成ができなくなった場合を除き、請負人は、注文者が受ける利益の割合に応じて報酬を請求できます（634条１号）。また、請負が仕事の完成前に解除されたときも同様に報酬を請求できます（同条２

号）。

⑹ 目的物の所有権の帰属

請負契約の内容が建築物等の製作である場合、仕事の目的物の所有権の帰属が問題になります。最終的には請負人から注文者に引き渡されて注文者に帰属するわけですが、完成後・引渡前の段階では請負人に帰属するのか注文者に帰属するのかという問題です。

当事者間に特約が定められていればそれによりますが、特約のない場合は次のとおりとなります。

① 注文者が材料の全部または主要部分を供給した場合

判 例

- 所有権は注文者に帰属します（大判昭7.5.9）。

② 請負人が材料の全部または主要部分を供給した場合

判 例

- 請負人が目的物を注文者に引き渡した時に、所有権が注文者に移転します（大判明37.6.22）。
- ただし、注文者が、建築工事完成前に請負代金の全額の支払いを完了したときは、特別の事情がない限り、工事完了と同時に注文者が建物の所有権を原始的に取得します（大判昭18.7.20）。全額でなく大半の金額の支払いを完了していたときも同様です（最判昭44.9.12）。

③　下請負人が材料の全部または主要部分を供給した場合

判例

- 建物建築工事の注文者と請負人の間に、請負契約が途中で解除された際の出来形部分の所有権が注文者に帰属する旨の約定がある場合、この仕事を請負人から一括下請負の形で請け負った下請負人が自ら材料を提供して出来形部分を築造していたとしても、注文者と下請負人との間に格別の合意があるなど特段の事情のない限り、この出来形部分の所有権は注文者に帰属します（最判平5.10.19）。
- 下請負人は注文者との関係では、元請負人の履行補助者的立場に立つものにすぎず、注文者のためにする工事に関して元請負人と異なる権利関係を主張し得る立場にはないからです。

(7)　仕事の内容に契約不適合があった場合

請負人から供された仕事の内容に契約不適合があった場合、注文者は請負人に追完請求、報酬減額請求、損害賠償請求、契約の解除を行うことができます（559条、562条1項本文、564条）。

請負人がこれらの責任を負わない旨の特約をしたときであっても、**請負人が契約不適合の存在を知りながら注文者に告げなかった事実については、その責任を免れることができません**（559条、572条）。

請負人が目的物の品質に不適合があるのを知っていながら責任を免れるのは、注文者にとって不利益となるからです。

補足

注文者の供した材料の性質または注文者の与えた指図によって請負契約の目的物に品質の不適合が生じた場合でも、請負人がその材料または指図が不適当であることを知りながら告げなかったときは、注文者は、履行の追完の請求、報酬の減額の請求、損害賠償請求、契約の解除をすることができます（636条）。

(8) 請負の終了

請負契約は次のような事由により終了します。

① 注文者による契約の解除

注文者は、**請負人が仕事を完成しない間は、いつでも損害を賠償して契約を解除することができます**（641条）。注文者が請負人による仕事の完成を必要としなくなった場合に請負契約の解除を認めることが、注文者にも社会経済的にも利益となるからです。

注文者は**損害賠償を先履行する義務はなく**、解除の意思表示のみで足ります（大判明37.10.1）。

② 注文者が破産手続開始の決定を受けた場合の解除

注文者が破産手続開始の決定を受けたときは、請負人または破産管財人は、契約の解除ができます（642条１項本文）。ただし、**請負人からの契約解除は、仕事を完成する前**に限られます（同ただし書）。

また、請負人は、すでにした仕事の報酬およびその中に含まれていない費用について、**破産財団の配当に加入することができます**（同条２項）。

確認してみよう

① 請負契約が締結されたが、その仕事が完成する前に、注文者の責めに帰すことのできない事由によって仕事の目的物が滅失して、仕事の完成が不能となったときには、請負人は、注文者が受ける利益の割合に応じて報酬を請求することができる。国般2012

4 (5) ④ 参照 ○

正しい記述です。

② 請負契約において、注文者の報酬支払義務と同時履行の関係に立つのは、請負人の目的物の引渡義務ではなく、請負人の仕事完成義務である。国般2012

4 (2) ① 参照 ×

仕事完成義務は報酬支払義務より先履行となります。

③ 注文者は、仕事の目的物に契約不適合がある場合には、追完請求、報酬減額請求の他、債務不履行の一般原則により損害賠償請求、契約の解除をすることもできる。裁判所2016

4 (7) 参照 ○

正しい記述です。

④ 請負人が仕事を完成しない間は、注文者は、いつでも契約を解除することができるが、解除に先立って損害賠償を提供する必要がある。裁判所2016

4 (8) ① 参照 ×

損害賠償は先履行ではなく、解除の意思表示のみで足ります。

5 委 任

(1) 意 義

委任(いにん)は、**当事者の一方が法律行為をすることを相手方に委託し、相手方がこれを承諾することによって、その効力を生じる契約**です(643条)。請負も委任も他人の労務を利用するという点は同じですが、請負は仕事の完成を目的とするのに対し、委任は一定の事務処理を目的とするという違いがあります。

法律行為を委託する側を**委任者**(いにんしゃ)、委託を受ける側を**受任者**(じゅにんしゃ)といいます。委任は原則無償契約ですが、例外的に報酬が生じる場合は**双務・諾成・有償契約**、生じない場合は**片務・諾成・無償契約**です。

委任状のような書類が交わされる場合が多いですが、**委任者が受任者に委任状を交付することや、当該承諾を書面によって行うことは、契約成立に必要ではありません**。

(2) 受任者の義務

① 善管注意義務

受任者は、**善良な管理者の注意をもって委任された事務を処理する義務を負います**(**善管注意義務**:644条)。委任契約が有償・無償のどちらである場合も同じです。

委任は当事者の対人的信頼関係に基礎を置くので、受任者に善管注意義務という重い責任を負わせたものです。

② 自ら事務を処理する義務

委任者は受任者を信頼して任せているので、受任者は原則として自分自身で委任された事務を処理する義務を負います。請負における下請負人のように、**受任者が委任された事務を処理するために自らの名において選任した者**を**複受任者**（ふくじゅにんしゃ）といいますが、この複受任者を選任できるのは、委任者が許諾した場合とやむを得ない場合に限定されています（644条の２第１項）。

受任者が代理権を有する復受任者を選任したときは、復受任者は、委任者に対して、その権限の範囲内において、受任者と同一の権利を有し、義務を負います（同条２項）。

判例

- 復代理人（複受任者）が委任事務を処理するに当たり受領した金銭等を代理人（受任者）に引き渡したときは、**復代理人の本人に対する受領物引渡義務もまた消滅します**（最判昭51.4.9）。

③ 付随的義務

受任者は、**委任者の請求があればいつでも、委任終了後は遅滞なく、事務処理状況の経過・結果を報告する義務**を負います（645条）。

また、事務処理に際して**委任者のために受け取った物や取得した権利を、委任者に引き渡したり移転させたりする義務**を負います（646条）。

さらに、委任者に引き渡すべき金銭、または委任者のために使用しなければならない金銭を自己のために消費したときは、その**返還義務と消費以後の利息の支払い、損害賠償の義務**を負います（647条）。

⑶ 委任者の義務

① 有償委任における報酬支払義務

有償の委任契約の場合のみ報酬が生じるので、委任者はこれを受任者に支払う義務を負います（648条１項）。特約で有償委任契約と定められるのであって、特に定めのない場合は無償委任契約となります。

報酬の支払いは、**受任者が委任事務を履行した後**とされています（648条２項本文）。ただ、成果報酬型の委任であって、その成果の引渡しを要する場合においては、**成果の引渡しと報酬の支払いが同時履行の関係**となります（648条の２第１項）。

補足

受任者は、委任者の責めに帰することができない事由によって委任事務の履行をすることができなくなったときには、すでにした履行の割合に応じて報酬を請求することができます(648条3項1号)。

② 費用前払義務

委任事務の処理に費用がかかり、受任者がこれを請求したときは、委任者はこれに応じて**費用を前払いする義務**を負います（649条）。委任契約が有償・無償のどちらである場合も同じです。

委任事務処理は受任者が委任者のためにするものなので、委任事務に伴って必然的に発生する費用は当然に委任者が負担すべきだからです。

③ 費用償還義務

受任者が委任事務の処理中に**立て替えた費用およびその利息について、委任者は償還する義務**を負います（650条１項）。

④ 代弁済義務

受任者が委任事務の処理に当たって必要な債務を負担した場合、委任者は、**受任者に代わってその弁済をする義務**を負います（650条２項前段）。債務が弁済期にないときは、委任者は相当の担保を提供する義務を負います（同後段）。

判 例

- 受任者の代弁済請求に対しては、委任者は受任者に対して有する債権をもって相殺をすることができません(大判大14.9.8)。

⑤ 損害賠償義務

受任者が委任事務の処理に当たって、受任者に過失なく損害を受けた場合には、委任者はその損害を賠償する義務を負います（650条３項）。**この損害賠償義務は委任者に過失がなくても生じます。**

委任事務処理は受任者が委任者のためにするものなので、委任者に損害発生についての故意･過失がない場合であっても、受任者に損害賠償請求を認めたものです。

⑷ 委任の終了

① 委任の解除

委任は、各当事者が**いつでもその解除をすることができます**（651条１項）。

ただし、委任の解除をした者は、**相手方に不利な時期に委任を解除した場合、または、受任者の利益をも目的とする委任を解除した場合には、やむを得ない事由があったときを除き、相手方の損害を賠償しなければなりません**（同条２項）。

また、委任契約の解除は、**将来に向かってのみその効力を生じます**（652条、620条前段）。委任のような継続的契約関係において遡及効のある解除を認めると、当事者の清算関係が複雑になるためです。このことは、債務不履行による契約解除（541条、542条）の場合も同様に当てはまります。

補足

委任の終了事由は、これを相手方に通知したとき、または相手方がこれを知っていたときでなければ、これをもってその相手方に対抗することができません（655条）。

② その他の終了事由

委任は、委任者・受任者どちらかの死亡や破産手続開始の決定、受任者が後見開始の審判を受けた場合にも終了します（653条）。

委任者	死亡、破産手続開始の決定
受任者	死亡、破産手続開始の決定、後見開始の審判

委任者の後見開始の審判は終了事由でない点に注意しましょう。

判 例

- 653条の委任の終了事由はこれらに限定する趣旨ではないので、委任者の死亡によっても委任は終了しないとの合意も有効です（最判平4.9.22）。
- 委任者の死後、委任者の葬式を執り行うことの委任などがこれに当たります。

6 組　合

(1) 意　義

組合は、**2人以上の各当事者が出資をして、共同の事業を営むことを約することによって成立する契約**をいいます（667条1項）。個人が集まって事業を立ち上げる場合、企業が数社集まって行うジョイント・ベンチャーなどがこれに当たります。

組合は、**双務・諾成・有償契約**です。

(2) 成立等

組合の成立には、2人以上の当事者を必要とし、共同の事業を営むものであることが必要です。

組合への出資は、特に制限はなく、金銭のほかに物品や労務をその目的とすることができます（667条2項）。

(3) 業務の執行

組合の業務は、組合員の過半数をもって決定し、各組合員がこれを執行します（670条1項）。この場合の「過半数」とは、組合員の頭数による過半数をいいます。

(4) 組合員の脱退

脱退した組合員の持分は、その出資の種類を問わず、金銭で払い戻すことができます（681条2項）。

過去問にチャレンジ

問題1 ★ **請負に関するア～オの記述のうち、妥当なもののみを全て挙げているのはどれか。**

国税2012改

ア 請負人は、請負人の担保責任を負わない旨の特約をしたときであっても、知りながら告げなかった事実については、その責任を免れることができない。

イ 引き渡された仕事の目的物に品質に関して契約の内容に適合しないものがあり、契約の解除をすることができる。

ウ 請負人は、仕事の目的物の契約不適合が注文者の供した材料の性質又は注文者の与えた指図によって生じた場合は、請負人がその材料又は指図が不適当であることを知りながら告げなかったときであっても、請負人の担保責任を負わない。

エ 請負人が仕事を完成しない間は、注文者は、いつでも請負人の損害を賠償して契約の解除をすることができる。

オ 注文者の報酬支払義務は、請負人の仕事完成義務と同時履行の関係に立つ。

❶ ア、イ、エ
❷ ア、ウ、エ
❸ ア、ウ、オ
❹ イ、ウ、オ
❺ イ、エ、オ

【解答・解説】

正解 ❶

アと**ウ**は常識的に考えて妥当かどうかわかるでしょう。**エ**は「請負人が仕事を完成しない間は」という点がポイントです。

ア ○　請負人は、請負人の担保責任を負わない旨の特約をしたときであっても、知りながら告げなかった事実については、その責任を免れることができません（559条、572条）。請負人が目的物の品質に不適合があるのを知っていながら責任を免れるのは注文者にとって不利益となるからです。したがって、妥当な記述です。

イ ○　引き渡された仕事の目的物が品質に関して契約の内容に適合しないものであるときは、注文者は、請負人に対し、目的物の修補を請求することができます（559条、562条1項本文）。また、注文者は、契約を解除することができます（564条、542条1項1号）。したがって、妥当な記述です。

ウ ×　注文者の供した材料の性質または注文者の与えた指図によって請負契約の目的物に品質の不適合が生じた場合でも、請負人がその材料または指図が不適当であることを知りながら告げなかったときは、請負人は、履行の追完などの担保責任を負います（636条）。したがって、「請負人の担保責任を負わない」という記述が妥当ではありません。

エ ○　請負人が仕事を完成しない間は、注文者は、いつでも損害を賠償して契約の解除をすることができます（641条）。注文者が請負人による仕事の完成を必要としなくなった場合に請負契約の解除を認めることが、注文者にも社会経済的にも利益となるからです。したがって、妥当な記述です。

オ ×　注文者の報酬支払義務と同時履行の関係に立つのは、請負人の仕事の目的物引渡義務であって（633条本文）、請負人の仕事完成義務は、注文者の報酬支払義務との関係では先履行の関係に立ちます。したがって、「請負人の仕事完成義務と同時履行の関係に立つ」という記述が妥当ではありません。

問題2 ★ **民法上の請負に関する次のア〜エの記述の正誤の組合せとして最も妥当なものはどれか（争いのあるときは、判例の見解による）。**

裁判所2019改

ア 仕事の目的物の引渡しを要しない場合には、請負人は、仕事の完成前であっても、注文者に対し、報酬の支払を請求することができる。

イ 注文者が仕事の完成前に代金の全額を支払っていた場合には、材料の主要部分を提供したのが注文者か請負人かにかかわらず、原則として、仕事の完成と同時に注文者が目的物の所有権を原始的に取得する。

ウ 請負人が、請け負った仕事の全部又は一部を下請負人に請け負わせた場合には、下請負人は、注文者に対して直接に義務を負う。

エ 請負人に債務不履行がない場合であっても、注文者は、請負人が仕事を完成しない間は、損害を賠償すれば請負契約を解除することができる。

	ア	イ	ウ	エ
❶	正	誤	誤	正
❷	正	誤	正	誤
❸	誤	誤	正	正
❹	誤	正	正	誤
❺	誤	正	誤	正

【解答・解説】

正解 5

アは請負は仕事の完成を目的とする契約である点が、**ウ**は下請負人は請負人と下請負契約を締結している点が、ポイントです。

ア ×　仕事の目的物の引渡しを要しない場合には、請負人は、仕事の完成後でなければ、注文者に対し、報酬の支払いを請求することはできません（633条ただし書、624条1項）。請負人の報酬は仕事の完成に対して支払われるものだからです。したがって、「仕事の完成前であっても」という記述が誤りです。

イ ○　注文者が仕事の完成前に請負代金の全額を支払っていた場合には、材料の主要部分を提供したのが注文者か請負人かにかかわらず、特別の事情がない限り、仕事の完成と同時に注文者が目的物の所有権を原始的に取得します（大判昭18.7.20）。したがって、正しい記述です。

ウ ×　請負人が、請け負った仕事の全部または一部を下請負人に請け負わせた場合には、下請負人は、注文者に対して直接義務を負うことはありません（大判明41.5.11）。下請負契約はもとの請負契約とは別個独立した関係にあり、注文者と下請負人との間には直接の法律関係が生じないからです。したがって、「下請負人は、注文者に対して直接に義務を負う」という記述が誤りです。

エ ○　請負人に債務不履行がない場合であっても、注文者は、請負人が仕事を完成しない間は、いつでも損害を賠償して契約の解除をすることができます（641条）。注文者が請負人による仕事の完成を必要としなくなった場合に請負契約の解除を認めることが、注文者にとっても社会経済的にも利益となることからです。したがって、正しい記述です。

問題3 ★★ **請負に関する記述として最も適当なものはどれか（争いのあるときは、判例の見解による。）。**

裁判所2015改

❶ 請負人の報酬債権は、仕事の完成によって発生するので、請負人は、仕事を完成させるまでは、注文者に対し、報酬の支払を請求することができない。

❷ 請負人が材料の全部又は主要部分を供給した場合には、完成物の所有権は請負人にいったん帰属し、注文者が請負人に対して報酬を支払うことによって、完成物の所有権は請負人から注文者に移転する。

❸ 注文者の責めに帰すべき事由により仕事の完成が不能となった場合には、請負人は、出来高に応じた報酬を請求できる一方で、自己の残債務を免れることができる。

❹ 引き渡された仕事の目的物の品質に契約不適合があるときであっても、注文者は、請負人に対し、目的物の修補を請求することができない。

❺ 引き渡された仕事の目的物に品質に関して契約内容に適合しないものがあるときは、注文者は、契約を解除することができる。

【解答・解説】

正解 ❺

❶は「報酬債権の発生時期」と「報酬の支払時期」との違いに気づくことが大事です。
❸は「注文者の責めに帰すべき事由により」という点がポイントです。

❶ ×　請負人は、仕事の目的物の引渡しと同時に、物の引渡しを要しないときは、仕事の完成時でなければ報酬を請求することができません（633条、624条1項）。ただし、請負人の報酬債権は、請負契約成立の時に発生します（大判昭5.10.28）。したがって、「請負人の報酬債権は、仕事の完成によって発生する」という記述が適当ではありません。

❷ ×　請負人が材料の全部または主要部分を供給した場合には、完成物の所有権は請負人にいったん帰属し、請負人が完成物を注文者に引き渡すことによって、完成物の所有権が注文者に移転します（大判明37.6.22）。したがって、「注文者が請負人に対して報酬を支払うことによって」という記述が適当ではありません。

❸ ×　注文者の責めに帰すべき事由により仕事の完成が不能となった場合には、請負人は、報酬の全額を請求できる一方で、自己の残債務を免れたことによって利益を得たときは、これを注文者に償還しなければなりません（559条、536条2項）。したがって、全体的に適当な記述ではありません。

❹ ×　引き渡された仕事の目的物の品質に契約不適合があるときは、注文者は、請負人に対し、目的物の修補を請求することができます（559条、562条1項本文）。したがって、「目的物の修補を請求することができない」という記述が適当ではありません。

❺ ○　引き渡された仕事の目的物が品質に関して契約の内容に適合しないものであるときは、注文者は、請負人に対し、目的物の修補を請求することができます（559条、562条1項本文）。また、注文者は、契約を解除することができます（559条、564条、542条1項1号）。したがって、適当な記述です。

問題4 ★★★ **請負に関するア～オの記述のうち、妥当なもののみを全て挙げているのはどれか。**

国税・労基・財務2020

ア 請負代金の支払時期は、仕事の目的物の引渡しを要しない場合には、請負人を保護する観点から、先払いとされている。

イ 注文者の責めに帰することができない事由によって仕事を完成することができなくなった場合において、請負人が既にした仕事の結果のうち可分な部分の給付によって注文者が利益を受けるときは、その部分は仕事の完成とみなされ、請負人は、注文者が受ける利益の割合に応じて報酬を請求することができる。

ウ 建物建築工事を元請負人から一括下請負の形で請け負った下請負人は、注文者との関係では、元請負人の履行補助者的立場に立つものにすぎず、注文者のためにする当該工事に関して元請負人と異なる権利関係を主張し得る立場にはないとするのが判例である。

エ 注文者が破産手続開始の決定を受けたときは、請負人は、仕事の完成後であっても、請負契約を解除することができる。

オ 請負人が仕事を完成しない間は、注文者は、正当な理由があるときに限り、損害を賠償して請負契約を解除することができる。

❶ ア、イ
❷ ア、オ
❸ イ、ウ
❹ ウ、エ
❺ エ、オ

【解答・解説】

正解 ❸

イは注文者が利益を受けるならば、その利益の割合に応じて請負人に報酬請求を認めるのが公平といえるでしょう。

ア ×　仕事の目的物の引渡しを要しない場合には、請負人は、仕事の完成後でなければ、注文者に対し、報酬の支払いを請求することはできません（633条ただし書、624条1項）。請負人の報酬は仕事の完成に対して支払われるものだからです。したがって、「先払いとされている」という記述が妥当ではありません。

イ ○　注文者の責めに帰することができない事由によって仕事を完成することができなくなった場合において、請負人がすでにした仕事の結果のうち可分な部分の給付によって注文者が利益を受けるときは、その部分は仕事の完成とみなされ、請負人は、注文者が受ける利益の割合に応じて報酬を請求することができます（634条柱書1号）。したがって、妥当な記述です。

ウ ○　建物建築工事を元請負人から一括下請負の形で請け負った下請負人は、注文者との関係では、元請負人の履行補助者的立場に立つにすぎず、注文者のためにする当該工事に関して元請負人と異なる権利関係を主張し得る立場にはありません（最判平5.10.19）。下請契約は、元請負人の債務を履行することを目的とするものだからです。したがって、妥当な記述です。

エ ×　注文者が破産手続開始の決定を受けたときは、請負人は、仕事の完成前に限り、請負契約を解除することができます（642条1項）。請負人の報酬請求権を確保するために、仕事の完成前に限り、請負人に請負契約の解除権を認めた趣旨です。したがって、「仕事の完成後であっても」という記述が妥当ではありません。

オ ×　請負人が仕事を完成しない間は、注文者は、正当な理由の有無にかかわらず、いつでも損害を賠償して契約の解除をすることができます（641条）。注文者が仕事の完成を必要としなくなった場合に請負契約の解除を認めることが、注文者にも社会経済的にも利益となるからです。したがって、「正当な理由があるときに限り」という記述が妥当ではありません。

問題5 ★ **委任に関する次のア〜オの記述のうち、適当なもののみをすべて挙げているのはどれか（争いのあるときは、判例の見解による。）。**

裁判所2012

ア 委任契約は、委任者が死亡しても当然には終了しない。

イ 委任契約の受任者は、原則として、委任事務の履行前においても、委任者に対して報酬を請求することができる。

ウ 民法650条2項に基づいて有する代弁済請求権に対しては、委任者は、受任者に対して有する債権をもって相殺することができない。

エ 委任は、各当事者がいつでもその解除をすることができるが、相手方に不利な時期には解除することができない。

オ 委任契約を解除した場合には、その解除は、将来に向かってのみその効力を生ずる。

❶ **ア、イ**
❷ **ア、エ**
❸ **イ、ウ**
❹ **ウ、オ**
❺ **エ、オ**

【解答・解説】

正解 ❹

アと**エ**は、委任契約は当事者間の対人的信頼関係を基礎とする契約である点から考えるとよいでしょう。

ア ×　委任は、委任者の死亡によって終了します（653条1号）。委任事務処理は委任者本人のためにするものなので、委任者が死亡したときは委任事務処理を継続する必要がないからです。したがって、「委任者が死亡しても当然には終了しない」という記述が適当ではありません。

イ ×　受任者は、特約がなければ、委任者に対して報酬を請求することができません（648条1項）。そして、受任者は、報酬を受けるべき場合には、委任事務を履行した後でなければ、これを請求することができません（同条2項本文）。したがって、全体的に適当な記述ではありません。

ウ ○　受任者は、委任事務を処理するのに必要と認められる債務を負担したときは、委任者に対し、自己に代わってその弁済をすることを請求することができます（650条2項）。そして、この受任者の代弁済請求に対しては、委任者は受任者に対して有する債権をもって相殺をすることができません（大判大14.9.8）。したがって、適当な記述です。

エ ×　委任は、各当事者がいつでもその解除をすることができます（651条1項）。ただし、委任の解除をした者は、相手方に不利な時期に委任を解除した場合には、やむを得ない事由があったときを除き、相手方の損害を賠償しなければなりません（同条2項）。したがって、「相手方に不利な時期には解除することができない」という記述が適当ではありません。

オ ○　委任契約の解除は、将来に向かってのみその効力を生じます（652条、620条前段）。委任のような継続的契約関係において遡及効のある解除を認めると、当事者の清算関係が複雑となるので、将来に向かってのみ効力を生ずるとしたのがその趣旨です。したがって、適当な記述です。

問題6 ★ **委任に関する次のア～オの記述のうち、適当なもののみを全て挙げているものはどれか（争いのあるときは、判例の見解による。）。**

裁判所2015改

ア 有償の委任契約の成立には、委任者が受任者に委任状を交付することが必要である。

イ 委任が委任者の責めに帰すことのできない事由によって委任事務の履行をすることができなくなった場合には、受任者は、既にした履行の割合に応じた報酬を請求することができない。

ウ 受任者は、委任事務を処理するため自己に過失なく損害を受けたときは、たとえ委任者に過失がなくとも、委任者に対し、その賠償を請求することができる。

エ 受任者の債務不履行を理由として委任契約が解除された場合であっても、解除の効果は、将来に向かってのみ発生する。

オ 委任者は、受任者に生じた損害を賠償しなければ、委任契約を解除することができない。

❶ ア、イ
❷ イ、ウ
❸ ウ、エ
❹ エ、オ
❺ オ、ア

【解答・解説】

正解 ❸

アは保証の場合と混同しないようにしましょう。**エ**は委任契約は継続的契約である点から考えるとよいでしょう。

ア ×　委任は、当事者の一方が法律行為をすることを相手方に委託し、相手方がこれを承諾することによって、その効力を生じます（643条）。特に、委任者が受任者に委任状を交付する必要はありません。したがって、「委任者が受任者に委任状を交付することが必要である」という記述が適当ではありません。

イ ×　受任者は、委任者の責めに帰することができない事由によって委任事務の履行をすることができなくなった場合には、すでにした履行の割合に応じて報酬を請求することができます（648条３項１号）。したがって、「受任者は、既にした履行の割合に応じた報酬を請求することができない」という記述が適当ではありません。

ウ ○　受任者は、委任事務を処理するため自己に過失なく損害を受けたときは、たとえ委任者に過失がなくても、委任者に対し、その賠償を請求することができます（650条３項）。委任事務処理は受任者が委任者のためにするものなので、委任者に損害発生についての故意・過失がない場合であっても、受任者に賠償請求を認めた趣旨です。したがって、適当な記述です。

エ ○　委任契約の解除は、将来に向かってのみその効力を生じます（652条、620条前段）。委任のような継続的契約関係において遡及効のある解除を認めると、当事者の清算関係が複雑となることから、将来に向かってのみ効力を生ずるとした趣旨です。このことは、債務不履行による契約解除（541条、542条）の場合も同様です。したがって、適当な記述です。

オ ×　委任は、各当事者がいつでもその解除をすることができます（651条１項）。ただし、委任の解除をした者は、相手方に不利な時期に委任を解除した場合などには、やむを得ない事由があったときを除き、相手方の損害を賠償しなければなりません（同条２項）。したがって、「受任者に生じた損害を賠償しなければ」という記述が適当ではありません。

★

委任に関する記述として最も妥当なものはどれか（争いのあるときは、判例の見解による。）。

裁判所2018

❶ 委任契約の成立には、報酬の支払について合意することが必要である。

❷ 委任事務について費用が必要な場合、受任者は、委任者に対し、事務を行った後でなければ、その費用を請求できない。

❸ 委任は、委任者はいつでもその解除をすることができるが、受任者は、委任者に不利な時期には解除をすることができない。

❹ 受任者は、委任の本旨に従い、善良な管理者の注意をもって、委任事務を処理する義務を負う。

❺ 受任者が、委任事務の処理に際して自己の名をもって取得した権利については、委任者のために取得したものだとしても、委任者に移転する義務を負わない。

【解答・解説】

正解 ❹

❶、❸、❹は、委任契約が当事者間の対人的信頼関係を基礎とする契約である点から考えるとよいでしょう。

❶ ×　委任は、当事者の一方が法律行為をすることを相手方に委託し、相手方がこれを承諾することによって、その効力を生じます（643条）。委任は無報酬が原則であって、報酬の支払いは委任契約の成立要件ではありません。したがって、「報酬の支払について合意することが必要である」という記述が妥当ではありません。なお、受任者は、特約があれば、委任者に対して報酬を請求することができます（648条１項）。

❷ ×　委任事務を処理するについて費用を要するときは、委任者は、受任者の請求により、その前払いをしなければなりません（649条）。委任事務処理は受任者が委任者のためにするものなので、委任事務に伴い必然的に発生する費用は当然に委任者が負担すべきだからです。したがって、「事務を行った後でなければ」という記述が妥当ではありません。

❸ ×　委任は、各当事者がいつでもその解除をすることができます（651条１項）。ただし、委任の解除をした者は、相手方に不利な時期に委任を解除した場合には、やむを得ない事由があったときを除き、相手方の損害を賠償しなければなりません（同条２項１号）。したがって、「委任者に不利な時期には解除をすることができない」という記述が妥当ではありません。

❹ ○　受任者は、委任の本旨に従い、善良な管理者の注意をもって、委任事務を処理する義務を負います（644条）。委任は当事者の対人的信頼関係に基礎を置くので、受任者に善管注意義務という重い責任を負わせたのがその趣旨です。したがって、妥当な記述です。

❺ ×　受任者は、委任者のために自己の名で取得した権利を委任者に移転しなければなりません（646条２項）。委任事務処理は受任者が委任者のためにするものなので、受任者は自己の名で取得した権利を移転する義務を負わせたのがその趣旨です。したがって、「委任者に移転する義務を負わない」という記述が妥当ではありません。

問題8 ★ **委任に関するア～オの記述のうち、妥当なもののみを全て挙げているのはどれか。**

国税2019

ア　受任者は、委任者の請求があるときは、いつでも委任事務の処理の状況を報告し、委任が終了した後は、遅滞なくその経過及び結果を委任者に報告しなければならない。

イ　委任は無償契約であり、受任者は、自己の財産におけるのと同一の注意をもって、委任事務を処理する義務を負う。

ウ　本人・代理人間で委任契約が締結され、代理人・復代理人間で復委任契約が締結された場合において、復代理人が委任事務を処理するに当たり受領した物を代理人に引き渡したとしても、復代理人の本人に対する受領物引渡義務は消滅しないとするのが判例である。

エ　委任事務を処理するについて費用を要するときは、委任者は、受任者の請求により、その前払をしなければならない。

オ　受任者は、委任事務を処理するため自己に過失なく損害を受けた場合、委任者に当該損害の発生について過失があるときに限り、委任者に対して当該損害の賠償を請求することができる。

❶　ア、イ
❷　ア、ウ
❸　ア、エ
❹　イ、エ、オ
❺　ウ、エ、オ

【解答・解説】

正解 ❸

ア、**イ**、**エ**、**オ**は、委任事務処理は受任者が委任者のためにするものであるという点から考えるとよいでしょう。

ア ○　受任者は、委任者の請求があるときは、いつでも委任事務の処理の状況を報告し、委任が終了した後は、遅滞なくその経過および結果を報告しなければなりません（645条）。受任者に報告義務を負わせて委任者の利益の保護を図ったのがその趣旨です。したがって、妥当な記述です。

イ ×　受任者は、委任の本旨に従い、善良な管理者の注意をもって、委任事務を処理する義務を負います（644条）。この受任者の善管注意義務は、有償・無償にかかわらず生じます。したがって、「受任者は、自己の財産におけるのと同一の注意をもって」という記述が妥当ではありません。

ウ ×　代理権を付与する委任において、受任者が代理権を有する復受任者を選任したときは、復受任者は、委任者に対して、その権限の範囲内において、受任者と同一の権利を有し、義務を負います（644条の2第2項）。そして、復代理人（復受任者）が委任事務を処理するに当たり受領した物を代理人（受任者）に引き渡したときは、復代理人（復受任者）の本人に対する受領物引渡義務もまた消滅します（最判昭51.4.9）。したがって、「復代理人の本人に対する受領物引渡義務は消滅しない」という記述が妥当ではありません。

エ ○　委任事務を処理するについて費用を要するときは、委任者は、受任者の請求により、その前払いをしなければなりません（649条）。委任事務処理は受任者が委任者のためにするものなので、委任事務に伴い必然的に発生する費用は委任者が負担すべきだからです。したがって、妥当な記述です。

オ ×　受任者は、委任事務を処理するため自己に過失なく損害を受けたときは、たとえ委任者に過失がなくても、委任者に対し、その賠償を請求することができます（650条3項）。したがって、「委任者に当該損害の発生について過失があるときに限り」という記述が妥当ではありません。

問題9 ★★ **委任に関するア～オの記述のうち、妥当なもののみを全て挙げているのはどれか。ただし、争いのあるものは判例の見解による。**

国般2016

ア 委任契約が成立するためには、委任者と受任者との間の事務処理委託に関する合意のほかに委任者から受任者に対する委任状など書面の交付が必要である。

イ 有償の委任契約においては、受任者は、委任の本旨に従い、善良な管理者の注意をもって事務を処理する義務を負うが、無償の委任契約においては、受任者は、委任の本旨に従い、自己の事務をするのと同一の注意をもって事務を処理する義務を負う。

ウ 委任契約の受任者は、事務処理の過程で委任者の要求があれば、いつでも事務処理の状況を報告する義務があり、委任が終了した後は、遅滞なくその経過及び結果を報告しなければならない。

エ 委任契約の受任者は、事務処理に当たって受け取った金銭その他の物及び収取した果実を委任者に引き渡さなければならない。

オ 委任契約は、委任者の死亡により終了するから、委任者の葬式を執り行うなど委任者の死亡によっても終了しないという趣旨の委任契約が締結された場合であっても、かかる委任契約は委任者の死亡により終了する。

❶ ア、イ
❷ ア、ウ
❸ イ、オ
❹ ウ、エ
❺ エ、オ

【解答・解説】

正解 ④

イ～エは、委任事務処理は受任者が委任者のためにするものである点から考えるとよいでしょう。

ア ×　委任は、当事者の一方が法律行為をすることを相手方に委託し、相手方がこれを承諾することによって成立します（643条）。特に、委任者が受任者に委任状などの書面を交付する必要はありません。したがって、「委任状など書面の交付が必要である」という記述が妥当ではありません。

イ ×　受任者は、委任の本旨に従い、善良な管理者の注意をもって、委任事務を処理する義務を負います（644条）。この受任者の善管注意義務は、有償・無償にかかわらず生じます。したがって、「自己の事務をするのと同一の注意をもって」という記述が妥当ではありません。

ウ ○　受任者は、委任者の請求があるときは、いつでも委任事務の処理の状況を報告し、委任が終了した後は、遅滞なくその経過および結果を報告しなければなりません（645条）。委任事務処理は受任者が委任者のためにするものなので、受任者に報告義務を負わせて委任者の利益の保護を図ったのがその趣旨です。したがって、妥当な記述です。

エ ○　受任者は、委任事務を処理するに当たって受け取った金銭その他の物および収取した果実を委任者に引き渡さなければなりません（646条1項）。委任事務処理は受任者が委任者のためにするものなので、受任者が委任事務を処理するに当たって受け取った金銭などは委任者に引き渡すのが当然だからです。したがって、妥当な記述です。

オ ×　委任契約は、委任者の死亡によって終了します（653条1号）。委任事務処理は受任者が委任者のためにするものなので、委任者が死亡したときは、委任事務処理を継続する必要がないからです。ただし、本条は強行規定ではないので、委任者の死亡によっても委任は終了しないとの委任契約も有効です（最判平4.9.22）。したがって、「かかる委任契約は委任者の死亡により終了する」という記述が妥当ではありません。

問題10 委任に関する次の記述のうち、妥当なのはどれか。

★★

国税・労基・財務2018

❶ 委任は、当事者の一方（委任者）が法律行為をすることを相手方に委託し、相手方（受任者）がそれを承諾すること及び委任者による委任状の交付があって初めて成立する。

❷ 無償委任は、各当事者においていつでも解除することができるため、受任者は委任者が不在中であっても委任を解除することができる。

❸ 委任は、委任者の死亡、破産若しくは委任者が後見開始の審判を受けたこと又は受任者の死亡、破産若しくは受任者が後見開始の審判を受けたことによって終了する。

❹ 有償委任の受任者の報酬債権は、委任成立の時に発生するため、受任者の事務処理義務と委任者の報酬支払義務は同時履行の関係に立つ。

❺ 有償委任の委任者は、受任者の請求があった場合、委任事務処理費用の前払をしなければならないが、無償委任の委任者は、同様の請求があっても、当該費用の前払をする必要はない。

【解答・解説】

正解 ❷

❷は委任契約は当事者間の対人的信頼関係を基礎とする契約である点、❺は委任事務処理は受任者が委任者のためにするものである点から考えるとよいでしょう。

❶ ×　委任は、当事者の一方が法律行為をすることを相手方に委託し、相手方がこれを承諾することによって成立します（643条）。特に、委任者が受任者に委任状などの書面を交付する必要はありません。したがって、「委任者による委任状の交付があって初めて成立する」という記述が妥当ではありません。

❷ ○　委任は、各当事者がいつでもその解除をすることができるので（651条1項）、受任者は委任者が不在中であっても委任を解除することができます。したがって、妥当な記述です。なお、委任の終了事由は、これを相手方に通知したとき、または相手方がこれを知っていたときでなければ、これをもってその相手方に対抗することができません（655条）。

❸ ×　委任は、①委任者が死亡したこと、破産手続開始の決定を受けたこと、または、②受任者が死亡したこと、破産手続開始の決定を受けたこと、後見開始の審判を受けたことによって終了します（653条）。したがって、「委任者が後見開始の審判を受けたこと」という記述が妥当ではありません。

❹ ×　受任者は、報酬を受けるべき場合には、委任事務を履行した後でなければ、これを請求することができません（648条2項）。受任者の報酬債権は委任成立の時に発生しますが、報酬自体は履行後でなければ請求できません。したがって、「受任者の事務処理義務と委任者の報酬支払義務は同時履行の関係に立つ」という記述が妥当ではありません。

❺ ×　委任事務を処理するについて費用を要するときは、委任者は、受任者の請求により、その前払いをしなければなりません（649条）。委任事務処理は受任者が委任者のためにするものなので、有償委任か無償委任かにかかわらず、委任事務に伴い必然的に発生する費用は、当然に委任者が負担すべきだからです。したがって、「無償委任の委任者は、同様の請求があっても、当該費用の前払をする必要はない」という記述が妥当ではありません。

問題11 委任に関する次の記述のうち、妥当なのはどれか。

★★

国般2019

❶ 受任者は、委任者が報酬の支払義務を負わない旨の特約がない限り、委任者に報酬の支払を請求することができるが、原則として、委任事務を履行した後でなければ、報酬の支払を請求することができない。

❷ 委任は、当事者の一方が法律行為をすることを相手方に委託し、相手方がこれを承諾することによって成立するが、当該承諾は書面によって行わなければならない。

❸ 委任は、各当事者がいつでもその解除をすることができるが、当事者の一方が相手方に不利な時期に委任の解除をした場合には、やむを得ない事由があっても、その当事者の一方は、相手方の損害を賠償しなければならない。

❹ 弁護士に法律事務の交渉を委託する委任が解除された場合、受任者である弁護士は、法律事務の交渉の相手方に当該委任が解除された旨を通知しなければならず、その通知をしないときは、委任が解除されたことをその相手方が知るまでの間、委任の義務を負う。

❺ 受任者が委任者に引き渡すべき金銭や委任者の利益のために用いるべき金銭を自己のために消費した場合は、受任者は、消費した日以後の利息を支払わなければならず、さらに利息以上の損害があるときには、その賠償責任も負う。

【解答・解説】

正解 ❺

❶は委任は無報酬が原則である点に注意しましょう。❺は人に引き渡すべき金銭を勝手に自己のために消費すれば、利息の支払いと損害賠償責任を負うのは当然でしょう。

❶ ×　受任者は、特約がなければ、委任者に対して報酬を請求することができません（648条1項）。また、受任者は、報酬を受けるべき場合には、委任事務を履行した後でなければこれを請求することができません（同条2項）。したがって、全体的に妥当な記述ではありません。

❷ ×　委任は、当事者の一方が法律行為をすることを相手方に委託し、相手方がこれを承諾することによって成立します（643条）。特に、当該承諾は書面によって行う必要はありません。したがって、「当該承諾は書面によって行わなければならない」という記述が妥当ではありません。

❸ ×　委任は、各当事者がいつでもその解除をすることができます（651条1項）。ただし、委任の解除をした者は、相手方に不利な時期に委任を解除した場合には、やむを得ない事由があったときを除き、相手方の損害を賠償しなければなりません（同条2項）。したがって、「やむを得ない事由があっても」という記述が妥当ではありません。

❹ ×　弁護士に法律事務の交渉を委託する委任が解除された場合、受任者である弁護士の受任義務は当然に終了します（651条1項）。ただし、受任者である弁護士は、法律事務の交渉の相手方に当該委任が解除された旨を通知しなければならず、その通知をしないときは、委任が解除されたことをその相手方が知るまでの間、委任の解除を対抗することができません（655条）。したがって、「委任が解除されたことをその相手方が知るまでの間、委任の義務を負う」という記述が妥当ではありません。

❺ ○　受任者は、委任者に引き渡すべき金額またはその利益のために用いるべき金額を自己のために消費したときは、その消費した日以後の利息を支払わなければなりません（647条前段）。さらに利息以上の損害があるときは、その賠償責任を負います（同後段）。したがって、妥当な記述です。

★★

民法に規定する請負、委任又は組合に関する記述として、妥当なのはどれか。

区Ⅰ2015改

❶ 請負契約によってなされた仕事の目的物に契約不適合があり、そのために契約をした目的を達することができないときであっても、注文者は契約の解除をすることができない。

❷ 委任においては、受任者が委任事務の履行後でなければ報酬を請求することができないため、受任者は、委任者の責めに帰することができない事由によって委任事務の履行をすることができなくなったときでも、既にした履行の割合に応じて報酬を請求することができない。

❸ 委任は、特約の有無にかかわらず、委任者が後見開始の審判を受けたことによって終了するが、受任者が破産手続開始の決定を受けたこと及び後見開始の審判を受けたことによっては終了しない。

❹ 組合の業務の執行は、当事者の定めがなければ、組合員の過半数で決するのではなく、各組合員の出資の価額の割合に応じて定める。

❺ 組合への出資は、金銭でなく物品や労務で提供することができ、脱退した組合員の持分は、その出資の種類を問わず、金銭で払い戻すことができる。

【解答・解説】

正解 ❺

❶は注文者の保護の見地から考えるとよいでしょう。❷は委任事務処理は受任者が委任者のためにするものである点がポイントです。

❶ ×　仕事の目的物に契約不適合があり、そのため契約の目的を達することができないときは、注文者は、債務不履行を理由として、契約の解除をすることができます（559条、562条、542条）。したがって、「注文者は契約の解除をすることができない」という記述が妥当ではありません。

❷ ×　受任者は、報酬を受けるべき場合には、委任事務を履行した後でなければ、これを請求することができません（648条2項本文）。ただし、受任者は、委任者の責めに帰することができない事由によって委任事務の履行をすることができなくなったときは、すでにした履行の割合に応じて報酬を請求することができます（同条3項1号）。したがって、「既にした履行の割合に応じて報酬を請求することができない」という記述が妥当ではありません。

❸ ×　委任は、①委任者が死亡したこと、破産手続開始の決定を受けたこと、または、②受任者が死亡したこと、破産手続開始の決定を受けたこと、後見開始の審判を受けたことによって終了します（653条）。したがって、全体的に妥当な記述ではありません。

❹ ×　組合の業務は、組合員の過半数をもって決定し、各組合員がこれを執行します（670条1項）。そして、過半数とは、組合員の頭数による過半数をいい、出資額の過半数ではありません。したがって、「各組合員の出資の価額の割合に応じて定める」という記述が妥当ではありません。

❺ ○　組合への出資は、特に制限はなく、金銭の他に物品や労務をその目的とすることができます（667条2項）。また、脱退した組合員の持分は、その出資の種類を問わず、金銭で払い戻すことができます（681条2項）。現物をもって払戻しをすると組合事業の継続に支障を来すことがあるため、現金での払戻しを認めたのがその趣旨です。したがって、妥当な記述です。

問題13 ★★★ **民法に規定する請負又は委任に関する記述として、通説に照らして、妥当なのはどれか。**

区Ⅰ2019改

❶ 請負は、当事者の一方がある仕事を完成することを約し、相手方がその仕事の結果に対してその報酬を支払うことを約することによって、その効力を生ずる有償、双務及び諾成契約である。

❷ 注文者が破産手続開始の決定を受けたとき、請負人は、仕事の完成前であれば契約の解除をすることができるが、この場合に、請負人は、既にした仕事の報酬に含まれていない費用について、破産財団の配当に加入することができない。

❸ 委任は、各当事者がいつでもその解除をすることができるが、当事者の一方が相手方に不利な時期に委任の解除をしたときは、その当事者の一方は、必ず相手方の損害を賠償しなければならない。

❹ 委任は、特約の有無にかかわらず、委任者又は受任者の死亡、委任者又は受任者が後見開始の審判を受けたこと及び受任者が破産手続開始の決定を受けたことによって終了する。

❺ 受任者は、委任の本旨に従い、善良な管理者の注意をもって、委任事務を処理する義務を負うが、委任事務を処理するについて費用を要するときであっても、当該委任事務を履行した後でなければ、これを請求することができない。

【解答・解説】

正解 ❶

❷〜❺はやや難しいかもしれませんが、請負が有償、双務および諾成契約であることを知っていれば、❶が正解だと容易にわかると思います。

❶ ○　請負は、当事者の一方がある仕事を完成することを約し、相手方がその仕事の結果に対してその報酬を支払うことを約することによって、その効力を生ずる（632条）、有償、双務および諾成契約です。したがって、妥当な記述です。

❷ ×　注文者が破産手続開始の決定を受けたときは、請負人は、仕事の完成前であれば、契約の解除をすることができます（642条1項）。また、請負人は、すでにした仕事の報酬およびその中に含まれていない費用について、破産財団の配当に加入することができます（同条2項）。したがって、「破産財団の配当に加入することができない」という記述が妥当ではありません。

❸ ×　委任は、各当事者がいつでもその解除をすることができます（651条1項）。ただし、委任の解除をした者は、相手方に不利な時期に委任を解除した場合には、やむを得ない事由があったときを除き、相手方の損害を賠償しなければなりません（同条2項）。したがって、「必ず相手方の損害を賠償しなければならない」という記述が妥当ではありません。

❹ ×　委任は、①委任者が死亡したこと、破産手続開始の決定を受けたこと、または、②受任者が死亡したこと、破産手続開始の決定を受けたこと、後見開始の審判を受けたことによって終了します（653条）。したがって、「委任者又は受任者が後見開始の審判を受けたこと」という記述が妥当ではありません。

❺ ×　受任者は、委任の本旨に従い、善良な管理者の注意をもって、委任事務を処理する義務を負います（644条）。そして、委任事務を処理するについて費用を要するときは、委任者は、受任者の請求により、その前払いをしなければなりません（649条）。委任事務処理は受任者が委任者のためにするものだからです。したがって、「当該委任事務を履行した後でなければ」という記述が妥当ではありません。

問題14 ★★★ **契約の解除に関する次の記述のうち、妥当なのはどれか。ただし、争いのあるものは判例の見解による。**

国般2015改

❶ 他人の所有する不動産を目的とする売買契約が締結され、売主がその不動産の所有権を取得して買主に移転することができないとき、買主は、売買契約の解除をすることができる。

❷ 贈与者が受贈者に対し贈与者の所有する建物を贈与する代わりに受贈者が贈与者を扶養するという負担付贈与契約が締結された場合において、受贈者が負担を履行しないときであっても、贈与者は負担付贈与契約の解除をすることはできない。

❸ 賃借人が、賃貸人の承諾を得ずに、賃借物を第三者に転貸した場合、賃借人がその第三者に賃借物を使用又は収益をさせる前であっても、賃貸人は、賃借人との間の賃貸借契約の解除をすることができる。

❹ 建物の建築を目的とする請負契約において、その仕事の目的物である建物に品質に関する契約不適合がある場合であっても、注文者は請負契約の解除をすることができない。

❺ 委任契約が、委任者の利益のみならず受任者の利益のためになされた場合には、委任者は、受任者が著しく不誠実な行動に出る等やむを得ない事由があるときに限り、委任契約を解除することができる。

【解答・解説】

正解 ❶

❸は転貸借に賃貸人の「承諾」を必要とした趣旨から判断すればわかるでしょう。

❶ ○　他人の所有する不動産を目的とする売買契約が締結されたときは、売主は、その不動産の所有権を取得して買主に移転する義務を負います（561条）。その結果、売主がその不動産の所有権を取得して買主に移転することができなかったときは、履行不能（542条1項1号）となり、買主は、売買契約の解除をすることができます（545条1項本文）。したがって、妥当な記述です。

❷ ×　負担付贈与契約の受贈者が負担を履行しないときは、債務不履行となるので、贈与者は、負担付贈与契約を解除することができます（545条1項本文）。したがって、「贈与者は負担付贈与契約の解除をすることはできない」という記述が妥当ではありません。

❸ ×　賃借人が、賃貸人の承諾を得ずに、賃借物を第三者に転貸した場合であっても、賃借人がその第三者に賃借物の使用または収益をさせる前であるときは、賃貸人は、賃借人との間の賃貸借契約の解除をすることはできません（大判昭13.4.16）。したがって、「賃貸人は、賃借人との間の賃貸借契約の解除をすることができる」という記述が妥当ではありません。

❹ ×　請負契約（632条）は有償契約なので、売買契約の規定が準用されます（559条）。建物の建築を目的とする請負契約において、その仕事の目的物である建物に品質に関する契約不適合があった場合は、注文者は請負契約を解除することができます（564条、542条）。したがって、「注文者は請負契約の解除をすることができない」という記述が妥当ではありません。

❺ ×　委任契約が、委任者の利益のみならず受任者の利益のためになされた場合でも、委任契約を解除することができます（651条1項）。ただし、委任者は、やむを得ない事由のない限り、受任者に損害を賠償しなければなりません（同条2項柱書2号）。したがって、「受任者が著しく不誠実な行動に出る等やむを得ない事由があるときに限り」という記述が妥当ではありません。

5 事務管理・不当利得

学習のポイント

・この節では事務管理と不当利得について学習します。
・事務管理については、ほとんど出題されていないのでひととおり見ておけばよいでしょう。
・不当利得については、受益者が善意の場合と悪意の場合の効果の違い、特殊な不当利得については効果を重点的に押さえておきましょう。

1 事務管理

民法第697条
① 義務なく他人のために事務の管理を始めた者（以下この章において「管理者」という。）は、その事務の性質に従い、最も本人の利益に適合する方法によって、その事務の管理（以下「事務管理」という。）をしなければならない。
② 管理者は、本人の意思を知っているとき、又はこれを推知することができるときは、その意思に従って事務管理をしなければならない。

(1) 意　義

事務管理とは、**法律上の義務がないのに他人のためにその事務を管理する行為**をいいます（697条）。例えば、隣人の留守中に台風が来て窓ガラスが割れ、放置しておくと大きな損害になるので修理してあげるような場合です。**事務管理を行う者**を管理者といいます。

事務管理は、社会生活における相互扶助の理念・利他性を特徴とするものです。

(2) 要　件

① 他人の事務の管理であること

「他人」とは、自分（管理者）以外の者をいい、自然人と法人の両方が含まれます。また、「管理」には、保存行為、利用行為、改良行為のほか、**処分行為も含まれます**（大判大7.7.10）。

② 他人のためにする意思があること

「他人のため」とは、**他人の利益を図る意思をもって事務を管理すること**をいいますが、**他人の利益を図る意思と自己の利益を図る意思が併存していてもよい**とされています（大判大8.6.26）。

③　法律上の義務がないこと

管理者に法律上の義務があれば、法律の規定や契約に基づいて行ったことになるので、事務管理は成立しないからです。

④　本人の意思および利益への適合

本人の意思に反しないこと、および本人に不利益であることが明らかでないことです（700条ただし書）。

補足

ここまで「他人」と表現してきましたが、事務管理が開始した後は、条文上では「本人」と記載されています。

⑶　効　果

①　管理者の義務

(ア) 注意義務

管理者は、**善良な管理者の注意をもって事務管理を行う義務**（善管注意義務）を負います。

ただし、**本人の身体、名誉または財産に対する急迫の危害を免れさせるために事務管理**（緊急事務管理）**をしたときは、悪意または重大な過失があるのでなければ、これによって生じた損害を賠償する責任を負いません**（注意義務の軽減：698条）。

(イ) 本人の意思および利益への適合

管理者は、**最も本人の利益に適合する方法**によって事務管理を行う義務を負います（697条１項）。管理者が、**本人の意思を知っているとき、またはこれを推知することができるとき**は、その意思に従って事務管理をしなければなりません（同条２項）。

(ウ) 管理者への通知義務

管理者は、事務管理を始めたことを遅滞なく**本人に通知する義務**を負います。ただし、**本人がすでに知っている場合を除きます**（699条）。

(エ) 管理継続義務

管理者は、本人またはその相続人等が管理をすることができるようになるまで、**事務管理を継続する義務を負います**（700条本文）。

ただし、**事務管理の継続が本人の意思に反し、または本人に不利であることが明らかであるときは、事務管理を中止しなければなりません**（同ただし書）。

② 本人の義務

(ア) 費用償還義務

管理者が、本人のために**有益な費用を支出したときは、本人はこれを償還する義務を負います**（702条1項）。この「有益な費用」は本人の利益となる費用をいうので、**有益費のみを指すのではなく、他に必要費が含まれます。**

管理者が本人の意思に反して事務管理をしたときは、本人が現に利益を受けている限度において償還義務等を負担すれば足ります（同条3項）。

(イ) 代弁済義務

管理者が本人にとって有益な債務を負担した場合、**本人はこれを代弁済する義務を負います。**債務が弁済期にないときは、本人は管理者に対して**相当の担保を提供する義務を負います**（702条2項）。

ヒント

事務管理は、社会生活における相互扶助の理念・利他性を特徴とするので、本人は、管理者に対して損害賠償義務や報酬支払義務を負わないとされています（701条参照）。

確認してみよう

① 管理者は、事務の性質に従い、もっとも本人の利益に適合する方法によって、その事務の管理をすることができるが、本人の意思を知っているときに限り、その意思に従って事務管理をしなければならない。区Ⅰ2020

1 (3) ① 参照 ×

本人の意思を推知することができるときも、これに従って事務管理をする必要があります。

② 管理者は、事務管理の継続が本人の意思に反するときであっても、本人又はその相続人若しくは法定代理人が管理をすることができるに至るまで、事務管理を継続しなければならない。区Ⅰ2020

1 (3) ① 参照 ×

事務管理の継続が本人の意思に反し、または本人に不利であることが明らかであるときは、事務管理を中止する必要があります。

③ 管理者は、本人の身体、名誉又は財産に対する急迫の危害を免れさせるために事務管理をしたときは、悪意又は重大な過失があるのでなければ、これによって生じた損害を賠償する責任を負わない。区Ⅰ2020

1 (3) ① 参照 ○

正しい記述です。

④ 管理者は、本人のために有益な費用を支出したときは、本人に対し、その償還を請求することができるが、本人の意思に反して事務管理をしたときは、その費用を一切請求することができない。区Ⅰ2020

1 (3) ② 参照 ×

本人の意思に反した事務管理の場合でも、本人が現に利益を受けている限度においては償還義務等を請求できます。

⑤ 管理者は、本人のために有益な債務を負担した場合、本人に対し、自己に代わってその弁済をすることを請求することができるが、この場合において、その債務が弁済期にないときであっても、相当の担保を供させることはできない。区Ⅰ2020

1 (3) ② 参照 ×

債務が弁済期にないときは、本人は管理者に相当の担保を提供する義務を負います。

2 不当利得

民法第703条
　法律上の原因なく他人の財産又は労務によって利益を受け、そのために他人に損失を及ぼした者（以下この章において「受益者」という。）は、その利益の存する限度において、これを返還する義務を負う。る

(1) 不当利得とは

不当利得とは、**法律上の原因がないのに、他人の財産や労務によって得ている利益**をいいます。

例えば、Aの土地をBが無断で使用している場合、AとBの間には契約関係がないため、AはBに土地利用の対価を請求できません。Bは勝手にAの土地を利用して利益を得ていますが、そのことによってAは通常の土地利用を妨げられており、損失が生じています。この場合、不当に得られたBの利益を返還させる制度があります。

不当利得によって他人に損失を及ぼした者を受益者といい、**不当利得によって損失を被った者**を損失者といいます。

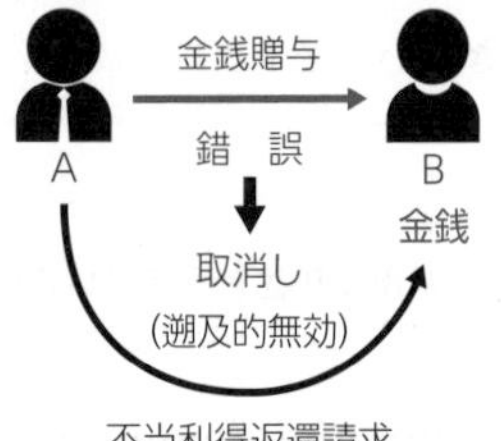

４要件を満たせば、損失者Aが受益者Bに対して、不当利得返還請求権を取得する

(2) 要　件

不当利得が成立するための要件は次のとおりです（703条）。

❶ 他人の財産・労務によって利益を受けたこと（受益）
❷ 他人に損失を与えたこと
❸ 受益と損失との間に因果関係があること
❹ 法律上の原因がないこと

判 例

- 他から金銭を騙取した者が、その金銭で自己の債権者に対する債務を弁済した場合、社会通念上被騙取者の金銭で自己の債権者の利益を図ったと認められるだけの連結があるときには、因果関係が認められます（最判昭49.9.26）。

(3) 効 果

不当利得の要件が満たされると、受益者は損失者に利益の返還をする必要があります。このとき、受益者が不当利得について善意か悪意かによって返還の範囲に違いが生じます。

① 受益者が善意の場合

受益者が善意の場合は、**現存利益を返還すれば足ります**（703条）。

判 例

- 受益者が当初善意であっても、その利得に法律上の原因がないことを認識した以後は、悪意の受益者として扱われます（最判平3.11.19）。
- 受益者が現存利益の存在しないことを主張する場合、立証責任はその主張を行う者（受益者）が負います（同判例）。
- 受益者が利得した代替性のある物を第三者に売却処分したときは、損失者に対し、原則として、売却代金相当額の金員の不当利得返還義務を負います（最判平19.3.8）。

② 受益者が悪意の場合

受益者が悪意の場合は、**受けた利益の全部に加えて利息や、損失者に損害があればその損害賠償責任を負います**（704条）。

判 例

- 利益の全部に加えて利息を返還しても損失者に損害がある場合に、その損害賠償責任を負うのは、受益者が不法行為の要件を満たす場合に限られます（最判平21.11.9）。不法行為については次節で詳しく扱います。

⑷ 特殊な不当利得

例外として、不当利得返還請求権が制限される場合があります。

① 非債弁済

非債弁済（ひさいべんさい）とは、**債務が存在しないにもかかわらずされた弁済**をいいます。**債務が存在しないことを知っているのに弁済した場合は、弁済を受けた者に対して返還請求ができません**（705条）。

債務が存在しないことを知らずに弁済した場合は、通常の不当利得として扱います。知らないことについて過失があった場合も同様です。

判 例

- 債務が存在しないことを知っていても、**強制執行を免れるため、その他の事由によりやむを得ず給付した場合は返還請求が可能です**（大判大6.12.11）。

② 期限前の弁済

非債弁済と違って債務は確かに存在するものの、その履行期前にされた弁済です。まだ履行期が到来していないとはいえ、最終的には弁済すべきものであるため**返還請求ができません**（706条本文）。

ただし、**錯誤によって期限を誤って弁済した場合**、債権者は利息相当額の分だけ利益を得たことになりますから、この**利息相当額については返還請求ができます**（同ただし書）。履行期前と知って弁済した場合は当然利息も返還請求できません。

③ 他人の債務の弁済

他人の債務であることをわかって弁済した場合、第三者の弁済（474条）として弁済は有効となります。錯誤によって自分の債務であると誤信して他人の債務を弁済してしまった場合は、返還請求できるのが原則です。

（ア）返還請求ができない場合

債権者が有効な弁済がなされたと安心して、**善意で債権証書を滅失・損傷したり、担保を放棄したり、時効によって債権を喪失したりした場合は返還請求ができません**（707条1項）。債権者に損失が及ばないようにするためです。

（イ）債務者に対する求償

返還請求ができず有効な弁済となった場合、**弁済者は債務者に求償を行うことが**

できます（707条２項）。

④　不法原因給付

> 民法第708条
> 　不法な原因のために給付をした者は、その給付したものの返還を請求することができない。ただし、不法な原因が受益者についてのみ存したときは、この限りでない。

例えば麻薬の売買など、不法な原因で行われた給付は無効となります。無効となると、支払われた代金も引き渡された麻薬も不当利得となりますが、これらを返還請求することは認められず（708条本文）、目的物の**所有権は受益者に帰属します**。反社会的な行為を行った者に一切の法律上の救済を否定することにより、そのような反社会的な行為を抑止するためです。

ただし、**不法原因が受益者のみに存する場合は返還請求ができます**（同ただし書）。給付を行う側に不法原因がないのであれば救済すべきだからです。

判例

- 不法原因給付がされた後に、給付したものを任意に返還する特約は有効であり、給付者は受益者に返還請求ができます（最判昭28.1.22）。708条の趣旨は反社会的な行為を行った者に一切の法律上の救済を否定することにあり、当事者間で任意に給付物の返還をすることまで否定する理由はないからです。
- 給付行為が「終局的に」なされることが条件です。目的物が既登記不動産の場合は、所有権移転登記がされたときに終局的な給付となり（最判昭46.10.28）、未登記不動産の場合は、不動産の引渡しがされたときに終局的な給付となります（最大判昭45.10.21）。

確認してみよう

①　最高裁判所の判例では、不当利得者が当初善意であった場合には、当該不当利得者は、後に利得に法律上の原因がないことを認識したとしても、現存する利益の範囲で返還すれば足りるとした。区Ⅰ2012

2 (3) ①、② 参照　×

当初善意であっても、後に利得に法律上の原因がないことを認識したら、それ以降悪意の受益者として扱われます。そして悪意の受益者の場合は現存利益の返還では足りず、受けた利益の全部に加えて利息や、損失者に損害があればその損害賠償責任を負います。

---

② 不当利得における悪意の受益者は、その受けた利益に利息を付して返還しなければならず、なお損害があるときはその賠償の責任も負う。裁判所2020

2 (3) ② 参照 ○

正しい記述です。

---

③ 不当利得における悪意の受益者は、その受けた利益に利息を付して返還しても損失者になお損害がある場合には、不法行為の要件を充足していないときであっても、その賠償の責任を負う。

2 (3) ② 参照 ×

利益の全部に加えて利息を返還しても損失者に損害がある場合に、その損害賠償責任を負うのは、受益者が不法行為の要件を満たす場合に限られます。

---

④ 債務が存在しないにもかかわらず、その事実を知り、又は過失により知らないで、債務の弁済として給付をした者は、その給付したものの返還を請求することができない。裁判所2020

2 (4) ① 参照 ×

債務が存在しないことを知っていて弁済した場合は返還請求ができませんが、知らずに弁済した場合は返還請求が可能です。知らないことについて過失があった場合も同様です。

---

⑤ 債務者が、錯誤により弁済期にあると誤信して、弁済期にない自己の債務の弁済として給付をした場合には、その給付の返還を請求することができる。裁判所2020

2 (4) ② 参照 ×

期限前の弁済は最終的に弁済すべきものであるため、返還請求できません。

---

⑥ 不法な原因のために給付をした場合であっても、その不法な原因が受益者についてのみ存する場合には、給付者の返還請求は妨げられない。裁判所

2020

2 (4) ④ 参照 ○

正しい記述です。

---

7 妻子ある男が不倫関係を維持するために、その所有する不動産を愛人に贈与した場合でも、男は愛人に対してその贈与不動産の返還を請求することができる。裁判所2020

2 (4) ④ 参照 ×

不法原因給付に当たり、贈与した不動産の返還請求はできません。

過去問にチャレンジ

問題1 ★ **民法に規定する事務管理に関する記述として、判例、通説に照らして、妥当なのはどれか。**

区Ⅰ2014

❶ 管理者は、本人又はその相続人若しくは法定代理人が管理をすることができるに至るまで、いかなる場合であっても、事務管理を継続しなければならない。

❷ 事務管理が成立するためには、他人の利益のみを図る意思をもって他人の事務を管理することが必要であるので、他人の利益を図る意思と自分の利益を図る意思が併存している場合には、事務管理は成立しない。

❸ 事務管理とは、最も本人の利益に適合する方法によって、その事務の管理をすることをいい、保存行為、利用行為及び改良行為は事務管理に含まれるが、処分行為は含まれない。

❹ 管理者は、本人の身体、名誉又は財産に対する急迫の危害を免れさせるために事務管理をしたときは、悪意又は重大な過失があるのでなければ、これによって生じた損害を賠償する責任を負わない。

❺ 管理者は、本人のために有益な費用を支出したときは、本人に対し、報酬を請求することができるが、その費用の償還を請求することはできない。

【解答・解説】　　正解 ❹

❶は「いかなる場合であっても」という点がポイントです。❹は「急迫の危害を免れさせるため」なら管理者の責任要件は軽減されるでしょう。

❶ ×　事務管理の継続が本人の意思に反し、または本人に不利であることが明らかであるときは、管理者は、事務管理を継続することはできません（700条ただし書）。したがって、「いかなる場合であっても、事務管理を継続しなければならない」という記述が妥当ではありません。

❷ ×　義務なく他人のために事務の管理を始めた者（管理者）は、その事務の性質に従い、最も本人の利益に適合する方法によって、その事務の管理をしなければなりません（697条1項）。そして、他人のためとは、他人の利益を図る意思をいいますが、併せて自己のためにする意思があってもよいとされています（大判大8.6.26）。したがって、「他人の利益を図る意思と自分の利益を図る意思が併存している場合には、事務管理は成立しない」という記述が妥当ではありません。

❸ ×　義務なく他人のために事務の管理を始めた者（管理者）は、その事務の性質に従い、最も本人の利益に適合する方法によって、その事務の管理をしなければなりません（697条1項）。そして、最も本人の利益に適合する方法としては、保存行為、利用行為、改良行為のほか、処分行為も含まれます（大判大7.7.10）。したがって、「処分行為は含まれない」という記述が妥当ではありません。

❹ ○　管理者は、本人の身体、名誉または財産に対する急迫の危害を免れさせるために事務管理をしたときは、悪意または重大な過失があるのでなければ、これによって生じた損害を賠償する責任を負いません（698条）。したがって、妥当な記述です。

❺ ×　管理者は、本人のために有益な費用を支出したときは、本人に対し、その償還を請求することができます（702条1項）。そして、有益な費用とは、本人の利益となる費用をいい、有益費の他に必要費が含まれますが、報酬は含まれません。したがって、全体的に妥当な記述ではありません。

問題2 ★★ **不当利得に関する次のア〜エの記述の正誤の組合せとして最も適当なものはどれか（争いのあるときは、判例の見解による。）。**

裁判所2016

ア　不当利得返還請求を受けた善意の受益者は、利益が現存しないことについて自ら主張立証しなければ、利益を返還する義務を免れない。

イ　債務が存在しないことを知りながらその債務の弁済として給付をした者や、やむを得ずその給付をした場合でも、給付したものの返還請求をすることができない。

ウ　Cが、Aから金銭を騙し取って、その金銭で自己の債権者Bに対する債務を弁済した場合、社会通念上Aの金銭でBの利益をはかったと認められるだけの連結があるときは、AからBに対する不当利得返還請求権の成立に必要な因果関係が認められる。

エ　不法な原因のために登記された建物の引渡しをした者は、所有権移転登記手続を完了したかどうかにかかわらず、その建物の返還請求をすることができない。

	ア	イ	ウ	エ
❶	正	正	誤	誤
❷	正	誤	誤	正
❸	正	誤	正	誤
❹	誤	正	正	誤
❺	誤	誤	誤	正

【解答・解説】

正解 ❸

イは「やむを得ずその給付をした場合」である点がポイントです。**エ**は不法原因給付物の返還を否定した趣旨から考えるとよいでしょう。

ア ○　不当利得返還請求を受けた善意の受益者は、その利益の存する限度において、これを返還する義務を負います（703条）。そして、善意の受益者は、利益の存在しないことについて自ら主張立証しなければ、利益を返還する義務を免れません（最判平3.11.19）。したがって、正しい記述です。

イ ×　債務が存在しないことを知りながらその債務の弁済として給付をした者は、その給付したものの返還を請求することができません（705条）。ただし、強制執行を免れるためなどにやむを得ずに給付した場合には、給付したものの返還請求をすることができます（大判大6.12.11）。したがって、「給付したものの返還請求をすることができない」という記述が誤りです。

ウ ○　Ｃが、Ａから金銭を騙し取って、その金銭で自己の債権者Ｂに対する債務を弁済した場合、社会通念上Ａの金銭でＢの利益を図ったと認められるだけの連結があるときは、ＡからＢに対する不当利得の成立に必要な因果関係が認められます（最判昭49.9.26）。したがって、正しい記述です。

エ ×　不法な原因のために登記された建物の引渡しをした者は、その給付した建物の返還を請求することができません（708条本文）。そして、給付したといえるためには、既登記不動産の場合には、不動産の引渡しと所有権移転登記手続を完了したことが必要です（最判昭46.10.28）。したがって、「所有権移転登記手続を完了したかどうかにかかわらず」という記述が誤りです。

不当利得に関する次の記述のうち、妥当なのはどれか。

★★

国般2017

❶ 法律上の原因なく他人の財産又は労務によって利益を受け、そのために他人に損失を及ぼした者（受益者）は、善意であっても、その受けた利益につき、利息を付して返還する義務を負う。

❷ 債務の弁済として給付をした者は、債務の存在しないことを知っていて弁済したときにおいても、その給付したものの返還を請求することができる。

❸ 債務者は、弁済期にない債務の弁済として給付をしたときであっても、弁済期が到来するまでは、その給付したものの返還を請求することができる。

❹ 債務者でない者が錯誤によって債務の弁済をした場合において、債権者が善意で証書を滅失させたときは、その弁済をした者は、返還の請求をすることができない。

❺ 不法な原因のために給付をした者は、不法な原因が受益者のみにあるときであっても、その給付したものの返還を請求することができない。

【解答・解説】 正解 ❹

❷～❺は、給付をした者と給付を受けた者のいずれを保護するのが公平の理念に適するのかという点から考えるとよいでしょう。

❶ ×　法律上の原因なく他人の財産または労務によって利益を受け、そのために他人に損失を及ぼした者（受益者）は、善意であるときは、その利益の存する限度において、これを返還する義務を負います（703条）。したがって、「その受けた利益につき、利息を付して返還する義務を負う」という記述が妥当ではありません。

❷ ×　債務の弁済として給付をした者は、その時において債務の存在しないことを知っていたときは、その給付したものの返還を請求することができません（705条）。したがって、「その給付したものの返還を請求することができる」という記述が妥当ではありません。

❸ ×　債務者は、弁済期にない債務の弁済として給付をしたときは、その給付したものの返還を請求することができません（706条本文）。債務は期限到来前でも存在しているので、債権者が給付を受けても不当利得が生じないため、返還請求権が生じないからです。したがって、「その給付したものの返還を請求することができる」という記述が妥当ではありません。

❹ ○　債務者でない者が錯誤によって債務の弁済をした場合において、債権者が善意で証書を滅失させもしくは損傷し、担保を放棄し、または時効によってその債権を失ったときは、その弁済をした者は、返還の請求をすることができません（707条1項）。したがって、妥当な記述です。

❺ ×　不法な原因のために給付をした者は、その給付したものの返還を請求することができません（708条本文）。ただし、不法な原因が受益者についてのみ存したときは、その給付したものの返還を請求することができます（同ただし書）。したがって、「その給付したものの返還を請求することができない」という記述が妥当ではありません。

問題4 ★★ **事務管理又は不当利得に関する次のア〜オの記述のうち、適当なもののみを全て挙げているものはどれか（争いのあるときは、判例の見解による。）。**

裁判所2015

ア 管理者に他人のためにする意思があれば、あわせて自己のためにする意思があったとしても、事務管理は成立する。

イ 管理者が、本人のために有益な費用を支出したときは、本人に対し、報酬を請求することができる。

ウ 法律上の原因なく代替性のある物を利得した受益者が、利得した物を第三者に売却処分した場合に、損失者は、受益者に対し、原則として代替物による返還を請求できる。

エ 債務者が、錯誤により、弁済期にない債務の弁済として給付をしたときは、その給付したものの返還を求めることができる。

オ ひとたび不法原因給付をした場合であっても、当事者間でその給付を返還する旨の特約をすれば、その給付の返還を請求することができる。

❶ ア、ウ
❷ ア、オ
❸ イ、ウ
❹ イ、エ
❺ エ、オ

【解答・解説】

正解 ❷

イは事務管理が相互扶助の理念に基づく制度である点が、**エ**は債務者に錯誤があっても、債務者は債務の弁済義務を負っている点が、ポイントです。

ア ○　義務なく他人のために事務の管理を始めた者は、その事務の性質に従い、最も本人の利益に適合する方法によって、その事務の管理をしなければなりません（697条1項）。そして、他人のためとは、他人の利益を図る意思をいいますが、併せて自己のためにする意思があってもよいとされています（大判大8.6.26）。したがって、適当な記述です。

イ ×　管理者が、本人のために有益な費用を支出したときは、本人に対し、その償還を請求することができます（702条）。有益な費用とは、本人の利益となる費用をいい、有益費の他に必要費が含まれますが、報酬は含まれません。したがって、「報酬を請求することができる」という記述が適当ではありません。

ウ ×　法律上の原因なく代替性のある物を利得した受益者が、利得した物を第三者に売却処分したときは、損失者に対して、原則として、売却代金相当額の金員の不当利得返還義務を負うことになります（最判平19.3.8）。したがって、「原則として代替物による返還を請求できる」という記述が適当ではありません。

エ ×　債務者は、弁済期にない債務の弁済として給付をしたときは、その給付したものの返還を請求することができません（706条本文）。ただし、債務者が錯誤によってその給付をしたときは、債権者は、これによって得た利益を返還する必要があります（同ただし書）。したがって、「その給付したものの返還を求めることができる」という記述が適当ではありません。

オ ○　不法な原因のために給付をした者は、その給付したものの返還を請求することができません（708条）。ただし、当事者間でその給付を返還する旨の特約をすれば、その給付の返還を請求することができます（最判昭28.1.22）。したがって、適当な記述です。

問題5 ★★★

民法に規定する不当利得に関する記述として、判例、通説に照らして、妥当なのはどれか。

区Ⅰ 2018

❶ 債務者は、弁済期にない債務の弁済として給付をしたときは、その給付したものの返還を請求することができないが、債務者が錯誤によってその給付をしたときは、債権者は、これによって得た利益を返還しなければならない。

❷ 債務者でない者が錯誤によって債務の弁済をした場合において、債権者が善意で証書を滅失させ若しくは損傷し、担保を放棄し、又は時効によってその債権を失ったときは、その弁済をした者は、返還の請求をすることができるため、債務者に対して求償権を行使することができない。

❸ 最高裁判所の判例では、不法の原因のため給付をした者にその給付したものの返還請求することを得ないとしたのは、かかる給付者の返還請求に法律上の保護を与えないということであり、当事者が、先に給付を受けた不法原因契約を合意の上解除してその給付を返還する特約をすることは許されないとした。

❹ 最高裁判所の判例では、不当利得者が当初善意であった場合には、当該不当利得者は、後に利得に法律上の原因がないことを認識したとしても、悪意の不当利得者とはならず、現存する利益の範囲で返還すれば足りるとした。

❺ 最高裁判所の判例では、贈与が不法の原因に基づく給付の場合、贈与者の返還請求を拒みうるとするためには、既登記の建物にあっては、その占有の移転のみで足り、所有権移転登記手続がなされていることは要しないとした。

【解答・解説】

正解 ❶

❸と❺は不法原因給付物の返還を否定した趣旨から考えるとよいでしょう。

❶ ○　債務者は、弁済期にない債務の弁済として給付をしたときは、その給付したものの返還を請求することができません（706条本文）。ただし、債務者が錯誤によってその給付をしたときは、債権者は、これによって得た利益を返還しなければなりません（同ただし書）。したがって、妥当な記述です。

❷ ×　債務者でない者が錯誤によって債務の弁済をした場合において、債権者が善意で証書を滅失させもしくは損傷し、担保を放棄し、または時効によってその債権を失ったときは、その弁済をした者は、返還の請求をすることができません（707条１項）。ただし、弁済をした者から債務者に対する求償権の行使は可能です（同条２項）。したがって、全体的に妥当な記述ではありません。

❸ ×　不法な原因のために給付をした者は、その給付したものの返還を請求することができません（708条）。本条は、不法原因の給付者の返還請求権に法律上の保護を与えないとする趣旨なので、当事者が、その給付の返還特約をすることは許されます（最判昭28.1.22）。したがって、「その給付を返還する特約をすることは許されない」という記述が妥当ではありません。

❹ ×　不当利得者が受益の当時善意であった場合でも、当該不当利得者が、後に利得に法律上の原因がないことを認識したときは、その時から悪意の不当利得者となり、その受けた利益に利息を付して返還する義務を負うことになります（最判平3.11.19）。したがって、「悪意の不当利得者とはならず」という記述が妥当ではありません。

❺ ×　不法な原因のために給付をした者は、その給付したものの返還を請求することができません（708条本文）。そして、給付をしたといえるためには、既登記不動産の場合には、不動産の引渡しと所有権移転登記手続を完了したことが必要です（最判昭46.10.28）。したがって、「所有権移転登記手続がなされていることは要しない」という記述が妥当ではありません。

6 不法行為

学習のポイント

・不法行為は出題の多い重要な論点なので、しっかり押さえておいてください。
・一般不法行為については効果を中心に、特殊な不法行為については使用者責任を中心に学習しましょう。

1 不法行為とは

不法行為の制度は、民法全体を貫いている**過失責任の原則**（故意または過失によって他人に損害を与えたら、その責任を負うべきという考え方）に基づいています。被害者の救済と不法行為の発生を抑止する目的の制度です。

不法行為は、**一般不法行為**と**特殊な不法行為**に分類されます。

2 一般不法行為

民法第709条
故意又は過失によって他人の権利又は法律上保護される利益を侵害した者は、これによって生じた損害を賠償する責任を負う。

(1) 意　義

故意または過失によって、他人の権利・利益を侵害する行為を**不法行為**といいます。不法行為をした者は、これによって生じた損害を賠償する責任を負います（709条）。

(2) 要　件

一般不法行為が成立するための要件は次のとおりです。

① 故意・過失

加害者に**故意または過失があること**です。「故意」とは「わざと」、「過失」とは「不注意」ということです。**不可抗力によって他人に損害を生じさせた場合には、不法行為責任を負いません**（過失責任の原則）。

（ア）注意力の基準

「過失」における注意力は、加害者個人ではなく**平均的な人間を基準**にして判断します。

（イ）失火の場合の特則

失火（過失による火事）の場合は、失火責任法によって加害者の責任が軽減されており、**故意または重大な過失がない限り、責任を負わない**こととされています（失火責任法）。つまり、**軽過失の場合には責任を負いません**。

木造家屋の多い日本においては、軽過失による失火が大規模な延焼につながることもあり、軽過失の加害者の賠償責任が過重になるのを防ぐためです。

（ウ）立証責任

加害者に故意または過失があったことを立証する責任は、損害賠償を請求する側である**被害者が負います**。

② 被害者における利益侵害

被害者が、権利または法律上保護される利益の侵害を受けたことです。

法律上保護される利益には、**財産権のほかに身体・自由・名誉等の人格権**（710条）**が含まれます**。

判例

- 「名誉」とは、人がその品性、徳行、名声、信用等の人格的価値について社会から受ける客観的な評価、すなわち社会的名誉を指すので、人が自己自身の人格的価値について有する主観的な評価、すなわち名誉感情は含まれません（最判昭45.12.18）。

③ 損害の発生

加害行為があっても、損害が発生していなければ不法行為とはなりません。この損害は、財産的損害と精神的損害の両方を含みます。

④ 加害行為と損害との因果関係

被害者に生じている損害が、加害者による行為によってもたらされたものであることです。この**因果関係を立証する責任は、被害者側が負います**。

⑤　責任能力

責任能力とは、**自己の行為の責任を弁識する能力**のことです。加害者が賠償責任を負う制度なので、前提として責任を認識できる程度の知能が必要とされているわけです。

(ア) 未成年者

未成年者は、他人に損害を加えた場合において、自己の行為の責任を弁識するに足りる知能を備えていなかったときは、**その行為について賠償の責任を負いません**(712条)。

概ね11～12歳程度において、責任能力が備わるものとされています。

(イ) 精神上の障害がある者

精神上の障害により責任能力を欠く状態にある間に他人に損害を加えた者は、**賠償の責任を負いません**(713条本文)。

ただし、**故意または過失によって、一時的にその状態を招いた場合には、損害賠償の責任を免れません**(同ただし書)。例えば、前後不覚になることを知りながら大量の飲酒をしたうえで他人を殴ってけがをさせたような場合、殴った時には自己の責任を弁識する能力を欠いていたといえるものの、その状況は自己の責任を弁識する能力がある状態の時に自分の意思で招いたものであるため、賠償責任を免れません。

⑶　効　果

不法行為が成立すると、不法行為者は**損害賠償と原状回復の義務を負います**。

①　損害賠償請求・原状回復

被害者は、不法行為者に対して損害賠償を請求することができます(709条)。

損害賠償の方法は、**金銭賠償が原則**ですが(722条1項、417条)、他人の名誉を毀損した者に対しては、裁判所は、**損害賠償に代えて、または損害賠償とともに名誉を回復するのに適当な処分を命ずることができます**(723条)。

② 損害賠償の請求権者

> 民法第711条
> 　他人の生命を侵害した者は、被害者の父母、配偶者及び子に対しては、その財産権が侵害されなかった場合においても、損害の賠償をしなければならない。

（ア）被害者本人

被害者本人は、当然に損害賠償請求権者となります（709条等）。

判 例

- 不法行為により被害者が死亡したときは、損害の発生と同時に慰謝料請求権を取得し、被害者が生前に請求の意思を表明しなくても、相続人に承継されます（最大判昭42.11.1）。

（イ）被害者の近親者

不法行為により**被害者が死亡したとき**は、被害者の**父母、配偶者および子は、慰謝料請求**（損害賠償請求）**をすることができます**（711条）。

判 例

- 父母、配偶者、子には当たりませんが、これと同視するべき身分関係が存在し、被害者の死亡により甚大な精神的苦痛を受けた者にも、711条が類推適用されます。身体障害者であるため、被害者の庇護のもとに長年同居した被害者である夫の妹はこれに当たります（最判昭49.12.17）。
- 711条は被害者が死亡したときの規定ですが、不法行為により身体に傷害を受けた者の母親が、そのために被害者の生命侵害の場合にも比肩するような精神上の苦痛を受けたときは、民法709条、710条に基づいて自己の権利として慰謝料請求（損害賠償請求）をすることができます（最判昭33.8.5）。

	父母・配偶者・子	それ以外の者
被害者の死亡	711条	709条、710条（自己の権利として慰謝料請求）
被害者の傷害	709条、710条（自己の権利として慰謝料請求）	－

(ウ) 胎　児

胎児は権利能力を有しないので（3条1号）、胎児は、損害賠償の請求権の主体とはなりません。ただし、**不法行為に基づく損害賠償請求については、すでに生まれたものとみなされます**（721条）。

判 例

- もっとも、「すでに生まれたものとみなす」とは、胎児が生きて生まれたことを停止条件として権利能力を取得することをいうので（大判昭7.10.6）、胎児が分娩時に死亡したときは、損害賠償請求権を相続しません。

(エ) 法　人

財産的損害については賠償請求の主体となりますが、**精神的損害については賠償請求**（慰謝料請求）**の主体となりません**（法人には精神がないため）。

法人の**名誉毀損については、無形の財産的損害として賠償請求が可能**です。

判 例

- 法人の名誉が侵害されて無形の損害が発生した場合、金銭的評価が可能である限り、民法710条が適用され、法人は、損害賠償を請求することができます（最判昭39.1.28）。

③　過失相殺

民法第722条
① 第417条及び第417条の2の規定は、不法行為による損害賠償について準用する。
② 被害者に過失があったときは、裁判所は、これを考慮して、損害賠償の額を定めることができる。

被害者に過失があったときは、裁判所は、これを考慮して、損害賠償の額を定めることができます（722条2項）。つまり、被害者側にも落ち度があったのだから、被害者側からの損害賠償額を減額することができるということです。

ヒント

債務不履行における過失相殺が必要的過失相殺（債権者に過失があった場合、裁判所はこれを考慮しなければならない）であったのに対し、不法行為における過失相殺が任意的過失相殺（被害者に過失があった場合、裁判所はこれを考慮することができる）である点に注意しましょう。

(ア) 過失のある被害者に責任能力がない場合

被害者が未成年者であって、その過失を斟酌するためには、未成年者に**事理を弁識するに足りる知能が備わっていれば足り、行為の責任を弁識するに足りる知能が備わっている必要はありません**（最大判昭39.6.24）。

補足

行為の責任を弁識するに足りる知能（責任能力）は概ね11～12歳程度で備わるとされているのに対し、事理を弁識するに足りる知能（事理弁識能力）は、5～6歳程度で備わるとされ、責任能力よりも低い年齢の知能で足りるとされています。

(イ) 被害者側の過失

過失相殺においては、被害者本人の過失だけでなく、**被害者と身分上または生活関係上一体をなすと見られるような関係にある者の過失も考慮されます**。

例えば、3歳の子どもが道路に飛び出して車にはねられてしまったようなケースでは、3歳の子どもには事理弁識能力がありませんが、その監督者である保護者の過失（子どもが道路に飛び出さないようにする注意が不十分だった）を考慮することができます。

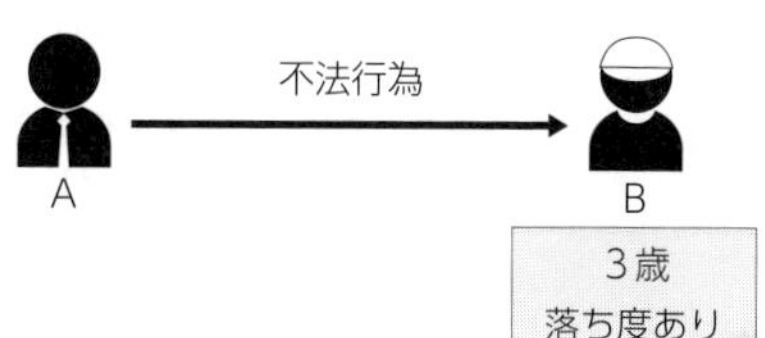

・Bに事理弁識能力がないためAが全額賠償しなければならないというのは不当

・Bの保護者に過失があればそれを被害者側の過失として過失相殺可

ここでは、「被害者と身分上または生活関係上一体をなすと見られるような関係」がどのようなものを指すかが問題になります。

「被害者側」に当たる例	・**配偶者**（最判昭51.3.25） ※夫婦の婚姻関係がすでに破綻に瀕しているなどの特段の事情がない場合
	・**内縁関係にある者**（最判平19.4.24）
「被害者側」に当たらない例	・保育園児が被害を受けた場合に、これを引率していた**保育士**（最判昭42.6.27）
	・単に恋愛関係にあるだけの者（最判平9.9.9）

(ウ) 被害者の素因

被害者の精神的・身体的要素が原因で、損害が通常より拡大することになってしまった場合、**722条を類推適用して、損害賠償額の減額が認められることがあります。**

判 例

- 被害者に対する加害行為と被害者の疾患とがともに原因となって損害が発生した場合において、**当該疾患の態様、程度などに照らし、加害者に損害の全部を賠償させるのが公平を失するときは、裁判所は、損害賠償の額を定めるに当たり、民法722条２項の過失相殺の規定を類推適用することができます**（最判平4.6.25）。

④ 損益相殺

被害者が不法行為によって損害を被ると同時に利益を受ける場合には、この**利益分が賠償額から控除されます**（損益相殺）。

損益相殺が認められるもの	・給付が確定した**遺族年金**（最大判平5.3.24） ・死亡者の生活費（最判昭39.6.24）
損益相殺が認められないもの	・死亡者に支払われた**生命保険金**（最判昭39.9.25） ・火災保険金（最判昭50.1.31）

⑤ 遅延利息の発生

不法行為に基づく損害賠償債務は、債務者が**損害の発生と同時に遅滞の責任を負います**（最判昭37.9.4）。被害者保護のためです。

⑥ 損害賠償請求権の消滅時効

不法行為の損害賠償請求権には、次の２種類の消滅時効が定められています。一般的な債権とは異なる点に注意しましょう。

主観的起算点	被害者またはその法定代理人が損害および加害者を知った時から**3年間**（724条１号）、人の生命または身体を害する不法行為による場合は**5年間**不行使（724条の２）
客観的起算点	不法行為の時から**20年間**不行使（724条２号）

一般的な債権の消滅時効との違いは以下のとおりです。

	主観的起算点から		客観的起算点から	
	人の生命・身体侵害以外	人の生命・身体侵害	人の生命・身体侵害以外	人の生命・身体侵害
一般的な債権	5年	5年	10年	20年
不法行為	3年	5年	**20年**	20年

長期間が経過することによって立証が難しくなるため、早期の決着を促す趣旨で、不法行為には一般的な債権より短い３年という短期の消滅時効が定められています。

判例

- 土地の不法占拠のような継続的不法行為の場合には、当該行為により日々発生する損害について被害者がその各々を知った時から個別に消滅時効が進行します（大連判昭15.12.14）。

(4) 違法性阻却事由

次のような場合には、不法行為によって他人に損害が生じても責任を負うことはありません。

① 正当防衛

他人の不法行為に対して、自己または第三者の権利または法律上保護される利益を防衛するために、**やむを得ず加害行為をした場合は、この加害行為に対する損害賠償責任を負いません**（720条1項本文）。また、**被害者は不法行為をした者に対して損害賠償請求ができます**（同ただし書）。

② 緊急避難

他人の物から生じた急迫の危難に対し、これを避けるためにその物を損傷した場合は、この加害行為に対する損害賠償責任を負いません（720条2項）。

確認してみよう

1 不法行為による損害賠償の方法は、損害を金銭的に評価して行う金銭賠償によるのではなく、損害を現実的、自然的に消去する原状回復によることを原則としている。区Ⅰ2011

2 (3) ① 参照 ×

不法行為による損害賠償は、金銭賠償を原則とします。

2 不法行為による生命侵害の慰謝料請求権は、被害者が生前に請求の意思を表明していなければ、相続人に承継されない。裁判所2020

2 (3) ② 参照 ×

被害者が生前に請求の意思を表明していなくても当然に相続人に承継されます。

3 固有の慰謝料請求ができる近親者として民法第711条に列挙されていない者でも、同条の類推適用により、加害者に対して固有の慰謝料を請求できる場合がある。裁判所2020

2 (3) ② 参照 ○

正しい記述です。

4 被害者が幼児である場合、その保護者に過失があったとしても過失相殺をすることはできない。裁判所2020

2 (3) ③ 参照 ×

被害者が事理弁識能力のない幼児である場合、その保護者に過失があればこれを考慮して過失相殺することができます。

⑤ 被害者が未成年の場合、過失相殺においてその過失をしんしゃくするには、被害者たる未成年者に行為の責任を弁識する能力が必要である。裁判所2020

2 (3) ③ 参照 ×

責任能力までは必要なく、事理弁識能力があれば足ります。

3 特殊な不法行為

民法上に定められた、6種類の特殊な不法行為について学習します。すでに見てきた一般不法行為と成立のための要件に違いがあります。

また、特殊な不法行為においては一般不法行為と異なり、**加害者に過失があったことを立証する責任が、被害者側ではなく賠償者側に生じます。**

(1) 責任無能力者の監督義務者等の責任

民法第714条

① 前2条の規定により責任無能力者がその責任を負わない場合において、その責任無能力者を監督する法定の義務を負う者は、その責任無能力者が第三者に加えた損害を賠償する責任を負う。ただし、監督義務者がその義務を怠らなかったとき、又はその義務を怠らなくても損害が生ずべきであったときは、この限りでない。

② 監督義務者に代わって責任無能力者を監督する者も、前項の責任を負う。

責任能力のない者による不法行為について、その監督義務者等が賠償する責任を負うとするものです。

① 要　件

監督義務者等の責任は以下の要件が満たされた場合に生じます（714条1項）。

❶ 責任無能力者の行為が責任能力以外の一般不法行為責任の要件を満たすこと
❷ 監督義務者が監督義務を怠らなかったこと、またはその義務を怠らなくても損害が生ずべきであったことの立証がないこと

判例

- 未成年者が責任能力を有する場合であっても、監督義務者の義務違反と当該未成年者の不法行為によって生じた結果との間に相当因果関係を認められるときは、監督義務者は民法709条に基づく不法行為責任を負います（最判昭49.3.22）。

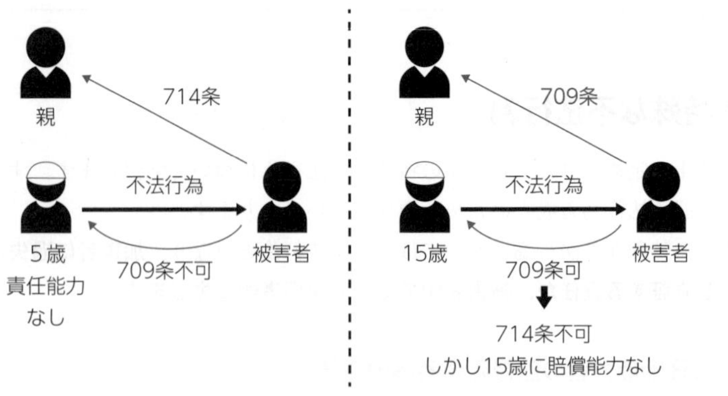

- 未成年者には賠償のための資力がなく、責任能力が認められても被害者が現実に賠償を受けられない場合が多いため、被害者保護のために監督義務者への責任追及を認めたものです。

② 効　果

監督義務者・代理監督者は、責任無能力者が第三者に加えた損害を賠償する責任を負います（714条１項本文、２項）。

⑵ 使用者等の責任

民法第715条
① ある事業のために他人を使用する者は、被用者がその事業の執行について第三者に加えた損害を賠償する責任を負う。ただし、使用者が被用者の選任及びその事業の監督について相当の注意をしたとき、又は相当の注意をしても損害が生ずべきであったときは、この限りでない。
② 使用者に代わって事業を監督する者も、前項の責任を負う。
③ 前2項の規定は、使用者又は監督者から被用者に対する求償権の行使を妨げない。

① 意義・趣旨

使用者責任とは、ある事業のために他人を使用する者は、被用者が、その事業の執行について第三者に加えた損害を賠償する責任を負うことをいいます（715条）。

使用者が他人に損害を与える危険を伴う事業活動を被用者にさせることによって利益を得ている以上、危険が現実化したときにその損害を負担するべきだからです。

② 要 件

使用者等の責任は以下の要件が満たされた場合に生じます（715条1項）。

❶ 被用者が第三者に損害を加えたこと
❷ 使用者と被用者との間に使用関係があること
❸ 事業の執行につき損害を加えたこと
❹ 被用者が不法行為の一般的成立要件を備えていること
❺ 使用者に免責事由がないこと

判 例

- 被用者が事業の執行に際して故意または過失によって第三者に損害を加えたことが必要です（大判大5.7.29）。
- 「事業」とは、継続的な仕事であるか一時的な仕事であるかを問わず、また、営利的かつ適法なものに限られません（最判平16.11.12参照）。
- 「事業の執行について」とは、行為の外形から観察して、あたかも被用者の職務行為の範囲内に属するものと認められる場合も含まれます（最判昭39.2.4）。普段から業務として使用者である会社の自動車を運転していた被用者が、終電車に乗り遅れたため、その自動車を無断で持ち出して運転して帰宅する途中、被害者を轢いて死亡させた場合も、事業の執行についてされたものといえます。

③ 効　果

(ア) 損害賠償義務

被用者が事業の執行について第三者に加えた損害について賠償責任が生じます。この責任の主体は、**使用者**（715条１項本文)、**代理監督者**（同条２項）となります。

ただし、**使用者が被用者の選任およびその事業の監督について相当の注意をしたとき、または相当の注意をしても損害が生ずべきであったときは、損害賠償責任を負いません**（同条１項ただし書)。

判 例

- 使用者責任が成立する場合でも、被用者は、独立して一般の不法行為責任を負担します。ただし、使用者が被害者に全額の損害賠償を行ったときは、被用者の債務も消滅します（大判昭12.6.30)。
- 失火者である被用者に重大な過失があり、これを使用する者に選任監督について不注意があれば、使用者は、賠償責任を負います（最判昭42.6.30)。

(イ) 求償権

使用者または代理監督者は、被害者に損害賠償をした場合、**被用者に対して求償権を行使することができます**（715条３項)。

判 例

- ただし、使用者の被用者に対する求償は、損害の公平な分担という見地から、信義則上相当な限度に制限されます（最判昭51.7.8)。

⑶ 注文者の責任

注文者は、注文または指図についてその注文者に過失がない限り、請負人がその仕事について第三者に加えた損害を賠償する責任を負いません（716条)。

⑷　土地の工作物等の占有者および所有者の責任

> 民法第717条
> ①　土地の工作物の設置又は保存に瑕疵があることによって他人に損害を生じたときは、その工作物の占有者は、被害者に対してその損害を賠償する責任を負う。ただし、占有者が損害の発生を防止するのに必要な注意をしたときは、所有者がその損害を賠償しなければならない。
> ②　前項の規定は、竹木の栽植又は支持に瑕疵がある場合について準用する。
> ③　前２項の場合において、損害の原因について他にその責任を負う者があるときは、占有者又は所有者は、その者に対して求償権を行使することができる。

①　意義・趣旨

土地の工作物とは、土地に接着する形で人工的に作られた設備をいい、建物、塀、電柱などが該当します。例えば、家の屋根瓦が落ちて通行人が怪我をするなど、土地の工作物の不具合が他人の損害の原因となる場合、その土地の占有者や所有者が責任を負うとするものです。

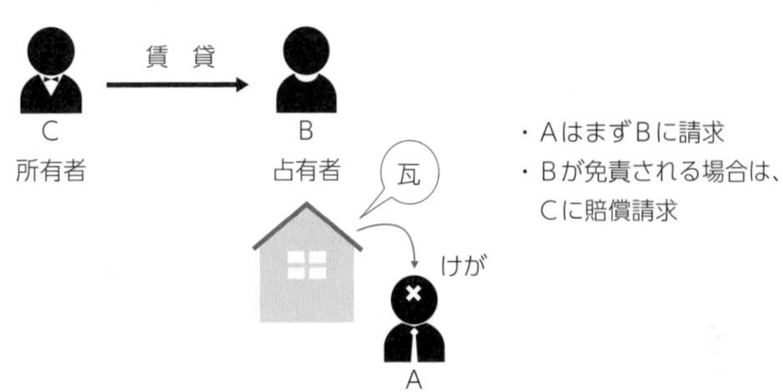

②　要　件

土地の工作物等の占有者および所有者の責任は以下の要件が満たされた場合に生じます（717条１項）。

> ❶　土地の工作物の設置または保存に瑕疵があること
> ❷　損害が工作物の瑕疵に起因すること

③　効　果

（ア）損害賠償責任

土地の**占有者は、工作物の設置・保存の瑕疵により他人に損害を生じたときに損**

害賠償責任を負います（717条１項本文）。

ただし、その工作物の占有者が**損害の発生を防止するのに必要な注意をしたときは、占有者ではなく所有者が被害者に対してその損害賠償責任を負います**（同ただし書）。

ヒント

占有者は損害の発生を防止するのに必要な注意をしたことを立証すれば責任を免れますが、所有者の損害賠償責任にはこのような免責事由がありません。このような点で所有者の責任は無過失責任と解されています。

（イ）占有者または所有者の求償権

占有者または所有者が責任を負う場合において、損害の原因について他にその責任を負う者があるときは、占有者または所有者は、その者に対して求償権を行使することができます（717条３項）。

⑸　動物の占有者等の責任

動物の占有者または占有者に代わって動物を管理する者は、その動物が他人に加えた損害を賠償する責任を負いますが、動物の種類および性質に従い相当の注意をもってその管理をしたときは、責任を負いません（718条）。

⑹　共同不法行為者の責任

①　意　義

共同不法行為とは、**数人が共同して不法行為を行うことにより、他人に損害を加えること**をいいます（719条）。

②　要　件

共同不法行為者の責任は以下の要件が満たされた場合に生じます。

❶　各人の行為がそれぞれ不法行為の要件を満たしていること
❷　各人の行為に関連共同性があること

補足

ここでの「関連共同性」には、行為者の共謀や共同の認識までは不要であり、客観的に見て不法行為が共同で行われたことで足ります（客観的関連共同性）。A・Bの２人がCを殴って怪我をさせた場合、A・Bが事前にCを共同して殴ろうとしていた事実がなくても、実際に２人がかりでCを殴っていたという客観的な事実だけで足ります。被害者の救済を困難にしないためです。

③ 効 果

(ア) 共同不法行為者の損害賠償義務

共同不法行為者は、**各自が連帯してその損害を賠償する責任を負います**（719条１項前段）。

ヒント

共同不法行為者それぞれが被害者に対して連帯債務を負う関係になるため、被害者はどの共同不法行為者に対しても全額の損害賠償請求ができます。被害者の救済を図る趣旨です。

(イ) 加害者不明の共同不法行為の場合

共同不行為者のうち**いずれの者がその損害を加えたかを知ることができないときでも、各自が連帯してその損害を賠償する責任を負います**（719条１項後段）。被害者を厚く保護するためです。

(ウ) 教唆・幇助

不法行為者を**教唆した者および幇助した者は、その損害を賠償する責任を負います**（719条２項）。

④ 求償関係

共同不法行為者の１人が損害賠償を行った場合、**共同不法行為者間においては、過失の割合**（負担の割合）**に応じた求償を行うことができます**。

判例

- 被用者が第三者との共同不法行為により他人に損害を加えた場合に、使用者が被害者に損害を賠償したときは、損害の公平の分担という見地から、第三者に対しその負担部分について求償することができます（最判昭41.11.18）。
- 被用者が第三者との共同不法行為により他人に損害を加えた場合に、当該第三者が自己と被用者との過失割合に従って定められるべき自己の負担部分を超えて被害者に損害を賠償したときは、当該第三者は、被用者の負担部分について使用者に対し求償することができます（最判昭63.7.1）。

確認してみよう

①　注文者は、注文又は指図についてその注文者に過失があったときであっても、請負人がその仕事について第三者に加えた損害を賠償する責任を負うことはない。区Ⅰ2009

3 (3) 参照　×

注文または指図について過失があったときは、注文者が損害賠償責任を負います。

②　土地の工作物の設置に瑕疵があることによって他人に損害が生じた場合、占有者が損害の発生を防止するのに必要な注意をしていたことを証明したときは、その工作物の所有者が被害者に対して、その損害を賠償しなければならない。区Ⅰ2009

3 (4) ③ 参照　○

正しい記述です。

③　動物の占有者は、その動物の性質に従い相当の注意をもって管理をした場合であっても、その動物が他人に加えた損害を賠償する責任を負うが、占有者に代わって動物を管理する者は、その責任を負わない。区Ⅰ2009

3 (5) 参照　×

動物の性質に従い相当の注意をもって管理をした場合は、損害賠償責任を負いません。また、占有者に代わって動物を管理する者も、動物の占有者と同じ責任を負います。

4 自ら不法行為を実行をしていないが、他人を唆して不法行為をなす意思を決定させた者や、直接の不法行為の実行を幇助し容易にした者も、不法行為責任を負う。裁判所2020

3 (6) ③ 参照 ○

正しい記述です。

過去問にチャレンジ

問題1 ★ **不法行為に関する次のア～エの記述の正誤の組合せとして最も妥当なものはどれか（争いのあるときは、判例の見解による。）。**

裁判所2019

ア 生命を侵害された被害者の父母、配偶者及び子以外の親族には、固有の慰謝料請求権は認められない。

イ 未成年者が他人に損害を加えた場合において、未成年者が責任能力を有する場合であっても、監督義務者の義務違反と未成年者の不法行為によって生じた結果との間に相当因果関係が認められるときは、監督義務者について民法第709条に基づく不法行為が成立する。

ウ 不法行為による損害賠償債務は、請求を受けた日の翌日から履行遅滞に陥る。

エ 不法行為による損害賠償請求権の消滅時効の期間は、権利を行使することができることとなった時から10年である。

	ア	イ	ウ	エ
❶	正	誤	正	誤
❷	誤	正	誤	誤
❸	正	正	正	誤
❹	正	誤	正	正
❺	誤	正	誤	正

【解答・解説】

正解 ❷

アは親族なら被害者の死亡により甚大な精神的苦痛を受けると考えられるでしょう。**ウ**は被害者保護の見地から考えるとよいでしょう。

ア ×　他人の生命を侵害した者は、被害者の父母、配偶者および子に対しては、その財産権が侵害されなかった場合においても、損害の賠償をしなければなりません（711条）。ただし、被害者の父母、配偶者、子以外の者もあっても、被害者との間にこれらの者と実質的に同視することができる身分関係が存在し、被害者の死亡により甚大な精神的苦痛を受けた者は、本条の類推適用によって固有の慰謝料が認められます（最判昭49.12.17）。したがって、「固有の慰謝料請求権は認められない」という記述が誤りです。

イ ○　未成年者が責任能力を有する場合は、その未成年者を監督する法定の義務を負う者は、その未成年者が第三者に加えた損害を賠償する責任を負わないのが原則です（714条1項前段反対解釈）。ただし、未成年者が責任能力を有する場合であっても、監督義務者の義務違反と当該未成年者の不法行為によって生じた結果との間に相当因果関係が認められるときは、監督義務者について民法709条に基づく不法行為が成立します（最判昭49.3.22）。したがって、正しい記述です。

ウ ×　不法行為に基づく損害賠償債務の場合は、不法行為者は、損害の発生と同時に遅滞の責任を負うとされています（最判昭37.9.4）。被害者保護の見地から、不法行為者に損害の発生と同時に遅滞の責任を負わせたのがその趣旨です。したがって、「請求を受けた日の翌日」という記述が誤りです。

エ ×　不法行為による損害賠償の請求権は、不法行為の時から20年間行使しない場合には、時効によって消滅します（724条2号）。したがって、「権利を行使することができることとなった時から10年」という記述が誤りです。

問題2 ★★ **不法行為に関する次のア～オの記述のうち、適当なもののみを全て挙げているものはどれか（争いのあるときは、判例の見解による。）。**

裁判所2014

ア 未成年者が他人に損害を与えた場合、未成年者に責任能力があれば、監督義務者が不法行為による責任を負うことはない。

イ 土地工作物によって他人に損害が生じた場合、工作物の占有者は、その損害の発生を防止するのに必要な注意を行ったことを立証すれば、損害賠償責任を免れることができる。

ウ 民法723条にいう名誉とは、自己自身の人格的価値について有する主観的な評価、すなわち名誉感情を含むものであるから、新聞に個人の名誉感情を害する記事が掲載された場合、同条に基づき、名誉を回復するための処分を求めることができる。

エ 不法行為による被害者が死亡した場合、支払われた生命保険金は、損害額から控除される。

オ 民法722条２項にいう被害者の過失には被害者側の過失が含まれるが、保育園に預けられている幼児が不法行為により損害を被った場合、保育園の保育士に監督上の過失があったとしても、過失相殺において、被害者側の過失として斟酌されない。

❶ ア、エ
❷ ア、ウ
❸ イ、エ
❹ イ、オ
❺ ウ、オ

【解答・解説】

正解 ❹

イは工作物の「所有者」ではなく「占有者」である点が、**エ**は生命保険の掛金は被害者本人が支払っている点が、ポイントです。

ア ×　未成年者が責任能力を有する場合であっても、監督義務者の義務違反と当該未成年者の不法行為によって生じた結果との間に相当因果関係が認められるときは、監督義務者は民法709条に基づく不法行為による責任を負います（最判昭49.3.22）。したがって、「監督義務者が不法行為による責任を負うことはない」という記述が適当ではありません。

イ ○　土地の工作物の設置または保存に瑕疵があることによって他人に損害を生じたときであっても、その工作物の占有者が損害の発生を防止するのに必要な注意を行ったことを立証すれば、損害賠償責任を免れることができます（717条1項）。したがって、適当な記述です。

ウ ×　他人の名誉を毀損した者に対しては、裁判所は、名誉を回復するのに適当な処分を命ずることができます（723条）。そして、名誉とは、人がその品性、徳行、名声、信用等の人格的価値について社会から受ける客観的な評価（社会的名誉）を指すものであって、自己自身の人格的価値について有する主観的な評価、すなわち名誉感情は含まれません（最判昭45.12.18）。したがって、「名誉感情を含む」という記述が適当ではありません。

エ ×　生命保険契約に基づいて給付される保険金は、すでに払い込んだ保険料の対価の性質を有し、不法行為の原因と関係なく支払われるべきものなので、これを損害額から控除すべきではないとされています（最判昭39.9.25）。したがって、「控除される」という記述が適当ではありません。

オ ○　被害者に過失があったときは、裁判所は、これを考慮して、損害賠償の額を定めることができます（722条2項）。そして、被害者の過失には、被害者側の過失も含まれますが、保育園の保育士の監督上の過失はこれには含まれないので、過失相殺において、被害者側の過失として斟酌されません（最判昭42.6.27）。したがって、適当な記述です。

問題3 ★★

不法行為に関する次のア～オの記述のうち、適当なもののみを全て挙げているものはどれか（争いのあるときは、判例の見解による。）。

裁判所2017

ア　被用者と第三者が共同で不法行為をした場合、被害者に損害の全額を賠償した第三者は、使用者に対し、被用者の負担部分について、求償することができる。

イ　被害者に対する加害行為と被害者の疾患とがともに原因となって損害が発生した場合において、当該疾患の態様、程度などに照らし、加害者に損害全額を賠償させるのが公平でないときは、過失相殺の規定を類推適用することができる。

ウ　失火については、「失火ノ責任ニ関スル法律」により重過失の場合にのみ損害賠償責任を負うとされていることから、被用者の重過失により失火した場合、被用者の選任及び監督につき使用者に重過失がなければ、使用者は責任を負わない。

エ　法人は、名誉を毀損されても精神的苦痛を感じることがないから、謝罪広告を求めることができるとしても、損害賠償を求めることはできない。

オ　不法行為により身体に傷害を受けた者の近親者がその固有の慰謝料を請求することができるのは、被害者がその不法行為によって死亡した場合に限られる。

❶　ア、イ
❷　ア、ウ
❸　イ、エ
❹　ウ、エ
❺　エ、オ

【解答・解説】

正解 ❶

イは損害の公平の分担という趣旨から考えるとそのとおりでしょう。**オ**は身体の傷害もその程度によっては死亡に類似する場合があるでしょう。

ア ○　被用者と第三者が共同で不法行為により他人に損害を加えた場合、当該第三者が自己の負担部分を超えて被害者に損害を賠償したときは、当該第三者は、使用者に対し、被用者の負担部分について、求償することができます（最判昭63.7.1）。したがって、適当な記述です。

イ ○　被害者に対する加害行為と被害者の疾患とがともに原因となって損害が発生した場合において、当該疾患の態様、程度などに照らし、加害者に損害の全部を賠償させるのが公平でないときは、裁判所は、損害賠償の額を定めるに当たり、民法722条２項の過失相殺の規定を類推適用することができます（最判平4.6.25）。したがって、適当な記述です。

ウ ×　失火責任法は、重過失のある失火者の責任条件を規定したものなので、失火者である被用者の重過失により失火した場合、被用者の選任および監督につき使用者に過失があれば、使用者は民法715条により賠償責任を負います（最判昭42.6.30）。したがって、「被用者の選任及び監督につき使用者に重過失がなければ」という記述が適当ではありません。

エ ×　他人の身体、自由もしくは名誉を侵害した場合、民法709条の損害賠償の責任を負う者は、財産以外の損害に対しても、その賠償をしなければなりません（710条）。「財産以外の損害」とは、精神的苦痛だけに限られるものではなく、金銭的評価が可能である限り、無形の損害も含まれるので、法人も、損害賠償を求めることができます（最判昭39.1.28）。したがって、「損害賠償を求めることはできない」という記述が適当ではありません。

オ ×　不法行為により被害者が身体に傷害を受けた場合でも、被害者の母親が、被害者の生命侵害にも比肩するような精神上の苦痛を受けたときは、民法709条、710条に基づいて自己の権利として慰謝料を請求することができます（最判昭33.8.5）。したがって、「死亡した場合に限られる」という記述が適当ではありません。

★

不法行為に関する次のア～エの記述の正誤の組合せとして最も妥当なものはどれか（争いのあるときは、判例の見解による。）。

裁判所2018

ア　故意又は過失によって財産権以外の権利又は法律上保護される利益を侵害した者は、名誉を回復するのに必要な処分等、金銭賠償以外の方法によって不法行為責任を負うのが原則である。

イ　被用者の行為によって他人に損害が発生した場合、使用者は被用者に故意も過失もなかったときは、民法第715条の責任を免れる。

ウ　使用者責任を負った使用者は、損害の公平な分担という見地から信義則上相当と認められる限度において、被用者に対して求償の請求をすることができる。

エ　賃借人が占有する家屋において、損害の発生を防止するのに必要な注意をしていたが、工作物の瑕疵によって訪問客に損害が生じた場合、家屋の所有者は、前記の瑕疵について過失がなければ、民法第717条の土地工作物責任を免れる。

	ア	イ	ウ	エ
❶	誤	正	正	誤
❷	正	正	誤	正
❸	誤	正	誤	正
❹	正	誤	正	誤
❺	誤	誤	正	正

【解答・解説】

正解 ❶

アは民法が金銭賠償を原則としている点がポイントです。**エ**は工作物の占有者の責任と異なり、その所有者の責任は無過失責任である点に注意が必要です。

ア ×　故意または過失によって他人の名誉を毀損した者に対しては、裁判所は、被害者の請求により、損害賠償に代えて、または損害賠償とともに、名誉を回復するのに適当な処分を命ずることができます（723条）。そして、損害賠償とは、金銭賠償をいいます（722条1項、417条）。したがって、「金銭賠償以外の方法によって不法行為責任を負うのが原則である」という記述が誤りです。

イ ○　ある事業のために他人を使用する者は、被用者がその事業の執行について第三者に加えた損害を賠償する責任を負います（使用者責任：715条1項本文）。本条の使用者責任は、使用者が被用者に代わって負う責任（代位責任）です。その結果、使用者は、事業の執行に際し、被用者が故意も過失もなく第三者に損害を加えたときは、民法715条の責任を免れます（大判大5.7.29）。したがって、正しい記述です。

ウ ○　使用者責任を負った使用者は、被用者に対する求償権の行使をすることができます（715条3項）。ただし、使用者の被用者に対する求償権は、損害の公平な分担という見地から信義則上相当と認められる限度に限られます（最判昭51.7.8）。したがって、正しい記述です。

エ ×　土地の工作物の設置または保存に瑕疵があることによって他人に損害を生じたときに、その工作物の占有者が損害の発生を防止するのに必要な注意をしたときは、所有者がその損害を賠償しなければなりません（717条1項）。そして、この所有者の損害賠償責任は、無過失責任と解されています。その結果、家屋の所有者は、工作物の瑕疵について過失がなくても、民法717条の土地工作物責任を免れることはできません。したがって、「家屋の所有者は、前記の瑕疵について過失がなければ、民法第717条の土地工作物責任を免れる」という記述が誤りです。

問題5
★★

不法行為における使用者責任に関する次のア～オの記述のうち、適当なもののみをすべて挙げているのはどれか（争いのあるときは、判例の見解による。）。

裁判所2011

ア 使用者は、被用者の選任及びその事業の監督について相当の注意をしたことを証明した場合、責任を免れる。

イ 使用者責任に基づき、使用者が被害者に全額の損害賠償を行った場合であっても、被用者が民法709条の不法行為責任に基づき被害者に全額の損害賠償を行う義務は存続する。

ウ 使用者の事業は、営利かつ適法なものであることを要する。

エ 被用者の加害行為は、使用者の事業の執行についてされたものであることが必要であるが、これは、その加害行為が、被用者の職務執行行為そのものには属しないが、行為の外形から観察して、あたかも被用者の職務の範囲内の行為に属するものとみられる場合も含む。

オ 普段から業務として使用者である会社の自動車を運転していた被用者が、終電車に乗り遅れたため、その自動車を無断で持ち出して運転して帰宅する途中、被害者を轢いて死亡させた。この場合、被用者の行為は、使用者の事業の執行についてされたものであることの要件を満たさない。

❶ ア、イ
❷ ア、エ
❸ イ、オ
❹ ウ、エ
❺ ウ、オ

【解答・解説】

正解 ❷

アは民法が原則として「過失責任主義」に立っている点がポイントです。**ウ・エ・オ**は使用者責任制度の趣旨（報償責任の原理など）から考えるとよいでしょう。

ア ○　ある事業のために他人を使用する者は、被用者がその事業の執行について第三者に加えた損害を賠償する責任を負います（715条1項本文）。使用者は被用者を利用することによってその事業を拡大し、利益を上げているので、被用者による損失も負担すべきであるとする報償責任の原理をその趣旨などとするものです。ただし、使用者は、被用者の選任およびその事業の監督について相当の注意をしたことの証明をした場合、損害賠償責任を免れます（同ただし書）。したがって、適当な記述です。

イ ×　使用者が負担する損害賠償義務（715条1項本文）と被用者が民法709条の不法行為責任に基づき負担する損害賠償義務とは、不真正連帯債務の関係にあるとされています（大判昭12.6.30）。その結果、使用者が被害者に全額の損害賠償を行ったときは、被用者の義務も消滅します。したがって、被用者が「被害者に全額の損害賠償を行う義務は存続する」という記述が適当ではありません。

ウ ×　ある事業のために他人を使用する者は、被用者がその事業の執行について第三者に加えた損害を賠償する責任を負います（715条1項本文）。そして、事業は、継続的または一時的な仕事であってもよく、また、営利的かつ適法なものに限らないとされています（最判平16.11.12参照）。したがって、「営利かつ適法なものであることを要する」という記述が適当ではありません。

エ ○　被用者の加害行為は、使用者の事業の執行についてされたものであることが必要です（715条1項本文）。そして、事業の執行には、必ずしも被用者がその担当する業務を適正に執行する場合だけでなく、広く被用者の行為の外形から観察して、あたかも被用者の職務行為の範囲内に属するものと認められる場合も含まれます（最判昭39.2.4）。したがって、適当な記述です。

オ ×　被用者の加害行為は、使用者の事業の執行についてされたものであることが必要です（715条1項本文）。そして、普段から業務として使用者である会社の自動車を運転していた被用者が、終電車に乗り遅れたため、その自動車を無断で持ち出して運転して帰宅する途中、被害者を轢いて死亡させた場合でも、事業の執行についてされたものであるとの要件を満たします（最判昭39.2.4）。したがって、「使用者の事業の執行についてされたものであることの要件を満たさない」という記述が適当ではありません。

MEMO

問題6 民法に規定する不法行為に関する記述として、妥当なのはどれか。

★★

区Ⅰ 2014

❶ 未成年者は、他人に損害を加えた場合において、自己の行為の責任を弁識するに足りる知能を備えていなかったときは、その行為について賠償の責任を負わない。

❷ 責任無能力者が第三者に損害を加えたときは、責任無能力者を監督する法定の義務を負う者は、監督義務を怠らなくても損害が生ずべきであった場合であっても、その責任無能力者が第三者に加えた損害を賠償する責任を負う。

❸ 数人が共同の不法行為によって他人に損害を加えたときは、各自が連帯してその損害を賠償する責任を負うが、行為者を教唆した者及び幇(ほう)助した者は、損害を賠償する責任を負わない。

❹ 他人の不法行為に対し、第三者の権利又は法律上保護される利益を防衛するため、やむを得ず加害行為をした者であっても、損害賠償の責任を負うので、被害者から不法行為をした者に対して、損害賠償を請求することはできない。

❺ 裁判所は、被害者の請求により、被害者の名誉を毀損した者に対して、名誉を回復するのに適当な処分を命ずるときは、被害者の請求があっても、その処分とともに損害賠償を命ずることはできない。

【解答・解説】

正解 ❶

❷は民法が原則として「過失責任主義」に立っている点がポイントです。❹は「やむを得ず加害行為をした者」という点がポイントです。

❶ ○　未成年者は、他人に損害を加えた場合において、自己の行為の責任を弁識するに足りる知能を備えていなかったときは、その行為について賠償の責任を負いません（712条）。したがって、妥当な記述です。

❷ ×　責任無能力者がその責任を負わない場合において、その責任無能力者を監督する法定の義務を負う者は、その責任無能力者が第三者に加えた損害を賠償する責任を負います（714条1項本文）。ただし、監督義務者がその義務を怠らなかったとき、またはその義務を怠らなくても損害が生ずべきであったときは、損害を賠償する責任を負いません（同ただし書）。したがって、「監督義務を怠らなくても損害が生ずべきであった場合であっても」という記述が妥当ではありません。

❸ ×　数人が共同の不法行為によって他人に損害を加えたときは、各自が連帯してその損害を賠償する責任を負います（719条1項本文）。また、行為者を教唆した者および幇助した者も、その損害を賠償する責任を負います（同条2項）。したがって、「行為者を教唆した者及び幇助した者は、損害を賠償する責任を負わない」という記述が妥当ではありません。

❹ ×　他人の不法行為に対し、自己または第三者の権利または法律上保護される利益を防衛するため、やむを得ず加害行為をした者は、損害賠償の責任を負いません（720条1項本文）。ただし、被害者から不法行為をした者に対して、損害賠償を請求することは可能です（同ただし書）。したがって、全体的に妥当な記述ではありません。

❺ ×　他人の名誉を毀損した者に対しては、裁判所は、被害者の請求により、損害賠償に代えて、または損害賠償とともに、名誉を回復するのに適当な処分を命ずることができます（723条）。したがって、「その処分とともに損害賠償を命ずることはできない」という記述が妥当ではありません。

★★

不法行為に関する次のア～オの記述のうち、適当なもののみを全て挙げているものはどれか（争いのあるときは、判例の見解による。）。

裁判所2016

ア　生命を侵害された被害者の兄弟姉妹に、固有の慰謝料請求権が認められる場合がある。

イ　注文者は、注文又は指図について重過失がない限り、請負人がその仕事について第三者に加えた損害を賠償する責任を負わない。

ウ　共同不法行為責任が成立するためには、各共同行為者の行為について不法行為の一般的成立要件を満たすことが必要であるから、共同行為者のうちいずれの者が損害を加えたかを知ることができないときは、共同不法行為責任の成立が否定される。

エ　過失相殺において未成年者の過失を斟酌するためには、その未成年者に事理を弁識するに足りる知能だけではなく、行為の責任を弁識するに足りる知能が備わっていることが必要である。

オ　土地の不法占拠による継続的不法行為の損害賠償請求権は、日々の損害が発生するごとに個別に消滅時効が進行する。

❶　ア、イ
❷　ア、オ
❸　イ、エ
❹　ウ、エ
❺　ウ、オ

【解答・解説】

正解 ❷

イは注文者に「過失」があれば損害賠償責任を負うべきでしょう。**エ**は損害の公平の分担という過失相殺制度から考えるとよいでしょう。

ア ○　被害者の父母、配偶者、子以外の者もあっても、被害者との間にこれらの者と実質的に同視することができる身分関係が存在し、被害者の死亡により甚大な精神的苦痛を受けた者は、711条の類推適用によって固有の慰謝料が認められます（最判昭49.12.17）。したがって、適当な記述です。

イ ×　注文者は、注文または指図について過失がない限り、請負人がその仕事について第三者に加えた損害を賠償する責任を負いません（716条）。したがって、「重過失がない限り」という記述が適当ではありません。

ウ ×　共同不法行為が成立するためには、各共同行為者の行為について不法行為の一般的成立要件を満たすことが必要です（最判昭43.4.23）。ただし、他人に損害を加えた場合において、共同行為者のうちいずれの者がその損害を加えたかを知ることができないときも、各自が連帯してその損害を賠償する責任を負います(719条１項後段)。被害者を厚く保護する趣旨です。したがって、「共同不法行為責任の成立が否定される」という記述が適当ではありません。

エ ×　被害者に過失があったときは、裁判所は、これを考慮して、損害賠償の額を定めることができます(722条２項)。そして、被害者が未成年者であって、その過失を斟酌するためには、その未成年者に事理を弁識するに足りる知能が備わっていれば足り、行為の責任を弁識するに足りる知能が備わっていることは必要ではありません(最大判昭39.6.24)。したがって、「行為の責任を弁識するに足りる知能が備わっていることが必要である」という記述が適当ではありません。

オ ○　土地の不法占拠による継続的不法行為による損害賠償請求権（724条）は、被害者が日々の損害の発生を知った時から個別に消滅時効が進行します（大連判昭15.12.14）。したがって、適当な記述です。

問題8 ★★

不法行為に関するア～オの記述のうち、妥当なもののみを全て挙げているのはどれか。

国般2016

ア 数人が共同の不法行為によって第三者に損害を加えたときは、各自が連帯してその損害を賠償する責任を負うが、その行為者を教唆した者も、共同行為者とみなされ、各自が連帯してその損害を賠償する責任を負う。

イ 土地の工作物の設置又は保存に瑕疵があることによって第三者に損害を生じた場合、その工作物の所有者は、損害の発生を防止するのに必要な注意をしたときは、その損害を賠償する責任を負わない。

ウ ある事業のために他人を使用する者は、被用者がその事業の執行について第三者に加えた損害を原則として賠償する責任を負うが、使用者が第三者にその損害を賠償したときは、使用者は被用者に求償権を行使することができる。

エ 未成年者が不法行為によって第三者に損害を加えた場合、その未成年者は、自己の行為の責任を弁識するに足りる知能を備えていなかったときは、その損害を賠償する責任を負わない。この場合において、その未成年者を監督する法定の義務を負う者は、その義務を怠らなかったことを証明したときに限り、その損害を賠償する責任を負わない。

オ 精神上の障害により自己の行為の責任を弁識する能力を欠く状態にある間に第三者に損害を加えた者は、故意により一方的にその状態を招いたときは、その損害を賠償する責任を負うが、過失により一時的にその状態を招いたときは、その損害を賠償する責任を負わない。

❶ **ア、イ**
❷ **ア、ウ**
❸ **イ、オ**
❹ **ウ、エ**
❺ **エ、オ**

【解答・解説】

正解 ❷

イは土地の工作物の所有者の責任は無過失責任である点、**ウ**の使用者責任は代位責任である点が、ポイントです。

ア ○　数人が共同の不法行為によって他人に損害を加えたときは、各自が連帯してその損害を賠償する責任を負います（719条1項前段）。また、行為者を教唆した者および幇助した者も、共同行為者とみなされ、各自が連帯してその損害を賠償する責任を負います（同条2項）。したがって、妥当な記述です。

イ ×　土地の工作物の設置または保存に瑕疵があることによって他人に損害を生じたときに、その工作物の占有者が損害の発生を防止するのに必要な注意をしたときは、所有者がその損害を賠償しなければなりません（717条1項）。そして、この所有者の損害賠償責任は、無過失責任と解されています。その結果、その工作物の所有者は、損害の発生を防止するのに必要な注意をしたときでも、その損害を賠償する責任を負います。したがって、「その損害を賠償する責任を負わない」という記述が妥当ではありません。

ウ ○　ある事業のために他人を使用する者は、被用者がその事業の執行について第三者に加えた損害を賠償する責任を負います（715条1項本文）。そして、使用者が第三者にその損害を賠償したときは、使用者は被用者に求償権を行使することができます（同条3項）。したがって、妥当な記述です。

エ ×　未成年者は、他人に損害を加えた場合において、自己の行為の責任を弁識するに足りる知能を備えていなかったときは、その行為について賠償の責任を負いません（712条）。この場合において、その未成年者を監督する法定の義務を負う者は、その義務を怠らなかったこと、またはその義務を怠らなくても損害が生ずべきであったことを証明したときは、その損害を賠償する責任を負いません（714条ただし書）。したがって、「その義務を怠らなかったことを証明したときに限り」という記述が妥当ではありません。

オ ×　精神上の障害により自己の行為の責任を弁識する能力を欠く状態にある間に他人に損害を加えた者は、その賠償の責任を負いません（713条本文）。ただし、故意または過失によって一時的にその状態を招いたときは、その損害を賠償する責任を負います（同ただし書）。したがって、「過失により一時的にその状態を招いたときは、その損害を賠償する責任を負わない」という記述が妥当ではありません。

MEMO

問題9 民法に規定する不法行為に関する記述として、妥当なのはどれか。

★★

区Ⅰ 2017

❶ 責任無能力者を監督する法定の義務を負う者は、責任無能力者がその責任を負わない場合において、当該責任無能力者が他人に損害を加えた場合、監督義務を怠らなかったときであっても、その損害を賠償する責任を必ず負う。

❷ ある事業のために他人を使用する者は、被用者がその事業の執行について第三者に加えた損害を賠償する責任を負うが、使用者に代わって事業を監督する者は、一切その責任を負わない。

❸ 土地の工作物の設置又は保存に瑕疵があることによって他人に損害を生じた場合、その工作物の所有者が損害の発生を防止するのに必要な注意をしたときは、所有者は免責される。

❹ 動物の占有者又は占有者に代わって動物を管理する者は、その動物が他人に加えた損害を賠償する責任を負うが、動物の種類及び性質に従い相当の注意をもってその管理をしたときは免責される。

❺ 裁判所は、他人の名誉を毀損した者に対して、被害者の請求により、損害賠償に代えて名誉を回復するのに適当な処分を命ずることができるが、損害賠償とともに名誉を回復するのに適当な処分を命ずることはできない。

【解答・解説】

正解 ❹

❶と❹は民法が原則として「過失責任主義」に立っている点がポイントです。

❶ ×　責任無能力者が損害賠償責任を負わない場合において、その責任無能力者を監督する法定の義務を負う者は、その責任無能力者が第三者に加えた損害を賠償する責任を負います（714条１項本文）。ただし、監督義務者がその義務を怠らなかったとき、またはその義務を怠らなくても損害が生ずべきであったときは、賠償責任を負いません（同ただし書）。したがって、「その損害を賠償する責任を必ず負う」という記述が妥当ではありません。

❷ ×　ある事業のために他人を使用する者は、被用者がその事業の執行について第三者に加えた損害を賠償する責任を負います（715条１項本文）。また、使用者に代わって事業を監督する者も、損害を賠償する責任を負うことがあります（同条２項）。したがって、「使用者に代わって事業を監督する者は、一切その責任を負わない」という記述が妥当ではありません。

❸ ×　土地の工作物の設置または保存に瑕疵があることによって他人に損害を生じたときに、その工作物の占有者が損害の発生を防止するのに必要な注意をしたときは、所有者がその損害を賠償しなければなりません（717条１項）。そして、この所有者の損害賠償責任は、無過失責任と解されています。したがって、「所有者は免責される」という記述が妥当ではありません。

❹ ○　動物の占有者または占有者に代わって動物を管理する者は、その動物が他人に加えた損害を賠償する責任を負います（718条１項本文、２項）。ただし、動物の種類および性質に従い相当の注意をもってその管理をしたときは、責任を負いません（同条１項ただし書、２項）。したがって、妥当な記述です。

❺ ×　他人の名誉を毀損した者に対しては、裁判所は、被害者の請求により、損害賠償に代えて、または損害賠償とともに、名誉を回復するのに適当な処分を命ずることができます（723条）。したがって、「損害賠償とともに名誉を回復するのに適当な処分を命ずることはできない」という記述が妥当ではありません。

第3章

親族・相続

婚　姻
親　子
相　続

1 婚　姻

学習のポイント

・婚姻については、婚姻の成立要件、婚姻の無効原因・取消原因、夫婦財産制を中心に押さえておきましょう。

1 親族関係

(1) 意義・範囲

親族（しんぞく）とは、**6親等内の血族、配偶者、3親等内の姻族**をいいます（725条）。親等（しんとう）とは、**血縁関係の遠近を表す指標**であり、本人から見た各親族の親等は次の図の数字のように定められています。

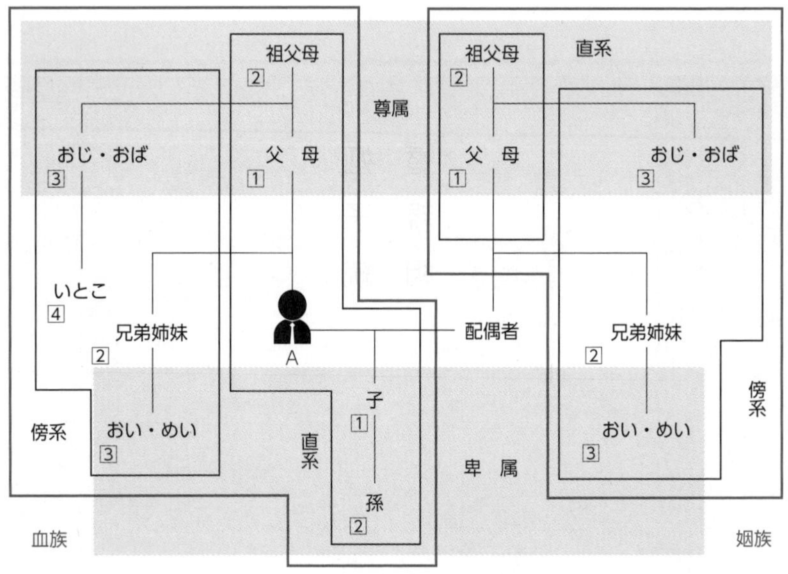

(2) 親族の分類

親族のうち、血縁関係にある者を**血族**(けつぞく)といいます。実の親子のように**相互に自然的血縁関係のある者**を**自然血族**といい、養親と養子のように**法律上の手続によって血縁関係があると擬制された者**を**法定血族**といいます。**養親およびその血族と養子は養子縁組の日から血族と同じ親族関係を生じます**(727条)。

親族のうち、配偶者の一方と他方の血族との親族関係を**姻族**(いんぞく)といいます。

配偶者は、血族でも姻族でもありませんが、法律上は、親族の中に加えられています。**配偶者には親等は生じません。**

(3) 親族関係の変動

自然血族は、出生による血縁の関係にある者をいいます。もっとも、婚姻関係のない男女から生まれた子(嫡出でない子)は、**その父がこれを認知**(779条)**することによって、父や父の血族との血族関係が生じます。**

養子は、縁組の日から、養親の嫡出子の身分を取得します(809条)。その結果、**養子縁組以後に生まれた養子の子は、出生時から当該養親と法定血族関係が生じます。**

判 例

- 養子縁組以前に生まれた養子の子は、養子縁組がされても養親およびその血族との間に血族関係を生じません(大判昭7.5.11)。

(4) 親族関係の終了

自然血族関係は、**当事者の死亡により終了します**。また、法定血族関係は、**縁組の無効、縁組の取消し、離縁によって終了します**(729条)。なお、養親が死亡したときは、養子側は、**家庭裁判所の許可を得て法定血族関係を終了させることができます**(811条6項)。

姻族関係は、**婚姻により発生し、離婚、婚姻の無効、婚姻の取消しによって終了します**(728条1項、749条)。ただし、夫婦の一方が死亡した場合は、**生存配偶者が姻族関係を終了させる意思を表示したときに姻族関係は終了します**(728条2項)。姻族関係を終了させるか否かを、生存配偶者の自由意思に委ねる趣旨です。

2 婚 姻

婚姻(こんいん)とは、**お互いを配偶者とした男女の法的結合関係をいいます。**

⑴ 要　件

婚姻が成立するための要件には実質的要件と形式的要件があります。

① 実質的要件

(ア) 婚姻意思の合致

男女がお互いに**夫婦関係を形成する意思を有していること**です（742条1号反対解釈）。

成年被後見人であっても、本人が婚姻について判断する能力を回復していれば、**成年後見人の同意を得ることなく単独で有効に婚姻できます**（738条）。

判 例

- 婚姻意思とは、当事者間に真に社会観念上夫婦であると認められる関係を設定することを欲する効果意思をいいます（最判昭44.10.31）。
- 子に嫡出子としての地位を得させるための便法として婚姻の届出をした場合には、婚姻の効力は生じません。

(イ) 婚姻障害が存在しないこと

婚姻が禁止される場合に当たらないことです。

❶ 婚姻適齢（731条）	男女ともに18歳以上であること（2022年4月1日施行）
❷ 重婚の禁止（732条）	すでに配偶者がある場合は婚姻不可
❸ 再婚禁止期間（733条）	女が再婚する場合、前婚の解消または取消しから100日以内は再婚禁止期間に当たる
❹ 近親婚の禁止（734～736条）	直系血族間、3親等内の傍系血族間、直系姻族間、養子・その配偶者または養子直系卑属（配偶者も含む）と養親またはその直系尊属
❺ 父母の同意のない未成年者の婚姻（737条）	

補足

近親婚の禁止について、直系姻族間の婚姻は姻族関係が終了した後も禁止となります。同様に、養子・その配偶者または養子直系卑属（配偶者も含む）と養親またはその直系尊属との間の婚姻は法定親族関係が終了した後も禁止となります。

判例

- 未成年者の婚姻に対する父母の同意は婚姻の有効要件ではなく、届出の受理要件にすぎないので、父母いずれもの同意が得られない届出が誤って受理されたときは、その婚姻は有効に成立します（最判昭30.4.5）。

② **形式的要件**

婚姻の届出を行うことです（739条1項）。婚姻の届出は、当事者双方および成年の証人2人以上が署名した書面または口頭でしなければなりません（同条2項）。

補足

外国に在る日本人間で婚姻をしようとするときは、その国に駐在する日本の大使、公使または領事にその届出をすることができます（741条）。届出の方法は同じです。

(2) 婚姻の無効・取消し

① **婚姻の無効**

婚姻が無効となる原因は、**婚姻意思の不存在、婚姻の届出の不存在**の二つです。無効となるので、婚姻に伴う権利変動は当初から生じなかったことになります（遡及効）。

判例

- 将来婚姻することを約して性的交渉を続けてきた者が、婚姻意思を有し、かつ、その意思に基づいて婚姻の届書を作成したときは、仮に届出の受理された当時意識を失っていたとしても、その受理前に翻意したなど特段の事情のない限り、当該届出の受理により婚姻は有効に成立するものとされています（最判昭45.4.21）。
- 事実上の夫婦の一方が他方の意思に基づかないで婚姻届を作成提出した場合においても、当時両名に夫婦としての実質的生活関係が存在し、しかも、後に他方の配偶者が届出の事実を知ってこれを追認したときは、当該婚姻は追認によりその届出の当初に遡って有効となります（最判昭47.7.25）。

② **婚姻の取消し**

婚姻が取消しとなる原因には次のようなものがあります。

❶　不適法な婚姻（744条）	婚姻障害（731～736条）の規定に違反する婚姻
❷　不適齢者の婚姻（745条）	婚姻適齢（731条）に達していない者の婚姻
❸　再婚禁止期間内にした婚姻（746条）	前婚の解消もしくは取消しの日から起算して100日を経過し、または女が**再婚後に出産したとき**は取消請求不可
❹　詐欺または強迫による婚姻（747条1項）	当事者が詐欺を発見し、もしくは強迫を免れた後**3か月を経過し、または追認をしたとき**は、取消請求権が消滅（22条2項）

取消原因がある場合、取消請求権者は家庭裁判所に請求することができます。家庭裁判所が婚姻を取り消すと、婚姻の取消しは、将来に向かってのみその効力を生じます（748条1項）。

判 例

- ただし、夫婦の一方の死亡後に婚姻が取り消されたときは、婚姻は**当該死亡時に取り消されたもの**とされると一般に解されています（東京高判平3.4.16）。

(3) 婚姻の効力

① 氏の共同

夫婦は、**夫または妻の氏を称します**（750条）。夫婦の一方の死亡により婚姻関係が解消する場合、生存配偶者は婚姻前の氏に復する（復氏）ことができます（751条）。

当然に復氏するわけではなく、「復することができる」と定められている点に注意しましょう。

② 同居・協力・扶助の義務

夫婦は**同居の義務**を負います（752条）。

判 例

- 理由なく同居を拒む配偶者に対して、他方は、同居を請求することができますが、裁判所の審判によって同居義務の**強制履行は認められません**（大決昭5.9.30）。

③ 成年擬制

未成年者が婚姻をしたときは、これによって成年に達したものとみなされます（753条）。これを**成年擬制**といいます。

一度婚姻により成年擬制が認められた後に離婚により婚姻を解消した場合でも、**成年擬制の効果は消滅しない**ので、婚姻により成年に達したものとみなされた者が締結した契約は、**未成年であったことを理由に取り消すことができません。**

④ 夫婦間の契約の取消権

夫婦間でした契約は、婚姻中、いつでも、夫婦の一方からこれを取り消すことができます（754条本文）。

判例

- 「婚姻中」とは、婚姻が実質的にも継続していることをいいます。そして、婚姻が実質的に破綻している場合には、いまだ別居に至っておらず、形式的に婚姻が継続しているときでも、民法754条本文の規定による**取消権を行使することはできない**とされています（最判昭42.2.2）。
- この場合には夫婦間に深刻な利害の対立があることが考えられ、契約の取消権を認めると不当な結果を生むことになるためです。

⑤ 夫婦財産制

民法は、夫婦の財産について夫婦財産契約と法定財産制という２種類の規定をおいています。

(ア) 夫婦財産契約

夫婦財産契約とは、**夫婦が婚姻の届出前にその財産について定めておく契約**をいいます。

夫婦財産契約は、**婚姻の届出までにその登記をしなければ、これを夫婦の承継人および第三者に対抗することができません**（756条）。また、婚姻の届出後は変更ができません（758条１項）。

(イ) 法定財産制

夫婦が、婚姻の届出前に夫婦財産契約をしなかったときは**法定財産制**が適用されます（755条）。

法定財産制においては、夫婦の一方が**婚姻前から有する財産および婚姻中自己の**

名で得た財産は、その特有財産**とされます（762条１項）。これに対して、**夫婦のいずれに属するか明らかでない財産は、その共有に属するもの**と推定されます（同条２項）。

⑷　婚姻の解消

婚姻の解消とは、いったん有効に成立した婚姻が、その後に生じた事由に基づいて**将来に向かって消滅すること**をいいます。婚姻の解消は、以下のいずれかの事由によります。

①　夫婦の一方の死亡

夫婦の一方が死亡すれば、婚姻関係は当然に解消します。

②　離　婚

（ア）協議上の離婚

協議上の離婚とは、**夫婦が離婚の意思を合致させることによる離婚**です。夫婦は、その協議で、いつでも離婚をすることができます（763条）。

離婚が成立すると、婚姻によって氏を改めていた夫または妻は、**婚姻前の氏に復します**（767条１項）。ただし、離婚によって婚姻前の氏に復した夫または妻は、**離婚の日から３か月以内に戸籍法の定めるところにより届け出ることによって、離婚の際に称していた氏を称することができます**（同条２項）。離婚による復氏で生じる不利益・不都合を避けるためです。

そして、協議上の離婚をした者の一方は、**相手方に対して財産の分与を請求することができます**（768条１項）。当事者間の協議が調わないとき、協議ができないときは当事者の請求により、裁判所に協議に代わる請求ができます。裁判所にこの請求ができるのは、離婚の時から２年を経過しない場合に限られます（同条２項）。

判　例

- 離婚による慰謝料は、財産分与に含めて請求することができます（最判昭46.7.23）。

（イ）裁判上の離婚

裁判上の離婚とは、**夫婦の一方に離婚原因が存在する場合に、離婚の訴えを提起して裁判所が判決でこれを認めることによる離婚**です（770条）。

法律上定められている離婚原因は以下のとおりです。

❶ 不貞行為（770条1項1号）
❷ 悪意の遺棄（同条項2号）
❸ 生死が3年以上不明であること（同条項3号）
❹ 強度の精神病で回復の見込みがないこと（同条項4号）
❺ その他婚姻を継続しがたい重大な事由があること（同条項5号）

裁判所は、770条1項1号～4号に定める離婚原因がある場合であっても、一切の事情を考慮して婚姻の継続を相当と認めるときは、**離婚の請求を棄却することができます**（裁量棄却：同条2項）。

具体的離婚原因に該当する事実があっても、婚姻が破綻するに至っていない、あるいは復元の見込みがある場合に、裁判所の裁量により離婚を認めないとしたものです。

⑸ 内　縁

内縁については、明文の規定はありませんが、できるだけ婚姻に準じた取扱いがされます（最判昭33.4.11参照）。

したがって、同居、協力、扶助義務（752条）などは、内縁についても認められます。

これに対して、内縁の夫婦の一方の死亡により内縁関係が解消した場合に、生存する内縁配偶者は、死亡した内縁配偶者の相続人に対して**財産分与を請求することはできません**（最決平12.3.10）。

確認してみよう

① 再婚禁止期間内にした婚姻は、女が再婚後に出産したときは、その取り消しを請求することができない。税・労2020

2 ⑵ ② 参照 ◯

正しい記述です。

② 離婚によって婚姻前の氏に復した夫または妻は、離婚の日から3か月以内に戸籍法の定めるところにより届け出ることによって、離婚の際に称していた氏を称することができる。税・労2020

2 (4) ② 参照 ○

正しい記述です。

---

3 協議上の離婚をした者の一方は、離婚の時から１年以内に限り、相手方に対して財産の分与を請求することができる。税・労2020

2 (4) ② 参照 ×

相手方への財産分与請求には期限がありません。当事者どうしの協議が調わないとき、協議ができないときは裁判所に協議に代わる処分の請求ができますが、これは離婚の時から２年以内に限られます。

過去問にチャレンジ

問題1 ★

親族に関する次の記述のうち、妥当なのはどれか。

国般2017

❶ 親族は、６親等内の血族及び３親等内の姻族とされており、配偶者は１親等の姻族として親族に含まれる。

❷ 血族関係は、死亡、離縁及び縁組の取消しにより終了するため、養子と養親の血族との血族関係は、養親の死亡により終了する。

❸ 養子は、養子縁組の日から養親の嫡出子の身分を取得し、養子縁組以前に生まれた養子の子は、養子縁組の日から当該養親と法定血族の関係が生じる。

❹ 自然血族は、出生による血縁の関係にある者をいうが、婚姻関係のない男女から生まれた子については、認知がなければ父や父の血族との血族関係は生じない。

❺ 姻族関係は、婚姻により発生し、離婚、婚姻の取消し及び夫婦の一方の死亡により当然に終了する。

【解答・解説】

正解 ❹

❶は配偶者が姻族でないので誤りとわかると思います。❷は養親の死亡により養子と養親の血族関係が終了するのは妥当とはいえないでしょう。

❶ ✕　親族とは、6親等内の血族、配偶者、3親等内の姻族をいいます（725条）。姻族とは、配偶者の一方と他方の血族との親族関係をいいます。配偶者は、血族でも姻族でもありませんが、法律上は、親族の中に加えられています。また配偶者には親等が生じません。したがって、全体的に妥当な記述ではありません。

❷ ✕　血族関係は、当事者の死亡、縁組の無効、縁組の取消しにより終了します。また、養子と養親の血族との法定血族関係は、離縁によって終了します（729条）。したがって、「養親の死亡により終了する」という記述が妥当ではありません。なお、養親が死亡したときは、養子側は、家庭裁判所の許可を得て法定血族関係を終了させることができます（811条6項）。

❸ ✕　養子は、縁組の日から、養親の嫡出子の身分を取得します（809条）。その結果、養子縁組以前に生まれた養子の子は、当該養親と法定血族関係を生じません（大判昭7.5.11）。したがって、「養子縁組以前に生まれた養子の子は、養子縁組の日から当該養親と法定血族の関係が生じる」という記述が妥当ではありません。

❹ ○　自然血族は、出生による血縁の関係にある者をいいます。ただし、婚姻関係のない男女から生まれた子（嫡出でない子）は、その父がこれを認知（779条）することによって、父や父の血族との血族関係が生じます。したがって、妥当な記述です。

❺ ✕　姻族関係は、婚姻により発生し、離婚、婚姻の無効、婚姻の取消しによって終了します（728条1項、749条）。これに対して、夫婦の一方が死亡した場合は、生存配偶者が姻族関係を終了させる意思を表示したときに姻族関係は終了します（728条2項）。姻族関係を終了させるか否かは、生存配偶者の自由意思に委ねる趣旨です。したがって、「夫婦の一方の死亡により当然に終了する」という記述が妥当ではありません。

問題2 夫婦関係に関する次の記述のうち、妥当なのはどれか。

★★★

国税・労基・財務2018

❶ 婚姻中、夫婦の一方が、正当な理由なくして同居義務を履行しない場合には、他方は、同居を命ずる審判を求めることができ、同居を命ずる審判が下されると、当該義務が強制履行される。

❷ 夫婦関係が破たんに瀕している場合になされた夫婦間の贈与契約であっても、権利の濫用に当たらない限り、これを取り消すことができるとするのが判例である。

❸ 夫婦の一方の死亡後に婚姻が取り消されたときは、婚姻は当該死亡時に取り消されたものとされると一般に解されている。

❹ 夫婦が法定財産制と異なる契約をしたときは、婚姻の届出の前後にかかわらずその旨の登記をすれば、これを夫婦の承継人及び第三者に対抗することができる。

❺ 裁判所は、民法第770条第1項第1号から第4号までに規定する具体的離婚原因の事由を認定した場合には、離婚の請求を認めなければならない。

【解答・解説】

正解 ❸

❷は「夫婦関係が破たんに瀕している場合」であることがポイントです。

❶ ✕　夫婦は同居の義務を負います（752条）。婚姻の本質的要請に基づくもので、夫婦の当然の義務とされています。その結果、理由なく同居を拒む配偶者に対して、他方は、同居を請求することができますが、裁判所の審判によって同居義務の強制履行は認められません（大決昭5.9.30）。したがって、「同居を命ずる審判が下されると、当該義務が強制履行される」という記述が妥当ではありません。

❷ ✕　夫婦間でした契約は、婚姻中、いつでも、夫婦の一方からこれを取り消すことができます（754条本文）。しかし、婚姻が実質的に破綻している場合には、いまだ別居に至っておらず、形式的に婚姻が継続しているときでも、民法754条本文の規定による取消権を行使することはできません（最判昭42.2.2）。したがって、「権利の濫用に当たらない限り、これを取り消すことができる」という記述が妥当ではありません。

❸ ○　婚姻の取消しは、将来に向かってのみその効力を生ずるのが原則です（748条１項）。ただし、夫婦の一方の死亡後に婚姻が取り消されたときは、婚姻は当該死亡時に取り消されたものとされると一般に解されています（東京高判平3.4.16）。したがって、妥当な記述です。

❹ ✕　夫婦が法定財産制と異なる契約をしたときは、婚姻の届出までにその登記をしなければ、これを夫婦の承継人および第三者に対抗することができません（756条）。したがって、「婚姻の届出の前後にかかわらず」という記述が妥当ではありません。

❺ ✕　裁判所は、民法770条１項１号から４号までに掲げる事由がある場合であっても、一切の事情を考慮して婚姻の継続を相当と認めるときは、離婚の請求を棄却することができます（裁量棄却：770条２項）。婚姻が破綻するに至っていないかあるいは復元の見込みがある場合には、裁判所の裁量により、離婚を認めないとした趣旨です。したがって、「離婚の請求を認めなければならない」という記述が妥当ではありません。

問題3 ★★ **婚姻に関するア～オの記述のうち、妥当なもののみを全て挙げているのはどれか。**

国税・労基・財務2016

ア 成年被後見人が婚姻をするには、その成年後見人の同意を得なければならない。

イ 婚姻が詐欺によってなされた場合、その婚姻は取り消し得るものとなるが、婚姻が強迫によってなされた場合、その婚姻は無効である。

ウ 婚姻により成年に達したものとみなされた者が締結した契約は、その後離婚により婚姻を解消した場合であっても、契約当時に未成年であったことを理由として取り消すことはできないと一般に解されている。

エ 離婚における財産分与は、夫婦が婚姻中に有していた実質上共同の財産を清算分配し、かつ、離婚後における一方の当事者の生計の維持を図ることを目的とするものであるから、財産分与の請求に離婚による慰謝料を含めることはできないとするのが判例である。

オ 内縁の夫婦の一方の死亡により内縁関係が解消した場合には、法律上の夫婦の離婚に伴う財産分与に関する民法第768条の規定を類推適用することはできず、生存する内縁配偶者は、死亡した内縁配偶者の相続人に対して財産分与を請求することができないとするのが判例である。

❶ ア
❷ イ
❸ ア、オ
❹ ウ、エ
❺ ウ、オ

【解答・解説】

正解 ⑤

アは身分行為については成年被後見人の意思を尊重して考えるとよいでしょう。**イ**は婚姻の無効原因（婚姻の意思と届出の欠如）を押さえておくことが重要です。

ア ×　成年被後見人が婚姻をするには、その成年後見人の同意を必要としません（738条）。成年被後見人が意思能力を回復している状態であれば、単独で身分行為を行うことができるので、その意思を尊重した趣旨です。したがって、「その成年後見人の同意を得なければならない」という記述が妥当ではありません。

イ ×　詐欺または強迫によって婚姻をした者は、その婚姻の取消しを家庭裁判所に請求することができるのであって（747条1項）、当然に婚姻が無効となるわけではありません。したがって、「婚姻が強迫によってなされた場合、その婚姻は無効である」という記述が妥当ではありません。

ウ ○　一度婚姻により成年擬制（753条）が認められた後に離婚により婚姻を解消した場合でも、成年擬制の効果は消滅しません。その結果、婚姻により成年に達したものとみなされた者が締結した契約は、未成年であったことを理由に取り消すことができません。したがって、妥当な記述です。

エ ×　離婚における財産分与（768条1項）は、夫婦が婚姻中に有していた実質上共同の財産を清算分配し、かつ、離婚後における一方の当事者の生計の維持を図ることを目的とするものなので、慰謝料の請求権とはその性質を必ずしも同じくするものではありませんが、離婚による慰謝料を含めることができるとされています（最判昭46.7.23）。したがって、「財産分与の請求に離婚による慰謝料を含めることはできないとするのが判例である」という記述が妥当ではありません。

オ ○　内縁の夫婦の一方の死亡により内縁関係が解消した場合には、法律上の夫婦の離婚に伴う財産分与に関する民法768条の規定を類推適用することはできないので、生存する内縁配偶者は、死亡した内縁配偶者の相続人に対して財産分与を請求することはできないとされています（最決平12.3.10）。したがって、妥当な記述です。

★★

民法に規定する婚姻に関する記述として、通説に照らして、妥当なのはどれか。

区Ⅰ2016

❶ 養子又はその配偶者と養親又はその直系尊属との間では、離縁により親族関係が終了した後でも、婚姻をすることができず、これに違反した婚姻は無効とする。

❷ 未成年の子が婚姻をするには、父母の同意を得なければならないため、父母いずれもの同意が得られない届出が、誤って受理されたときは、その婚姻は有効とされない。

❸ 外国に在る日本人間で婚姻をしようとするときは、その国に駐在する日本の大使、公使又は領事に、必ずその届出をしなければならないが、当該届出は、当事者双方及び成年の証人２人以上からの書面又は口頭ですることができる。

❹ 詐欺又は強迫によって婚姻をした者は、その婚姻の取消しを家庭裁判所に請求することができるが、その取消権は、当事者が詐欺を発見し、若しくは強迫を免れた後３か月を経過し、又は追認をしたときは、消滅する。

❺ 夫婦の一方が婚姻前から有する財産は、その特有財産とするが、婚姻中自己の名で得た財産及び夫婦のいずれに属するか明らかでない財産は、その共有に属するものと推定する。

【解答・解説】

正解 ❹

❷は父母の同意は婚姻の有効要件ではない点に注意が必要です。❺は「婚姻中自己の名で得た財産」なら自己の物（特有財産）といえるでしょう。

❶ ×　養子またはその配偶者と養親またはその直系尊属との間では、離婚により親族関係が終了した後でも、婚姻をすることができませんが（736条）、これに違反した婚姻は、取り消されるまでは有効です（744条1項本文）。したがって、「これに違反した婚姻は無効とする」という記述が妥当ではありません。

❷ ×　未成年の子が婚姻をするには、父母の同意を得なければなりません（737条1項）。ただし、この父母の同意は婚姻の有効要件ではなく届出の受理要件にすぎないので、父母いずれもの同意が得られない届出が、誤って受理されたときは、その婚姻は有効に成立します（最判昭30.4.5）。したがって、「その婚姻は有効とされない」という記述が妥当ではありません。

❸ ×　外国に在る日本人間で婚姻をしようとするときは、その国に駐在する日本の大使、公使または領事に、その届出をすることができます。そして、その届出は、当事者双方および成年の証人2人以上が署名した書面または口頭でしなければなりません（741条、739条2項）。したがって、全体的に妥当な記述ではありません。

❹ ○　詐欺または強迫によって婚姻をした者は、その婚姻の取消しを家庭裁判所に請求することができます（747条1項）。詐欺・強迫を受けた婚姻当事者を保護する趣旨です。ただし、その取消権は、当事者が、詐欺を発見し、もしくは強迫を免れた後3か月を経過し、または追認をしたときは、消滅します（同条2項）。したがって、妥当な記述です。

❺ ×　夫婦の一方が婚姻前から有する財産および婚姻中自己の名で得た財産は、その特有財産とされます（762条1項）。これに対して、夫婦のいずれに属するか明らかでない財産は、その共有に属するものと推定されます（同条2項）。したがって、「婚姻中自己の名で得た財産…は、その共有に属するものと推定する」という記述が妥当ではありません。

問題5 ★★★ **婚姻の効力に関するア～オの記述のうち、妥当なもののみを全て挙げているのはどれか。ただし、争いのあるものは判例の見解による。**

国税・労基・財務2013

ア 当事者間に婚姻をする意思の合致があれば、民法上婚姻の効力が生じる。婚姻の届出は、あくまで行政関係法規に基づく義務であることから、届出の有無は、民法上の婚姻の効力には影響しない。

イ 婚姻の成立に必要な婚姻をする意思とは、法律上の夫婦という身分関係を設定する意思で足り、当事者間に真に社会通念上夫婦であると認められる関係の設定を欲する効果意思までも要求するものではない。

ウ 将来婚姻することを目的に性的交渉を続けてきた者が、婚姻意思を有し、かつ、その意思に基づいて婚姻の届出を作成したときは、仮に届出が受理された当時意識を失っていたとしても、その受理前に翻意したなど特段の事情がない限り、当該届出の受理により婚姻は有効に成立する。

エ 直系姻族間及び養親子間の婚姻は禁止されており、これに反して婚姻したとしても当然に無効であり、婚姻の効力は発生しない。

オ 事実上の夫婦の一方が他方の意思に基づかないで婚姻届を作成提出した場合においても、当時両名に夫婦としての実質的生活関係が存在しており、かつ、後に他方の配偶者が届出の事実を知ってこれを追認したときは、当該婚姻は追認によりその届出の当初に遡って有効となる。

❶ **ア、イ**
❷ **ア、ウ**
❸ **イ、ウ**
❹ **イ、エ**
❺ **ウ、オ**

【解答・解説】 正解 ❺

アは民法は婚姻の成立方式として届出主義を採っています。**イ**は婚姻の意思と離婚の意思の違いに注意することが重要です。

ア ×　婚姻は、戸籍法の定めるところにより届け出ることによって、その効力を生じます（739条１項）。すなわち、婚姻の効力が生じるためには、当事者間の婚姻の意思の合致と婚姻の届出が必要です。したがって、「届出の有無は、民法上の婚姻の効力には影響しない」という記述が妥当ではありません。

イ ×　婚姻の成立に必要な婚姻をする意思とは、法律上の夫婦という身分関係を設定する意思だけでは足りず、当事者間に真に社会観念上夫婦であると認められる関係の設定を欲する効果意思をいいます（最判昭44.10.31）。したがって、「真に社会通念上夫婦であると認められる関係の設定を欲する効果意思までも要求するものではない」という記述が妥当ではありません。

ウ ○　将来婚姻することを目的に性的交渉を続けてきた者が、婚姻意思を有し、かつ、その意思に基づいて婚姻の届出を作成したときは、仮に届出の受理された当時意識を失っていたとしても、その受理前に翻意したなど特段の事情のない限り、当該届出の受理により婚姻は有効に成立します（最判昭45.4.21）。したがって、妥当な記述です。

エ ×　直系姻族間（735条）および養親子間（736条）の婚姻は禁止されていますが、これに反して婚姻しても取り消されるまでは有効なので（744条１項本文）、婚姻の効力は発生します。したがって、「当然に無効であり、婚姻の効力は発生しない」という記述が妥当ではありません。

オ ○　事実上の夫婦の一方が他方の意思に基づかないで婚姻届を作成提出した場合においても、当時両名に夫婦としての実質的生活関係が存在しており、かつ、後に他方の配偶者が届出の事実を知ってこれを追認したときは、当該婚姻は追認によりその届出の当初に遡って有効となります（最判昭47.7.25）。したがって、妥当な記述です。

2 親　子

学習のポイント

・嫡出子については、推定される嫡出子の要件、非嫡出子については、認知の要件を中心に押さえておきましょう。
・養子については、普通養子と特別養子に分けて、それぞれの成立要件・効力、縁組の無効・取消し、離縁について比較しながら理解するとよいでしょう。

1 総　説

親子関係には次のような種類があります。

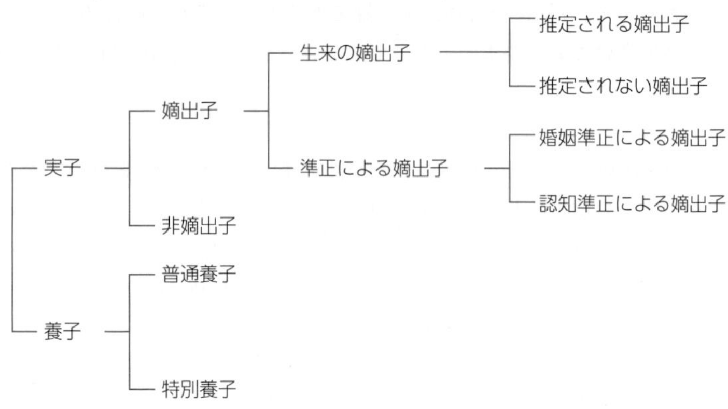

2 実　子

親との間に血のつながりがあることが法律上も認められる子を実子（じっし）といいます。実子は、嫡出子と非嫡出子に分かれます。

(1) 嫡出子

婚姻関係のある男女の間に生まれた子を嫡出子（ちゃくしゅつし）といいます。

嫡出子はさらに、出生により嫡出子の身分を取得するもの（生来の嫡出子）と準正により嫡出子の身分を取得するもの（準正による嫡出子）に分かれます。

① 推定される嫡出子

（ア）推定される嫡出子

妻が婚姻中に懐胎した子は、夫の子と推定されます（772条１項）。また、**婚姻の成立の日から200日を経過した後、または婚姻の解消もしくは取消しの日から300日以内に生まれた子は、婚姻中に懐胎したものと推定されます**（同条２項）。

この推定によって嫡出子となる生来嫡出子を**推定される嫡出子**といいます。

このような推定が必要なのは、分娩によって明らかになる母子関係と違って、父子関係を証明することが困難であるためです。

（イ）嫡出否認の訴え

夫は、訴訟において、**その子が自分の子でないとの事実を証明することによって子の嫡出性を否認**することができます（774条）。これを**嫡出否認の訴え**といいます。

ただし、夫が、子の出生後において、その嫡出であることを承認したときは、その否認権を失います（776条）。

嫡出否認の訴えの相手方は、子または親権を行う母ですが、親権を行う母がないときは、家庭裁判所が選任した特別代理人です（775条）。

嫡出否認の訴えは、夫が子の出生を知った時から１年以内に提起することが必要です（777条）。

② 推定されない嫡出子

妻と夫との婚姻前の内縁関係の間に懐胎し、適法に婚姻した後に出生した子は、婚姻届出と出生との間に**200日の期間がなくても、出生と同時に当然に嫡出子の**

身分を取得します（大連判昭15.1.23）。

このように身分を取得する嫡出子を**推定されない嫡出子**といいます。

(2) 非嫡出子（嫡出でない子）

① 意　義

非嫡出子（ひちゃくしゅつし）とは、**婚姻関係にない男女から生まれた子**（婚外子）をいいます。

この場合、母子関係は分娩によって当然に発生しますが、非嫡出子と父との間に法律上の親子関係を生じさせるためには、**認知**が必要となります。この認知には、任意認知と強制認知があります。

② 任意認知

（ア）要　件

父または母は、嫡出でない子を認知することができます（779条）。**父または母が任意に行う認知**を**任意認知**といいます。

認知をするには、父または母が**未成年者または成年被後見人であるときであっても、その法定代理人の同意を要しません**（780条）。

また、以下の場合は認知に当たって承認が必要となります。

成年の子（782条）	**子の承諾**が必要
胎児（783条1項）	**母の承諾**が必要
死亡した子（783条2項）	その**直系卑属があるときに限り**認知することができる その直系卑属が成年であれば、その者の承諾が必要

（イ）認知の方式

認知は、戸籍法の定めるところにより届け出ることによってします（781条1項）。

判　例

- 非嫡出子につき父がした嫡出子出生届または非嫡出子出生届が、戸籍事務管掌者によって受理されたときは、**認知届としての効力を有します**（最判昭53.2.24）。
- 出生届には、戸籍事務管掌者に子の出生を申告することのほかに、出生した子が自己の子であると承認（認知）する意思が含まれていると考えられるからです。

③　強制認知

父または母が任意認知をしないとき、**裁判によって認知を強制すること**を**強制認知**といいます。子、その直系卑属またはこれらの者の法定代理人は、認知の訴えを提起することができます（787条本文）。

判 例

- 子の父に対する認知請求権は、**放棄することができません**（最判昭37.4.10）。
- 認知請求権は、身分法上の権利としての性質上、放棄することは許されないこと、また、認知請求権の放棄を認めると強制認知を認めた非嫡出子の利益が不当に害されるおそれがあるからです。

(3)　準　正

父母の婚姻によって、非嫡出子に嫡出子としての身分を取得させる制度を**準正**（じゅんせい）といいます（789条）。準正には、婚姻準正と認知準正の２種類があります。

①　婚姻準正

父母の婚姻前に認知した子が、父母の婚姻によって嫡出子の身分を取得することを**婚姻準正**といいます（789条１項）。

②　認知準正

父母の婚姻後に認知した子が、認知によって嫡出子の身分を取得することを**認知準正**といいます（789条２項）。

確認してみよう

1　内縁中に懐胎し、婚姻届を出した後に出生した子であっても、その婚姻の届出の日から180日後に出生した場合は、その子は嫡出子としての身分を取得することができない。

2 (1) ② 参照　×

妻と夫との婚姻前の内縁関係の間に懐胎し、適法に婚姻した後に出生した子は、婚姻届出と出生との間に200日の期間がなくても、出生と同時に当然に嫡出子の身分を取得します。

② 15歳以上の子は、その承諾を得なければ、これを認知することができない。

2 (2) ② 参照 ×

子の承諾が必要なのは、子が成年である場合です。

3 養　子

養子制度は、血縁による親子関係のない者の間に、法的な親子関係を創出する制度です。養子制度によって**親になる者**を養親(ようしん)、**子になる者**を養子(ようし)といいます。

養親・養子の親子関係は養子縁組によって発生しますが、この養子縁組には次の２種類があります。**普通養子縁組による養子**を普通養子、**特別養子縁組による養子**を特別養子といいます。

(1) 普通養子縁組

普通養子縁組とは、**養親およびその血族との親族関係と、実方の父母およびその血族との親族関係が併存する養子縁組**をいいます。

① 要　件

普通養子縁組の要件は以下のとおりです。

(ア) 縁組意思の合致

当事者間に縁組を行う意思の合致があることです（802条１項反対解釈）。

(イ) 縁組障害が存在しないこと

次の条件を満たしていることです。

❶ 養親が成年であること（792条）
❷ 養子が養親の尊属または養親より年長者でないこと（793条）
❸ 後見人が被後見人を養子とする場合、家庭裁判所の許可を得ること（794条）
❹ 配偶者のある者が未成年者を養子とする場合、配偶者とともにすること（795条本文）
❺ 配偶者のある者が縁組をする場合、配偶者の同意を得ること（796条本文）
❻ 代諾縁組において、養子となる者の父母である監護者が他にいる場合、その者の同意を得ること（797条２項）
❼ 未成年者を養子とする場合、家庭裁判所の許可を得ること（798条本文）

792条の規定にある成年に達した者には、婚姻により成年に達した者とみなされる者（成年擬制：753条）も含まれます。

(ウ) 届　出

縁組の届出を行うことが必要です（799条1項、739条1項）。

② 効　果

(ア) 親族関係

縁組成立の日（縁組の届出をした日）**から、養子は養親の嫡出子たる身分を取得し**（809条）**、養子と養親の血族との間に親族関係が発生します**（727条）。養子は養親の氏を称します（810条本文）。

養親と養子の実方の父母･その親族との間には、親族関係は発生しません。また、養子と実方の父母・その親族との親族関係は継続します。

(イ) 相続権

養親子は、相互に相続権を有します（887条1項、889条1項1号）。

(ウ) 扶養義務

養親子は、相互に扶養義務を負担します（877条1項）。

⑵ 特別養子縁組

特別養子縁組とは、**家庭裁判所の審判によって養子と実方との親族関係を終了させ、養子が養親およびその血族との親族関係のもとに入る縁組制度**をいいます（817条の2第1項）。

ヒント

特別養子縁組は、実方の親族との法律関係を終了させるという効果をもたらすので慎重な判断を要します。このため、家庭裁判所の審判によってのみ成立し、父母または未成年後見人と養親となる者との合意のみによって成立することはありません。

① 要　件

特別養子縁組の要件は以下のとおりです。

(ア) 養親の夫婦共同縁組

特別養子縁組の養親となる者は、**配偶者のある者でなければなりません**（817条の3第1項）。特別養子は子の福祉のためにされるものなので、特別養子に実父母に準じる父母を与えることが必要だからです。また、特別養子縁組の養親には夫婦共同でなる必要があり、夫婦の一方は、他方が養親とならないときは、養親となることができません（同条2項本文）。

ただし、夫婦の一方が他の一方の嫡出子（普通養子を除く）の養親となる場合には、単独での縁組が認められます（同ただし書）。

(イ) 養親の年齢制限

25歳に達しない者は、特別養子縁組の養親となることができません（817条の4本文）。

ただし、養親となる夫婦の一方が25歳に達している場合には、**他方は20歳に達していれば養親となることができます**（同ただし書）。

(ウ) 養子の年齢制限

家庭裁判所への**審判請求の時に15歳に達している者は、特別養子縁組の養子となることができません。縁組成立時までに18歳に達した者も、同様に養子となることができません**（817条の5第1項）。

養子となる者が15歳に達する前から引き続き養親となる者に監護されている場合において、15歳に達するまでに審判請求がされなかったことについてやむを得ない事由があるときは、縁組することができます（同条2項）。

(エ) 父母の同意

特別養子縁組をするには、養子となる者の父母の同意が必要です（817条の6本文）。

父母が意思を表示することができない場合、またはその父母による虐待、悪意の遺棄その他養子となる者の利益を著しく害する事由がある場合はこの同意は不要です（同ただし書）。

(オ) 特別の必要性

父母による監護が著しく困難または不適当その他の特別の事情があり、子の利益のため特に必要があるときに、特別養子縁組をすることができます（817条の７）。

(カ) 試験養育

特別養子縁組をするには、審判請求の時から６か月以上、養親となる者が養子となる者を**試験養育した状況を考慮する必要があります**（817条の８第１項、２項本文）。請求前から監護の状況が明らかであるときは、その監護期間を算入することができます（同ただし書）。

(キ) 形式的要件

特別養子縁組は、養親となる者の請求による家庭裁判所の審判によって成立します（817条の２第１項）。

② 効　果

特別養子縁組が成立すると、**養子は養親の嫡出子たる身分を取得します**（809条）。また、**養子と養親および養親の親族との間に法定血族関係が発生します**（727条）。

一方、**養子と実方の父母およびその血族との親族関係は終了します**（817条の９本文）。特別養子と実方の親族関係を断絶させることによって、養子親子関係を安定したものにするためです。ただし、夫婦の一方が他の一方の嫡出子（普通養子を除く）の養親となる場合には、親族関係は継続します（同ただし書）。

⑶　縁組の無効・取消し

普通養子縁組については要件を満たさない場合の無効・取消しの規定がありますが、**特別養子縁組については家庭裁判所がその成立に関与しているので、縁組の無効・取消しは制度上想定されていません**。

⑷　離　縁

いったん有効に成立した縁組の効果を将来に向かって消滅させることを縁組の解消といい、この縁組の解消は**離縁**（りえん）によってすることができます。**普通養子縁組の離縁は原則として自由に行うことができます**（811条、814条）。

一方、**特別養子縁組の離縁は原則として行うことができません**。例外として、養親による虐待、悪意の遺棄その他養子の利益を著しく害する事由がある場合、実父母が相当の監護をすることができる場合は、家庭裁判所は、養子、実父母または検察官の請求により、特別養子縁組の当事者を離縁させることができます（817条の10第１項）。離縁は特別養子の利益に重大な影響を及ぼすので、家庭裁判所の審判によらなければならないとした趣旨です。

特別養子縁組が離縁となった場合は、離縁の日から、特別養子縁組によって終了した親族関係と同一の親族関係が生じます（817条の11）。養親と離縁した特別養子を保護するために、一度終了した親族関係と同一の親族関係を生じさせたものです。

4 親　権

(1) 親権共同行使の原則

親権とは、**父母が未成年の子を養育するに当たり、その地位・職分から生じる権利義務**をいいます。

親権は、父母の婚姻中は、父母が共同して行いますが（818条3項本文）、父母の一方が親権を行うことができないときは、他の一方が行います（同ただし書）。

(2) 親権の効力

① 子の身上監護権

親権を行う者は、子の利益のために子の監護および教育をする権利を有し、義務を負います（820条）。

② 子の財産管理

親権を行う父または母とその子との**利益が相反する行為については、親権を行う者は、その子のために特別代理人を選任することを家庭裁判所に請求しなければなりません**（826条1項）。

同一親権者の親権に服する1人と他の子との間において利益が衝突する場合は、親権者に親権の公正な行使を期待することができないので、特別代理人の選任請求を求めたものです。

判 例

- 親権者が子を代理して子の所有する不動産を第三者の債務の担保に供する行為は、利益相反行為に当たらないので、親権者に子を代理する権限を授与した法の趣旨に著しく反すると認められる特段の事情が存しない限り、親権者による代理権の濫用には当たりません（最判平4.12.10）。

(3) 親権の喪失

父または母による親権の行使が困難または不適当であることにより子の利益を害するときは、家庭裁判所は、子、その親族、未成年後見人、未成年後見監督人または検察官の請求により、その父または母について、親権停止の審判をすることができます（834条の２第１項）。

確認してみよう

① 親権を行う者が数人の子に対して親権を行う場合において、その一人と他の子との利益が相反する行為については、親権を行う者は、その一方のために特別代理人を選任することを家庭裁判所に請求しなければならない。税・労2015

4 (2) ② 参照 ○

正しい記述です。

5 扶　養

直系血族および兄弟姉妹は、**互いに扶養をする義務があります**（877条１項）。したがって、親は、直系血族として、未成熟子を扶養する義務が、子は、直系血族として、親を扶養する義務が生じます。

過去問にチャレンジ

問題1 ★★ **民法に規定する認知に関する記述として、判例、通説に照らして、妥当なのはどれか。**

区Ⅰ 2012

❶ 父又は母が未成年者又は成年被後見人であるときは行為能力が制限されているので、当該父又は母が認知をするには、法定代理人の同意が必要となる。

❷ 父は、胎内に在る子を認知することができ、この場合においては、子の利益を守るため、母の承諾を得る必要はない。

❸ 死亡した子については、子の名誉を守るため、父又は母は、子の直系卑属の有無にかかわらず、認知することができる。

❹ 最高裁判所の判例では、嫡出でない子につき父がした嫡出子出生届又は非嫡出子出生届が、戸籍事務管掌者によって受理されたときは、認知届としての効力を有するとした。

❺ 最高裁判所の判例では、認知は子の経済的保護を図るためのものであるから、子が十分な金銭的対価を得ているのであれば、子の父に対する認知請求権は放棄することができるとした。

【解答・解説】

正解 ❹

❶は認知は身分行為であって認知者に意思能力があればその内容を理解できるため、単独で有効に認知することができます。❺は認知請求権の放棄を認めれば、強制認知を認めた非嫡出子の利益が不当に害されるおそれがあります。

❶ ✕　認知をするには、父または母が未成年者または成年被後見人であるときであっても、その法定代理人の同意を必要としません（780条）。認知は、身分行為であって認知者に意思能力があればその内容を理解することができるので、当事者の意思を尊重すべきだからです。したがって、「法定代理人の同意が必要となる」という記述が妥当ではありません。

❷ ✕　父は、胎内に在る子でも、認知することができます（783条1項前段）。ただし、この場合においては、母の承諾を得なければなりません（同後段）。母の名誉・利益を守るためと認知の真実性を確保する趣旨です。したがって、「母の承諾を得る必要はない」という記述が妥当ではありません。

❸ ✕　父または母は、死亡した子でも、その直系卑属があるときに限り、認知することができます（783条2項前段）。直系卑属がいない場合に死亡した子の認知を認めても、子にとって法的に何らの実益もないからです。したがって、「子の直系卑属の有無にかかわらず」という記述が妥当ではありません。

❹ ○　嫡出でない子につき父がした嫡出子出生届または非嫡出子出生届が、戸籍事務管掌者によって受理されたときは、認知届としての効力を有するとされています（最判昭53.2.24）。出生届には、戸籍事務管掌者に子の出生を申告することのほかに、出生した子が自己の子であると承認（認知）する意思が含まれていると考えられるからです。したがって、妥当な記述です。

❺ ✕　子の父に対する認知請求権（787条）は、放棄することはできません（最判昭37.4.10）。認知請求権は、身分法上の権利（嫡出子でない子と父母との間に法的な親子関係を発生させる権利）としての性質上、放棄することは許されないことなどからです。したがって、「子の父に対する認知請求権は放棄することができる」という記述が妥当ではありません。

問題2 ★★★ **親子に関するア～オの記述のうち、妥当なもののみを全て挙げているのはどれか。**

国般2013

ア 妻が夫との婚姻前の内縁関係の間に懐胎した子は、婚姻後に生まれたとしても、父の認知がない限り、嫡出子の身分を取得しないとするのが判例である。

イ 認知をすると父子関係が生ずるから、成年の子を認知する場合は、その子の承諾が必要であり、胎児を認知する場合は、その母の承諾が必要であり、また、未成年者又は成年被後見人である父がその子を認知する場合は、その法定代理人の同意が必要である。

ウ 親権者が子を代理する権限を濫用して行った法律行為は、その効果が子には及ばないときがあるが、親権者が子を代理して子の所有する不動産を第三者の債務の担保に供する行為は、利益相反行為に当たらないから、親権者に子を代理する権限を授与した法の趣旨に著しく反すると認められる特段の事情がない限り、親権者による代理権の濫用に当たらないとするのが判例である。

エ 子に対する父又は母による親権の行使が困難又は不適当であることにより子の利益を害するときは、家庭裁判所は、子、その親族、未成年後見人、未成年後見監督人又は検察官の請求により、その父又は母について、親権停止の審判をすることができる。

オ 親は未成熟子を扶養する義務があるが、成人には公的扶助制度が整備されているから、子は親を扶養する義務はない。

❶ ア、イ
❷ ア、ウ
❸ イ、オ
❹ ウ、エ
❺ エ、オ

【解答・解説】

正解 ❹

アは妻と夫との婚姻前の内縁関係の間に懐胎している点がポイントです。**エ**は子の利益を害するときは親権停止の審判を認めるのが妥当でしょう。

ア ×　妻と夫との婚姻前の内縁関係の間に懐胎し、適法に婚姻した後に出生した子は、婚姻届出と出生との間に200日の期間がなくても、出生と同時に当然に嫡出子の身分を取得します（大連判昭15.1.23）。したがって、「父の認知がない限り」という記述が妥当ではありません。

イ ×　認知をすると父子関係が生ずるから、父が成年の子を認知する場合は、その子の承諾が必要です（782条）。また、父が胎児を認知する場合は、その母の承諾が必要です（783条1項後段）。これに対して、未成年者または成年被後見人である父がその子を認知する場合は、その法定代理人の同意は必要ありません（780条）。認知は、身分行為であって認知者に意思能力があればその内容を理解することができるので、当事者の意思を尊重すべきだからです。したがって、「その法定代理人の同意が必要である」という記述が妥当ではありません。

ウ ○　親権者が子を代理する権限を濫用して行った法律行為は、その行為の相手方が権限濫用の事実を知りまたは知ることができたときは、その行為の効果は子には及びません。そして、親権者が子を代理して子の所有する不動産を第三者の債務の担保に供する行為は、利益相反行為に当たりません（最判平4.12.10）。その結果、親権者に子を代理する権限を授与した法の趣旨に著しく反すると認められる特段の事情が存しない限り、親権者による代理権の濫用には当たらないとされています（同判例）。したがって、妥当な記述です。

エ ○　父または母による親権の行使が困難または不適当であることにより子の利益を害するときは、家庭裁判所は、子、その親族、未成年後見人、未成年後見監督人または検察官の請求により、その父または母について、親権停止の審判をすることができます（834条の2第1項）。親権の行使が困難または不適当であることによって子の利益が害されるのを防止する趣旨です。したがって、妥当な記述です。

オ ×　親は、直系血族として、未成熟子を扶養する義務があり、また、子は、直系血族として、親を扶養する義務があります（877条１項）。そして、成人には公的扶助制度が整備されているからといって、子の親に対する扶養義務がなくなるわけではありません。したがって、「子は親を扶養する義務はない」という記述が妥当ではありません。

MEMO

問題3 **特別養子縁組に関する次の記述のうち、妥当なのはどれか。**

★★

国般2015改

❶ 特別養子縁組は、原則として家庭裁判所の審判によって成立するが、一定の要件を満たせば、父母又は未成年後見人と養親となる者との合意のみによって成立する。

❷ 特別養子縁組において養親となる者は、配偶者のある者でなければならない。

❸ 特別養子縁組における養子の年齢は家庭裁判所への請求の時に18歳未満とされており、18歳以上の者を養子とするには、家庭裁判所の許可を得なければならない。

❹ 特別養子縁組により養子と養親及び養親の親族との間に法定血族関係が発生するが、原則として実方との親族関係も引き続き存続する。

❺ 特別養子縁組については、家庭裁判所がその成立に厳格に関与することから、縁組の無効・取消しは制度上想定されておらず、離縁を認める規定も存在しない。

【解答・解説】

正解 ❷

❸は特別養子縁組は家庭裁判所の審判でのみ成立する点に注意が必要です。❺はいかなる場合も離縁を認めないとすると特別養子を保護しようとした趣旨に反するでしょう。

❶ ×　特別養子縁組は、家庭裁判所の審判によってのみ成立するので（817条の2第1項）、父母または未成年後見人と養親となる者との合意のみによって成立することはありません。裁判所による慎重な判断を要求した趣旨です。したがって、「父母又は未成年後見人と養親となる者との合意のみによって成立する」という記述が妥当ではありません。

❷ ○　特別養子縁組において養親となる者は、配偶者のある者でなければなりません（817条の3第1項）。特別養子は子の福祉のためされるものなので、特別養子に実父母に準じる父母を与えることが必要だからです。したがって、妥当な記述です。

❸ ×　特別養子縁組における養子の年齢は、家庭裁判所への請求の時に15歳未満であること（817条の5第1項前段）および特別養子縁組が成立するまでに18歳未満でなければならないとされています（同後段）。そして、この養子の年齢制限の要件は、家庭裁判所の許可を得ても変更することはできません。したがって、全体的に妥当な記述ではありません。

❹ ×　特別養子縁組により養子と養親および養親の親族との間に法定血族関係が発生し（727条）、それと同時に、養子と実方の父母およびその血族との親族関係は終了します（817条の9本文）。特別養子と実方の親族関係を断絶することにより、養子親子関係を安定させる趣旨です。したがって、「実方との親族関係も引き続き存続する」という記述が妥当ではありません。

❺ ×　特別養子縁組については、家庭裁判所がその成立に関与しているので、縁組の無効・取消しは制度上想定されていません。これに対して、①養親による虐待、悪意の遺棄その他養子の利益を著しく害する事由がある場合、②実父母が相当の監護をすることができる場合に、離縁を認める規定が存在しています（817条の10第1項）。したがって、「離縁を認める規定も存在しない」という記述が妥当ではありません。

問題4 ★★ 民法に規定する特別養子縁組に関するA～Dの記述のうち、妥当なものを選んだ組合せはどれか。

区Ⅰ 2015

A　特別養子縁組は、原則として家庭裁判所の審判により成立するが、実父母が相当の監護をすることができない場合は、養親となる者と養子となる者の法定代理人との協議によりすることができる。

B　特別養子縁組の養親となる者は、配偶者のある者で、年齢は25歳に達していなければならないが、養親となる夫婦の一方が25歳に達していない場合も、その者が20歳に達しているときは、養親になることができる。

C　特別養子縁組は、養子、実父母又は検察官の請求による家庭裁判所の審判によってのみ当事者を離縁させることができ、当事者の協議による離縁はすることができない。

D　特別養子縁組は、養子と実父母及びその血族との親族関係を終了させ、当該縁組が離縁となった場合でも、特別養子縁組によって終了した親族関係と同一の親族関係は生じない。

❶　A　B
❷　A　C
❸　A　D
❹　B　C
❺　B　D

【解答・解説】

正解 ❹

Aと Cは特別養子の保護を図るためには家庭裁判所による慎重な判断が必要という観点から考えるとよいでしょう。

A ✕　特別養子縁組は、家庭裁判所の審判によってのみ成立するので（817条の2第1項）、養親となる者と養子となる者の法定代理人との協議によって成立することはありません。特別養子縁組は、実方の親族との法律関係を終了させる効果をもたらすので、家庭裁判所による慎重な判断を要求した趣旨です。したがって、「協議によりすることができる」という記述が妥当ではありません。

B ○　特別養子縁組の養親となる者は、配偶者のある者（817条の3第1項）で、年齢は25歳に達しなければなりません（817条の4本文）。ただし、養親となる夫婦の一方が25歳に達していない場合でも、その者が20歳に達しているときは、養親になることができます（同ただし書）。したがって、妥当な記述です。

C ○　特別養子縁組は、養子、実父母または検察官の請求による家庭裁判所の審判によってのみ当事者を離縁させることができるのであって、当事者の協議による離縁はすることはできません（817条の10）。離縁は特別養子の利益に重大な影響を及ぼすので、家庭裁判所の審判によらなければならないとした趣旨です。したがって、妥当な記述です。

D ✕　特別養子縁組によって、養子と実父母およびその血族との親族関係は終了します（817条の9本文）。ただし、当該縁組が離縁となった場合は、離縁の日から、特別養子縁組によって終了した親族関係と同一の親族関係が生じます（817条の11）。養親と離縁した特別養子を保護するために、一度終了した親族関係と同一の親族関係を生じさせた趣旨です。したがって、「同一の親族関係は生じない」という記述が妥当ではありません。

3 相　続

学習のポイント

- 相続人については、代襲相続・再代襲相続が認められる要件を押さえておきましょう。
- 相続の効力については、法定相続分を覚えておきましょう。
- 相続の承認・放棄については、各要件、熟慮期間、撤回・取消しの可否について理解しておきましょう。
- 遺言については、遺言能力、遺言の効力、遺言の撤回・遺言の撤回権の放棄の禁止が特に重要です。
- 遺留分については、遺留分の算定例をしっかり理解しておきましょう。

1 総　説

(1) 相続の意義

相続とは、**死亡した人の法律上の地位**（一切の権利義務）**を他の者が承継すること**をいいます。

権利義務を承継する人を相続人、**権利義務を承継される人**（死者）を被相続人といいます。

(2) 相続の開始原因

相続は、**死亡**によって開始します（882条）。

失踪宣告を受けた者は死亡したものとみなされるので（31条）、**失踪宣告も相続開始の原因となります。**

(3) 相続開始の場所

相続は、**被相続人の住所**において開始します（883条）。そして、相続をめぐる紛争が生じた場合は、被相続人の住所を基準に裁判管轄が定められることになります。

(4) 相続回復請求権

真の相続人ではない者が、相続の対象となっている権利を侵害している場合、真の相続人はその侵害を排除して自身の相続権の回復を請求することができます。

相続回復の請求権は、相続人またはその法定代理人が相続権を侵害された**事実を知った時から５年間行使しないとき、または相続開始の時から20年を経過したときに、時効によって消滅**します（884条）。

⑸ 相続財産に関する費用

相続財産に関する費用は、**相続人の過失によるものを除き、その財産の中から支弁します**（885条）。

確認してみよう

① 失踪宣告を受けただけでは、相続の開始原因とはならない。

1 ⑵ 参照 ×

失踪宣告も相続開始の原因となります。

② 相続回復の請求権は、相続人またはその法定代理人が相続権を侵害された事実を知った時から３年間行使しないとき、または相続開始の時から10年を経過したときに、時効によって消滅する。

1 ⑷ 参照 ×

正しくは、侵害された事実を知った時から５年間、または相続開始の時から20年を経過した時です。

③ 相続財産に関する費用は、相続人が法定相続分に応じて各自で負担する。

1 ⑸ 参照 ×

相続人の過失によるものを除き、その財産の中から支弁します。

2 相続人

⑴ 相続人となる者

相続人となる者は、**子**（887条１項）、**直系尊属**（889条１項１号）、**兄弟姉妹**（同条項2号)、**配偶者**(890条)です。

また、**胎児も相続については「すでに生まれたものとみなす」と規定され、相続人となることができます**(886条1項)。ただし、分娩時に死亡していた場合(死体で生まれてきた場合)には相続人となりません(同条2項)。

判例

- 「すでに生まれたものとみなす」とは、**胎児が生きて生まれたことを停止条件として権利能力を取得することをいうので**(大判昭7.10.6)、胎児が分娩時に死亡したときは相続人となりません。

(2) 代襲相続・再代襲相続

代襲(だいしゅう)相続とは、本来の相続人が何らかの事情で相続できない場合に、その者の**子や孫が代わりに被相続人を相続すること**をいいます。**代わりに相続する者**を**代襲者**(代襲相続人)、**代わりに相続された本来の相続人**を**被代襲者**(被代襲相続人)といいます。

① 代襲相続

被相続人の子が、相続の開始以前に死亡したとき、または相続人の欠格事由の規定に該当し、もしくは廃除によって、その相続権を失ったときは、その者の子がこれを代襲して相続人となります(887条2項本文)。

兄弟姉妹が相続人となる場合において、その兄弟姉妹が被相続人より先に死亡し、もしくは相続人の欠格事由に該当するために相続権を失ったときは、その者の子がこれを代襲して相続人となります(889条2項)。

被相続人の直系卑属でない者(887条2項ただし書)、**被代襲者の配偶者は、代襲者となれません**。また、被相続人の子が、**相続を放棄**(938条)**したときは、代襲相続は生じません**。

代襲相続を行えるのは被相続人の子、兄弟姉妹のみであり、配偶者が被代襲者となり得ない点に注意しましょう。

② 再代襲相続

代襲者が、相続の開始以前に死亡し、または欠格事由の規定に該当し、もしくは廃除によって、その代襲相続権を失ったときは、その者の子がこれを代襲して相続人となります（887条３項）。

ただし、**兄弟姉妹が相続人となる場合は、その者の子**（おい、めい）**には再代襲相続は認められません**。被相続人と兄弟姉妹の孫とはほとんど親族的つながりがないことが多く、また、遺産分割の複雑化・困難化を避けるためです。

	代襲相続	再代襲相続
被相続人の子	○	○
被相続人の兄弟姉妹	○	×

⑶ 相続人の欠格事由

被相続人に対する背信的行為など、相続人が不当な行為を行った場合に相続権を失います。

❶ 故意に被相続人、相続について先順位・同順位にある者を死亡するに至らせ、または至らせようとしたために、刑に処せられた者（891条１号）

❷ 被相続人の殺害されたことを知って、これを告発せず、または告訴しなかった者（その者に是非の弁別がないとき、または殺害者が自己の配偶者・直系血族であったときは除く）（同条２号）

❸ 詐欺・強迫によって、被相続人が相続に関する遺言をし、撤回し、取り消し、変更することを妨げた者（同条３号）

❹ 詐欺・強迫によって、被相続人に相続に関する遺言をさせ、撤回させ、取り消させ、または変更させた者（同条４号）

❺ 相続に関する被相続人の遺言書を偽造し、変造し、破棄し、または隠匿した者（同条５号）

判 例

- 被相続人の遺言書を破棄または隠匿した者であっても**当該行為が相続に関して不当な利益を目的とするものでなかったときは**、当該相続人は、相続欠格者には当たりません（最判平9.1.28）。

⑷ 廃 除

廃除（はいじょ）とは、被相続人が存命のうちに、**家庭裁判所への審判を経て推定相続人の相続資格を剥奪する制度**です。推定相続人とは、**相続が開始した場合に相続人となるべき者**を指します。

推定相続人が被相続人に対して虐待をしたり、重大な侮辱を加えたり、その他著しい非行があったときは、被相続人は、その推定相続人の廃除を家庭裁判所に請求することができます（892条）。

確認してみよう

① 被相続人の配偶者Aが相続開始前に死亡しているときは、Aの子Bは、Aを代襲して相続人となる。

2 (2) ① 参照 ×

配偶者は被代襲者となりません。

② 相続の開始後に被相続人の子Aが相続の放棄をしたときは、Aの子Bは、Aを代襲して相続人となる。

2 (2) ① 参照 ×

相続を放棄したときには代襲相続は生じません。

③ 代襲者となる妹Aが、相続の開始以前に死亡したときは、Aの子Bは、Aを代襲して相続人となる。

2 (2) ② 参照 ×

兄弟姉妹が代襲者であるときは、再代襲相続は認められません。

3 相続の効力

(1) 相続財産

相続によって、相続人に承継されるもの、されないものは以下のとおりです。

相続人に承継されるもの	・被相続人の財産に属した一切の権利義務（896条本文） ・不法行為に基づく慰謝料請求権（最大判昭42.11.1） ・占有権（187条1項、最判昭37.5.18）

相続人に承継されないもの	・被相続人の一身に専属したもの（896条ただし書） ・生活保護法の保護受給権（最大判昭42.5.24） ・使用貸借における借主の死亡による使用・収益権（597条3項） ・民法上の組合の組合員としての地位（679条1号）

判例

- 不法行為に基づく慰謝料請求権は、不法行為の被害者が損害の発生と同時にこれを取得します。そして、この請求権を放棄したものと解し得る特別の事情がない限りこれを行使することができ、損害賠償を請求する意思を表明するなどの格別の行為をすることを必要としません。当該被害者が死亡したときは、その相続人は当然に慰謝料請求権を相続します（最大判昭42.11.1）。
- 民法187条1項は相続のような包括承継の場合にも適用され、相続人は必ずしも被相続人の占有についての善意・悪意の地位をそのまま承継するものではなく、その選択に従い自己の占有のみを主張しまたは被相続人の占有に自己の占有を併せて主張することができます（最判昭37.5.18）。
- 生活保護法の保護受給権は、被保護者自身の最低限度の生活を維持するために与えられた一身専属の権利であるため相続の対象となりません。被保護者の生存中の扶助ですでに遅滞にあるものの給付を求める権利についても同様で、被保護者の死亡によって当然に消滅し、相続の対象となりません（最大判昭42.5.24）。

(2) 相続財産の共有

相続人が数人あるときは、**相続財産は、その共有に属します**（898条）。

898条の相続財産の共有は、民法249条以下に規定する「共有」とその性質を異にするものではないので（最判昭30.5.31）、遺産の分割に関して、相続人は、**遺産分割前であっても、相続した共有持分を共同相続人以外の第三者に譲渡できます。**

判例

- 遺産である賃貸不動産を使用管理した結果生ずる金銭債権である賃料債権は、遺産とは別個の財産であって、各共同相続人がその相続分に応じて分割単独債権として確定的に取得します（最判平17.9.8）。
- したがって、相続開始から遺産分割までの間に生じた賃料債権は、遺産分割の対象となりません。

⑶ 相続分

相続人が複数である場合の相続を共同相続、**共同相続の場合の相続人**を共同相続人といいます。**相続財産全体のうちの各共同相続人の権利の割合**を相続分といいます。

各共同相続人の相続分は**第一に被相続人の遺言によって指定され**（902条）、**指定がなければ法律の規定によります**（900条）。**法律の規定による相続分**を法定相続分といいます。

① 共同相続の効力

各共同相続人は、その相続分に応じて被相続人の権利義務を承継します（899条）。

判 例

- 可分債権の場合は、相続分に応じて当然に分割され、各相続人がその相続分に応じて債権を承継します（最判昭29.4.8）。
- 金銭の場合は、当然に分割されることなく共有とされ、相続人は、金銭を遺産の分割までの間相続財産として保管している他の相続人に対して、自己の相続分に相当する金銭の支払いを求めることはできません（最判平4.4.10）。相続開始時に存した金銭は遺産分割の対象となるので、相続により当然に分割される財産には当たらないからです。

② 共同相続における権利の承継の対抗要件

相続による権利の承継は、遺産の分割によるものかどうかにかかわらず、法定相続分を超える部分については、**登記、登録その他の対抗要件を備えなければ、第三者に対抗することができません**（899条の２第１項）。

③ 法定相続分

法定相続分は、次のとおり定められています。

❶ 子・配偶者が相続人であるときは、子の相続分・配偶者の相続分は各**２分の１**（900条１号）
❷ 配偶者・直系尊属が相続人であるときは、配偶者の相続分は**３分の２**、直系尊属の相続分は**３分の１**（同条２号）
❸ 配偶者・兄弟姉妹が相続人であるときは、配偶者の相続分は**４分の３**、兄弟姉妹の相続分は**４分の１**（同条３号）
※ 子、直系尊属・兄弟姉妹が数人あるときは、各自の相続分は同等、ただし、父母の一方のみを同じくする兄弟姉妹の相続分は、父母の双方を同じくする兄弟姉妹の相続分の２分の１（同条４号）

相続順位は❶→❸の順に定められており、❷、❸の順位にある者は**先順位者がいない場合にのみ相続権を有します。**

順位	相続人	配偶者の相続分	配偶者以外の相続人の相続分
第1順位	配偶者と子	1/2	1/2
第2順位	配偶者と直系尊属	2/3	1/3
第3順位	配偶者と兄弟姉妹	3/4	1/4

⑷ 遺産分割

① 意 義

遺産分割とは、**共同相続人の享有する相続財産を各共同相続人に分割すること**をいいます。

② 遺産分割の時期

共同相続人は、**被相続人が遺言で禁じた場合を除き、いつでも、その協議で、遺産の全部または一部の分割をすることができます**（907条1項）。

③ 遺産分割の効力

遺産の分割は、**相続開始の時に遡ってその効力を生じます**（909条本文）。ただし、第三者の権利を害することはできません（同ただし書）。

④ 遺産分割協議の解除

共同相続人間において遺産分割協議が成立した場合に、相続人の1人が他の相続人に対して当該協議において負担した債務を履行しないときであっても、他の相続人は民法541条によって**当該遺産分割協議を解除することができません**（最判平元.2.9）。

遺産分割はその性質上、協議の成立とともに終了し、その後は当該協議において債務を負担した相続人とその債権を取得した相続人間の債権債務関係が残るだけだからです。

確認してみよう

① 被相続人の一身に専属したものでも、相続人に承継されることがある。

3 (1) 参照 ×

被相続人の一身に専属したものは、相続人に承継されません。

② 配偶者・直系尊属が相続人であるときは、配偶者の相続分は、３分の２となり、直系尊属の相続分は、３分の１となる。

3 (3) ③ 参照 ○

正しい記述です。

③ 遺産の分割は、遺産分割を行った時からその効力を生じる。

3 (4) ③ 参照 ×

相続開始の時に遡って効力を生じます。

4 相続の承認・放棄

被相続人が死亡すると相続が開始し、相続人は被相続人の財産に属した一切の権利義務を承継するのが原則です。「権利義務」とあるとおり、被相続人の借金などの負の遺産も丸ごと含まれるので、相続することが被相続人のデメリットになる場合があります。また、その他にもさまざまな理由で相続人が相続を望まないケースが考えられます。

そこで、相続人はその**相続を承認する**（受け入れる）**か、放棄するかを選択することができます。**また、**相続の承認・放棄は相続開始後に行わなければなりません。**相続開始前においては、相続人の意思に反する相続の放棄を強制されるおそれがあるからです。

(1) 相続の承認

相続人が、相続の承認（920条、923条）をするためには、**通常の行為能力を有していることが必要**です（制限行為能力者が単独で行うことはできません）。

相続の承認には次の２種類があります。

① **単純承認**

相続人が、被相続人の権利義務を全面的に承継するという意思表示を**単純承認**といいます（920条）。

補足

意思表示がされた場合以外にも、単純承認とみなされる場合があり、これを法定単純承認といいます（921条）。

❶ 相続人が相続財産の全部または一部を処分したとき

❷ 相続人が熟慮期間内に限定承認または相続の放棄をしなかったとき

❸ 相続人が限定承認または相続の放棄をした後であっても、相続財産の全部もしくは一部を隠匿し、私にこれを消費し、または悪意でこれを相続財産の目録中に記載しなかったとき

② **限定承認**

相続される積極財産の限度においてのみ、消極財産に対する責任を負うという承認を**限定承認**といいます（922条）。限定承認は、**相続人が数人あるときは、共同相続人の全員が共同してのみこれをすることができます**（923条）。相続人の一部の者に限定承認を認めると、単純承認をした相続人と限定承認をした相続人との間で、法律関係が複雑になるためです。

限定承認をするには、３か月の熟慮期間内に**相続財産の目録を作成して家庭裁判所に提出し、限定承認をする旨を申述しなければなりません**（924条）。

⑵ 相続の放棄

相続人が、相続の放棄（938条）をするためには、**通常の行為能力を有していることが必要です**（制限行為能力者が単独で行うことはできません）。

相続の放棄をしようとする者は、その旨を**家庭裁判所に申述しなければなりません**（938条）。

相続の放棄をした者は、その相続に関しては、**はじめから相続人とならなかったものとみなされます**（939条）。また、相続放棄後も、その放棄によって相続人となった者が相続財産の管理を始めることができるまでは、**自己の財産におけるのと同一の注意をもってその財産の管理を継続しなければならない**とされています（940条１項）。

ヒント

放棄したからといってすぐに財産管理をずさんにしてしまうのは適切ではないため、「自己の財産におけるのと同一の注意をもって」管理を継続しなければならないと定められています。「善良な管理者の注意」まで求められてはいない点に注意しましょう。

(3) 相続の承認・放棄をすることのできる期間（熟慮期間）

相続人は、自己のために相続の開始があったことを知った時から**3か月以内に、相続について、単純もしくは限定の承認または放棄をしなければなりません**（915条1項本文）。

相続人が、951条1項の期間（熟慮期間）内に限定の承認または相続の放棄をしなかったときは、**単純承認をしたものとみなされます**（921条2号）。相続財産の主体がいなくなり、財産上の混乱が生じるのを避けるためです。

(4) 相続の承認・放棄の撤回・取消しの可否

相続の承認および放棄は、自己のために相続の開始があったことを知った時から**3か月の期間内でも、撤回することができません**（919条1項）。

一度した相続の放棄の撤回を認めると、相続の放棄を信頼した債権者や次順位の相続人などが不測の損害を受けるおそれがあるからです。

確認してみよう

① 未成年者である相続人が相続の承認又は放棄をするためには、その法定代理人の同意を得ることを要しない。

4 (1)、(2) 参照 ×

未成年者は制限行為能力者に当たり、相続の承認または放棄を制限行為能力者が単独で行うことはできません。

② 相続人が数人ある場合、各相続人は、単独で限定承認をすることができる。

4 (1) ② 参照 ×

相続人が数人ある場合、限定承認は共同相続人全員でする必要があります。

③　相続人が、自己のために相続の開始があったことを知った時から3か月以内に単純承認又は相続の放棄をしなかった場合、相続人は、相続によって得た財産の限度においてのみ被相続人の債務及び遺贈を弁済すべきことを留保して、相続の承認をしたものとみなされる。税・労2015

4 (1) ①、(3) 参照 ×

熟慮期間内に限定承認または相続の放棄をしなかった場合、単純承認したものとみなされます。

5 遺　言

遺言（いごん）とは、**死後にその意思を実現させるため、一定の方式によって生前にしておく意思表示**です。

遺言をする者を遺言者（いごんしゃ）といいます。

(1) 遺言能力

遺言者は、遺言をする時においてその能力を有しなければなりません（963条）。

15歳に達した者は、遺言能力が認められます（961条）。

(2) 遺言の方式

遺言は、特別の方式によることを許す場合を除き、**自筆証書、公正証書または秘密証書によってしなければなりません**（967条）。

自筆証書によって遺言をするには、遺言者が、その全文、日付および氏名を自書し、これに印を押さなければなりません（968条1項）。

他人による代筆はもとより、タイプライターやワープロを用いて書いたものは自筆証書における「自書」とは認められません。

(3) 遺言の効力

① 総　説

遺言は、**遺言者の死亡の時からその効力を生じます**（985条1項）。

遺言に停止条件を付した場合において、その条件が遺言者の死亡後に成就したときは、遺言は、**条件が成就した時からその効力を生じます**（同条2項）。

② 遺　贈

(ア) 意　義

遺贈(いぞう)とは、**遺言によって、遺産の全部または一部を処分**（贈与）**すること**をいいます（964条）。

遺贈を受ける者を受遺者(じゅいしゃ)といいます。

(イ) 遺贈の放棄

受遺者は、**遺言者の死亡後、いつでも、遺贈の放棄をすることができます**（986条1項）。

遺贈の放棄は、**遺言者の死亡の時に遡ってその効力を生じます**（同条2項）。

(ウ) 承認・放棄の撤回禁止

一度した遺贈の承認および放棄は、**撤回することができません**（989条1項）。撤回を認めると利害関係人が不測の損害を被るおそれがあるからです。

ただし、**制限行為能力者が単独で遺贈の承認または放棄をした場合や、詐欺または強迫によって遺贈の承認または放棄をした場合は、これを取り消すことができます**（同条2項）。このような場合は、受遺者の保護を優先すべきだからです。

(エ) 遺言の失効

遺贈は、遺言者の死亡以前に受遺者が死亡したときは、その効力を生じません（994条1項）。

停止条件付きの遺贈については、遺言者がその遺言に別段の意思を表示したときを除き、受遺者がその条件の成就前に死亡したときも、その効力を生じません（同条2項）。

⑷ 遺言の執行

① 遺言の検認

遺言書の保管者は、相続の開始を知った後、**遅滞なく、これを家庭裁判所に提出して、その検認を請求しなければなりません**（1004条1項本文）。

ただし、**公正証書による遺言については、その検認を請求する必要がありません**（同条2項）。公正証書による遺言は、偽造や変造のおそれが少なく、また検証や証拠保全の必要がないからです。

② 遺言執行者

遺言執行者とは、**遺言の内容を実現するために選任された者**をいいます。相続人自身が執行するほか、遺言による選任、家庭裁判所による選任があります。

(ア) 遺言執行者の指定・欠格事由

遺言者は、遺言で、１人または数人の遺言執行者を指定し、またはその指定を第三者に委託することができます（1006条１項）。

未成年者および破産者は、遺言執行者となることができません（1009条）。遺言執行者の負うべき権利義務に適さない未成年者、破産者を欠格者としたものです。

(イ) 遺言執行者の権利義務

遺言執行者は、遺言の内容を実現するため、相続財産の管理その他遺言の執行に必要な一切の行為をする権利義務を有します（1012条１項）。

(ウ) 遺言執行者の復任権

遺言執行者は、**遺言者がその遺言に別段の意思を表示したときを除き、自己の責任で第三者にその任務を行わせることができます**（1016条１項）。遺言執行者自身で行うよりも弁護士などの専門家に任せたほうがよい場合もあるからです。

(エ) 遺言執行者の解任・辞任

遺言執行者がその任務を怠ったときその他正当な事由があるときは、**利害関係人は、その解任を家庭裁判所に請求することができます**（1019条１項）。

遺言執行者は、正当な事由があるときは、**家庭裁判所の許可を得て、その任務を辞することができます**（同条２項）。

⑸ 遺言の撤回・遺言の撤回権の放棄の禁止

遺言者は、**いつでも、遺言の方式に従って、その遺言の全部または一部を撤回することができます**（1022条）。遺言の方式に従うことを要請したのは、後日の紛争を避けるためです。

遺言者は、その遺言を撤回する権利を**放棄することができません**（1026条）。遺言は、遺言者の最終意思を実現するためのものであるため、最終意思が変わればその撤回を認めるべきだからです。

確認してみよう

1 Aが相続人Bに自己の保有する甲不動産を相続させる旨の遺言を行った場合において、遺言を行った時点でAが18歳であるときは、Aの法定代理人の同意がなければ、その遺言は効力を生じない。国般2014

5 (1) 参照 ×

15歳に達していれば遺言能力があるとされています。

2 Aが相続人Bに自己の保有する甲不動産を相続させる旨の遺言を行い、その遺言に停止条件を付した場合において、Aの死亡後にその停止条件が成就したときは、遺言は、Aの死亡時に遡り、その効力が生ずる。国般2014

5 (3) ① 参照 ×

条件が成就した時からその効力を生じます。

3 Aが相続人Bに自己の保有する甲不動産を相続させる旨の遺言を行い、その遺言において、これが最終の遺言である旨を明示しても、Aは、その遺言を撤回し、Bに甲不動産ではなく自己の保有する乙不動産を相続させる旨の遺言を行うことができる。国般2014

5 (5) 参照 ○

正しい記述です。

6 遺留分

(1) 意義

遺留分(いりゅうぶん)とは、**一定の相続人が取得することを保障されている相続財産の一定割合**のことをいいます。

被相続人は、例えば「全財産を福祉団体に寄付する」との遺言（960条など）をすることによって自己の財産を死後においても自由に処分できるのが原則です。しかし、その結果、本来ならば遺産を相続できるはずの相続人が、全く財産を受け取れず、生活に困ってしまうという問題も生じます。そこで、一定範囲の相続人に対して、一定程度の生活を保障するために規定されたのが遺留分制度です。

⑵ 遺留分を有する相続人

遺留分を有する相続人は、**兄弟姉妹を除く法定相続人**です（1042条１項柱書）。すなわち、**子**（代襲者である直系卑属を含む）、**直系尊属**、**配偶者**がこれに当たります。**相続開始の時に胎児であった者も生きて生まれれば子としての遺留分を持ちます**（886条）。

遺留分の権利は法定相続人であることを前提としているため、相続欠格、廃除、相続放棄によって相続権を失った者は、遺留分を持たず、この後説明する遺留分侵害額請求権も持たないことになります。

⑶ 遺留分の割合

① 遺留分権利者全体の遺留分（総体的遺留分）

兄弟姉妹以外の相続人は、遺留分として、1043条１項に規定する遺留分を算定するための財産の価額に、次の各号に掲げる区分に応じてそれぞれ当該各号に定める割合を乗じた額を受けることができます。

直系尊属のみが相続人	被相続人の財産の**３分の１**（1042条１項１号）
直系尊属以外が相続人	被相続人の財産の**２分の１**（1042条１項２号）

例　Xの1,200万円の相続財産についてXの母親Aのみが相続人である場合
⇒　総体的遺留分は400万円（1,200万円×1/3）となります。
例　Xの1,200万円の相続財産についてXの配偶者Bのみが相続人である場合
⇒　総体的遺留分は600万円（1,200万円×1/2）となります。

② 各遺留分権利者の遺留分（個別的遺留分）

相続人が数人ある場合には、前項各号に定める割合は、これらに900条および901条の規定により算定したその各自の相続分を乗じた割合とします（1042条２項）。

例　Xの1,200万円の相続財産についてXの配偶者Bのみが相続人である場合

⇒　Bの個別的遺留分は600万円（1,200万円×1/1×1/2）となります。

例　Xの1,200万円の相続財産についてXの配偶者Bと子C・Dが相続人である場合

⇒　Bの個別的遺留分は300万円（1,200万円×1/2×1/2）となり、子C・Dの個別的遺留分は各150万円（1,200万円×1/2×1/2×1/2）となります。

例　Xの1,200万円の相続財産についてXの配偶者BとXの母親Aが相続人である場合

⇒　Bの個別的遺留分は400万円（1,200万円×2/3×1/2）となり、Aの個別的遺留分は200万円（1,200万円×1/3×1/2）となります。

(4)　遺留分侵害額の請求

遺留分侵害とは、被相続人が遺贈や贈与などをしたため、遺留分権利者が取得した遺産の価額が遺留分の額に満たない状態のことをいいます。

遺留分権利者およびその承継人は、受遺者（特定財産承継遺言により財産を承継しまたは相続分の指定を受けた相続人を含む）または受贈者に対し、**遺留分侵害額に相当する金銭の支払いを請求することができます**（1046条1項）。

補足

遺留分侵害額は字義どおりには遺留分の侵害を受けた額ということになりますが、厳密には、

遺留分権利者の遺留分－遺留分権利者が受けた遺贈・特別受益の価額
－遺留分権利者が相続した積極財産の価額
＋遺留分権利者が相続した消極財産の価額

となります。

(5)　遺留分侵害額請求権の期間の制限

遺留分侵害額の請求権は、遺留分権利者が、相続の開始および遺留分を侵害する贈与または遺贈があったことを**知った時から1年間行使しないとき、または相続開始の時から10年を経過したときは、時効によって消滅**します（1048条）。

(6)　遺留分の放棄

相続の開始前における遺留分の放棄は、**家庭裁判所の許可を受けたときに限り、その効力を生じます**（1049条1項）。被相続人が推定相続人に対して遺留分の放棄を強要することを防ぐために、家庭裁判所の許可を受けたときに限り、その放棄を認めたものです。

共同相続人の１人のした遺留分の放棄は、他の各共同相続人の遺留分に影響を及ぼしません（同条２項）。

相続開始前に相続を放棄することができないことと、区別して把握しましょう。

確認してみよう

① 被相続人の配偶者、弟、妹の３人が相続人であったとすると、それぞれの遺留分の割合は、順に、８分の３、８分の１、８分の１である。国般2010

6 (3) 参照 ×

配偶者の遺留分は法定相続分3/4×1/2＝3/8ですが、兄弟姉妹には遺留分がありません。

② 遺留分侵害額の請求権は、遺留分権利者が、相続の開始及び遺留分を侵害する贈与又は遺贈があったことを知った時から３年間行使しないときは、時効によって消滅する。相続開始の時から10年を経過したときも、同様とする。区Ⅰ2013

6 (5) 参照 ×

相続の開始および遺留分を侵害する贈与または遺贈があったことを知った時からは３年間ではなく１年間です。

③ 相続開始前の相続放棄が認められていないことから、相続開始前における遺留分の放棄は、一切認められていない。区Ⅰ2013

6 (6) 参照 ×

家庭裁判所の許可を受ければ効力を生じます。

過去問にチャレンジ

問題1 ★★ **相続の対象に関するア～オの記述のうち、妥当なもののみを全て挙げているのはどれか。ただし、争いのあるものは判例の見解による。**

国税・労基2012

ア 生活保護法に基づく保護受給権は原則として相続されないが、被保護者の生存中の扶助で、既に遅滞にあるものの給付を求める権利は相続される。

イ 使用貸借は、借主の死亡によって終了し、借主の使用・収益権を相続人は承継しない。

ウ 不法行為による生命侵害の慰謝料請求権は、被害者が生前に請求の意思を表明していなければ、相続人には承継されない。

エ 民法第187条第1項は相続のような包括承継の場合にも適用され、相続人は、必ずしも被相続人の占有についての善意悪意の地位をそのまま承継するものではなく、その選択に従い自己の占有のみを主張し又は被相続人の占有に自己の占有を併せて主張することができる。

オ 被相続人が民法上の組合の組合員であった場合、相続人は原則としてその地位を承継する。

❶ ア、イ
❷ ア、オ
❸ イ、エ
❹ ウ、エ
❺ ウ、オ

【解答・解説】

正解 ❸

アは保護受給権は被保護者の生活を維持するための権利である点がポイントです。**イ**は使用貸借契約の趣旨から考えるとよいでしょう。

ア ×　生活保護法に基づく保護受給権は、被保護者自身の最低限度の生活を維持するために当該個人に与えられた一身専属の権利であって相続の対象となりません（最大判昭42.5.24）。また、被保護者の生存中の扶助ですでに遅滞にあるものの給付を求める権利についても、当該被保護者の死亡によって当然消滅し、相続の対象となりません（同判例）。したがって、全体的に妥当な記述ではありません。

イ ○　使用貸借は、借主の死亡によって終了します（597条3項）。その結果、借主の死亡によって借主の使用・収益権を相続人は承継することはありません。使用貸借は、貸主と借主との対人的信頼関係をその基礎として借用物の貸与が行われるものだからです。したがって、妥当な記述です。

ウ ×　不法行為に基づく慰謝料請求権は、被害者が生前に請求の意思を表明しなくても、当該被害者が死亡したときは、その相続人が当然にこれを相続するとされています（最大判昭42.11.1）。したがって、「被害者が生前に請求の意思を表明していなければ」という記述が妥当ではありません。

エ ○　占有者の承継人は、その選択に従い、自己の占有のみを主張し、または自己の占有に前の占有者の占有を併せて主張することができます（187条1項）。そして、本条1項は、相続のような包括承継にも適用されるので、相続人は、その選択に従い自己の占有のみを主張しまたは被相続人の占有に自己の占有を併せて主張することができます（最判昭37.5.18）。したがって、妥当な記述です。

オ ×　民法上の組合の組合員は、死亡によって組合を脱退することになるので（679条1号）、組合員の相続人はその地位を承継することはありません。組合は組合員間の信頼関係に基づいて結成されているので、組合員が死亡した場合は、その地位は相続されないとした趣旨です。したがって、「相続人は原則としてその地位を承継する」という記述が妥当ではありません。

問題2 ★★ **相続の放棄に関するア～エの記述のうち、妥当なもののみを全て挙げているのはどれか。**

国般2020

ア 相続の放棄をしようとする者は、相続の開始前においては、その旨を家庭裁判所に申述しなければならないが、相続の開始後においては、その意思を外部に表示するだけで足りる。

イ 相続の放棄をした者は、その放棄によって相続人となった者が相続財産の管理を始めることができるまで、善良な管理者の注意をもって、その財産の管理を継続しなければならない。

ウ 被相続人の子が相続の放棄をしたときは、その者の子がこれを代襲して相続人となることはない。

エ 一旦行った相続の放棄は、自己のために相続の開始があったことを知った時から3か月以内であっても、撤回することができない。

❶ ア、イ
❷ ア、ウ
❸ イ、ウ
❹ イ、エ
❺ ウ、エ

【解答・解説】

正解 ❺

アは相続開始前においては、相続人の意思に反する相続の放棄を強制されるおそれがある点、**エ**は自由に相続の放棄の撤回を認めると利害関係人は不測の損害を受けるおそれがある点がポイントです。

ア ×　相続の放棄をしようとする者は、その旨を家庭裁判所に申述しなければなりません（938条）。ただし、相続の開始前においては、その旨を家庭裁判所に申述しても、相続の放棄をすることはできません。相続開始前においては、相続人の意思に反する相続の放棄を強制されるおそれがあるからです。したがって、全体的に妥当な記述ではありません。

イ ×　相続の放棄をした者は、その放棄によって相続人となった者が相続財産の管理を始めることができるまで、自己の財産におけるのと同一の注意をもって、その財産の管理を継続しなければなりません（940条１項）。相続の放棄をした者は、はじめから相続人ではなくなりますが（939条）、相続人となった者の相続財産を保護するために自己の財産におけるのと同一の注意義務を負わせた趣旨です。したがって、「善良な管理者の注意をもって」という記述が妥当ではありません。

ウ ○　被相続人の子が、相続を放棄（938条）したときは、代襲相続は生じません（887条２項参照）。相続を放棄した被相続人の子の意思を尊重すべきだからです。したがって、妥当な記述です。なお、被相続人の子が、相続の開始以前に死亡したとき、または相続人の欠格事由に該当し、もしくは廃除によって、その相続権を失ったときは、その者の子がこれを代襲して相続人となることができます（代襲相続：887条２項）。

エ ○　いったん行った相続の放棄は、自己のために相続の開始があったことを知った時から３か月以内でも、撤回することができません（919条１項）。一度した相続の放棄の撤回を認めると、相続の放棄を信頼した債権者や次順位の相続人などが不測の損害を受けるおそれがあるからです。したがって、妥当な記述です。

問題3 民法に規定する相続に関する記述として、妥当なのはどれか。

★★

区Ⅰ2017

❶ 被相続人の子が、相続開始以前に死亡したとき、又は相続の放棄若しくは廃除によって、その相続権を失ったときは、その者の子が代襲して相続人となる。

❷ 相続財産の管理に関する費用は、相続人の過失により生じさせた費用も含めて相続人全体の負担となり、その相続財産の中から支弁しなければならない。

❸ 相続人は、自己のために相続の開始があったことを知った時から3箇月以内に、単純又は限定の承認をしなかったときは、相続を放棄したものとみなす。

❹ 相続の承認は、自己のために相続の開始があったことを知った時から3箇月以内であれば、撤回することができる。

❺ 相続人が数人あるときは、限定承認は、共同相続人の全員が共同してのみこれをすることができる。

【解答・解説】

正解 ❺

❶は相続の放棄は代襲相続の原因とならない点に注意が必要です。❸は相続による財産上の権利義務の承継は、一応相続人の意思に関係なく生ずるというのが法律の建前（法定単純承認）です。

❶ ×　被相続人の子が、相続の開始以前に死亡したとき、または相続人の欠格事由に該当し、もしくは廃除によって、その相続権を失ったときは、その者の子がこれを代襲して相続人となることができます（代襲相続：887条2項）が、相続を放棄（938条）したときは、代襲相続は生じません。したがって、「相続の放棄…によって」という記述が妥当ではありません。

❷ ×　相続財産に関する費用は、相続人全体の負担となり、その財産の中から支弁します（885条本文）。ただし、相続人の過失により生じた費用は、当該相続人が負担するのであって、相続財産の中から支弁することはありません（同ただし書）。したがって、「相続人の過失により生じさせた費用も含めて」という記述が妥当ではありません。

❸ ×　相続人は、自己のために相続の開始があったことを知った時から3か月以内に、限定承認または相続の放棄をしなかったときは、単純承認をしたものとみなされます（921条2号、915条1項本文）。相続財産の主体がいなくなり、財産上の混乱が生じるのを避ける趣旨です。したがって、「相続を放棄したものとみなす」という記述が妥当ではありません。

❹ ×　相続の承認は、自己のために相続の開始があったことを知った時から3か月以内でも、撤回することができません（919条1項、915条1項本文）。相続の承認を信頼した債権者などが損害を受けるおそれがあるからです。したがって、「撤回することができる」という記述が妥当ではありません。

❺ ○　相続人が数人あるときは、限定承認は、共同相続人の全員が共同してのみこれをすることができます（923条）。相続人の一部の者に限定承認を認めると、単純承認をした相続人（920条）と限定承認をした相続人（922条）との間で、法律関係が複雑になることから、それを避ける趣旨です。したがって、妥当な記述です。

問題4 民法に規定する遺言に関する記述として、妥当なのはどれか。

★★

区Ⅰ2018

❶ 受遺者は、遺言者の死亡後、いつでも遺贈の放棄をすることができるが、一度した遺贈の放棄は、いかなる場合であってもこれを取り消すことができない。

❷ 遺言者は、いつでも、遺言の方式に従って、遺言の全部又は一部を撤回することができるが、遺言を撤回する権利を放棄することはできない。

❸ 遺言者は、遺言をする時においてその能力を有しなければならず、未成年者は、公正証書によって遺言をすることはできるが、自筆証書によって遺言をすることはできない。

❹ 自筆証書によって遺言をするには、遺言者が、全文、日付及び指名を自書し、これに印を押さなければならないが、タイプライターやワープロを用いてそれらを書いたものも自書と認められる。

❺ 遺言は、遺言者の死亡の時からその効力を生じ、遺言に停止条件を付した場合において、その条件が遺言者の死亡後に成就したときも、遺言は、条件が成就した時からではなく、遺言者の死亡の時に遡ってその効力を生ずる。

【解答・解説】

正解 ❷

❶は制限行為能力を理由とする取消しなどの例外を考えられるかどうかがポイントです。❹は「自書」の国語的意味から判断できると思います。

❶ ×　受遺者は、遺言者の死亡後、いつでも、遺贈の放棄をすることができます（986条1項）。ただし、一度した遺贈の承認および放棄は、撤回することができません（989条1項）。撤回を認めると利害関係人が不測の損害を被るからです。もっとも、制限行為能力者（5条2項、9条等）が単独で遺贈の承認または放棄をした場合や、詐欺または強迫（96条1項）により遺贈の承認または放棄をした場合は、これを取り消すことができます（989条2項）。したがって、「一度した遺贈の放棄は、いかなる場合であってもこれを取り消すことができない」という記述が妥当ではありません。

❷ ○　遺言者は、いつでも、遺言の方式に従って、その遺言の全部または一部を撤回することができます（1022条）が、その遺言を撤回する権利を放棄することができません（1026条）。したがって、妥当な記述です。

❸ ×　遺言者は、遺言をする時においてその能力を有しなければなりません（963条）。そして、15歳に達した者は、遺言能力が認められるので（961条）、自筆証書によって遺言することができます。したがって、「自筆証書によって遺言をすることはできない」という記述が妥当ではありません。

❹ ×　自筆証書によって遺言をするには、遺言者が、その全文、日付および氏名を自書し、これに印を押さなければなりません（968条1項）。筆跡によって遺言者本人が書いたものか否かを判定するためなので、自筆以外は自書とは認められません。したがって、「タイプライターやワープロを用いてそれらを書いたものも自書と認められる」という記述が妥当ではありません。

❺ ×　遺言は、遺言者の死亡の時からその効力を生じます（985条1項）。ただし、遺言に停止条件を付した場合において、その条件が遺言者の死亡後に成就したときは、遺言は、条件が成就した時からその効力を生じます（同条2項）。したがって、「遺言者の死亡の時に遡ってその効力を生ずる」という記述が妥当ではありません。

第3章 親族・相続

問題5 民法に規定する遺言に関する記述として、妥当なのはどれか。

★★

区Ⅰ2014

❶ 公正証書遺言の方式に従って作成された遺言書の保管者は、相続の開始を知った後、遅滞なく、これを家庭裁判所に提出して、その検認を請求しなければならない。

❷ 遺言者は、遺言で、一人又は数人の遺言執行者を指定することができるが、未成年者及び破産者は、遺言執行者となることはできない。

❸ 遺言執行者は、遺言の内容を実現するため、相続財産の管理その他遺言の執行に必要な一切の行為をする権利義務を有するので、いかなる場合であっても、自己の責任で第三者にその任務を行わせることができる。

❹ 利害関係人は、遺言執行者を解任しようとするときは、家庭裁判所にその解任を請求することができ、また、遺言執行者は、正当な事由があるときは、家庭裁判所の許可を得ることなく、その任務を辞することができる。

❺ 遺言者は、いつでも、遺言の方式に従って、その遺言の全部又は一部を撤回することができ、また、その遺言を撤回する権利を放棄することができる。

【解答・解説】

正解 ❷

❸は「いかなる場合であっても」という点が、❹は「家庭裁判所の許可を得ることなく」という点が妥当でないと判断できると思います。

❶ ×　遺言書の保管者は、相続の開始を知った後、遅滞なく、これを家庭裁判所に提出して、その検認を請求しなければなりません（1004条1項本文）。ただし、公正証書遺言の方式に従って作成された遺言については、その検認を請求する必要ありません（同条2項）。したがって、「その検認を請求しなければならない」という記述が妥当ではありません。

❷ ○　遺言者は、遺言で、1人または数人の遺言執行者を指定し、またはその指定を第三者に委託することができます（1006条1項）。ただし、未成年者および破産者は、遺言執行者となることができません（1009条）。したがって、妥当な記述です。

❸ ×　遺言執行者は、遺言の内容を実現するため、相続財産の管理その他遺言の執行に必要な一切の行為をする権利義務を有しています（1012条1項）。ただし、遺言執行者は、遺言者がその遺言に別段の意思を表示したときを除き、自己の責任で第三者にその任務を行わせることができます（1016条1項）。遺言執行者自身で行うよりも弁護士などの専門家に任せたほうがよい場合もあることから規定された趣旨です。したがって、「いかなる場合であっても」という記述が妥当ではありません。

❹ ×　遺言執行者がその任務を怠ったときその他正当な事由があるときは、利害関係人は、その解任を家庭裁判所に請求することができます（1019条1項）。また、遺言執行者は、正当な事由があるときは、家庭裁判所の許可を得て、その任務を辞することができます（同条2項）。したがって、「家庭裁判所の許可を得ることなく」という記述が妥当ではありません。

❺ ×　遺言者は、いつでも、遺言の方式に従って、その遺言の全部または一部を撤回することができます（1022条）が、その遺言を撤回する権利を放棄することはできません（1026条）。したがって、「その遺言を撤回する権利を放棄することができる」という記述が妥当ではありません。

問題6 ★★ **遺留分制度に関するア～オの記述のうち、妥当なもののみをすべて挙げているのはどれか。**

国税・労基2011

ア 兄弟姉妹を除く法定相続人は遺留分を有し、相続開始のときに胎児であった者も生きて生まれれば子としての遺留分をもつ。また、子の代襲相続人も、被代襲相続人たる子と同じ遺留分をもつ。

イ 相続開始前に相続を放棄できないのと同様に、遺留分は、相続開始前に放棄することができない。

ウ 相続人が、被相続人の配偶者Ａのみであった場合、Ａの遺留分の割合は、２分の１である。

エ 相続人が、被相続人の配偶者Ａと、Ａと被相続人との間の、子Ｂと子Ｃであった場合、Ａの遺留分の割合は、４分の１である。

オ 相続人が、被相続人の配偶者Ａと被相続人の父Ｂであった場合、Ａの遺留分の割合は、４分の１である。

❶ **ア、イ、エ**
❷ **ア、ウ、エ**
❸ **ア、ウ、オ**
❹ **イ、ウ、オ**
❺ **イ、エ、オ**

【解答・解説】

正解 ❷

ウ、**エ**、**オ**の遺留分は、遺留分の率×法定相続分で算定されるので、各遺留分の率と各法定相続分を覚えておくことが重要です。

ア ○　兄弟姉妹を除く法定相続人は遺留分を有します（1042条１項柱書）。そして、相続開始の時に胎児であった者も生きて生まれれば子としての遺留分を持ちます（886条）。また、子の代襲相続人も、被代襲相続人たる子と同じ遺留分を持ちます（887条２項）。したがって、妥当な記述です。

イ ×　相続開始前に相続を放棄することはできません（915条１項反対解釈）。これに対して、相続の開始前における遺留分の放棄は、家庭裁判所の許可を受けたときに限り、その効力を生じます（1049条１項）。被相続人が推定相続人に遺留分の放棄を強要することを防ぐために、裁判所の許可を受けたときに限り、その放棄を認めた趣旨です。したがって、「遺留分は、相続開始前に放棄することができない」という記述が妥当ではありません。

ウ ○　直系尊属以外の相続人の場合は、遺留分を算定するための財産の価額の２分の１が遺留分となります（1042条１項２号）。そして、相続人が、被相続人の配偶者Ａのみであった場合は、相続人は１人なので、Ａの遺留分の割合は、２分の１のままとなります（同条２項）。したがって、妥当な記述です。

エ ○　相続人が、被相続人の配偶者Ａと、Ａと被相続人との間の、子Ｂと子Ｃであった場合、Ａの遺留分の率は２分の１となり（1042条１項２号）、またＡの法定相続分は２分の１となります（900条１号）。その結果、Ａの遺留分の割合は、２分の１×２分の１の積である、４分の１となります（1042条２項）。したがって、妥当な記述です。

オ ×　相続人が、被相続人の配偶者Ａと、被相続人の父Ｂであった場合、Ａの遺留分の率は２分の１となり（1042条１項２号）、またＡの法定相続分は３分の２となります（900条２号）。その結果、Ａの遺留分の割合は、２分の１×３分の２の積である、３分の１となります（1042条２項）。したがって、「４分の１」という記述が妥当ではありません。

問題7 民法に規定する相続に関する記述として、妥当なのはどれか。

★

区Ⅰ2011

❶ 相続は死亡によって開始するが、失踪宣告は医学上の死亡判定ができないので、相続開始の原因にならない。

❷ 相続は相続人の住所において開始するとされ、相続をめぐる紛争が生じた場合は、相続人の住所を基準に裁判管轄が定められる。

❸ 相続財産の管理に必要な費用は、相続人の過失に基づく費用も含めて相続人全体の負担となり、その相続財産の中から支弁しなければならない。

❹ 被相続人Ａの子Ｂが相続を放棄した場合には、Ｂの子Ｃには代襲相続が認められる。

❺ 被相続人Ａの子Ｂが相続開始以前に死亡した場合には、Ｂの妻Ｃには代襲相続は認められない。

【解答・解説】

正解 ❷

❷は相続財産などは被相続人の住所にあるので、その場所で相続が開始すると考えられるでしょう。❺は相続人の配偶者には代襲相続が認められない点がポイントです。

❶ ✕　相続は、死亡によって開始します（882条）。そして、失踪宣告を受けた者は、死亡したものとみなされるので（31条）、相続開始の原因となります。したがって、「相続開始の原因にならない」という記述が妥当ではありません。

❷ ✕　相続は、被相続人の住所において開始します（883条）。そして、相続をめぐる紛争が生じた場合は、被相続人の住所を基準に裁判管轄が定められることになります。したがって、「相続人の住所」という記述が妥当ではありません。

❸ ✕　相続財産に関する費用は、相続人全体の負担となり、その財産の中から支弁します（885条本文）。ただし、相続人の過失により生じた費用は、当該相続人が負担するのであって、相続財産の中から支弁することはありません（同ただし書）。相続人の過失に基づく費用まで相続財産の中から支弁するのは他の相続人との関係で公平とはいえないからです。したがって、全体的に妥当な記述ではありません。

❹ ✕　被相続人Aの子Bが相続を放棄した場合には、Bの子Cには代襲相続が認められません（887条2項本文参照）。相続を放棄したAの子Bの意思を尊重すべきだからです。したがって、「Bの子Cには代襲相続が認められる」という記述が妥当ではありません。

❺ ○　被相続人Aの子Bが相続開始以前に死亡した場合には、Bの妻Cには代襲相続は認められません。Aの子Bが相続の開始以前に死亡したときは、Bの子がこれを代襲して相続人となるのであって（887条2項本文）、Bの配偶者Cは代襲相続人とは認められていないからです。したがって、妥当な記述です。

問題8 ★★ **相続に関するア～エの記述のうち、妥当なもののみを全て挙げているのはどれか。**

国税・労基・財務2014

ア 子のいないAの死亡前に、相続人となるべき兄Bが死亡し、Bの唯一の子であるCも死亡している場合、Cの子であるDがAを相続する。

イ Aが死亡し、その妻B及び子C・Dが相続人である場合に、Cが相続の放棄をしたときは、B及びDとも相続分が増加する。

ウ いったん遺言をした後であっても、遺言者は遺言の全部又は一部を自由に撤回することができる。ただし、遺言の撤回権をあらかじめ放棄している場合には、撤回は裁判所に届け出ない限り効力を生じない。

エ 相続の放棄をした子は、初めから相続人とならなかったとみなされるため、遺留分侵害額に相当する金銭の支払を請求することができない。

❶ ア
❷ ウ
❸ エ
❹ ア、イ
❺ イ、エ

【解答・解説】

正解 ❸

アは被相続人の兄弟姉妹については再代襲相続が認められない点に注意が必要です。**イ**は法定相続人および法定相続分について覚えておくことが重要です。

ア ×　子のいないAの死亡前に、相続人となるべき兄Bが死亡した場合は、Bの唯一の子CがAを相続（代襲相続）することができます（889条2項、887条2項本文）。しかし、民法889条2項は民法887条3項（再代襲相続）を準用していないので、Aの死亡前にCが死亡しても、Cの子であるDはAを相続（再代襲相続）することはできません。したがって、「Cの子であるDがAを相続する」という記述が妥当ではありません。

イ ×　Aが死亡し、その妻Bおよび子C・Dが相続人である場合の各相続分は、Bは2分の1（900条1号）、C・Dは2分の1を対等額で分け合うので各4分の1（同条1号、4号）となります。ただし、Cが相続の放棄をしたときは、Cははじめから相続人とはならなかったものとみなされるので（939条）、DはCと対等額で分け合う必要がないため、Dの相続分は2分の1に増加します（900条1号）。一方、Cの相続分は2分の1のまま変わりません。したがって、「B及びDとも相続分が増加する」という記述が妥当ではありません。

ウ ×　いったん遺言をした後であっても、遺言者は、遺言の方式に従って、その遺言の全部または一部を撤回することができます（1022条）。したがって、「自由に撤回できる」とする点が妥当とはいえません。また、遺言者は、その遺言を撤回する権利を放棄することができません（1026条）。遺言は、遺言者の最終意思を実現するものなので、最終意思が変わればその撤回を認めるべきだからです。したがって、「遺言の撤回権をあらかじめ放棄」という記述が妥当ではありません。

エ ○　相続の放棄をした子は、その相続に関しては、はじめから相続人とならなかったものとみなされます（939条）。そして、相続人でない子は、遺留分権利者とならないため（1042条1項柱書）、遺留分侵害額に相当する金銭の支払いを請求することができません（1046条1項）。したがって、妥当な記述です。

問題9 ★★★ **相続に関するア～オの記述のうち、妥当なもののみを全て挙げているのはどれか。ただし、争いのあるものは判例の見解による。**

国税2016

ア 被相続人の子が、相続の開始以前に死亡した場合、又は相続を放棄した場合には、被相続人の子の配偶者及び被相続人の子の子は、被相続人の子を代襲して相続人となることができる。

イ 相続人が相続に関する被相続人の遺言書を破棄又は隠匿した場合において、相続人の当該行為が相続に関して不当な利益を目的とするものでなかったとしても、当該相続人は、民法第891条第5号所定の相続欠格者に当たる。

ウ 相続人は、自己のために相続の開始があったことを知った時から3か月以内であれば、一度した相続の承認及び放棄を撤回することができる。

エ 相続人は、遺産の分割までの間は、相続開始時に存した金銭を相続財産として保管している他の相続人に対し、自己の相続分に相当する金銭の支払を請求することはできない。

オ 共同相続人間において遺産分割協議が成立した場合に、相続人の一人が他の相続人に対して当該遺産分割協議において負担した債務を履行しないときであっても、他の相続人は民法第541条によって当該遺産分割協議を解除することができない。

❶ ア、ウ
❷ ア、オ
❸ イ、ウ
❹ イ、エ
❺ エ、オ

（参考）民法

（履行遅滞等による解除権）

第541条　当事者の一方がその債務を履行しない場合において、相手方が相当の期間を定めてその履行の催告をし、その期間内に履行がないときは、相手方は、契約の解除をすることができる。

（相続人の欠格事由）

第891条　次に掲げる者は、相続人となることができない。

（第１号〜第４号略）

五　相続に関する被相続人の遺言書を偽造し、変造し、破棄し、又は隠匿した者

【解答・解説】

正解 ⑤

アは被相続人の子が相続を放棄した意思を尊重すべきでしょう。**イ**は「相続に関して不当な利益を目的とするものでなかった」という点がポイントです。

ア ×　被相続人の子が、相続の開始以前に死亡した場合、被相続人の子の子は、被相続人の子を代襲して相続人となることができます（代襲相続：887条2項本文）が、被相続人の子の配偶者は代襲相続できません。したがって、「被相続人の子の配偶者」とする点が妥当とはいえません。また、被相続人の子が相続を放棄した場合は、被相続人の子の子は、被相続人の子を代襲して相続人となることができません（887条2項本文参照）。相続を放棄した被相続人の子の意思を尊重すべきだからです。したがって、「相続を放棄した場合には」という記述が妥当ではありません。

イ ×　相続に関する被相続人の遺言書を破棄または隠匿した者は、相続人となることができません（891条5号）。ただし、相続人の当該行為が相続に関して不当な利益を目的とするものでなかったときは、当該相続人は、民法891条5号所定の相続欠格者には当たらないとされています（最判平9.1.28）。したがって、「民法第891条第5号所定の相続欠格者に当たる」という記述が妥当ではありません。

ウ ×　相続人は、自己のために相続の開始があったことを知った時から3か月以内であれば、相続の承認または放棄をすることができます（915条1項本文）。ただし、相続人は、一度した相続の承認および放棄を撤回することはできません（919条1項）。一度した相続の承認の撤回を認めると、相続の承認を信頼した債権者や次順位の相続人などが不測の損害を受けるおそれがあるからです。したがって、「撤回することができる」という記述が妥当ではありません。

エ ○　相続人は、遺産の分割までの間は、相続開始時に存した金銭を相続財産として保管している他の相続人に対して、自己の相続分に相当する金銭の支払いを求めることはできません（最判平4.4.10）。相続開始時に存した金銭は、遺産分割の対象となるので、相続により当然に分割される財産には当たらないからです。したがって、妥当な記述です。

オ ○　共同相続人間において遺産分割協議が成立した場合に、相続人の１人が他の相続人に対して当該協議において負担した債務を履行しないときであっても、他の相続人は民法541条によって当該遺産分割協議を解除することができません（最判平元.2.9）。遺産分割はその性質上、協議の成立とともに終了し、その後は当該協議において債務を負担した相続人とその債権を取得した相続人間の債権債務関係が残るだけだからです。したがって、妥当な記述です。

問題10 ★★★ AはBの不法行為により即死した。Aの死亡時にAには妻Cがおり、CはAとの間の子Dを懐胎していた。なお、AとCとの間には成人した子Eがおり、他にAの相続人となり得る者はいないものとする。
以上の事例に関する次の記述のうち、妥当なのはどれか。ただし、争いのあるものは判例の見解による。

国税2017

❶ Aは、何ら精神的苦痛を感じることなく死亡しており、Aに生命侵害を理由とする慰謝料請求権が発生することはない。

❷ Dは、胎児であっても、Aの死亡と同時に固有の損害賠償請求権を取得するから、Dが分べん時に死亡していた場合、Cは、自己の固有の損害賠償請求権を有するとともに、Dの有していた損害賠償請求権を相続する。

❸ 遺産分割前における相続財産の共有は、民法が第249条以下に規定する「共有」とその性質を異にするものではないから、Cは、遺産分割前であっても、相続した共有持分を共同相続人以外の第三者に譲渡することができる。

❹ 遺産分割協議の結果、A所有の甲不動産をCが全部取得した場合、Cは、甲不動産の所有権を、登記なくして、遺産分割後に甲不動産につき権利を取得した第三者に対抗することができる。

❺ A所有の乙不動産が第三者に賃貸されている場合、Aの死亡後に発生する乙不動産の賃料債権もAの遺産に含まれ、常に遺産分割協議の対象となる。

【解答・解説】

正解 ❸

❷は判例が停止条件（胎児が生きて生まれると不法行為時に遡って権利能力を取得する）説に立っている点が、❺は「Aの死亡後に発生する乙不動産の賃料債権」である点が、ポイントです。

❶ ×　被害者が即死して何ら精神的苦痛を感じなかったとしても、傷害と死亡との間に観念上時間の間隔があるので、被害者には受傷の瞬間に慰謝料請求権が発生します（大判大15.2.16）。したがって、「Aに生命侵害を理由とする慰謝料請求権が発生することはない」という記述が妥当ではありません。

❷ ×　胎児は、損害賠償の請求権については、すでに生まれたものとみなすとされます（721条）。「すでに生まれたものとみなす」とは、胎児Dに権利能力はなく、Dが生きて生まれたことを停止条件として権利能力を取得することをいいます（大判昭7.10.6）。その結果、Dが分娩時に死亡したときは、損害賠償請求権を相続しません。したがって、「Dの有していた損害賠償請求権を相続する」という記述が妥当ではありません。

❸ ○　相続人が数人あるときは、相続財産は、その共有に属します（898条）。そして、本条の相続財産の共有は、民法249条以下に規定する「共有」とその性質を異にするものではないから（最判昭30.5.31）、遺産の分割に関しては、民法256条以下の規定が適用されることになります。その結果、相続人Cは、遺産分割前であっても、相続した共有持分を共同相続人以外の第三者に譲渡できます。したがって、妥当な記述です。

❹ ×　相続による権利の承継は、遺産の分割によるものかどうかにかかわらず、相続分を超える部分については、登記、登録その他の対抗要件を備えなければ、第三者に対抗することができません（899条の2第1項）。したがって、「甲不動産の所有権を、登記なくして」という記述が妥当ではありません。

❺ ×　A所有の乙不動産が第三者に賃貸されている場合、A死亡後の相続開始から遺産分割までの間に生じた乙不動産の賃料債権は、共同相続人の共有

に属するものであって、Aの遺産とは別個の財産なので、各共同相続人がその相続分に応じて確定的に取得し、遺産分割協議の対象とはなりません(最判平17.9.8)。したがって、「Aの死亡後に発生する乙不動産の賃料債権もAの遺産に含まれ、常に遺産分割協議の対象となる」という記述が妥当ではありません。

MEMO

問題11 ★★★ **親族・相続に関するア～オの記述のうち、妥当なもののみを全て挙げているのはどれか。ただし、争いのあるものは判例の見解による。**

国税・労基・財務2015

ア 未成年の子が婚姻をするには、父母の同意を得なければならないが、父母の同意を欠く婚姻届が誤って受理されたとしても、婚姻は有効に成立し、取消原因とならない。

イ 婚姻によって氏を改めた夫又は妻は、協議上の離婚によって婚姻前の氏に復するが、いつでも戸籍法の定めるところにより届け出ることによって、離婚の際に称していた氏を称することができる。

ウ 夫婦の一方が日常の家事に関する代理権の範囲外の法律行為を行った場合、相手方である第三者において、当該行為が当該夫婦の日常の家事に関する法律行為の範囲内に属すると信じるにつき正当な理由がある場合に限り、日常の家事に関する代理権を基本代理権として民法第110条の規定を直接適用することにより、他の一方も責任を負う。

エ 親権を行う者が数人の子に対して親権を行う場合において、その一人と他の子との利益が相反する行為については、親権を行う者は、その一方のために特別代理人を選任することを家庭裁判所に請求しなければならない。

オ 相続人が、自己のために相続の開始があったことを知った時から3か月以内に単純承認又は相続の放棄をしなかった場合、相続人は、相続によって得た財産の限度においてのみ被相続人の債務及び遺贈を弁済すべきことを留保して、相続の承認をしたものとされる。

❶ ア、ウ
❷ ア、エ
❸ イ、ウ
❹ イ、オ
❺ エ、オ

【解答・解説】

正解 ❷

アは不適齢婚姻と父母の同意を欠く未成年者の婚姻との違いに注意することが重要です。**エ**は子の利益保護から考えれば判断がつくでしょう。

ア ○　未成年の子が婚姻をするには、父母の同意を得なければならない（737条１項）とともに、その届出が必要です（740条）。ただし、父母の同意を欠く婚姻届が誤って受理されたとしても、婚姻意思がある限り婚姻は有効に成立し、取消原因となりません（最判昭30.4.5）。したがって、妥当な記述です。

イ ×　婚姻によって氏を改めた夫または妻は、協議上の離婚によって婚姻前の氏に復することになります（767条１項）。ただし、婚姻前の氏に復した夫または妻は、離婚の日から３か月以内に戸籍法の定めるところにより届け出ることによって、離婚の際に称していた氏を称することができます(同条２項)。したがって、「いつでも」という記述が妥当ではありません。

ウ ×　夫婦の一方が日常の家事に関する代理権の範囲外の法律行為を行った場合、相手方である第三者において、当該行為が当該夫婦の日常の家事に関する法律行為の範囲内に属すると信ずるにつき正当の理由のある場合に限り、民法110条の規定の趣旨を類推適用することにより、他の一方も責任を負います（最判昭44.12.18）。したがって、「民法第110条の規定を直接適用する」という記述が妥当ではありません。

エ ○　親権を行う者が数人の子に対して親権を行う場合において、その１人と他の子との利益が相反する行為については、親権を行う者は、その一方のために特別代理人を選任することを家庭裁判所に請求しなければなりません（826条２項）。したがって、妥当な記述です。

オ ×　相続人が自己のために相続の開始があったことを知った時から３か月以内に限定承認または相続の放棄をしなかったときは、相続人は、単純承認したものとみなされます（921条２号、915条１項）。したがって、「相続によって得た財産の限度においてのみ被相続人の債務及び遺贈を弁済すべきことを留保して」という記述が妥当ではありません。

索引

た

ら

判例索引

〈執筆〉村松 実（TAC司法書士講座）

〈本文デザイン〉清原 一隆（KIYO DESIGN）

公務員試験 ゼロから合格 基本過去問題集 民法Ⅱ

2021年2月25日　初　版　第1刷発行

編著者　TAC株式会社
（公務員講座）
発行者　多田敏男
発行所　TAC株式会社　出版事業部
（TAC出版）

〒101-8383
東京都千代田区神田三崎町3-2-18
電話　03(5276)9492(営業)
FAX　03(5276)9674
https://shuppan.tac-school.co.jp

組版　朝日メディアインターナショナル株式会社
印刷　株式会社　ワコープラネット
製本　東京美術紙工協業組合

ISBN 978-4-8132-9489-4
N.D.C. 317

乱丁・落丁による交換，および正誤のお問合せ対応は，該当書籍の改訂版刊行月末日までといたします。なお，交換につきましては，書籍の在庫状況等により，お受けできない場合もございます。
また，各種本試験の実施の延期，中止を理由とした本書の返品はお受けいたしません。返金もいたしかねますので，あらかじめご了承くださいますようお願い申し上げます。

公務員講座のご案内

大卒レベルの公務員試験に強い！

2019年度 公務員試験

公務員講座生[※1]
最終合格者延べ人数[※2]

5,460名

地方公務員（大卒程度）		計2,672名
国家公務員（大卒程度）		計2,568名
国立大学法人等	大卒レベル試験	180名
独立行政法人	大卒レベル試験	9名
その他公務員		31名

※1 公務員講座生とは公務員試験対策講座において、目標年度に合格するために必要と考えられる、講義、演習、論文対策、面接対策等をパッケージ化したカリキュラムの受講生です。単科講座や公開模試のみの受講生は含まれておりません。

※2 同一の方が複数の試験種に合格している場合は、それぞれの試験種に最終合格者としてカウントしています。（実合格者数は3,081名です。）

＊2020年1月31日時点で、調査にご協力いただいた方の人数です。

全国の公務員試験で1位合格者を輩出！

詳細は公務員講座（地方上級・国家一般職）パンフレットをご覧ください。

2019年度 国家総合職試験

公務員講座生[※1]

最終合格者数 **206名**[※2]

法律区分	81名	経済区分	43名
政治・国際区分	32名	教養区分	18名
院卒／行政区分	20名	その他区分	12名

※1 公務員講座生とは公務員試験対策講座において、目標年度に合格するために必要と考えられる、講義、演習、論文対策、面接対策等をパッケージ化したカリキュラムの受講生です。各種オプション講座や公開模試など、単科講座のみの受講生は含まれておりません。

※2 上記は2019年度目標の公務員講座生最終合格者のほか、2020年目標公務員講座生の最終合格者が17名含まれています。

＊ 上記は2020年1月31日時点で調査にご協力いただいた方の人数です。

2019年度 外務専門職試験

最終合格者総数48名のうち
43名がWセミナー講座生[※1]です。

合格者占有率[※2] **89.6%**

外交官を目指すなら、実績のWセミナー

※1 Wセミナー講座生とは、公務員試験対策講座において、目標年度に合格するために必要と考えられる、講義、演習、論文対策、面接対策等をパッケージ化したカリキュラムの受講生です。各種オプション講座や公開模試など、単科講座のみの受講生は含まれておりません。また、Wセミナー講座生はそのボリュームから他校の講座生と掛け持ちすることは困難です。

※2 合格者占有率は「Wセミナー講座生（※1）最終合格者数」を、「外務省専門職試験の最終合格者総数」で除して算出しています。また、算出した数字の小数点第二位以下を四捨五入して表記しています。

＊ 上記は2020年1月31日時点で調査にご協力いただいた方の人数です。

WセミナーはTACのブランドです

無料体験のご案内

3つの方法でTACの講義が体験できる!

教室で体験 迫力の生講義に出席

予約不要! 3回連続出席OK!

1. 校舎と日時を決めて、当日TACの校舎へ

TACでは各校舎で毎月体験入学の日程を設けています。

2. オリエンテーションに参加(体験入学1回目)

初回講義「オリエンテーション」にご参加ください。終了後は個別にご相談をお受けいたします。

3. 講義に出席(体験入学2・3回目)

引き続き、各科目の講義をご受講いただけます。参加者には講義で使用する教材をプレゼントいたします。

- 3回連続無料体験講義の日程はTACホームページと公務員パンフレットでご覧いただけます。
- 体験入学はお申込み予定の校舎に限らず、お好きな校舎でご利用いただけます。
- 4回目の講義前までに、ご入会手続きをしていただければ、カリキュラム通りに受講することができます。

※地方上級・国家一般職・警察官・消防官レベル以外の講座では、2回連続体験入学を実施しています。

ビデオで体験 校舎のビデオブースで体験視聴

TAC各校の個別ビデオブースで、講義を無料でご視聴いただけます。(要予約)

各校のビデオブースでお好きな講義を視聴できます。視聴前日までに視聴する校舎受付窓口にてご予約をお願い致します。

ビデオブース利用時間 ※日曜日は④の時間帯はありません。

① 9:30～12:30 ② 12:30～15:30
③ 15:30～18:30 ④ 18:30～21:30

※受講可能な曜日・時間帯は一部校舎により異なります。
※年末年始・夏期休業・その他特別な休業以外は、通常平日・土日祝祭日にご覧いただけます。
※予約時にご希望日とご希望時間帯を合わせてお申込みください。
※基本講義の中からお好きな科目をご視聴いただけます。(視聴できる科目は時期により異なります)
※TAC提携校での体験視聴につきましては、提携校各校へお問合せください。

Webで体験 スマートフォン・パソコンで講義を体験視聴

TACホームページの「TAC動画チャンネル」で無料体験講義を配信しています。時期に応じて多彩な講義がご覧いただけます。

TAC ホームページ https://www.tac-school.co.jp/

※体験講義は教室講義の一部を抜粋したものになります。

(2018年5月現在)

書籍のご購入は

1 全国の書店、大学生協、ネット書店で

2 TAC各校の書籍コーナーで

資格の学校TACの校舎は全国に展開!
校舎のご確認はホームページにて

資格の学校TAC ホームページ
https://www.tac-school.co.jp

3 TAC出版書籍販売サイトで

CYBER BOOK STORE TAC出版書籍販売サイト

TAC 出版 で 検索

24時間 ご注文 受付中

https://bookstore.tac-school.co.jp/

新刊情報をいち早くチェック!

たっぷり読める立ち読み機能

学習お役立ちの特設ページも充実!

TAC出版書籍販売サイト「サイバーブックストア」では、TAC出版および早稲田経営出版から刊行されている、すべての最新書籍をお取り扱いしています。
また、無料の会員登録をしていただくことで、会員様限定キャンペーンのほか、送料無料サービス、メールマガジン配信サービス、マイページのご利用など、うれしい特典がたくさん受けられます。

サイバーブックストア会員は、特典がいっぱい!(一部抜粋)

通常、1万円(税込)未満のご注文につきましては、送料・手数料として500円(全国一律・税込)頂戴しておりますが、1冊から無料となります。

専用の「マイページ」は、「購入履歴・配送状況の確認」のほか、「ほしいものリスト」や「マイフォルダ」など、便利な機能が満載です。

メールマガジンでは、キャンペーンやおすすめ書籍、新刊情報のほか、「電子ブック版TACNEWS(ダイジェスト版)」をお届けします。

書籍の発売を、販売開始当日にメールにてお知らせします。これなら買い忘れの心配もありません。

公務員試験対策書籍のご案内

TAC出版の公務員試験対策書籍は、独学用、およびスクール学習の副教材として、各商品を取り揃えています。学習の各段階に対応していますので、あなたのステップに応じて、合格に向けてご活用ください!

INPUT

『みんなが欲しかった!
公務員
合格へのはじめの一歩』
A5判フルカラー

- 本気でやさしい入門書
- 公務員の"実際"をわかりやすく紹介したオリエンテーション
- 学習内容がざっくりわかる入門講義

・法律科目(憲法・民法・行政法)
・経済科目
(ミクロ経済学・マクロ経済学)[近刊]

『過去問攻略Vテキスト』
A5判
TAC公務員講座

- TACが総力をあげてまとめた公務員試験対策テキスト

全21点

・専門科目:15点
・教養科目:6点

『新・まるごと講義生中継』
A5判
TAC公務員講座講師
新谷 一郎 ほか

- TACのわかりやすい生講義を誌上で!
- 初学者の科目導入に最適!
- 豊富な図表で、理解度アップ!

・郷原豊茂の憲法
・郷原豊茂の民法Ⅰ
・郷原豊茂の民法Ⅱ
・新谷一郎の行政法

『まるごと講義生中継』
A5判
TAC公務員講座講師
渕元 哲 ほか

- TACのわかりやすい生講義を誌上で!
- 初学者の科目導入に最適!

・郷原豊茂の刑法
・渕元哲の政治学
・渕元哲の行政学
・ミクロ経済学
・マクロ経済学
・関野喬のパターンでわかる数的推理
・関野喬のパターンでわかる判断整理
・関野喬のパターンでわかる
空間把握・資料解釈

要点まとめ

『一般知識
出るとこチェック』
四六判

- 知識のチェックや直前期の暗記に最適!
- 豊富な図表とチェックテストでスピード学習!

・政治・経済
・思想・文学・芸術
・日本史・世界史
・地理
・数学・物理・化学
・生物・地学

記述式対策

『公務員試験論文答案集
専門記述』 A5判
公務員試験研究会

- 公務員試験(地方上級ほか)の専門記述を攻略するための問題集
- 過去問と新作問題で出題が予想されるテーマを完全網羅!

・憲法〈第2版〉
・行政法

書籍の正誤についてのお問合わせ

万一誤りと疑われる箇所がございましたら、以下の方法にてご確認いただきますよう、お願いいたします。

なお、正誤のお問合わせ以外の書籍内容に関する解説・受験指導等は、**一切行っておりません。**
そのようなお問合わせにつきましては、お答えいたしかねますので、あらかじめご了承ください。

1 正誤表の確認方法

TAC出版書籍販売サイト「Cyber Book Store」の
トップページ内「正誤表」コーナーにて、正誤表をご確認ください。

URL:https://bookstore.tac-school.co.jp/

2 正誤のお問合わせ方法

正誤表がない場合、あるいは該当箇所が掲載されていない場合は、書名、発行年月日、お客様のお名前、ご連絡先を明記の上、下記の方法でお問合わせください。
なお、回答までに1週間前後を要する場合もございます。あらかじめご了承ください。

文書にて問合わせる

●郵 送 先　〒101-8383 東京都千代田区神田三崎町3-2-18
TAC株式会社 出版事業部 正誤問合わせ係

FAXにて問合わせる

●FAX番号　**03-5276-9674**

e-mailにて問合わせる

●お問合わせ先アドレス　**syuppan-h@tac-school.co.jp**

※お電話でのお問合わせは、お受けできません。また、土日祝日はお問合わせ対応をおこなっておりません。
※正誤のお問合わせ対応は、該当書籍の改訂版刊行月末日までといたします。

乱丁・落丁による交換は、該当書籍の改訂版刊行月末日までといたします。なお、書籍の在庫状況等により、お受けできない場合もございます。
また、各種本試験の実施の延期、中止を理由とした本書の返品はお受けいたしません。返金もいたしかねますので、あらかじめご了承くださいますようお願い申し上げます。

TACにおける個人情報の取り扱いについて
■お預かりした個人情報は、TAC(株)で管理させていただき、お問い合わせへの対応、当社の記録保管および当社商品・サービスの向上にのみ利用いたします。お客様の同意なしに業務委託先以外の第三者に開示、提供することはございません(法令等により開示を求められた場合を除く)。その他、個人情報保護管理者、お預かりした個人情報の開示等及びTAC(株)への個人情報の提供の任意性については、当社ホームページ(https://www.tac-school.co.jp)をご覧いただくか、個人情報に関するお問い合わせ窓口(E-mail:privacy@tac-school.co.jp)までお問合せください。

(2020年10月現在)